MACHE DIE WELT

Eine Geschichte der Philosophie IV

人造世界

西洋哲學史卷四

現代哲學

Richard David Precht

理察・大衛・普列希特

林宏濤——譯

語言是存有的居所——海德格

紀念馬庫斯．韋伯（Markus Weber），
我和他一起打開了
這本書所要探討的世界；
我也要紀念一起思考和感受的思想
的無限洋流，
對於這個洋流而言，再多的晝夜都不夠長。

真理不是人可以塞在口袋裡的水晶，
而是一條讓人落入其中的無盡長河。

——羅伯·穆齊爾（Robert Musil）

目錄

作者簡介 7
編輯人語 9
導論 13
亞維農的少女 25

現代哲學

41 時間和生命衝力
73 巨大的拆除假象
113 回到事物本身
151 創造符號的動物
191 存在的奧祕

事實的土壤 237
人和權力 277
藝術和救贖 313
和語言搏鬥 361
玻璃杯裡的蒼蠅 397

附錄

引用文獻 444
參考書目 463
人名索引 493

作者簡介

理察・大衛・普列希特（Richard David Precht）

出生於一九六四年，為哲學家、政論家與作家，同時也是德語世界中最著名的知識份子之一。他身兼呂訥堡大學（Leuphana Universität Lüneburg）的哲學名譽教授，以及柏林漢斯艾斯勒音樂學院（Hochschule für Musik Hanns Eisler Berlin）之哲學與美學名譽教授。著作如《我是誰》（啟示，二〇一〇）、《愛情的哲學》（商周，二〇一五）以及《無私的藝術》（啟示，二〇一二）皆為國際暢銷書，共被翻譯成超過四十種語言。自二〇一二年起，他在德國電視二台主持自己的哲學節目《普列希特》（Precht）。

譯者簡介

林宏濤

林宏濤，台大哲學碩士，德國弗來堡大學博士研究，譯著：《詮釋的衝突》；《體會死亡》；《預知宇宙紀事》；《法學導論》；《美學理論》；《愛在流行》；《隱藏之泉》；《神在人間》；《眾生的導師：佛陀》；《南十字星風箏線》；《人的形象與神的形象》；《神話學辭典》；《上帝的語言》；《菁英的反叛》；《啟蒙的辯證》；《鈴木大拙禪學入門》；《大蛻變》；《與改變對話》；《我的名字叫耶穌》；《神子》；《死後的世界》；《等待哥倫布》；《無私的藝術》；《藝術想怎樣》；《奧斯卡與我》；《正義的理念》；《文明的哲學》；《曾經，有個偉大的素描畫家》；《g先生》；《如何改變世界》；《小蜘蛛維德莉》；《繁華落盡的黃金年代》；《與卡夫卡對話》；《人造地獄》；《自我的追尋》；《人的條件》；《血田》；《獵眼者》；《致死之病》；《時間之書》；《世界是這樣思考的》；《連續統》；《孩子》；《克拉拉與太陽》；《做你自己：西洋哲學史卷三》；《什麼都不是的人才是快樂的》；《榮格論現代人的心靈問題》；《我與你》；《文明及其不滿》；《治療的凝視》；《達文西的童年回憶》；《一個美好的蛻變》；《摩西與一神教》。

【編輯人語】

如果哲學史是一部連載小說

中文出版當中可見而可觀的哲學史著作，大抵列舉以下：

一、黑格爾《哲學史講演錄》（G. W. F. Hegel, *Vorlesungen über die Philosophie der Weltgeschichte*,1831）：在黑格爾的歷史辯證法裡，哲學史也成了精神回到自我的發展過程，於是既預設了唯一的真理，而又說明了各式各樣哲學系統的雜多性，汪洋宏肆而又理路分明，其中對於亞里斯多德和斯賓諾沙頗多推崇。至於他對於印度和中國哲學的誤解，就揭過不提了。二、文德爾班《西洋哲學史》（Wilhelm Windelband, *Lehrbuch der Geschichte der Philosophie*, 1893）：同樣是講演課的教材，旨在概括闡述歐洲哲學觀念的演進，因而著重於哲學觀點的鋪陳，於是各個哲學理論潮流宛若萬花筒一般層層疊疊，捲起千堆雪。文德爾班把它叫作「問題和概念的歷史」，意欲全面性而沒有成見地探究思想的事實，至於哲學家生平及各家學說，則是略而不談。三、梯利《西方哲學史》（Frank Thilly, *A History of Philosophy*, 1914）：是一部「老實商量」的哲學史水準之作，作為哲學史家，梯利盡可能讓哲學家自己說話，謹守史家的客觀性，雖然他也自承先入為主的成見是不可避免的。他認為哲學史是個有機的整體，更強調每個哲學體系在文化、道德、政治、社會和宗教方面的形成背景。四、羅素《西洋哲學史》（Bertrand Russell, *A History of Philosophy*, 1945）：這部著作出版後在學界引起許多批評，卻使他成為暢銷作家，更讓他獲得諾貝爾文學獎。羅素認為哲學是社會生活和政治生活的一部分，因此著墨於哲學思想和政治、社會的關聯性。不過，羅素也任意以自己的概念分析指摘歷史上的哲學理論正確與否，嚴重傷害了哲學史著作的歷史性。五、柯普斯登《西洋哲學史》（Frederick Charles Copleston, *A History of Philosophy*, 1946-1975）：是至今哲學界公認哲學史的經典作品，以其客觀翔實著稱。原本計畫寫作三冊，分別是古代、中世紀和近代哲學，三十年間卻擴充為九大冊。柯氏於一九九四年過世，出版社於二〇〇三年把他的《俄羅斯哲學》（*Philosophy in Russia*, 1986）以及《當代哲學》（*Contemporary Philosophy*, 1956）增補為第十、十一冊。關於哲學史的中文著作方面值得閱讀者，則有：洪耀勳《西洋哲學史》（1957）；傅偉勳《西洋哲學史》（1965）；鄔昆如《西洋哲學史》（1971）。

理察・大衛・普列希特（Richard David Precht, 1964- ），科隆大學哲學博士，有「哲學家當中的流行明星」的綽號，他的大眾哲學作品《我是誰》（*Wer bin ich - und wenn ja, wie viele?*）於二〇〇七年出版，造成出版市場的大地震，盤踞《明鏡周刊》暢銷排行榜第一名十六周。短短一年間被翻譯為三十二國語言，全球銷售數百萬冊。此後更筆耕不輟，陸續寫就了：《愛情的哲學》（*Liebe: Ein unordentliches Gefühl*, 2010）、《無私的藝術》（*Die Kunst, kein Egoist zu sein. Warum wir gerne gut sein wollen und was uns davon abhält*, 2010）、《奧斯卡與我》（*Warum gibt es alles und nicht nichts? Ein Ausflug in die Philosophie*, 2011）等作品。

普列希特在大眾哲學作品的寫作成就使人聯想到喬斯坦・賈德（Jostein Gaarder, 1952-）及其《蘇菲的世界》（*Sofies verden*, 1991），自從《我是誰》一時洛陽紙貴，全世界更掀起大眾哲學的閱讀風潮而至今不衰。喜愛其作品者大抵上著迷於他的文筆流暢、趣味和幽默。批評者則不外酸言酸語，譏誚其著作內容了無新意。二〇一五年，普列希特的哲學史作品第一冊《認識世界》（*Erkenne die Welt*）問世。儘管懷疑、嘲諷、不屑的聲音不斷，普列希特仍舊以其對於哲學的誠實、說故事的人的看家本領，讓閱聽大眾徜徉於哲學橫無際涯的時間流裡。隨著第二冊《認識自己》（*Erkenne dich selbst*, 2017）、第三冊《做你自己》（*Sei du selbst*, 2019）、第四冊《人造世界》（*Mache die Welt*, 2022）陸續出版，讀者也漸漸明白了普列希特在其哲學風情畫裡所要勾勒的無限風光。

為了研究哲學，或者從事哲學思考，或者說用哲學開拓視野，究竟有沒有必要讀哲學史？畢竟不是每個地方的大學都像臺灣一樣把哲學史列為必修課。我在思考人權、正義、道德的問題，探究什麼是真理、知識或理性，或者問人從何處來要往哪裡去，「存在」究竟是什麼東西，為什麼要讀哲學史？這個問題其實和為什麼要讀歷史沒多大差別。如果說歷史裡的文明興衰更迭有如湯恩比（Arnold Joseph Toynbee, 1889-1975）所說的「挑戰和回應」模式，那麼，我們在思考的種種哲學問題也不是憑空想像出來的，而是在回答歷史裡的文化、社會、政治、宗教的問題；另一方面，每個個人，包括哲學，他們的身心特質、家庭、學習過程、生涯際遇，也會影響其哲學思考的方向。所以，普列希特說他想寫的是一部「進行哲學反思的哲學史」，也就是說，從歷史和個人生命軌跡下去理解哲學思考是怎麼一回事。

也因為如此，讀者究竟該期待在哲學史讀到或學習到什麼？同樣的，一部哲學史不應該是哲學家思想資料彙編，或者說各種哲學體系、理論、學派、主義的大雜燴。那不但不必要，而且也做不到；就連柯普斯登十一巨冊的哲學史，在他寫到叔本華、尼采、齊克果的地方，讀者應該也會覺得不過癮。或者說我們應該在裡頭探索歷史的規律性、理性的發展，或者真理是什麼嗎？這種歷史定論主義的說法，大部分的史家應該會持保留態度。於是，普列希特則說，如果讀者在讀這本書的時候忘記那是一門學科、不再只是追問真理或理性是什麼，那麼他的寫作目的就達成了。因為他心中的哲學思考，「是要擴大我們思考及生活的框架。哲學思考是把我們思想工具刮垢磨光，讓我們更有意識地去體會我們存在的有限時間，哪怕只是為了理解我們不了解的事情」。

所以，在這部哲學史裡，讀者不會看到柏拉圖、亞里斯多德、康德或黑格爾的理論的條列介紹，因為即便是梗概，也足以讓人暈頭轉向。再者，所有哲學思考不僅要放在時代背景底下加以咀嚼，更要從哲學家的人生際遇和心境再三玩味。因此，我們不僅會看到古代貨幣經濟的崛起和抽象思考的關係，明白教會和國家的權力對抗在「共相之爭」裡扮演的影武者角色；不同於上述哲學史著作，普列希特更加細膩地描寫哲學家的個人故事。我們也因此會讀到大亞伯拉和哀綠綺思纏綿悱惻的愛情故事，明白了齊克果和彌爾他們的父親在其生命中投下的陰影，也可以看到尼采到處領到好人卡的引人發噱的插曲。

如果說哲學史是一部連載小說，讓人在夜裡枕邊愛不釋卷，那麼普列希特應該是做到了這點。

商周出版編輯顧問　林宏濤

導論

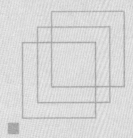

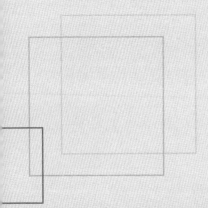

一九〇〇年的萬國博覽會（Exposition universelle）是史無前例的世界大事。七萬六千個展出單 [9] 位，幾近五千萬個來自世界各地的訪客，群集湧入巴黎的世界博覽會，相較於一八五五年的第一屆世界博覽會，展覽場地整整大了十倍。「美好年代」（belle époque）金碧輝煌的建築也落成了，那就是小宮（Petit Palais）和大宮（Grand Palais）。全長三公里半的電動步道，讓訪客可以整個展場走一圈。整個世界都在做「世紀回顧」（Bilanz eines Jahrhunderts）——這是當時的口號，不過是以黎明初起的現代世界為中介。三座嶄新的大火車站剛剛啟用。西方文明的電氣化方興未艾，七家廠商興建了穿梭在街道和廣場之間的電車道。步調越來越快，靜力變成動力。種種奇觀此起彼落：直徑一百公尺的巨大摩天輪吸引絡繹不絕的遊客，在巴黎也舉辦了兩屆夏季奧運會。而盧米埃（frères [10] Lumière）更以他們的第一部七十五釐米底片的電影驚豔全世界。

在種種盛事的陰影下，哲學家們悄然無聲地掠過了畫面。他們齊聚於第一屆國際哲學會議❶。我們該怎麼以對應的思想去理解新時代呢？與會者大多是法國人，其中包括柏格森（Henri Bergson, 1859-1941）和布隆德（Maurice Blondel, 1861-1949），許多人同時也是數學家，例如庫特拉（Louis Couturat, 1868-1914）、朋加雷（Henri Poincaré, 1854-1912）、皮亞諾（Giuseppe Peano, 1858-1932）和羅素（Bertrand Russell, 1872-1970）。如此熠熠生輝的陣仗並不是偶然的事，數學和種種自然科學經歷了一波波革命的年代。一八九五年，倫琴（Wilhelm Conrad Röntgen, 1845-1923）記錄

❶ 於一九〇〇年八月一日至五日在巴黎舉辦。

下倫琴射線的種種性質❷，居禮夫婦（Pierre et Marie Curie）於一八九八年發現了放射性元素「鐳」❸，兩年後，就在萬國博覽會期間，普朗克（Max Planck, 1858-1947）提出了量子理論❹，又過了五年，愛因斯坦（Albert Einstein, 1879-1955）發表了狹義相對論。接著登場的，則有拉塞福原子模型（Rutherford model, 1909-1911）以及愛因斯坦的廣義相對論。

這一切都對哲學造成了影響。大小固定的空間不再有意義，物質是什麼的問題突然變得出奇地錯綜複雜。同樣說不清楚的是生命究竟是什麼的問題。在生物學裡，「生機論」和「機械主義」打對台。其中一方假設有個「生命力」，另一方則相信可以用物理和化學的角度解釋生命，而不必特別添加什麼東西。對生命如此，對意識更是如此。那到底是怎麼回事？

十九世紀下半葉，橫空出世的心理學闖入哲學家的聖所，並且把心靈物質化——使它變成了實驗的對象。隨著佛洛伊德（Sigmund Freud）的心理分析，現在的它更加摧枯拉朽。意識遭到奪權，無意識接管了對於人的支配權，殘酷地挑戰歷史悠久的理性哲學。**心理分析**成了那個時代的流行學科，知識論搖身一變，成為認識自我的理論。如果說，相較於哲學家，心理學和心理分析更加追根究柢地把個體、**具體的**個人攤在陽光下，那麼誰還會在意「整體」這種東西呢？然而就在十九世紀末，出現了一個強勁的對手。涂爾幹（Émile Durkheim, 1858-1917）、滕尼斯（Ferdinand Tönnies,

❷ 一八九五年十一月八日開始從事實驗和記錄，並於一八九五年十二月二十八日出版《論一種新的射線》（*Über eine neue Art von Strahlen*）。

❸ 一八九八年七月，居禮夫婦聯名發表論文宣布發現了放射性元素「鈽」（Polonium），並於十二月二十六日把第二個元素命名為「鐳」（Radium）。

❹ 一九〇〇年十月十九日，於德國物理學會提出「黑體輻射定律」，也就是普朗克定律。

1855-1936）、齊美爾（Georg Simmel, 1858-1918）和韋伯（Max Weber, 1864-1920），他們建立了社會學。它從狹隘的哲學裡破繭而出，找到了聞所未聞的語詞和模型，以描寫社會的圖案，它的種種樣式、它的種種社會技術、它的靜力學和動力學。

對於這一切，哲學再也不能袖手旁觀。它唯有超越自然科學、心理學家以及社會學家的視野，創造出一個剩餘價值，才能證明自己的重要性。它必須更接近事物，必須比傳統的方式更加精確地描述事物。哲學必須把望遠鏡轉向內在世界，探究實驗心理學至今無法企及的內心深處。哲學的自我觀察（Selbstbeobachtung）和心理學的異己觀察（Fremdbeobachtung）打對台，成了世紀的主題。

於是，在布倫塔諾（Franz Brentano, 1838-1917）、李普斯（Theodor Lipps, 1851-1914）和胡賽爾（Edmund Husserl, 1859-1938）的推動下，**現象學**（Phänomenologie）於焉誕生。而它的勁敵**生命哲學**（Lebensphilosophie），也以類似的方式在詮釋現實的生命。柏格森、狄爾泰（Wilhelm Dilthey, 1833-1911）、齊美爾、奧德嘉・賈塞特（José Ortega y Gasset, 1883-1955）、克羅齊（Benedetto Croce, 1866-1952）和柯靈烏（Robin George Collingwood, 1889-1943），不再硜硜自守於心靈和意識，在探究人類生命的時候，堅持著眼於決定人類命運的整體。人類是個自然的存有者，更是個歷史的文化的存有者，他會自己詮釋自己的生命。活著意味著詮釋人是誰、人是什麼、人想要成為什麼樣的人。這個時候理性或許幫得上忙，自然科學或許也可以挹注它的知識，可是到頭來，除了真正體驗的生命，我們沒有辦法以任何其他方式去把握生命！

[12]

哲學家還是一樣那麼傲慢。在世紀之初，有些思想家聲稱他們比經驗科學家自己更懂經驗科學。柏格森毫不懷疑哲學可以讓種種科學、新興的腦部研究以及方興未艾的演化理論在形上學方面更加「深入」。說到更深入這件事，佛洛伊德則是以同樣的主張顛覆了整個民族學、人類學、宗教社會學以及文化社會學。而胡賽爾到了一九三六年的《歐洲科學危機》（*Die Krisis der europäischen Wissenschaften*）還在抱怨說，哲學應該高於所有其他科學並且作為它們的基奠才對。

這個高唱入雲的主張早就不再那麼理所當然，因而聽起來益顯荒誕。可是哲學的自我意識在二十世紀初就已經漸漸成熟了。如果黑格爾以後的觀念論哲學家們在十九世紀就越來越難以自我辯解說，自然科學的攻城掠地也把精神世界變成了精確測量的領域，那麼二十世紀上半葉則是反其道而行，回頭投身到形上學的懷抱。人們再怎麼精確測量，也只是在描述事物而已。這種做法真的有助於解釋無限者（das Unbedingte）嗎？而自然科學又是從哪裡擷取它們的概念呢？它們底下的地基難道就不會動搖嗎？如果說，自從十九世紀以來，物理學就在控訴一個「基礎危機」（Grundlagenkrise），再也沒有人可以定義什麼是空間和物質，那麼哲學家真的還要以它為基礎嗎？

物理學的危機使得哲學也跟著揮別了空間。空間再也不是既定性的。現在**時間**才是存在的真正且唯一的根源。而對於物理學而言，時間再也不是直接的，而是經由意識活動——測量——的中介才得以認識的。可是這個測量的時間也只是測量得到的時間，而不是時間**本身**。在所有測量之前，有個時間**體驗**。它是主觀的，卻也具有相互主體性（intersubjektiv）的效力。因為每個正常人的意識難免都會有時間的體驗。

這個時間體驗是所有經驗當中最屬己的嗎？作為一種「漂浮的實體」（schwebende Entität），時間似乎把主觀的東西變得比自然科學的所有客觀性要求都更加客觀。無論如何，柏格森和胡賽爾是這麼看的；而海德格（Martin Heidegger, 1889-1976）和懷德海（Alfred Whitehead, 1861-1947）也沿襲了他們的觀點。而**歷程**（Prozess）就成了現代哲學新的咒語。不管是批判理性主義（der kritische Rationalismus）或是懷疑主義的實在論（der skeptische Realismus），都是立足於這個概念：在這些哲學所處的年代裡，相對於靜態的攝影，電影正要風起雲湧。從現在起，哲學觀念必須證明自己也是**動態的**，不管是柏格森、桑塔耶納（Georges Santayana, 1863-1952）、懷德海或是尼古萊·哈特曼（Nicolai Hartmann, 1882-1950）的觀念。

現在許多人試圖要重新整合唯心論和唯物論——而且是以動態的存有學（Ontologie）❺的形式。如果說生命是個「歷程」，那麼不管是實體存有學（Substanzontologie）或者是先驗觀念論（transzendentaler Idealismus）都是錯誤的。它們再也不能以不變易者為基礎了。威廉·詹姆士（William James, 1842-1910）在十九世紀的創舉，現在總算後繼有人：一個托庇於生物學並且以它為前提做出推論的哲學；柏格森和懷德海都是如此。有些哲學家甚至和喜愛哲學思考的生物學大師成為莫逆之交：例如柏格森和杜里舒（Hans Driesch, 1867-1941），卡西勒（Ernst Cassirer, 1874-1945）和魏克斯屈爾（Jakob Johann von Uexküll, 1864-1944）。至於桑塔耶納更是認為唯有「動物信心」（animal faith）才是知識的可靠來源，也就是我們對於實在界的實在性的動物性信任。

如果說我們無法僅憑著理性就獲致關於實在界的可靠知識，那麼**真理**就會比哲學史上的任何時期都更加具有**主觀性**。而其後果也相當嚴重。**新康德主義**（Neukantianismus）——德國的主流哲學——為它強烈辯護。它末代重要的代言人，卡西勒以及賀尼斯瓦德（Richard Hönigswald, 1875-

❺「Ontologie」（存有學），不應該譯為「本體論」（Noumenologie）。

1947）費盡心思地把新康德主義的思考體系擴充成一種文化理論（卡西勒），或者是使其體系臻於完美（賀尼斯瓦德）——然而時代的種種跡象在在反對任何奠基於嚴格理性的體系。對於一個**新的形上學**的渴望太強烈了，而對於許多人而言，科學的合理性只是眾多探究實在界的方法之一。在這個意義下，十九世紀中葉的洛策（Rudolf Hermann Lotze, 1817-1881）區分了對於世界的不同態度，而且各自有其遊戲規則。哲學並不是有種種位階劃分的體系，而是和種種**透視點**（Perspektive）有關。真理由一變成多，藝術的真理不同於物理學的真理。而最直接的真理只能以直覺的方式傳達，那是自我在體驗的瞬間的**明證性**（Evidenz）。在笛卡兒傳統以及啟蒙運動裡的自我認知的主體，因而也要讓位給直接的自我呈現（Selbstvergegenwärtigung）。新世紀前面三十年裡的哲學聖杯就叫作自我臨現（Selbstpräsenz）。思想家們沿著不同的路徑去追尋它：布倫塔諾、謝勒（Max Scheler, 1874-1928）、胡賽爾、海德格、雅斯培（Karl Jaspers, 1883-1969）、布洛赫（Ernst Bloch, 1885-1977）。

可是探究自我和世界的最直接的路徑究竟在哪裡？柏格森以他的**直覺**（Intuition）哲學為序曲。海德格聲稱他的哲學有個最深的層面，也就是**屬己性**（Eigentlichkeit）。克羅齊、柯靈烏、烏納穆諾（Miguel de Unamuno, 1864-1936）、盧卡奇（György Lukács, 1885-1971）、克拉考爾（Siegfried Kracauer, 1889-1966）和班雅明（Walter Benjamin, 1892-1940），他們都認為邏輯和合理性無法觸及人類生命裡所有本質性的東西。生命裡重要的東西是無法以知見去認識的，我們只能感覺它、挖掘它，把它詮釋為預設、悲劇性的痛苦、「猶未存有」（Noch-nicht Sein）❻、間隙

❻ 布洛赫用以解釋「烏托邦」的術語。

（Zwischenraum）或是「思考圖像」（Denkbild），在藝術經驗裡特別顯著。

[15] 這只是銅板的一面。另一面刻的則是奧地利和英國。就在歐陸的形上學經歷最後一次振翅翱翔的時候，羅素、謨爾（George Edward Moore, 1873-1958）和維根斯坦（Ludwig Wittgenstein, 1889-1951）也在為一種**分析哲學**（analytische Philosophie）奠定基礎。它和形上學家的反差不能再大了。這兩個壁壘分明的陣營對於哲學的定義正好相反。羅伯·穆齊爾（Robert Musil），當時才華橫溢的哲學和文學的活體解剖者，以兩種完全背道而馳的「心態」（Geistesverfassungen）形容這個剛剛發軔的現代世界：邏輯和合理性的，以及美感和非理性的心態。「他們不僅相互攻訐，更等而下之的是，他們也往往不會對話……一方只滿足於精確，堅持事實是什麼；而另一方則不以此為滿足，而總是要概觀全體，從所謂的永恆而偉大的真理推論出他們的種種知識。一方獲得了成就，另一方則是贏得了氣度和尊嚴。一個悲觀主義者顯然會說，一方的成就其實一文不值，而另一方的則是虛妄不實的。」[1]

兩個陣營的語言風格和思考模式就已經大相逕庭。嫻熟於副刊寫作的新興形上學家往往會寫一些隨筆雜文，優游於哲學和文學之間的無何有之鄉，而邏輯學家則是把他們的洞見濃縮成冷靜演繹的**期刊論文**，一種用語言表達的數學。對於一方而言，哲學是知覺感受力的問題，對於另一方而言，哲學卻是要盡可能的抽象和化約（Reduktion）。對他們來說，真理不在於布洛赫、克拉考爾或
[16] 班雅明所說的存在的種種間隙，而只在於經驗的事實性和無法否認的邏輯。在胡賽爾和謝勒那裡僅僅只是作為基石和必備要件的東西，到了分析哲學卻變成了哲學思考的唯一核心。現象學以及後期的新康德主義相當重視的邏輯和心理學的匯流，現在都被邏輯學家截斷了。對於人類生活的「理

解」（Verstehen）以及對於語言和邏輯的「解釋」（Erklären），這兩者之間的斷層地塹深不見底，而且持續到二十一世紀的現在。用分析哲學家的術語來說，那是**歐陸哲學**（continental philosophy）和**哲學**（philosophy）的分別，在另一方的觀點裡，則是哲學和語言邏輯（Sprachlogik）的區分。這個區分既顯而易見，兩者之間也沒有任何搭建橋樑的可能。分析哲學要問的是：這一切**意指**什麼？而生命和意識哲學則更要問：「這一切**對我而言**有什麼意義？」

分析哲學為了它的嚴格科學所付出的代價相當高。在它那裡，生命似乎被極度化約而且沒有了歷史。所有病態和政治的東西，它都視而不見，而那正是它誕生的年代裡的兩個重大主題。第一次世界大戰駭人聽聞的災難把「常態」（Normalität）炸個粉碎。諸如盧卡奇、布洛赫或班雅明之流的思想家現在盼望著一個新的、至今無法想像的社會。而真正的贏家則是俄羅斯的布爾什維克主義（Bolschewismus）以及義大利的法西斯主義（Faschismus）。在西班牙、葡萄牙和波蘭，支持革命的將軍們奪取政權，就連立陶宛也變成了獨裁國家。極端分子、激進黨派以及武裝團體也要有個哲學理論基礎。葛蘭西（Antonio Gramsci, 1891-1937）在獄中的手稿裡探討「權力」和「霸權」（Hegemonie）的全新觀點。一九二〇和三〇年代越來越威權主義的大眾消費社會裡的「群眾」也有了新的意義。一種探討「群眾」的哲學也因此誕生，揭露了一個讓人咋舌的世紀現象，不管是勒龐（Gustave Le Bon, 1841-1931）、佛洛伊德、奧德嘉・賈塞特、克拉考爾或是班雅明。

一個非理性政治的極端混亂使人想要探討病態現象。哲學既然想要真正理解人生，就再也不能以所謂的正常狀態為唯一取向。就像前衛藝術（avantgardistische Kunst）、達達主義者（Dadaist）、立體派（Kubist）和超現實主義者（Surrealist）一樣，哲學也開始關注脆弱性、非自

[17]

明性（Unselbstverständlichkeit），以及「意義」的種種界限。瘋狂不也是人的存在的一部分嗎？而所謂正常人的主客體關係，也正是其他任何想像得到的正常人的主客體關係。班雅明用致幻劑做實驗，以探究存在的豐盈，他的朋友巴塔耶（Georges Bataille, 1897-1962）則是在他的文學裡對於死亡和性無能、厭煩和排泄物進行哲學思考。而雅斯培也分析了史特林堡（August Strindberg）和梵谷（Vincent van Gogh）的思覺失調症和創作力。

現在世界早已脫軌了，而每個人依據各自的心態和觀點，認為它應該向下扎根或者是要有更高遠的夢想。在這個意義下，在一八八〇年代或是九〇年代出生的人，我們可以說他們就像二十世紀的「Y」世代一樣，不管是哲學家或者是當時的文學家和藝術家。[2]他們的原初經驗（Urerfahrung）正是在於古老世界和新世界、十九世紀和現代世界的**不同步**（Ungleichzeitigkeit）❼，感覺和思考的**失調**。自此視野而觀之，對於一再反覆的主題也就見怪不怪了：撕裂（Zerrissenheit）和疏離（Entfremdung）、死亡和末日、渴望、希望和烏托邦。哲學家當中思想保守者，雅斯培和海德格，致力於傾聽內心的聲音。他們要探究的是**存在**的問題。他們想要更深入地認識生活的**現實性**。至於嚮往烏托邦的穆齊爾、盧卡奇、布洛赫、克拉考爾、馬丁·布伯（Martin Buber, 1878-1965）以及葛蘭西，他們對於更好的存在提出既感傷而又本質性的問題。他們想要更深入地認識（共同）生活的**可能性**。

這裡的一切不會重來。偉大的哲學體系的年代已經過去了——儘管從來沒有像一九二〇年代那

❼ 布洛赫的術語。

樣提出那麼多的體系。可是許多體系到頭來也僅止於片簡而已。盧卡奇氣勢雄偉的著作《美學》（*Ästhetik*）已經被時代輾壓過去；海德格的《存有與時間》（*Sein und Zeit*）一直沒辦法寫完；至於班雅明的《拱廊街計畫》（*das Passagen-Werk*）則隨著時間不斷變換其哲學基礎，漫無止境地蜿蜒漂流；而晚期的維根斯坦，從《哲學筆記》（*Philosophische Bemerkungen*）一直到《哲學探討》（*Philosophische Untersuchungen*），也只是在字條上、筆記簿裡寫了滿滿的札記，除此之外，並沒有寫出任何傳統意義下的作品。

這麼多新的開端、新的論證、新的探究，它們傾斜得越厲害，相互之間的裂痕也就益顯突兀。在諸如維根斯坦和班雅明、葛蘭西和哈特曼、卡納普（Rudolf Carnap, 1891-1970）和海德格之類的思想家之間，是不可能有任何交流的，他們只能決定採取一個觀點或另一個觀點。在黑格爾死後點燃的關於哲學的科學性的論戰，也沒有任何和解的跡象。對於分析哲學而言，只有科學才是精確而有邏輯可言的。只有語言的表現才是我們可以闡明的，而不是什麼意識歷程。至於它形形色色的對手，至今仍然大搖其頭：太狹隘了，太侷限了，太鄙陋了，而且太不像哲學了。世界的邏輯面向並不是世界，而就只是世界的邏輯面向而已。不過，現代世界的所有哲學倒是有個輻輳點：我們體驗到的世界，其實是我們的**受造物**。我們或許如海德格所說的身處於世界裡，或者是如新康德主義所說的和世界對立，或者是如懷興格（Hans Vaihinger, 1852-1933）所說的操作種種虛構物，或是如賀尼斯瓦德所說的操作種種判斷，或者是如維根斯坦所說的語言遊戲，我們或許如胡賽爾所說的處周藻密地建構了世界，或者是如班雅明所說的被事物蠱惑了——他們在抬槓的，也只是我們的意識房間的建材問題而已。可是它畢竟是我們自己建造且裝潢的——在現代世界裡，這個認知是無法迴避的。

亞維農的少女：

論經驗的虛幻魔法

這是一幅大尺寸的畫，非常大。幾乎是兩百五十公分見方❶。畫裡可以看到五個寸絲不掛或半 [19] 遮半掩的女性，比真人還高大，臉部被簡單化，誇張地畫成一張張鬼臉，左邊的少女宛如戴著異國風情的面具，右邊的少女則顯得特別格格不入。四個少女站立著，其中兩個搔首弄姿，第五個少女則是側坐著，頭部轉向正面，姿勢很不自然。每個少女似乎都是自不同的視角描繪的。有的是側 [20] 面，有的是斜面，有的是正面。前景有一只水果盤，上面有西瓜、蘋果、梨子和葡萄。背景似乎有布幕包圍著畫面和少女，女孩子們的右邊是紅褐色，左邊是土黃色和藍色。此外還可以看到深淺不一的藍色。整幅畫看起來有古老風格，塊狀的、冷硬而沒有陰影。女性人物站姿僵硬，沒有任何優雅嫵媚可言。臉孔扭曲，有的分割成若干平面，有的是立體的，誇大的眼睛歪歪斜斜的，沒有任何表情，就算不是癡呆，也是一副百無聊賴的模樣。少女們看不出來彼此有任何關係，沒有任何有意義的姿態，也不像是在訴說任何故事。這是怎樣的一幅畫呀？

靈感是來自一九〇六年造訪特羅卡德羅宮民族學博物館（Musée d'Ethnographie du Trocadéro）。其實這個西班牙年輕人覺得非洲藝術的面具和神像「很噁心」。可是有某種東西宛若巫術一般地震懾了他。那是面具裡的侵略和防衛元素：「這些黑人的玩藝兒……是要對抗一切，對抗莫名威脅的鬼魂。」它們是「武器，它們是要……保護人們，幫助他們獨立自主」。這點剛好觸動了叛逆小子的神經。「我也要對抗一切，」他後來說。他也想要找到他的獨立性。「我應該就是在那天想到《亞維農的少女》，可是不是因為（那裡陳列的面具的）形式，而是因為那是我第一幅驅魔的畫

❶ 原作尺寸為244×233 cm。

作。」[3]

這個西班牙年輕畫家叫作畢卡索（Pablo Picasso, 1881-1973）。而他在一九〇六年那個時候要抵擋的鬼魅，則是他自身的不確定性的惡魔。一九〇〇年，他第一次到巴黎，參觀了那裡的萬國博覽會。自此以後，他就到處遊蕩，從巴黎到馬德，又從那裡到巴塞隆納，接著再到巴黎，又回到巴塞隆納，然後第三度客居巴黎地兩地之間來回遊蕩。他大量地作畫，創作力幾乎要炸裂了，可是他一直心中慊慊。剛剛結識的朋友，法國詩人阿波里奈爾（Guillaume Apollinaire, 1880-1918）、美國作家和藝術收藏家葛楚德·史坦（Gertrude Stein, 1874-1946）以及法國畫家馬諦斯（Henri Matisse, 1869-1954），他們對自己以及彼此的期待都特別高掌遠蹠。尤其是馬諦斯，對於畢卡索而言更是個巨大的挑戰。自從名滿天下的塞尚（Paul Cézanne）於一九〇六年在普羅旺斯艾克斯（Aix-en Provence）辭世之後，馬諦斯就成了當時法國紅透半邊天的藝術家。而以畫筆和顏料揮灑地中海風情的**野獸派**運動也方興未艾。

相反的，生活的歡愉和和諧卻是躁動不安的畢卡索最不在意的東西。他生性桀敖不馴，可是他的心靈卻鬱鬱寡歡。他究竟要怎麼在藝術裡找到自己的地位，這個問題快要把他逼瘋了。戴著他的「獨立性」的面具參觀民族學博物館，為他指引了一個新方向。從事「原始人」和「野人」的藝術，當然不是什麼創意，而只是趕流行而已。而就在畢卡索眼前，正要掀起一場民族學的革命。如果說十九世紀末的人們採取達爾文（Charles Darwin, 1809-1882）的演化理論，把「原始人」當作現代人類的前期階段，那麼現在的民族學家、哲學家和藝術家則是發現了另一個面向。被歐洲（以及法國）殖民領主壓迫和剝削的「野人」，不僅僅是比文明人更原始而已。他們難道不也是我們的藍

[21]

本嗎？大都市的人不是感覺到無力的退化，失去了他們的自然感受嗎？不同於「自然民族」，他們不正是迷失方向而感到疏離嗎？

自然狀態、原始性以及和世界的一種巫術性關係，應該可以喚醒大都市裡的現代人吧？相較於批判西方社會，高更（Paul Gauguin, 1848-1903）筆下的南海風情畫更為人津津樂道。作為來自外部的興奮劑，它是可以對治文明倦怠症的氧氣。年輕的德國和法國民族學家梵亨內普（Arnold van Gennep, 1873-1957）以及法國的牟斯（Marcel Mauss, 1872-1950）認為原住民文化裡的他者性不但不是原始的，而且是相當珍貴的。奧地利的佛洛伊德（Sigmund Freud, 1856-1939）在《圖騰與禁忌》（*Totem und Tabu*）裡一頭栽進了民族心理學（Völkerpsychologie），而法國社會學家涂爾幹（Émile Durkheim, 1858-1917）更是爬羅剔抉地研究許多原住民宗教。而他的同黨們對於非洲部落藝術的興趣，尤其是馬諦斯、阿波里奈爾以及葛楚德．史坦，更使得畢卡索在民族學博物館裡流連忘返。

到了一九〇六年秋天，面具和偶像應該可以使畢卡索的心靈獨立了。他以其藝術技法把來自家鄉的種種形式、古西班牙的雕塑以及加泰隆尼亞壁畫人物的誇大眼睛造型熔於一爐。至於妓院場景，在當時也是個流行主題。可是畢卡索不同於其他畫家，他不想表現淫欲和墮落，虛幻的繁華、憂鬱和悲慘。而著名的原型，魯本斯（Peter Paul Rubens, 1577-1640）的《帕里斯的評判》（*Das Urteil des Paris*）和葛雷柯（El Greco, 1541-1614）的《揭開第五封印》（*Das fünfte Siegel der Apokalypse*），同樣表現裸體女性，則只是個靈感而已。畢卡索想要打破所有已知的成規，創造全新的事物。他的畫面牴觸了一直到現代藝術依然如影隨形的所有關於「美」的觀念。我們這位畫家

[22]

那時候和他的同居人費南蒂・奧利弗（Fernande Olivier, 1881-1966）為了許多細故而吵得不可開交，在藝術上的解答也就只會是激進、憤怒而不肯妥協的東西。得自民族學博物館的靈感並沒有讓畢卡索在面具和偶像裡看到任何確定的對照世界。少女們的臉孔被他扭曲變形，還畫上了一部分陰影線。她們看起來宛若畢卡索很喜歡的美國時下流行的連環漫畫裡的人物。她們的嘴唇被畫成線條和圓圈，鼻子變成了三角形。這種表現方式和象徵主義（Symbolismus）一樣，都是在嘲諷對於現實的複製。畫面裡沒有任何記號語言，既沒有指涉也沒有任何意義。

在畢卡索創作《亞維農的少女》的那個歲月裡，這是絕無僅有的事。一九〇六年秋天到一九〇七年夏天，他到處閒逛。這位畫家的野心相當明顯。現在保存了他的八百多幅速寫和草稿，其中有許多大尺寸的寫實主義表現的畫作。可是妓院的主題漸漸從畫面消失，其中也包括起初速寫的男人，一個學生和一個水手。這個主題越來越隱晦，原本想要表現的寓意也消失了，反倒是形式語言越來越極端：蠻橫粗野的鉅變的畫面，以配合一個鉅變的世界。導論裡提到的種種創新，也在畢卡索的巴黎世界裡炸裂了經驗的種種格式。城市電氣化且燈火通明，電車取代了馬車，電影問世，愛因斯坦在畢卡索著手創作《亞維農的少女》前一年證明了狹義相對論。人們當時認識到的空間和時間，距離和速度，失去了它們為人熟知的節奏。而藝術的變革也山雨欲來，正如塞尚、馬諦斯和野獸派早就宣告的。更多人大膽嘗試超現實主義！更多的夢境，更多的瘋狂，更多的荒謬，佛洛伊德也在此同時把它們解釋成人類心理的決定性元素。正如野獸派所主張的，藝術不可以被潛抑，也不是要創造和諧，它應該以被潛抑的事物（das Verdrängte）本身為對象。

一九〇七年七月，時候終於到了。現在正是脫離繪畫的文化規範的時機。德國人烏德

[24] （Wilhelm Uhde）是第一個在畢卡索位於蒙馬特的畫室看到那幅畫的畫商。「亞述人」（assyrisch）是那幅畫給他的印象，他不怎麼喜歡。烏德把它轉介給另一個行家，年輕的藝術品收藏家坎威勒（Daniel-Henry Kahnweiler, 1884-1979），他剛剛在巴黎開了一家畫廊，和諸如德蘭（André Derain, 1880-1954）以及布拉克（Georges Braque, 1882-1963）之流的年輕藝術家簽了合約。坎威勒不知道怎麼歸類這幅畫。在他看來，畫裡的人物就像是「被斧頭垂直劈開」似的。他看到「和所有難題狂暴的、一飛沖天的搏鬥」，尤其是看到了一種苛求。[4]至於他的朋友和同事，根據多年後的轉述和謠傳，他們的反應也沒有好到哪裡去。[5]根據坎威勒的說法，德蘭大肆批評《亞維農的少女》說：「畢卡索有一天一定會在他的巨幅畫作後面上吊自殺。」在他眼裡，那種畫法完全沒有搞頭。布拉克也說，那幅畫好像是「有個人喝了汽油準備要噴火似的」[6]。阿波里奈爾回憶說那是「解剖的謀殺」，認為那幅畫和馬諦斯的作品正好相反，是「太誇張的實驗」[7]。馬諦斯也不怎麼高興，他知道那是在攻擊野獸派以及他自己的藝術。[8]就連當時博學多聞的前衛派先驅，法國詩人和藝評家薩爾門（André Salmon, 1881-1969）也相當不以為然：「這個追求創意的結果相當讓人沮喪。畫裡的人物沒有任何優雅可言……她們的變形扭曲讓人一點也不意外……臉孔的醜陋……就算是半信半疑的人也會因為厭惡而冷淡以對。」[9]而根據葛楚德·史坦的說法，野獸派的行家，俄羅斯收藏家施丘金（Sergej Schtschukin, 1854-1934）也感慨說：「這真是法國藝術莫大的損失！」[10]

[25] 畢卡索驚愕萬分，但是沒有被打敗。他讓那幅巨畫面向牆壁，再也不出示任何人。另一方面，他堅信自己創造了意義重大的東西。他的時代已經到來。不同於現在變成他的對手的馬諦斯，他要追求的不是和諧，而是不和諧（Dissonanz）。而且他所創造的也不是個統一體，而是要把它碎片

化。吸引他的不是成品，而是生成和破裂。他的畫作應該是經驗的種種建構。我們的世界是我們的人造物，而我們的經驗世界的深層節奏至今仍未被人發現和揭露。[11]

尼采（Friedrich Nietzsche, 1844-1900）是野獸派的哲學家。一九〇〇年一月，在這位德國哲學家辭世的一個月前，因為法國散文家戈提爾（Jules de Gaultier, 1858-1942）極力吹捧《查拉圖斯特拉如是說》（*Also sprach Zarathustra*）而在法國聲名大噪。對於戈提耶以及法國無數的知識份子和藝術家而言，這位戴奧尼索斯精神的辯護者變成了地中海生活情調及其藝術的哲學家：「那是一種情趣，一種新的脾胃，一種新的天賦，讓人看到種種不曾看見的顏色、聽到種種不曾聽到的聲音、經驗到種種不曾經驗到的感覺。」[12]個體性、力量、激情、狂放不羈、振翅高飛、狂喜、無神論的驕傲以及表現的激昂——生命肆無忌憚地擺脫所有中產階級的成規、陳腐的理性以及貧瘠的道德。

就連畢卡索也對尼采相當著迷，即使我們不清楚他是否真的讀過尼采的著作，或者只是從朋友們天花亂墜的說法那裡認識他。無論如何，諸如所有價值都必須重新評定，藝術再怎麼樣都不會太激進，這類的思想莫不和他的生命情調一拍即合。尼采認為，藝術家固然披著「不潔淨的念頭的面紗」，但是在探究世界的時候，卻往往比哲學家更加深入本質，畢卡索很喜歡這個看法，而把它當作自己的信念。畢卡索在一九二〇年代初期的一場訪談裡說：「我們都知道藝術不是真理。藝術是個謊言，它可以教導我們如何把握真理，或者至少是我們身為人可以把握的真理。」[13]一九〇八年十一月，保守派的法國藝評家沃賽耶（Louis Vauxcelles, 1870-1943）在《吉爾布拉斯》（*Gil Blas*）雜誌上痛批畢卡索的同伴布拉克說：「布拉克先生……把所有事物，場所、人物、屋宇，都分解成幾何圖形，變成了立方體。」於是這個探尋真理的激進藝術形式就有了一個名字：**立體派**（Kubismus）！[14]

然而到頭來成為新藝術的哲學家的並不是尼采，而是另有其人。自一九〇八年以來，馬諦斯就密集地研究當時法國哲學的超級巨星柏格森。[15]而這位暢談直覺（Intution）的思想家在畢卡索周圍的知識圈裡也水漲船高。詩人德韋桑（Tancrède de Visan, 1878-1945）多年來一直是柏格森在法蘭西學院（Collège de France）講座的忠實聽眾，一九一一年十一月，他甚至面對面為大師介紹這個新的藝術潮流。[16]直覺的哲學不信任任何理性的客觀性，認為事物背後的真實存有是個連續體（Kontinuum），那是我們沒辦法以形式和概念去探賾索隱的，而對於這樣一個哲學，立體派不就是若合符節的答案嗎？立體派拆解了對象世界，突顯它的觀點性（Perspektivität，透視性），並且指出世界裡的一種「更多」，那是傳統繪畫無法表現的。時年五十二歲的柏格森聽了有點猶豫不決。這個比他小二十多歲、對他阿諛奉承的藝術家和藝評家，到底是什麼來路？無疑的，他對藝術相當熱中，而美學也是他的重要主題。幾年前，他還讚嘆說達文西的《蒙娜麗莎的微笑》是藝術直覺的大師作品。但是那和關於立體派的說法完全是兩碼子事。此外，薩爾門在一九一二年邀請柏格森為黃金分割畫派（Section d'Or）的展覽寫一篇序言，也被他推辭了。

可是儘管沒辦法延攬法國哲學的明星作家，該運動卻漸漸瀰漫著柏格森哲學的氣味。畫家格列茲（Albert Gleizes, 1881-1953）和梅欽格（Jean Metzinger, 1883-1956）的《論立體派》（*Du cubisme*），總算在一九一二年為新風格確立了名字，他們也在該著作裡把柏格森的思想大量應用在藝術上面。如果真的如柏格森所說的，我們的時間和空間的概念只是心靈的輔助結構，用以把握那無法捕捉的時間連續體，那麼繪畫裡的空間也就必須拆解開來，才有辦法呈現我們的世界經驗的建

[27]

構物。它要表現的不僅止於一個視角，而是多重視角，觀點也不只有一個，而是有許多觀點。因為觀看永遠不會停歇，而立體派要描摹的，也正是經驗的自然動態。根據他們的觀念，立體派的藝術並不是靜止的，而是隨著觀察者的視野一起變動，因而也知覺到時間經驗的不安和流動，其他藝術作品雖然也意識到它，卻不得不把它冰凍在某個瞬間裡面。

過了不久，立體派就在巴黎大放異彩。坎威勒和畢卡索簽約，而他也和布拉克一樣躋身立體派先驅之列。可是不同於素描平庸的布拉克，畢卡索的立體派畫風使得他的畫技完全無用武之地。他「如著魔一般的行雲流水」的藝術天賦一直沒有完全開展[17]，畫家自己不多久也知道走到了死胡同。其實很少有哪個畫派像立體派那麼快速耗損其美學觀念的——那是光鮮亮麗的另一面。相反的，《亞維農的少女》其實命運多舛。一九一六年，這幅畫——薩爾門把它叫作「哲學的妓院」（Le bordel philosophique）——[18]第一次展出。而「亞維農的少女」這個標題也是出自薩爾門之手，他當然不是指法國的城市，而是影射巴塞隆納的紅燈區「亞維農街」（Carrer d'Avinyó）。直到八年之後，作品才出現了買家，那就是服裝設計師賈克．杜謝（Jacques Doucet）。他以兩萬四千法郎購得。不久之後，一九二五年四月，它和畫家的名字一起見諸版面，而且就是在《超現實主義革命》（*La Révolution surréaliste*）雜誌上。在這期間，立體派幾乎改變了歷史，而激進的前衛藝術也成了大家的口頭禪。

同年，西班牙哲學家奧德嘉．賈塞特出版了有口皆碑的論文集《藝術的去人性化》（*La deshumanización del arte*）。他把新興的前衛藝術定義成有意識的反流行並且故弄玄虛，使得許多人對它相當反感，包括知識圈。可是奧德嘉說，這個分裂完全是故意的，因為新藝術根本不想要讓人喜歡它。它在社會裡的角色變了。前衛藝術刻意地揮別人性。它扭曲了它的對象，使它無法被辨識，它讓觀眾感到憤怒，讓人覺得它是在畫作裡面自我反省。前衛藝術的每個作品都是在探究藝術在社會裡的功能問題。

第一次世界大戰之後，畢卡索和馬諦斯一樣，成為了前衛藝術的超級明星。他的《亞維農的少女》所召喚的鉅變本身也成了藝術生產的文化規範。正如奧德嘉所說的，從現在起，它承擔了一個巨大的現代性壓力，這個壓力持續了整整一個世紀：藝術是以形式的創新在挑釁社會。直到種種形式的可能性都耗盡了——而它同時也喪失了社會性的意義——到了現在，現代性的壓力才漸漸被掏空。

畢卡索的藝術在他生前就成了歷史事件，對此他毫不在意。那只會提高他的意義以及讓人目眩的市場價值。當甫落成的紐約現代美術館（Museum of Modern Art in New York）把手伸向《亞維農的少女》，採購委員會說那是「現代藝術史裡真正可謂劃時代的少數作品之一」[19]。一九三九年五月，作品真的以兩萬八千元美金被賣到紐約；現在許多人認為它是二十世紀最名貴的畫作。它被讚譽是「現代世界的關鍵畫作」，在一個被蠻橫破壞且碎片化的世界裡，它簡直就是人類的經驗結構的象徵。交易完成的四個月後，就爆發了第二次世界大戰……

現代哲學

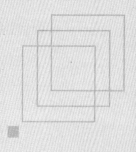

現代哲學的哲學家年表

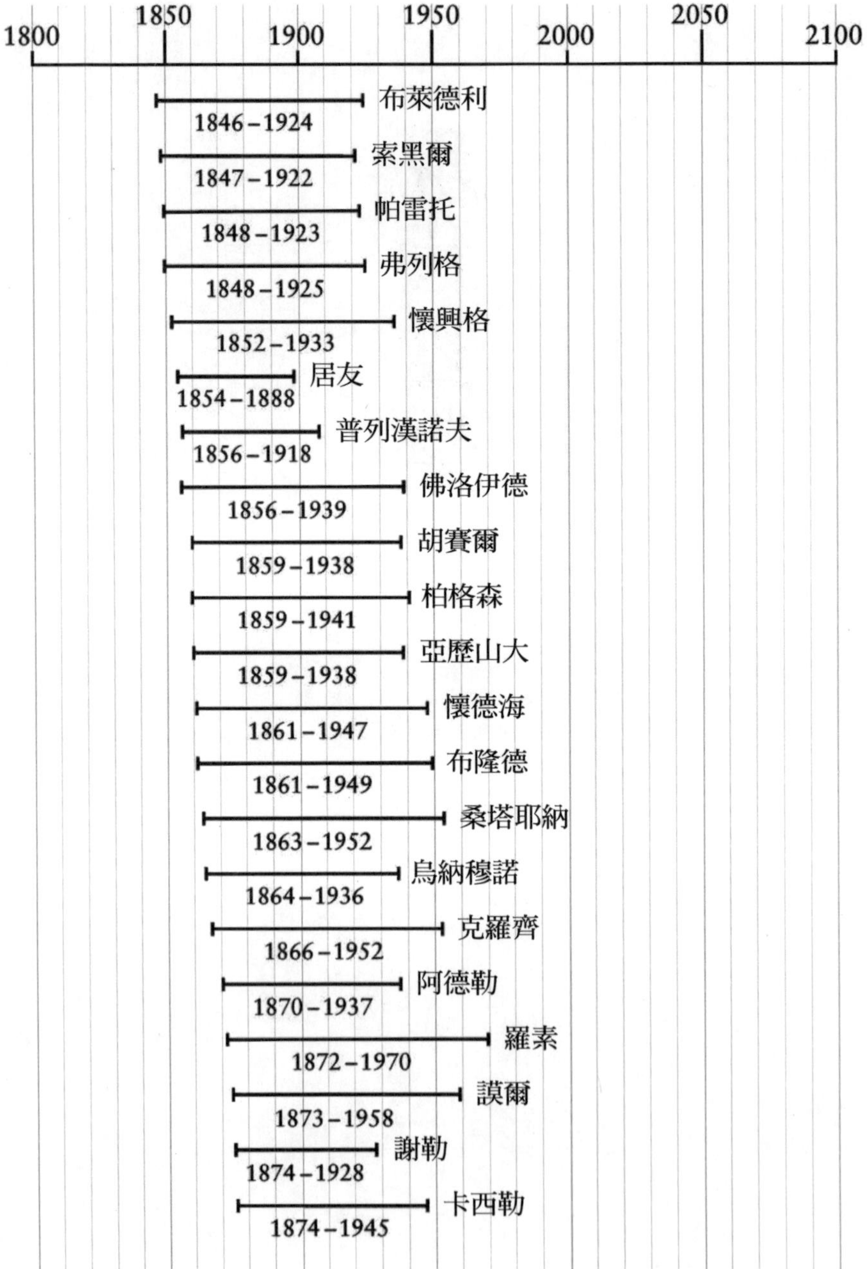
1800
1850
1900
1950
2000
2050
2100
布萊德利
1846–1924
索黑爾
1847–1922
帕雷托
1848–1923
弗列格
1848–1925
懷興格
1852–1933
居友
1854–1888
普列漢諾夫
1856–1918
佛洛伊德
1856–1939
胡賽爾
1859–1938
柏格森
1859–1941
亞歷山大
1859–1938
懷德海
1861–1947
布隆德
1861–1949
桑塔耶納
1863–1952
烏納穆諾
1864–1936
克羅齊
1866–1952
阿德勒
1870–1937
羅素
1872–1970
謨爾
1873–1958
謝勒
1874–1928
卡西勒
1874–1945

現代哲學的哲學家年表

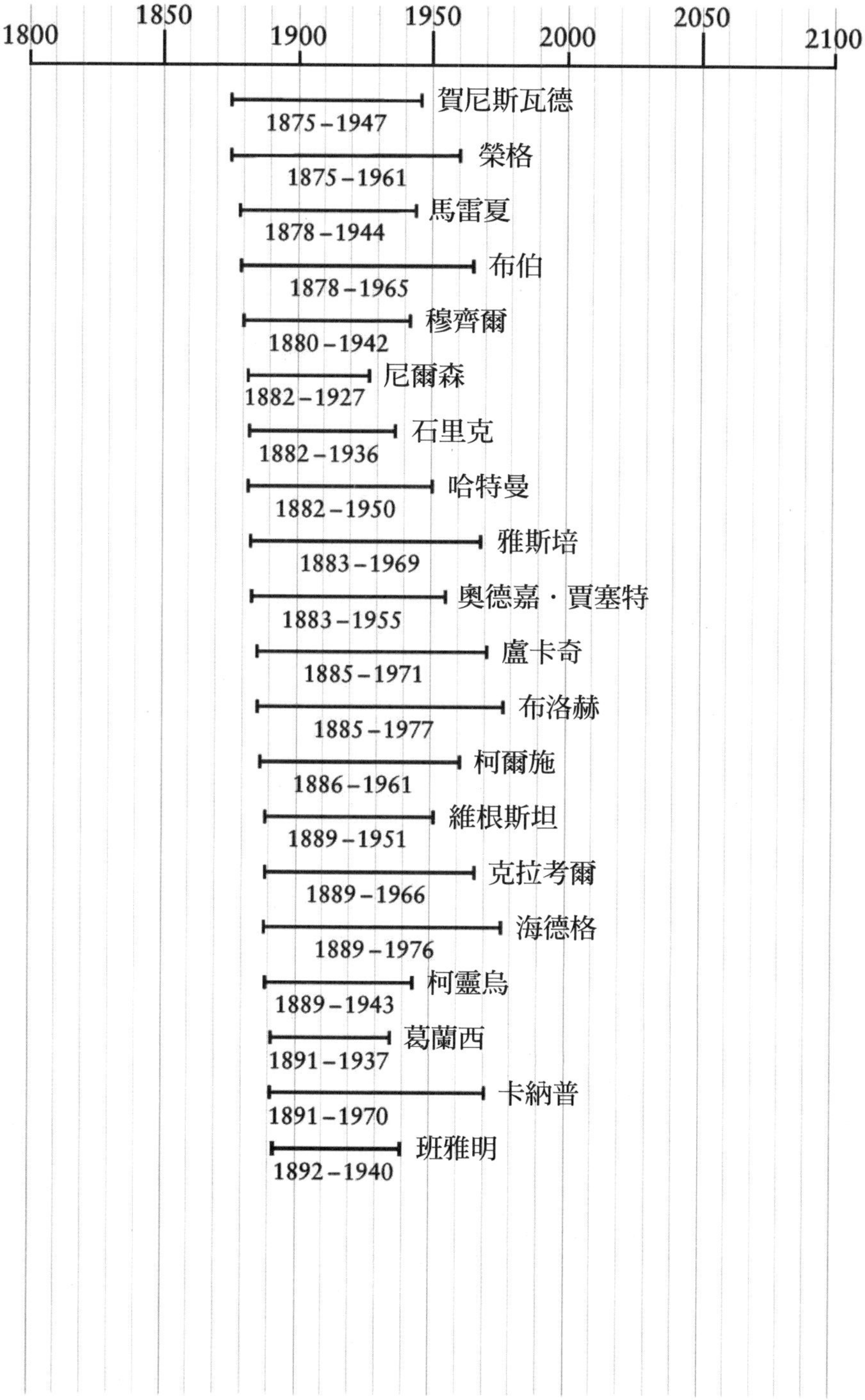
1800
1850
1900
1950
2000
2050
2100
賀尼斯瓦德
1875－1947
榮格
1875－1961
馬雷夏
1878－1944
布伯
1878－1965
穆齊爾
1880－1942
尼爾森
1882－1927
石里克
1882－1936
哈特曼
1882－1950
雅斯培
1883－1969
奧德嘉・賈塞特
1883－1955
盧卡奇
1885－1971
布洛赫
1885－1977
柯爾施
1886－1961
維根斯坦
1889－1951
克拉考爾
1889－1966
海德格
1889－1976
柯靈烏
1889－1943
葛蘭西
1891－1937
卡納普
1891－1970
班雅明
1892－1940

現代哲學作品年表

1879 弗列格《概念書寫》

1884 弗列格《算術基礎》

1889 柏格森《時間與自由意志》

1893
弗列格《算術之基本法則》第一部
布隆德《行動》
布萊德利《表象與實在》
克羅齊《一般藝術觀念下的歷史》

1896
柏格森《物質與記憶》
桑塔耶納《美感》

1899 佛洛伊德《夢的解析》

1900
柏格森《笑》
齊美爾《貨幣哲學》
胡賽爾《邏輯研究》第一部

1901
胡賽爾《邏輯研究》第二部

1902
克羅齊《作為表現科學以及普通語言學之美學：理論與歷史》

1903
弗列格《算術之基本法則》第二部
羅素《數學原理》
謨爾《倫理學原理》

1904
佛洛伊德《日常生活的精神病理學》

1905 桑塔耶納《理性的生命》

1906
卡西勒《近代哲學和科學的知識論問題》第一部

1907
卡西勒《近代哲學和科學的知識論問題》第二部
柏格森《創化論》

1908
索黑爾《對於暴力之沉思》
麥塔格《時間的不實在性》

1910
卡西勒《實體概念和功能概念》
羅素和懷德海《數學原理》

1911
懷興格《彷彿的哲學》
盧卡奇《心靈與形式》
柏格森《創化論》（英譯）

1912
羅素和懷德海《數學原理》第二部

1913
佛洛伊德《圖騰與禁忌》
烏納穆諾《生命的悲劇意識》
胡賽爾《觀念》
羅素和懷德海《數學原理》第三部

1914
奧德嘉．賈塞特《關於唐吉訶德的沉思》
羅素《我們關於外在世界的知識》

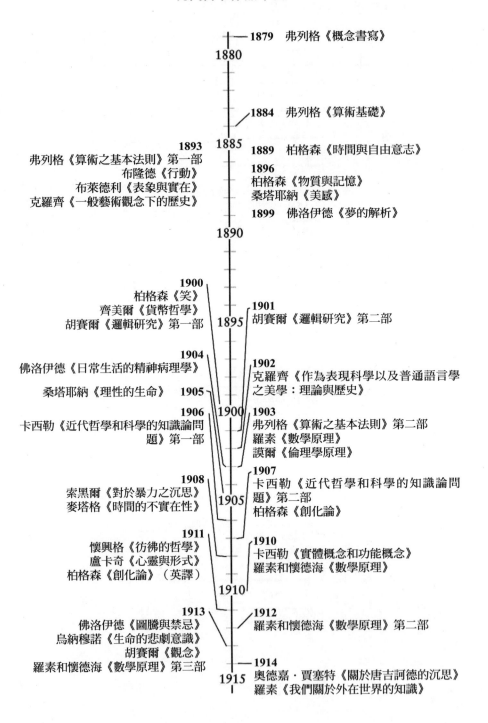

現代哲學作品年表

1915

1916
謝勒《倫理學中的形式主義以及實質的價值倫理學》
帕雷托《普通社會學論叢》
盧卡奇《小說理論》
索緒爾《普通語言學教程》

1917
克羅齊《歷史之理論與歷史》

1918
史賓格勒《西方的沒落》第一部
布洛赫《烏托邦精神》
羅素《邏輯原子論的哲學》
石里克《普通認識論》

1919
雅斯培《世界觀的心理學》

1920

1920
佛洛伊德《超越快樂原則》
懷德海《自然的概念》
卡西勒《近代哲學和科學的知識論問題》第三部

1921
賀尼斯瓦德《思考心理學的基礎》
佛洛伊德《群眾心理學與自我之分析》
哈特曼《知識形上學之基礎》
羅素《心的分析》

1922
史賓格勒《西方的沒落》第二部
克拉考爾《作為科學的社會學》
維根斯坦《邏輯哲學論叢》

1923
桑塔耶納《懷疑論與動物信心》
佛洛伊德《自我與本我》
盧卡奇《歷史與階級意識》
柯爾施《馬克思主義與哲學》
布伯《我與你》
卡西勒《符號形式的哲學》第一部

1924
柯靈烏《心智之鏡》

1925

1925
卡西勒《符號形式的哲學》第二部
懷德海《科學與現代世界》

1926
哈特曼《倫理學》

1927
海德格《存有與時間》
佛洛伊德《一個幻覺的未來》
克拉考爾《大眾裝飾》
班雅明《拱廊街計畫》

1928
普列斯納《生物之種種階段與人類》
謝勒《人在宇宙中之地位》
胡賽爾《純粹時間意識之現象學》
卡納普《世界的邏輯結構》

1929
懷德海《歷程與實在》
懷德海《理性的功能》
奧德嘉．賈塞特《群眾的反叛》
卡西勒《符號形式的哲學》第三部
葛蘭西《獄中札記》

1930

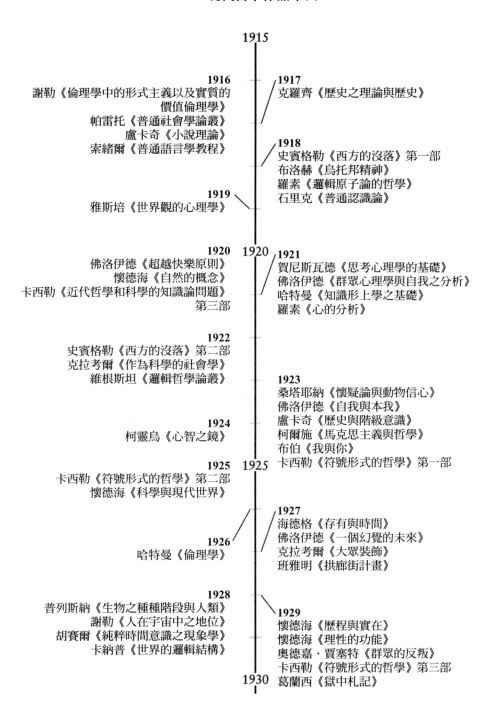

現代哲學作品年表

1930
佛洛伊德《文明及其不滿》
石里克《倫理學問題》

1931
賀尼斯瓦德《知識論的基本問題》
普列斯納《權力與人性》

1932
柏格森《道德與宗教的兩個起源》
雅斯培《哲學》

1933
懷德海《觀念之探險》
柯靈烏《哲學方法論》

1934
杜威《作為經驗的藝術》
卡納普《語言的邏輯語法》

1935
哈特曼《存有學之基本原理》
普列斯納《中產階級年代盡頭的德國精神之命運》
雅斯培《理性與存在》

1936
班雅明《機械複製時代的藝術作品》
胡賽爾《歐洲科學危機》
艾爾《語言、真理與邏輯》
維根斯坦《哲學探討》

1937
布洛赫《唯物論問題，其歷史與實質》

1938
哈特曼《可能性與現實性》
布洛赫《希望之原理》

1940
哈特曼《實在世界之結構》
柯靈烏《形上學論》

1942
蘇珊・朗格《哲學新解》

1945
柯靈烏《歷史哲學》

1946
卡西勒《國家的神話》

1950
哈特曼《自然哲學》

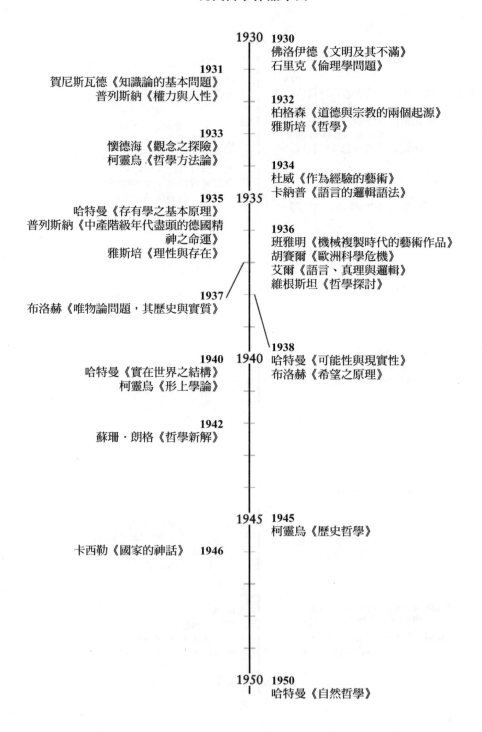

時間與生命衝力

- 被麻醉的心
- 時間的本質
- 自由的幽靈
- 雙重記憶
- 生命衝力
- 哲學明星

被麻醉的心

[37] 「笑」出現在二十世紀的開頭。當然，我們也不妨以齊美爾的《貨幣哲學》（*Philosophie des Geldes*）裡的金錢為起點，或者是佛洛伊德的《夢的解析》（*Traumdeutung*）裡的夢，或者是恩斯特・海克爾（Ernst Haeckel）的《宇宙之謎》（*Die Welträtsel*）裡的生命。這四部作品都在一八九九年到一九〇〇年間問世。它們都是新時代的序曲。而某個叫作柏格森的《笑》（*Le Rire. Essai sur la signification du comique*, 1900）是其中篇幅最短的。

[38] 齊美爾影射的是二十世紀，貨幣的「客觀精神」會滲透到所有生活領域，把所有其他價值都相對化；在佛洛伊德筆下的年代裡，人們認識到無意識（das Unbewusste）真實而難以駕馭的威力；海克爾則是宣告一個即將解開所有生命之謎的時代的到來。可是柏格森說了什麼？他在《巴黎評論》（*Revue de Paris*）裡的文章以及接下來的書，為什麼在知識圈以及藝術家之間如此轟動？

幽默並不是哲學的熱門話題，人們會把它轉交給心理學家去處理。柏格森的文章的完整標題是「笑：論滑稽的意義」，他所要闡述的完全是個哲學的東西。他想要知道為什麼人需要幽默，滑稽對於社會、藝術和人生的意義是什麼。可是他並不想「勉強定義滑稽的本質。我們都會把它視為有生命的東西。即使它沒有那麼重要，我們卻會像是尊重生命一樣地把它當一回事。」[20]

滑稽是使人有別於其他事物和生物的地方。風景並不滑稽，動物也沒有滑稽不滑稽的，它只存在於人的視角裡。人必應先抱持某個態度，才有辦法覺得滑稽。人必須不要那麼認真而入神地看待事物，才會覺得好笑。「唯有在水波不興的心靈表面，滑稽的事物才會完全起作用。心靈的冷淡是它的真正元素……在一個純粹知性人類的世界裡，」柏格森寫道：「人或許不再哭泣，卻還是會笑。」[21]

[39] 沒有任何事物本身就是滑稽的，唯有對事物採取一個冷靜的距離，以一個「事不關己的旁觀者」的視角，一切才會變得滑稽。因為「滑稽事物如果要起作用，就必須預設人的心暫時被麻醉，而轉向單純的知性」[22]。可是人為什麼要這麼做呢？為什麼要笑？笑什麼？根據柏格森的說法，滑稽的所有變種都有相同的源頭。當我們的人生失去了靈活性（souplesse），當我們難以適應日常生活和社會的種種要求，我們就會笑。這時候就突然出現一個姿勢、跌足、一個表情或是動作。我們以被麻醉的心，興味盎然地自遠處觀看。那些表情孤立而靜止，我們覺得很滑稽，就像一個沒有音樂的舞者的動作。在我們看來，他們的舞姿一點都不自然或藝術，反而相當突兀、怪誕而扭曲。原本含情脈脈的表情僵化成鬼臉，原本不起眼而且生物性的動作，現在顯得僵硬而機械。一言以蔽之：特定表情或動作構成了對於文明規範的脫軌。而其他人則會以笑聲嘲弄且懲罰之。這乍聽下似乎很殘酷，可是它也有其正面的社會成分。當他在笑某件事，他不只是覺得事不關己，他還想要接近別人。人在社會裡比較容易笑，而且也創造了一種共犯結構。如果別人不會真的跟著笑，那麼他的笑就沒有什麼意義可言。所以說，滑稽和笑的相互配合，產生了社會的相處模式。它讓人們行事低調且適應那種關係。為了不要顯得滑稽，人們一般而言都會與世沉浮，盡量迎合他們的生活環境以及鄰人。

對於一個社會學家而言，這個結論應該就可以解釋笑的功能了。可是柏格森更要打破砂鍋問到 [40] 底。這位哲學家猜想，也許挑釁、笑和適應的行為並不是由文明習得的。因為若是如此，人就不會有天生的滑稽感，也不會那麼容易相處了。因此，柏格森認為滑稽事物一定有個**存在性的**理由。他認為這個理由就在於生命和它的機械性複製的對立關係。真正的生命是一次性的、流動的，它不會一模一樣地重複。可是如果我們讓它靜止下來，並且把每個瞬間都孤立起來，那麼它就會突然顯得扭曲而滑稽。生命在我們面前越是看似機械化和自動化，我們就會覺得它越荒謬。被麻醉的心察覺到一個靜止下來的世界。在滑稽裡，生命被物化成死氣沉沉的機械。而柏格森認為那和真實的生命形成極大的反差。

讀者們應該知道那並不只是關於滑稽的許多理論之一。而喜歡柏格森的人也應該都知道他會怎麼說。因為這位哲學家以對於笑的分析來支持他的**兩個世界理論**。其一是形象和表層的世界，在其中，現象變成了客體。而另一方面，則有個真正生命之流的世界，它可以覺察到客觀世界裡有什麼東西不太對勁或是顯得滑稽。在柏格森的思考裡，這兩個世界是相當涇渭分明的：客觀的外在世界，以及內在世界真實而直接的實在界。而由於這個區別把每個人一分為二，而沒辦法一對一和世界對應。經驗和客觀世界之間沒有清澈的鍵結。相反的，我們把種種視角投射到世界上。我們敏捷靈活而幾近自動化地適應日常生活。在科學裡，我們以人為的方式為現象劃定界限，使它盡量明確地被指認為客體。

而藝術家則在內心的經驗和客觀世界之間創造了最緊密的鍵結。「如果說實在界和我們的感官以及意識直接對應，如果我們可以和事物以及我們自己直接聯繫，那麼我相信藝術就會變得多餘的，或者可以說，我們每個人都是藝術家，因為我們的心靈會始終和自然和諧一致。」[23]可是事實並非如此，所以我們才會需要藝術。它有意識地把我們的主觀經驗灌注到客觀世界裡，據此呈現在

[41]

日常生活以及科學裡看不到的所有生命面向。

柏格森的說法在世紀之交的巴黎傳誦不輟。法國第三帝國一八七〇到七一年的普法戰爭戰敗之後的外交政策處處受到掣肘。可是法國在這期間卻迎來了文明的黃金盛世。天主教會的箝制冰消瓦解，以巴黎三百萬為首的中產階級開始實驗一種新的生活風格。而柏格森正是代表著「美好年代」的時代精神的哲學家。在「自然主義」和「印象派」之間的激烈論戰裡，柏格森的立場相當明確。藝術絕非如自然主義者所說的以自然科學為取向。現代主義也不是說緊緊抓著生物學家、實驗心理學家和醫學家的衣角不放——而是把藝術視為以自己的方式更加澈底地探究實在界。那是自然科學及其種種人為的客觀化做不到的。藝術家的強項不在於準確，而是直覺，他要呈現的不是事態，而是生命。

藝術家不是要複製可見事物，而是要呈現真實生命——蒙馬特的藝術家們認為那是理所當然的事。正因為如此，印象派在作畫時捨棄線條而著眼於色塊，點描派（Pointillist）強調其點畫技法，而分隔主義者（Cloisonnist）和綜合主義者（Synthetist）則是主張捨棄透視法的平面構圖方式。他們不僅是把自然主義者的悲劇和宿命表現在畫布上，更要呈現一種輕浮、愚騃、荒誕和滑稽的感覺。關於賣淫、酗酒和瀕臨墜毀的生活，他們並沒有先入為主的看法。那不僅僅是對於人性的社會批判研究或者是對於社會的控訴而已，而是一種貪婪的、狂放不羈的、外溢的生命能量的種種現象。難怪柏格森會被人推崇為前衛派的明星哲學家。柏格森以巧譬善喻所要表達的，正是竇加（Edgar Degas）、梵東恩（Kees van Dongen）、安克坦（Louis Anquetin）、羅特列克（Henri de Toulouse-Lautrec）和前述的馬諦斯、畢卡索以及布拉克的生活和繪畫的寫照。就連普魯斯特

（Marcel Proust）也定居在這裡，而里爾克（Rainer Maria Rilke）更於一九一二年來到巴黎；佛瑞（Fabriel Fauré）、聖桑（Camille Saint-Saëns）、德布西（Claude Debussy）和拉威爾（Maurice Ravel）也在這裡創作他們的音樂。而柏格森關於直接的、主觀的且無法以概念把握的生命的看法，正好說到他們的心坎裡。這個人到底是誰啊？

時間的本質

柏格森於一八五九年出生在巴黎。他的父親是波蘭籍的猶太鋼琴家和作曲家，母親出身自英國的猶太家庭。柏格森一家人住在歌劇院附近的市中心區。這個天才橫溢的學生就讀於著名的大學預科學校，孔多塞高級中學（Lycée Condorcet, Lycée Fontanes）。一八七七年，他因為解答一道數學難題而獲獎。他在中學時就在研究達爾文的演化論，而和猶太人的信仰漸行漸遠。對於應該專攻自然科學或是人文科學，他一直躊躇不定，最後還是選擇了人文科學。他就讀於巴黎高等師範學院（École normale supérieure），一八八一年，他在巴黎索邦大學通過文理高中哲學教師資格競考。

當時哲學在法國並沒有那麼受到重視。十九世紀上半葉，孔德（Auguste Comte, 1798-1857）試圖以一種社會工程技術取代「智慧學問」。到了十九世紀下半葉，當時著名的哲學教授們莫不競相以「實證主義的」（positivitisch）方法去研究所有人文科學。哲學家暨歷史學家丹恩（Hippolyte Taine, 1828-1893）是這個潮流的翹楚。他孜孜不倦地以史學、古典文學和民族主義的角度研究文化史。丹恩的世界觀和人性觀完全以自然科學為取向。他認為人是可以用種種定律去描述的，而人的天性和環境也明確地預定了他們的行為。考古學家和宗教學家勒南（Ernest Renan, 1823-1892）也作如是想。對他而言，就連人類未來的演化歷史也早就預定了。演化史會有計畫地前進，而以一個完全屬於自然科學的時代為其終點。

可是柏格森在索邦的老師卻不這麼想。他在其專業的名氣沒有多大。博特羅（Émile Boutroux, 1845-1921）一輩子都反對自然科學對於哲學的影響。至少物理學的古典機械主義就沒辦法解決生物學的問題。我們在思考生命或者意識的時候，因果法則就派不上用場。因為有許多現象和自然科學所說的必然性一點關係也沒有。博特羅是受到他的老師莫利安（Félix Ravaisson-Mollien, 1813-1900）的影響。他也不喜歡自然科學口味的哲學。他是庫桑（Victor Cousin, 1792-1867）的學生，在當時的法國，是少數熱中於研究德國觀念論、黑格爾（Hegel）、特別是謝林（Friedrich Schelling, 1775-1854）的哲學家，一八三九年，他在慕尼黑聽過謝林的講演課。而就像謝林一樣，莫利安也認為，推動自然的，是某種超越時間的精神，而不僅僅是物質法則。

這個思想對於柏格森影響甚鉅。他在其作品以及自序裡很少提到別人給他的靈感。可是他後來寫了一篇文章特別談到莫利安。他也提到他閱讀維多利亞時期的哲學明星史賓塞（Herbert Spencer, 1820-1903）的經驗。史賓塞對於演化論的闡釋深深震撼了年輕的柏格森。他以自然的基本法則為基礎，從物理學開展出生物學，再從生物學推演到心理學，最後則推論出社會學和倫理學。自達爾文以降，沒有任何人像他那樣提出如此劃時代的體系。可是柏格森認為史賓塞嚴峻的決定論（Determinismus）以及絕對的唯物論太誇大了。自由在哪裡？相反的，博特羅和莫利安質疑說，自然裡真的如史賓塞所說的，只有機械力在作用嗎？

當柏格森提出這個問題時，觀念論在歐洲已經漸漸式微，唯物論則是甚囂塵上——除了德國以外，在德國，這兩個陣營一直是旗鼓相當。主張演化裡有個觀念之類的東西，那簡直是無稽之談。以因果法則和機械論去解釋演化史才是主流。可是柏格森早就定位了自己在這張地圖上的位置：他選擇了觀念論者陣營！只不過在達爾文之後，觀念論必須想辦法重整旗鼓。他們不是要反駁現代的演化理論，而是要和它對話，找到它的痛處並且超越它，那就是它無法解釋的地方。

柏格森在昂熱（Angers）擔任高中教師，一八八三年，在克來蒙費朗（Clermont-Ferrand），他在古希臘哲學那裡找尋唯物論和邏輯的根源。他出版了盧克萊修（Lukrez）的著作選輯，加上自己的評註，並且研究著名的芝諾（Zenon von Elea）悖論。可是他的野心並不只是他的第一部著作看起來那樣。在一八八〇年代中期，柏格森思慮周密地反省當時的自然科學可以解釋什麼，不能解釋什麼。到處充斥著諸如「力」、「能量」和「定律」之類的物理概念。可是很奇怪地又派不上什麼用場，因為人們顯然難以定義它們。古典力學沒辦法把所有現象都化約成運動定律。諸如奧地利的馬赫（Ernst Mach, 1838-1916）之類的物理學家甚至質疑「物質」的概念。物理和化學尤其笨手笨腳地相互交錯，彷彿兩個分隔的世界。生理學和心理學的關係更是撲朔迷離且矛盾荒謬。他們重新提出種種關於時間和空間的問題，後來則是匯流到相對論裡。

無疑的，他們認為哲學要以自然科學為取向，可是自然科學根本沒有什麼確定的立足點。它們的地基左搖右晃。唯一可以確定的是，所有知識都是測量得到的。可是如果測量本身也是不確定或者模稜兩可，那麼就得不出什麼重大的真理。一八八九年，柏格森以這個批判性反思的成果寫成了在索邦的博士論文：《時間與自由意志：論意識的直接與料》（*Essai sur les données immédiates de la conscience*）。

這個三十歲的年輕人的作品，成了哲學史上的一座里程碑，也是成績相當優秀的博士論文。他的大膽主題是：時間是真實的——相反的，空間卻不是真實的！它只是附屬的，是人類意識建構出來的。人類在其意識裡形塑一個他在其中可以辨別方向的世界。於是他依據空間概念想像種種事物，此外也虛構一個可以像空間一樣分割的時間，因為他可以測量它。可是這樣的時間其實不是真正的時間，而只是個輔助工具，一個人為的世界，只是用來定位而已。相反的，真正的時間是，當我們試圖以種種知性構想去排列和理解我們生活裡的種種事物時，卻在我們心裡感覺到它的流逝。

柏格森認為世上有兩種時間的概念。其一是源初的、**感覺裡的時間**，而當我們脫離了日常生活，當我們從我們**構想出來的時間**（也就是第二種時間）脫離出來，我們就會意識到第一種時間。在那些片刻裡，我們感覺到自己的存在，感覺到自己是一個寂靜的流動的一部分。此外，我們也會感覺到我們深層的自我（moi profonde）。我們的表層自我（moi superficiel）會後退，讓我們感覺到自己的本來面目。關於這個真正的、本質的時間，柏格森找不到任何確切的概念。他很尷尬地把它叫作「綿延」（durée）。這個語詞不只是指時間的久暫。它是指當我們感覺到我們在時間裡執持自我的那種體驗。我們在其中經驗到生命的強度和性質——而和倏忽生滅的體驗正好相反，我們不斷自動化的知性依據這種體驗以量的方式去認識世界：前後、多寡、遠近、快慢等等。❶

柏格森的綿延、強度和性質的世界，現在遭遇到一個關鍵的問題：那是科學不得其門而入的世界。我們只能感受它，而沒辦法以科學理論支持它或測量它。我們這位哲學家認為那是它的優點而

[46]

❶ 見：《時間與自由意志》，頁87，吳士棟譯，北京商務印書館，1989。

不是缺點。他在《時間與自由意志》的開場白裡就拒絕了心理學試圖測量意識狀態的作法。萊比錫物理學家和哲學家費希納（Gustav Theodor Fechner, 1801-1887）於一八六〇年正式命名的「心理物理學」（Psychophysik），在柏格森眼裡是一文不值的東西。感覺強度是沒辦法量化的！人的悲傷沒有多寡可言，不像劑量那樣可以調低或調高。悲傷不會改變它的量，而只會改變它的強度，而且是因為想法、環境以及感受而不同[2]，所以是因人而異的。只要涉及性質和強度，量化的認知、自然科學家的測量都只會誤導我們而已。於是，柏格森斷然拒絕了當時方興未艾的實驗心理學的樂觀主義。那是行不通的事！我們沒辦法以表層自我的方法把意識分門別類，而只能以深層自我去感覺它。這個看法至今既沒有變味也沒有被超越。我自己感覺到了什麼，只有我自己知道。就算牙醫找不出我牙痛的原因，可是當我感到牙痛，那就是感覺到了。至於諸如悲傷、渴望、厭世、鄉愁、失戀之類的複雜情感狀態，那就更是如此了吧？柏格森在這裡拋出了美國數學家暨哲學家皮爾斯（Charles Sanders Peirce, 1839-1914）於一八八六年首創的「感質問題」（Qualia-Problem）概念。直到今天，不管是對於心理學或是心靈哲學，它都是個持久的挑戰。

柏格森認為，科學沒辦法以其概念和測量捕捉感覺的性質，這正足以證明，科學一直停留在另一個領域——也就是被建構者以及建構者的領域——而不是直接體驗的領域。「綿延」的世界以及條分縷析的知性的世界因而是涇渭分明的；前者是真實的世界，而後者則是工具性的輔助方法而且是「不真實的」，因為它是個附屬的世界。

[2] 「可是強度有大小，這確實好像是常識的看法；但是如果把這種看法當作一種哲學解釋而提出來，則我們不免陷入循環論證的泥坑。」（《時間與自由意志》，頁1。）

可是哲學家又是如何把握這個深層自我的強烈體驗的世界呢？他如何探究以自然科學的方法不得其門而入的現象呢？「在試圖思考原汁原味的綿延時，我們感覺到難以置信的困難，」柏格森寫道：「那無疑是因為綿延的不只是我們。外在事物似乎和我們一樣綿延，而就這個觀點而言，時間的介質看起來是同質性的。」[24]我們這位哲學家在這裡看到了兩個難題。由於我們的知性不停探索外在世界裡的定位問題，使得我們幾乎沒有機會真正和自己相處。可是我們怎麼在思想裡推斷出這種「綿延」呢？尤其是因為哲學家必須把他們認識到的形諸文字，而這正是第二個難題。然而就像我們在日常生活裡的時間和空間觀念一樣，語言也是知性的定位工具。語言會創造一個空間秩序，這個秩序只在知性裡，而不存在於實在界裡。語句會使我們的體驗變成碎片，語詞會把它們限定在特定的意義裡，而和其他意義區隔開來。在現實世界裡，一條無邊無際的大河汩汩流動，現在出現了空間的框架，開闢了死寂的墳墓。可是為流動狀態貼上標籤，並沒有使它更明顯，反而更晦暗。❸

柏格森意識到難題所在。如果說語詞和語句沒辦法觸及真正的現實世界，那麼他以語詞和語句構成的哲學又有什麼價值可言呢？如果說自然科學家的知識只是相對的，因為它沒辦法把握真正的時間，而它的理論也沒有什麼根據——那麼哲學家高唱入雲的種種說法不也是如此嗎？柏格森提出了「綿延」以外的第二個輔助概念，也就是「直覺」（intuition），因而倖免於這個尷尬情況。如果說真實而直接的生命是言語道斷的，那麼我們就只能以直覺去經驗它。不過語詞也不全然是白費

❸ 見：《時間與自由意志》，頁 87-91。

[48]

力氣的。我們還是可以藉由語詞把「綿延」的經驗圈起來，而讓人直覺地體會我們所指涉的東西。當然，哪一種語言特別適合，這也是個問題；他寧可不要科學的單調乏味的語言。職是之故，柏格森一輩子都在找尋一種特別美麗、凝鍊、優雅的語言。理性難以形容的，或許比較容易以美感表現。

這個答案使得柏格森贏得了「詩人哲學家」的標籤；這個說法也適用於齊克果（Søren Kierkegaard, 1813-1855）和尼采。[25]而且柏格森的「詩人哲學家」外號其實有兩個意義。就像謝林、叔本華和尼采一樣，他認為文學創作、繪畫和作曲是關於生命的重要知識來源，也喜歡以詩體寫作。除了叔本華和尼采以外，幾乎沒有任何哲學家像柏格森那樣對於文學和繪畫造成這麼大的影響。無論如何，沒有任何世紀之交的藝術家為詩學和美學提出這麼重要的概念：「直覺」、「深層自我」、「創造力」，尤其是：「生命」。

自由的幽靈

主觀的東西才是真實的，客觀事物只是外在的——柏格森因為這個斷言而得以躋身於齊克果的存在哲學以及叔本華和尼采的生命哲學傳統之列。這個傳統最重要的法國思想家居友（Jean-Marie Guyau, 1854-1888）在柏格森出版《時間與自由意志》的前一年就辭世，僅僅得年三十三歲。他以驚人的速度寫下的作品，探討了人類在道德、藝術和宗教靈性方面的自然天性。這些作品的企圖和柏格森如出一轍：它們都要證明，生命是個狂放不羈的原始力量，它會催促人類超越自我。可是在德國的尼采把生命和邪惡的權力意志（Wille zur Macht）劃上等號，而居友則認為這個不斷外溢的、周遍一切的生命力，是社會性事物、利他主義和靈性的根柢。

柏格森和居友的關係有點曖昧不清。一八八五年，居友在《哲學評論》（*Revue Philosophiques*）裡發表了篇幅比較長的論文〈論時間概念的生成〉（*La genèse de l'idée de temps*）。儘管居友關於時間的研究偏向於心理學，不像柏格森那樣著眼於形上學，兩者卻有驚人的相似性，其中若干段落更是幾乎一字不差地被引用。可是柏格森在為居友死後出版的論文集撰寫書評時，卻讓人覺得兩人沒有什麼交集的樣子。

他和美國哲學的熠熠巨星威廉·詹姆士（William James, 1842-1910）的關係也是如此。早在一八八〇年，詹姆士就在《哲學批判》（*La Critique philosophique*）裡寫了一篇論文評論法國哲學家荷努維耶（Charles-Bernard Renouvier, 1815-1903）以及皮庸（François Pillon, 1830-1914）。他們兩人都讓詹姆士印象深刻，也使得他擺脫了讓他感到喘不過氣來的自然科學的唯物論。因為這兩個法國人以機智的論證為自由意志辯護。意識固然是以物質的形式產生，可是意識的游標卻不是由因果律毫髮不爽地決定的，而是自由的，注意力想要指向哪裡就指向那裡。這個理論說服了在自然科學薰陶下的詹姆士。一八八四年，他在倫敦大學學院（University College London）享有盛譽的期刊《心靈》（*Mind*）發表了一篇論文，題為〈論內省心理學的若干疏漏〉（*On Some Omissions of Introspective Psychology*），第一次提出一個概念，而這個概念後來也一直和他劃上等號。意識不是事件的串聯，而是一條狂放不羈的奔流，作為意識流（stream of consciousness），它不捨晝夜地向前走。我們想要以知性「概念」去把握世界和自我，但是它卻沒辦法真正理解不斷變化的意識世界。

[50]

柏格森雖然也在其《時間與自由意志》裡提到詹姆士，卻略去了那段談到無法被固定的、遷流不息的意識的著名出處。「綿延」的觀念看起來就像是柏格森自出機杼的想法，包括表層自我的世界，在其中，知性以它捉襟見肘的可能性框架去安置世界。柏格森認為，人類心靈是自由的，而不落入以自然科學去定義的、被因果法則決定的事件世界裡，但是這個觀念其實沒有那麼原創性。然而他的《時間與自由意志》正是旨在證明自由意志：「我們在眾多問題當中選擇了形上學和心理學的共同問題：自由的問題……這個證明是本書第三部分的題目：前兩章探討了強度和綿延的概念，它們可以說是第三章的導論。」[26]❹

[51]

如果說心靈是自由的，那麼它就不會落入因果法則。換言之：從我現在思考的東西，並不會不容妥協地、強制性地產生接下來我要思考的東西。可是十七、八世紀的英國經驗論，以及十九世紀眾所周知的「聯想心理學」（Assoziationspsychologie）早就提出這個主張了。意識和大腦是完全不可分地串聯在一起。我所思考的內容不多不少就是我的大腦的產物，它可以用自然科學精確地解釋。而如果說我的大腦以物質性的、機械性的方式在工作，那麼我的意識也沒有兩樣。但是詹姆士為心理學以及哲學提出了一個另類的思考，那就是意識並不等於大腦。如果說萬物流轉，環境每一秒鐘都在變化，同一件事不會發生兩次，那麼因果法則也就沒辦法嚴格適用。意識是個突現的現象（Emergenzphänomen），它擁有關於大腦的生理學無法掌握的獨特性質。意識的總和大於其物質性的組成部分的總和。

❹ 見：《時間與自由意志》，作者序言，頁iv。

柏格森正是這麼看的。可是相較於詹姆士，他的語言更加接近古典形上學。如果說詹姆士習慣一種優雅的、字斟句酌的科學風格，那麼柏格森看起來就像是現代的謝林，他讓自由的心靈掙脫了聯想心理學家、心理物理學家和決定論者的枷鎖。自由並不是一連串無止盡的因果關係裡莫名其妙的一個空隙，而是超越所有因果法則。其實我們根本不必解釋自由。我們反倒要懷疑，人們怎麼會想到用知性虛構出來的因果法則這種低級工具去惡整自由。

柏格森的「綿延」概念是有根據的嗎？自由的問題得到證明了嗎？他要說的是，擬似自由的意識漂浮在水面上，而和大腦無關嗎？意識真的是個純粹的心靈，一種幽靈嗎？它時而看似如此，有時候又不太像。柏格森不怎麼尊敬自然科學，不認為它在意識的問題方面特別在行；可是他也不至於嘲笑自然科學家們。他自認為是個比自然科學家更能夠解釋它們的知識的現代哲學家，而不是個神祕主義者。而且「深層自我」也應該和大腦或多或少有關係，即使和「表層自我」自動化的日常工作有所不同。可是到底有多麼不同呢？

[52]

雙重記憶

為了博得自然科學家的認可，尤其是大腦生理學家和神經解剖學家，柏格森也必須具備他們的專業知識。唯有如此，他才有資格主張說他比他們自己更了解他們。可是他算哪根蔥啊？一個名不見經傳的三十歲高中老師，他於一八八八年回到巴黎任教，起初在羅林中學（Collège Rollin），接著在著名的亨利四世中學（Lycée Henri-IV）。無論如何，詹姆士在其劃時代的作品《心理學原理》（*The Principles of Psychology*, 1890）裡提到柏格森，使得他雀躍不已；他的知名度大概就是這

[53]

樣而已。

十九世紀接下來的三分之一，法國變成了風雲際會的科學大國。巴斯德（Louis Pasteur, 1822-1895）掀起了醫學方面的微生物學革命，也重起啟動了原本停滯不前的大腦研究。布洛卡（Paul Broca, 1824-1880）是該領域的領袖，以定位大腦兩個語言區其中之一而著稱於世。就像大部分同儕一樣，布洛卡也是個唯物論者。大腦和意識、物質和心靈都是緊緊相互依賴的，所有心理現象也都有物理的原因。一八八一年，蘇格蘭人費里爾（David Ferrier, 1843-1928）在倫敦演示了他的黑猩猩實驗。他們移除了黑猩猩的若干腦區，發現它喪失了若干特定的功能。意識的作用和大腦關係密切——而且是和特定的腦區。同年，里博（Théodule Armand Ribot, 1839-1916）在他的暢銷書《記憶的疾病》（*Les maladies de la mémoire*）裡證明了：就連記憶力也是由神經系統決定的。實驗證明，神經的特定損傷會造成相同症狀的記憶喪失。

柏格森相當謹慎地研讀里博的作品。里博是他想要打敗的主要對手。正如柏格森後來寫道，這位野心勃勃的中學教師想要「以事實弄髒他的雙手」[27]。如果說他關於「深層自我」的自由領域的理論是正確的，那麼這個理論一方面必須和神經科學的事實相符，而另一方面，每個心理的刺激也不會都是大腦作用的直接而一對一的結果。這位博覽生物學和心理學群籍的哲學家，必須對腦神經科學家解釋他們的思考謬誤所在。可是既要當個「詩人哲學家」又要當個權威的自然科學家——他真的做得到嗎？

一八九六年，氣度恢宏的《物質與記憶》（*Matière et mémoire*）問世。它也是要為一個古老的哲學問題找到一錘定音的答案：身體和靈魂、物質和心靈，它們到底是什麼關係？所有心靈的事物，是否如唯物論者所相信的，完全是身體的產物？或者是如唯心論者所說的，所有物質性的事物都可以就心靈的層面去解釋？這兩個立場顯然都有問題。❺唯物論者既說不上來「自我」究竟是什麼東西，也無法理解什麼是自由意志。所以他們只能推託說那些都是不存在的或者是「假象」。可是這個說法牴觸了每個人的直覺！另一方面，當布洛卡、費里爾和里博證明說，身體的損傷會直接造成心理的結果，那又使得唯心論者的立場看起來完全脫離現實。在十八世紀末，如果有人像謝林一樣地主張精神是自由的且「絕對的」，或許會吸引一群好奇的聽眾；可是如果是在十九世紀末，大家應該會懷疑他是個瘋子。

對於柏格森而言，那則是不言而喻的事：這兩個立場都是錯誤的！應該有個理論可以整合兩者的優點而排除兩者的缺點。他在該書一開頭就說他肯定這兩者，「心靈的實在性和物質的實在性」[28]。他以記憶為例，想要證明兩者的關係。而演化則為他提供了解釋。❻為了適應環境，所有高等生物都必須有辦法對於他們生活在其中的世界形成一個「形象」。這個「形象」是個特殊的鏈結，是意識和環境之間的一種突觸。而正如柏格森的第一部作品所說的，也存在著兩個領域，兩個世界。其一是對象世界（科學的研究領域），其二是內在世界（我們的意識）。當我們在知覺事物，我們的意識就會把它的游標指向對象世界的事物，並且產生一個關於它的形象。它從外在形象變成內在形象，一個觀念內容。可是這個內在形象並不是靜態或是完成了的。生物越是複雜，其歷程就沒有那麼機械性。而人類的歷程尤其複雜，因為他的意識「開花」了。我們的注意力落在外在形象的方式

❺ 見：《物質與記憶》，頁1，張東蓀譯，商務印書館，1933。
❻ 見：《物質與記憶》，頁6-9。

不一樣，就會有不同的知覺，而且它也會不斷改變。所以說，知覺並不是攝影，它會有所揀擇、分類、挪移、評判和詮釋知覺自己形塑出來的形象。

每個知覺因而都是主觀且不完整的。我們往往只是聚焦於特定的片段或是部分。唯有如此，我們才會獲致有意義的印象、觀點和意見。就像荷努維耶和詹姆士所認識到的，意識的自由正是在於：不只是知覺決定我們的意識，我們的意識也決定了我們的知覺！我們體驗到的一切，都是由我們的身體不斷變換的觀點體驗到的。這個體驗充滿著我們的自由心靈，它不斷地被擾動和推動。柏格森在《物質與記憶》裡有一段名言說：「心靈擷取了知覺的質料，從那裡攝取養分，而以運動的形式把養分回饋它們，在那些質料上蓋上它的自由的印戳。」[29]❼

到這裡為止都還可以理解。可是那還是沒有回答一個問題：就物質的角度而言，自由的心靈到底是什麼。它是以生理學的方式發生的嗎？柏格森的回答是「兩者皆是」。因為他固然說我們的意識**取決於**大腦活動，卻不認為它們是一對一**對應的**。心理和身體並不是等同的，否則我們根本無法區分它們，也不必以兩個不同的語詞去表示它們的區別。柏格森解釋說，我們的意識並不就是大腦，而是附著於大腦，就像衣服掛在掛勾上。[30]所以說，大腦科學家只會在大腦裡找到自動的、生理的東西，而找不到觀念或思想。「那意味著心智和大腦之間的關係既不是恆定的也不是一對一的。根據演出劇碼性質的不同，演員的動作或多或少說明了這點：如果是默劇，那麼它們的關係就相當緊密；如果是機智詼諧的喜劇，那麼就幾乎沒有什麼關係。至於我們的大腦狀態是否包含了我

❼ 另見：《物質與記憶》，頁345：「精神自物質取得物質所餵養底知覺，乃將自己的自由性烙印於其上而返送於物質。」

們的心智狀態，那取決於我們是否想要讓我們的心理狀態表現在行為上，或者把它內化成純粹的認知。」[31]

柏格森以衣服和掛勾來比喻大腦和意識的關係是否得當，那是不無疑問的。它們兩者的關係當然不是那麼偶然或無關緊要的，而這個譬喻也成了他的理論的弱點。而柏格森的優勢則是在關於記憶的角色的探討上。如果人在知覺當中是客觀中立地拍攝實在事物而已，那麼他就不可能在眾多實在事物當中產生同一性（Identität）的感覺。若是要察覺到我在此起彼落的知覺當中一直是同一個人，我就必須有個記憶。每個新的經驗都會被歸類到我的眾多經驗裡並且並評估。如此一來，我的經驗就會建立一種連續性，我們把它叫作「同一性」。它是我變動不居的主體的核心，我的「深層自我」的核心，它在時間的流轉裡一直執持為同一個自我，即使不斷有新的經驗湧向它。所以我們可以同意柏格森的主張說，記憶和同一性是同一回事。而這個記憶絕對不是物質性的外在世界裡的客觀事物，而是我的形而上的內在世界的直接表現。

就像柏格森在閱讀里博的作品時心知肚明的，這裡會有個疑問。因為在著名的法蘭西學院的這位實驗心理學家言之鑿鑿地證明了，神經系統的特定障礙會導致特定的記憶功能的喪失。所以說，記憶不是掛在掛勾上面，它自己就是掛勾。可是柏格森不作此想。里博到底證明了什麼？他只是證明了，大腦在對應的損傷當中再也無法執行特定的習慣性功能。可是我們藉以記住特定事物的這些習慣，這些自動機制，柏格森認為那並不等於記憶。記憶其實有兩種形式，不是嗎？其一是**習慣的記憶**，它幫助我們處理日常事務，讓我們可以背誦詩詞，就像短期或長期的自動裝置一樣。其二則是**純粹的記憶**，它會自由聯想，把種種經驗串聯在一起。這個記憶並不像無意識的鐘錶那樣運作，而是在種種意義脈絡底下思考，並且據以形成我的同一性。柏格森說，「往昔的事物也兩種形式持續存在著：其一是以種種驅動機制的形式；其二則是我們的獨立記憶。」[32]柏格森認為只有第一種形式才是身體性的，可以藉由功能障礙定位的；至於第二種形式，則是純粹心靈的，那是大腦科學家遍尋不著的。❽

依據柏格森的說法，這兩種記憶形式大抵上是縱橫交錯而密不可分的。因此我們往往沒有注意到有兩種記憶參與其中，而不是只有一種記憶。永久的記憶以及情境式的知覺，在我們的經驗裡混雜在一起，我們很少有純粹的記憶，或者說無法記錄下來的「夢的層次」。柏格森認為，或許正因為如此，才會有那麼多哲學家誤把身體和心靈分開，而不是正確地把心靈區分為記憶和感官知覺、綿延的事物和自動化的事物、不斷生成變化的事物以及僵化停滯的事物。而也正是因為這樣，大腦科學家固然找到了主司種種自動化程序的特定腦區，卻找不到哪個腦區負責那些剎那生滅而且無法以物質形式把握的思想，更不用說為意義、連續性或同一性找到物質性的基礎了。

柏格森關於無意識的、形成同一性的記憶的概念並不是在他位於巴黎的書房裡虛構出來的幻象。其實這個說法呼應了萊比錫生理學家和重要的認知科學家黑林（Ewald Hering, 1834-1918）在一八七〇年的著名演講《論記憶》（*Über Gedächtnis*）：「記憶把我們意識的無數個別現象串聯成一個整體，正如我們身體，如果不是物質的吸力在支撐，它應該就會飛散成無數的原子，所以如果沒有記憶的串聯力量，我們的意識也會分裂成一個個瞬間的無數碎片。」[33]正如柏格森在《時間與

❽ 見：《物質與記憶》，頁90-95。

自由意志：論意識的直接與料》裡所說的，他特別補充的地方在於為時間和空間賦予新的位階。只要我們不要把記憶定位在大腦的空間裡或者是任何以太，而是以時間的形式看待它，就可以弭平唯物論者和唯心論者之間的衝突。一方面，記憶是永久地處於綿延的領域，另一方面，它也和另一個實踐性的功能有著時間上的關聯性，而屬於物質性的客觀世界的一部分。它既是心靈的形式，而作為所有過去的經驗的場域，它也是物質性的，作為我們在每個新的當下瞬間經驗到世界的場域。我們越是以過去的經驗反思現在的種種經驗，就會越加理解它們。而我們越是活在當下，在實踐上就越能在此時此刻定位我們自己。沉思的人傾向前者，衝動的人則傾向後者。

不管怎樣，柏格森在科學方面一直是和時代亦步亦趨。因為就連十九世紀的物理學家不也是對於空間產生質疑嗎？他們不也認為原子之間的力是非物質性的嗎？如果說物理學再也不知道空間和物質「自身」是什麼的話，哲學家還要認為它是絕對客觀的嗎？不，正如柏格森在其第一部作品裡所主張的，只有非物質性的東西，沒辦法以物理方式認識的時間性的事物，才是真正實在的。反之，空間和物體只是為世界排序的意識的輔助觀念而已。

柏格森的成就使他名噪一時。他的著作在出版後十五年內光是在法國就再版了七次。可是在大腦科學的歷史裡，這個野心勃勃的高中教師畢竟難登大雅之堂；人們對於他隻字不提。話雖如此，他還是在一八九七年獲聘在法國高等師範學院講課，不久後也獲得教席。當《笑》於一九〇〇年四月出版的時候，他已經是個名人了。他也理所當然地獲邀在第一屆國際哲學會議裡發表一篇論文：〈論我們對於因果法則的信念的心理根源〉（*Sur les origines psychologiques de notre croyance à la loi de causalité*），並且重申在《物質與記憶》裡的論題。學術地位崇高的法蘭西學院聘任他為希臘哲

[59]

學教授，道德與政治科學院（Académie des sciences morales et politiques）也為他敞開大門。此後柏格森結婚，生了一個女兒，發表了一篇論文〈形上學導論〉（*Introduction à la metaphysique*, 1903）[9]，其實是「他的」形上學的導論。第二屆國際哲學會議於一九〇四年在日內瓦舉辦，他在會議上談論把大腦等同於思考的「哲學錯覺」[10]。當他於同年獲得法蘭西學院現代哲學的教席，已經是法國最有名的哲學家。

生命衝力

柏格森生於一八五九年，達爾文在那一年出版了《物種源始》（*On the Origin of Species*）；那本書無出其右地改變了十九世紀的哲學。十九世紀下半葉以及二十世紀初的哲學思考可以叫作：後達爾文時期的哲學思考。任何在思索人性或是其意識的人，都必須有辦法說明他的思考是否和演化相容。柏格森也很清楚，他關於作為永久事物的「綿延」和記憶的理論，也必須可以從演化的角度去解釋。早在《物質與記憶》裡，他就把人類的意識活動形容成高度演化的能力，這些能力也以原始的形式存在於動物界裡。可是這樣還不夠。時間以及永久的記憶究竟是從哪裡來的？它們是如何產生的，要朝著哪個方向演變？這些看似永恆的運動的真正本質是什麼？

如果柏格森要說服科學相信他的哲學，他的演化理論就必須比當時的生物學家所提出的理論更加根基穩固。可是他那個時代的生物學家究竟主張什麼觀點呢？正如世紀之交的物理學陷入重大危

[9] 該論文刊載於《形上學與道德評論》（*Revue de métaphysique et de morale*）。
[10] 〈心智與思想：一個哲學錯覺〉（*Le cerveau et la pensée : une illusion philosophique*）。

機，當時的生物學其實也風雨飄搖。一方面，機械主義式的解釋所向披靡，勢不可當。就連生命也要像物理學一樣以物質的角度去解釋。達爾文及其天擇說不正是在描述演化的核心機制嗎？生理學家們難道沒辦法用自然科學的方法去解釋任何身體歷程嗎？另一方面，生物學家卻並沒有因此就認為已經解釋了生命以及人類意識的奧祕。儘管機械主義的說法甚囂塵上，生物學家仍然堅持有機生命大於其無機組成部分的總和。僅僅從生物化學是無法產生任何意識的。十八世紀所謂的「心靈」或「精神」，在他們眼裡依舊是個無解的世界之謎。正如幾個世紀前的生機論者（Vitalisten）想要找尋一個純粹精神性的成分以解釋生命，二十世紀初期的「新生機論者」（Neovitalisten）也是如此。⓫

柏格森對於新生機論者的作品相當熟悉。他讀過萊比錫生物學家杜里舒（Hans Driesch, 1867-1941）的一篇論文，文中把心靈描述成一種「基本的自然成分」。他也研讀過杜賓根動物學教授艾默（Theodor Eimer, 1843-1898）的三大冊鉅著，艾默認為心理特質是可以遺傳的。他也研究過植物學家蘭克（Johannes Reinke, 1849-1931）的觀點，蘭克提倡一種「理論生物學」而和經驗生物學打對台。此外他也很熟悉耶拿（Jena）的動物學家瑟門（Richard Semon, 1859-1918）的理論，根據他的說法，記憶內容作為一種「記憶基質」（Mneme），是可以遺傳的，它會在接下來的世代裡重現。

[61]

⓫「生機論是關於有機生物的內在組織之科學與哲學理論。這一理論主張生物與無機物之間有本質差異，因此無法把其中之一歸結到另一個，另一方面主張有機體的生命具固有的實體性攜有者。有機體與無機體之間的本質差異則由一切生物——植物、動物、人——和無生物之間的差別而知。」（《西洋哲學辭典》，頁445-446，布魯格編著，項退結編譯，國立編譯館，1976。）

正如柏格森想要說服當時欠缺哲學深度的大腦科學家一樣，現在他也要面對演化生物學家當中的機械論者。其成果就是於一九〇七年出版的《創化論》（*L'évolution créatrice*）。柏格森在書裡並沒有懷疑達爾文及其天擇說是在描述演化的一個重要機制。可是他懷疑那是否可以用來解釋生命是什麼。許多自然科學家的狹隘看法再次讓他相當困擾。為了研究自然，他們把大自然拆解成許多個部分，直到他們對於大自然裡特定的自然事物視而不見，眼裡只剩下細胞或者是機械性的功能機制。「唯有事先把有機結構的身體等同於一種機器，」柏格森說：「才得以就科學的角度去研究有機結構的形成……這似乎就是科學的看法。而我們認為哲學的觀點則是大異其趣。」[34][12]

柏格森不會事先把有機事物機械化，而會真正把它視為有機事物。科學家為了探究生命而把它物化，理所當然地眼裡也就只會看到事物，相對地，哲學家不想操控生命，而只想探究其本質：一種流動、運動、創造性的能量，一言以蔽之：一種「生命衝力」（élan vital），我們只能大概譯為德文的「Lebensschwung」。這個能量會推動所有生命的演化，使生物充滿生氣。它是充斥在所有自然裡的「張力」。而我們也沒辦法指望它會有任何的規律性。為了自我開顯，生命衝力會渴望種種封閉性的形式，種種「個體」。而達爾文的天擇則是在調控它們的形式和生存。有時候這個氾濫的生命能量會找到一個希望無窮的形式，一個靈活柔韌的動物或植物物種，有時候它則會困在死胡

⑫ 見：《創造的進化》，頁84-85，李永熾譯，收錄於：《諾貝爾文學獎全集16》，遠景出版，1982。「其實，實證科學的目的並不是向我們展示事物的真相，而是提供我們運用事物的最佳手段。物理化學已經發展成為科學。而且，只有在能用物理化學的方法處理有生命的物質時，這種物質才能跟我們的行為相呼應，因此要進行有機組織的科學研究，就須先把有機體看成一個機器。細胞是機器的零件，有機體則是這些零件的聚合。使各部分有機化的基本作業，才是使整體有機化的真正要素。這就是科學的觀點。哲學的觀點在我們看來完全不同。」

同裡而動彈不得。可是不管一個生物怎麼做，那主宰且推動它的力量，並不只是屬於那個生物的力量，它是個普遍性的力量，遠遠大於個體或是物種本身。

認為有個靈性的生命能量為宇宙賦予生機，並且「體現」（inkarnieren）在個體的靈魂和身體裡，這是一個古老的哲學遺產。我們在古代的普羅丁（Plotin, 205-270）那裡就看到了充類至盡的闡述。在法國，對於古代哲學家的興趣因為庫桑的關係而得以復甦。而柏格森也真的澈底研究了普羅丁的作品。如果要把普羅丁的靈魂學說改頭換面以因應時代潮流，那就當然要靈巧地附會生物學的說法，才不會被視為祕教之類的東西。那麼除了新生機論以外還有什麼理論是更恰當的節點呢？正如柏格森對一位生物學家所說的，「如果要對抗粗鄙的機械論」並且「以完備的哲學取代那個把我們的演化理論破壞殆盡的無意識的（因而不一致的）形上學」[35]，那麼杜里舒應該會是他的盟友。

正如新生機論者的猜想，柏格森也認為後天的性質會在世代之間遺傳。這個觀念的原創者是法國生物學家拉馬克（Jean-Baptiste de Lamarck, 1744-1829），「新拉馬克主義」（Neo-Lamarckismus）和新生機論也在二十世紀初期相互唱和。可是柏格森對於經驗遺傳的觀念的理解更加全面。他認為在學習的不是個體，而是充斥在個體裡面的生命衝力。這個原始的能量會越來越複雜，越來越聰明，自我意識也越來越清楚。無論如何，生命衝力沒有任何目標可言。柏格森和新生機論者在這點上存在著顯著的歧見。他的「生命衝力」就只是存在著，是個狂放不羈的運動，或者是四處漫溢的洪水。杜里舒暢談亞里斯多德（Aristoteles, 384-322 BC）的「圓極」（Entelechie，圓滿實現），一種試圖朝著「目標」前進的生命能量，柏格森則是大搖其頭：哪裡來的什麼目標啊！「生命衝力」沒有任何固定不變的計畫。剛好相反，它是完全沒有規劃的。綿延、記憶或生命——我們沒辦法為這些原始能量賦予任何形式和法則，相反的，它超越了所有形式和法則。

所以說，對於被生物學家們誤解的「生命衝力」，柏格森的看法就像他的「綿延」以及回憶中的記憶一樣。我們沒有辦法以科學去捕捉或解碼它們。因為它們不是客觀世界裡的事物，也無法機械化。[64] 可是哲學家又是怎麼認識「生命衝力」的呢？為了說明這點，柏格森區分了人類認識自己以及世界的三種可能性。為了在環境裡站穩腳跟，動物和人一樣，都必須有某種**本能**。在世紀之交，這個概念在剛剛萌芽的行為科學裡相當流行。我可以藉由本能感覺到什麼對我有好處，什麼沒有。人的生活環境越是複雜，本能就力有未逮，而必須求助於**知性**。我的本能是針對我自己，而知性則是要理解客觀世界。「我們的思考能力，」柏格森沿襲康德（Immanuel Kant, 1724-1804）的說法，認為「在物質裡……重新找到數學的性質」，那些性質「是我們的認知能力預先置入那裡的。所以我們很確定物質會服從於我們的理性思慮；然而這個物質的可理解性其實就是我們人為的成果：關於現實世界『自身』，我們一無所知，而且永遠不會知道。」[36] 根據柏格森的說法，把人類心靈的結構化作用完全等同於天然的秩序，這是許多自然科學家都會犯的錯誤。他們的研究知性完全同化於客觀世界，使得他們誤把它等同於生命本身。「理性思考在本質上就會把我們禁錮在既存事物的圈子裡。」[37]

對於一個像柏格森這樣的哲學家而言，那樣子未免太寒酸了。他必須使用第三種演化賦予的認知能力：那就是他在《時間與自由意志》裡就提到的**直覺**。就像本能一樣，直覺也是直接的，可是它不是自我中心的，而是和知性一樣著眼於客觀世界。我們憑藉著直覺設身處地的理解生命的事物，[65] 接著憑藉著知性把它們加工，並且儲存在記憶裡。但是越多的概念串聯在一起，直覺就會漸漸撤退並且「熄滅」。所以說，真正的事實性知識是產生在某個中間階段，也就是介於強烈的直覺感知以及以語言表達它並且以概念歸類它之間。由於這個階段天生就是變動不居的，所以我們也就沒辦法把真理明確地記錄下來，而只能以種種情況證據去推論它。「如果說這個直覺可以屹立不搖，概括化，尤其是可以獲得一個外在的基準點以避免犯錯，」柏格森說：「那麼哲學就算是完成其目標了。為此，我們就亟需持續往返於自然和心靈之間。」[38]

哲學明星

《創化論》的成功遠遠超過了《物質與記憶》。它在其後十年間再版了二十多次，明確地說明了這點。柏格森在一夕之間成為當時除了詹姆士以外最有名的西方哲學家。兩人於一九〇八年在倫敦見面，立刻成了莫逆之交。儘管相對於這位美國哲學家，柏格森頗有掠美自歸之嫌，不過病勢危篤的詹姆士還是對這位法國的後起之秀讚不絕口。他在一封信裡說柏格森是個「謙虛而不做作」、「天資聰穎」的人。他「大膽推測」，柏格森「讓大眾注意到的」趨勢，「不久就會成為主流，而現在這個時期也會是哲學史上的一個轉捩點。」[39]

當時在法國有許多人也是這麼認為，在德國更是沸沸揚揚。柏格森的「生命哲學」風靡了所有知識份子。可是種種阻力也接踵而至。因為正如以前的尼采和居友，柏格森的批評幾乎是質疑整個哲學。對於那些學術權威而言，是可忍，孰不可忍？對一個哲學家說憑著理性和邏輯是無法揭露生命和世界的真相的，那就像是對一個藝術家說他的畫作僅僅是由顏色構成的，或者是對一個馬戲團演員說他只是利用物理定律而已一樣。自柏拉圖以降的西方思想傳統所定調的理性哲學的工作已經大幅貶值了。而他們喜歡視為「理性的他者」（das Andere der Vernunft）（康德）、非理性者（das Nicht-Rationale）、感覺和單純的直覺而嗤之以鼻的，又偏偏一下子變成了萬物的尺度。

柏格森在巴黎的第一屆國際哲學會議裡和邏輯學家羅素（Bertrand Russell, 1872-1970）初次見面，後來羅素也大量引用他的理論，一九一二年，時年四十歲的羅素寫了一篇書評，後來一字不改地放在他著名的《西方哲學史》（*A History of Western Philosophy*）裡面。可是羅素對柏格森相當謹慎。他認為柏格森或許是個聰明絕頂而且下筆成章的空想家——但肯定不是個值得重視的哲學家。柏格森於一九二七年獲得諾貝爾文學獎，證實了他的看法；耐人尋味的是，羅素在一九五〇年同樣獲得了這個殊榮。

羅素的嚴厲批評並無損於柏格森的名聲。他是他那個時代的哲學明星。在法蘭西學院座無虛席的講座上擠滿了學生和巴黎社交圈人士。作家普魯斯特（Marcel Proust, 1871-1922）十九歲時就在亨利四世中學上過柏格森的課，一九〇九年，他搬回巴黎故居，從柏格森那裡得到靈感，動筆寫作他曠古絕倫的小說《追憶逝水年華》（*À la recherche du temps perdu*）。一九一三年，他的愛爾蘭同儕喬伊斯（James Joyce, 1882-1941）買了一本《創化論》的英譯本，而他的「意識流」技法，他在小說《尤利西斯》（*Ulysses*）裡對於時間的處理，以及意欲透過藝術成為不朽的熱情，都顯然和柏格森有異曲同工之妙。喬伊斯在晚期作品《芬尼根守靈》（*Finnegans Wake*）裡讓一個小說人物罵柏格森是「畢曲生」（Bitchison），卻又讓另一個角色吟誦一段慷慨激昂的抗辯詞。

在柏林，柏格森也啟發了以詩人格奧爾格（Stefan George, 1868-1933）和哲學明星齊美爾（Georg Simmel, 1858-1918）為核心的圈子。博學多聞的齊美爾遊走於哲學和社會學之間。他也像柏格森一樣試圖理解生命本身。而他也想要為學院派的哲學灌注更多日常生活的氣息。他把柏格森視為盟友，因為兩人都醉心於生命的感性以及它的獨特美感。他們也在頻繁的書信往返裡批評康德關於經驗的觀念太單調乏味了。雖然如此，對於柏格森從知性到直覺的激烈跳躍，齊美爾卻不敢苟同。當時在耶拿聲望如日中天的倭鏗（Rudolf Eucken, 1846-1926）也對這個法國人讚譽有加；柏格森的生命哲學在海德堡遭到新康德主義者里克特（Heinrich Rickert, 1863-1936）的抨擊，想當然耳，對於以直覺作為哲學方法，他相當不以為然。

以上只是其中若干例子。在一九二〇年代，沒有人可以對於柏格森置若罔聞。他在一九一三年遠赴美國，在紐約以靈性和自由為題發表一場演講，《紐約時報》報導說，當時的百老匯史無前例地交通阻塞。我們這位哲學家在英格蘭和蘇格蘭的演講也萬人空巷，接著他也獲選為法蘭西學院（Académie française）院士——他是該機構史上第一位猶太人院士。天主教會把柏格森視為洪水猛獸，於一九一四年以「泛神論」（pantheistisch）為由，把他的著作列入禁書目錄（Index librorum prohibitorum）——對於這個指控，柏格森為自己辯護說，創造性的能量不可以被等同於受造物本身。職是之故，他也不可能是個泛神論者，而是完全擁護「神的觀念」。[40]

柏格森的人氣並沒有隨著第一次世界大戰的爆發而中斷。在報紙上的許多文章裡，他不加批判地支持法國的立場，單方面譴責德國的帝國主義，在美國鼓吹美國參戰。戰後他成了政治要人，他是許多國際委員會的成員，並且擔任法國教育政策的顧問。一九二二年，他在其作品裡挑戰愛因斯坦（Albert Einstein, 1879-1955）關於時間和空間的觀念，可是後來他也承認自己一敗塗地。

在那同時，他的風濕病日趨嚴重。一九二七年，他沒辦法親自到斯德哥爾摩領取諾貝爾獎。然而他還是完成了最後一部重要作品，並且於一九三二年出版：《道德和宗教的兩個來源》（*Le deux sources de la morale et de la religion*）。新書的架構依舊是前三部作品的舊瓶新裝。柏格森相當重視經驗主義和「唯物論」的科學家的研究，這次則是涉及文化人類學家以及宗教社會學家的研究。可是他要證明的是，他們的人類學和社會學解釋太膚淺了，因為他們欠缺了必要的深度。除了第一個來源以外，也就是宗教的社會實用性，他認為「深層自我」、綿延、運動和生命是不可或缺的第二個來源。因為如果沒有對於宗教的渴望，沒有對於靈性事物的直覺，我們就無法解釋道德和宗教系統的成功故事。如果說宗教只是用以實現調解衝突的社會性功能，那麼它就根本不會存在，而會有個調解衝突的社會技術取而代之。

柏格森認為人類歷史裡的道德是源自自然的天性。作為社會性動物，人類必要保護他們的切身利益，解決衝突，並且建立一個秩序結構，這就是「靜態的」道德，依據柏格森的說法，康德的義務倫理學就是屬於這種靜態的道德。這種道德相當實用，至今仍然決定著我們的日常行為。然而它難免會導致「封閉的」社會，然而就像動物界一樣，到了極致的階段，它會以一個「民族」的形式和他者劃清界線。不過，人類還是有另一個倫理情感，它沒辦法以實用性去定義，而是純粹靈性的。它存在於世界上的種種宗教裡，特別是在基督教的博愛觀念裡。靜態的道德是在規範現實的共同生活，而博愛的動態道德則是湧向一個認可每個人都有其價值的開放性的全球社會。自由、愛和生生不息是它的屬性，至於靜態的道德則只知道安定、必然性和定律。動態的道德以良心為依歸，而靜待的道德則是取決於理性。柏格森認為宗教裡也有同樣的模式。「靜態的」宗教是相當原始的，只是在抵抗死亡的威脅，以其儀式和慶典使社會穩定。另一方面，「動態的」宗教則是感覺到在我們裡面的生命衝力，它也會為我們的愛賦予生氣。在神祕主義者的古老傳統裡，我們早就看到了這個經驗，他們把神等同於生命能量、創造性的原理以及愛。

柏格森刻意以他所謂的道德和宗教的第二個來源和以前的同事打對台：社會學家涂爾幹（Émile Durkheim, 1858-1917），柏格森在其作品裡偶爾會提到他。涂爾幹認為宗教只有第一個來源，法國民族學家和社會學家李維布留爾（Lucien Lévy-Bruhl, 1857-1939）、牟斯（Marcel Mauss）以及芬蘭人類學家威斯特馬克（Edvard Westermarck, 1862-1939）也都是這麼主張的。然而柏格森的挑釁再也不像他的早期作品那樣引人矚目。關於生命哲學的論戰已經乏人問津，一九三〇年代也不再是完全屬於柏格森的時代。他為許多人賦予靈感，讓他們認識了他的嶄新思想，可是他沒有建立任何哲學學派，沒有所謂的「柏格森主義」。還有哪些局部的問題要系統性地探究和呈現呢？如果說直覺真的是無法加以分析性地描述的，那麼我們該怎麼具體地研究它呢？

就連法蘭西學院的教職，柏格森也力有未逮了。他的病情每況愈下。他在巴黎鄰近布洛涅林苑（Bois de Boulogne）的奧特伊門站（Porte d'Auteuil）的寓所一片闃寂。儘管信件依舊如雪片飛來，而人們對他的讚譽也未曾稍減，老先生卻在思索著是否要皈依天主教。可是當法國在第二次世界大戰中屈服於德軍並且建立維琪政權，動用警察逮捕所有猶太人，他就放棄了這個計畫。他在申請表上填上「學者、哲學家、猶太人」。他再也沒有聽說驅逐猶太人之類的事了。一九四一年一月三日，這位哲學家因為支氣管炎而溘然長逝。

[70]

巨大的拆除假象

- 三次羞辱
- 心靈的考古學
- 拆除假象的夢
- 語誤、性愛和詼諧
- 大師和學生
- 殺人的搖籃曲
- 「自我」的回歸
- 診療椅上的宗教和文明

三次羞辱

一九一六年夏居於薩爾茲堡（Salzburg），使得這位年近花甲的老先生躍上創作的巔峰。在歐 [71] 洲，第一次世界大戰烽火連天，這個位望隆重的醫生以及自稱為「心理分析師」的佛洛伊德（Sigmund Freud, 1856-1939）卻在這個期間提出種種一針見血的論述。他的《精神分析引論》 [72]（*Vorlesungen zur Einführung in die Psychoanalyse*）第二部，是準備在一九一六年上學期在精神病院為所有科系的學生開設的講座，它在理論的清晰性和明確性可以說完美無瑕。佛洛伊德在薩爾茲堡的時候大致上提到的第十八講裡有一段著名的話，這位驕傲的作者在其中形容他自己的重要性說：「人類的自尊心曾先後在科學的驗證下遭受兩次嚴重的打擊。第一次是人類明白了自己所處的地球並不是宇宙的中心，而僅為無窮大的世界體系中的一個小斑點；這個發現，我們要歸功於哥白尼，雖然亞力山卓時期的學說中也曾表示類似的見解。第二次則是，生物學的研究剝奪了人之異於萬物、人為上帝特別創造的特權等概念，而證明了人類僅為動物的物種之一，也具有無法消除的獸性，這個價值重估（Umwertung）的功績於我們這個時代完成，是由達爾文、華萊斯及其前人的共同鼓吹之力，也曾引起當時人們最激烈的反抗和斥責。迄今，人類的誇大癖又因現代心理學的研究而遭受第三次最嚴重的侮辱與打擊；因為這種研究再三向我們大家指出『自我』的真面目，證明我們即使在自己的屋裡也不能成為自己的主宰。而且，如果能得到少許有關其內心的潛意識歷程的訊息，便不得不引以自滿了。」[41][❶]

❶ 引文中譯見：《精神分析引論．精神分析新論》，頁 272-273，葉頌壽譯，志文，1985。

哥白尼、達爾文，以及——佛洛伊德！三個偉大的科學家以其揭露的真相「羞辱」了人類：地球從中心點被推到邊緣，人類被證明是源自更低等的猴子，接著又認識到支配人類的並不是明亮的知性，而是黑暗的無意識。激情、驕傲和使命感，佛洛伊德一樣也不缺。就算他起初為之歡欣鼓舞的戰爭看起來越來越沒有指望了，就算他整天擔心戰場上的三個兒子，他的病人越來越少，他最愛的來自倫敦和巴黎的哈瓦那雪茄也買不到了，而他的情緒也越來越陰暗——儘管如此，自吹自擂和相互吹捧還是不可或缺的。

佛洛伊德的「發現」無意識究竟是不是可以和哥白尼或是達爾文媲美的創舉，或許容有疑義。不管是謝林或者是浪漫主義自然哲學家暨醫師卡魯斯（Carl Gustav Carus, 1789-1869），他們都談到「無意識」（das Unbewußte）這個東西。卡魯斯的《心理：論心靈的演化史》（*Psyche. Zur Entwicklungsgeschichte der Seele*, 1846）甚至大受歡迎。而艾德華．哈特曼（Eduard von Hartmann, 1842-1906）的《無意識哲學》（*Philosophie des Unbewußten*, 1869）則又更加成就斐然。只不過：卡魯斯和哈特曼的「無意識」並不是什麼黑暗的力量，而是源自神或者靈性的東西。正如柏格森的「深層自我」以及生命衝力，無意識也是一種原始能量，灌注在人類裡面並且賦予生氣。

相反的，佛洛伊德的「無意識」從天堂掉到地獄裡。它是動物性的、陰沉而鬼鬼祟祟的。在這裡起作用的不是什麼神性的東西，而是獸性的，是一個「本我」（Es），正如佛洛伊德在《精神分析引論》出版六年後模仿尼采的語氣所寫的。病理學家透過眼鏡看到的，並不會讓人振奮也不值得膜拜，而是某種低等的東西。在診療椅的談話裡呈現的事物也不會讓人狂喜，而只是揭露了「驅力」（Triebe）、「瘋狂」、黑暗的要求、自私自利，以及不勝枚舉的障礙，諸如「潛抑」

（Verdrängungen）、「情結」（Komplex）和自戀（Narzissmus）。柏格森在巴黎浮現腦海的創造性能量——佛洛伊德認為它不僅僅是藝術和文明的源頭，更會導致數不清的痛苦、荒誕而固戀的念頭、精神錯亂、誇大、夢境以及施暴的幻想。而且不同於柏格森，佛洛伊德並不信任他的直覺。他自詡為嚴謹的科學家，孜孜矻矻於精準的醫學調查程序；他自認為是個以輪廓清楚的理論以及精確的概念去研究心理現象的自然科學家。他在精神病院開設講座，並不是因為他有此需要，而是因為如果沒有他，所有醫學院都要停擺。可是他真的是這樣的人嗎？

心靈的考古學

一八五六年，西格蒙·佛洛伊德（Sigimund Schlomo Freud）生於莫拉維亞的弗來堡（Freiberg in Mähren），比柏格森大三歲。童年時家徒四壁——那是他終身難忘的經驗。佛洛伊德在維也納是個天資聰穎的學生，一八七三年，他以優秀成績高中畢業，隨即就讀於醫學系。他同時也聽了哲學家和心理學家布倫塔諾（Franz Brentano, 1838-1917）的講演課，他所開創的「描述心理學」（deskriptive Psychologie）試圖以自我觀察揭露所有幽微的心靈歷程。身為醫生的佛洛伊德學習以實驗去探究，而布倫塔諾卻不憑藉任何實驗就要嘗試分析意識和無意識的種種難題。佛洛伊德感到搖擺不定。一方面他想要成為一個從事經驗性研究的嚴謹科學家，另一方面，他又想要解決人們至今無法以實驗一探究竟的重要的哲學難題。

那時候的佛洛伊德在生理學家布呂克（Ernst Wilhelm von Brücke, 1819-1892）的實驗室裡研究鰻魚和海洋七鰓鰻的骨髓以及睪丸，於一八八一年獲得博士學位。[2]可是原本在大學任教的計畫胎死腹中。由於阮囊羞澀，佛洛伊德在其後的三年間在維也納總醫院從事神經病理學方面的工作。此外他也以古柯鹼拿自己做實驗，以證明它對於歇斯底里的神經疾病的療效。❸可是他的小書幾乎無人聞問。❹一八八五年，這位年輕醫師留學巴黎，這個機會讓他相當興奮。他在硝石窟慈善醫院（Hôpital de la Pitié-Salpêtrière）師事當時著名的神經病學家夏柯（Jean-Martin Charcot, 1825-1893）。那是一棟巨大的古老建築，病患在裡頭的生活條件極差，看起來相當恐怖。可是充滿魅力的大師的展示和診斷讓佛洛伊德心醉神馳，每天都在探索未知的領域，為數不清的症狀和心理症分類，就像伊甸園裡的亞當探索各種動物一樣[42]。

夏柯證明了所有歇斯底里症狀都可以溯源到心理的原因——佛洛伊德也如此認為。問題只在於如何以科學的確定性從症狀推論出其個人的、心理的病因。因為生計的問題，佛洛伊德沒有時間去找尋答案。為了賺錢，他在維也納開了一家神經科診所，並且在一家甫成立的兒童醫院擔任神經科主任。他和瑪莎（Martha Bernays）結婚，妻子出身於拉比和經師的名門世家，為他生了六個孩子。

佛洛伊德那時候三十多歲，一方面要和維也納上流社會的名媛淑女打交道，她們因為種種恐慌症、抑制作用（Hemmung）、固著妄想（fiexierte Ideen）和怪癖（Ticks）而到他的診所就診。另一方面，他也在找尋使他好高騖遠的心理研究計畫提升到一個新的科學層次的機會。在他看來，正如

[75]

❷ 另見：《佛洛伊德傳》，頁9-10，廖運範譯，志文，1969。

❸ 一八八四年左右的事。另見：同前揭：頁14-16。

❹ 指《歇斯底里研究》（*Studien über Hysterie*, 1885），另見：同前揭：頁28-29。

夏柯以及南錫（Nancy）的伯恩漢（Hippolyte Bernheim, 1840-1919），他在執業時為了找尋真相而使用的催眠和暗示，似乎不算是真正的科學方法。然而什麼是更合格的心理科學呢？

自一八九一年，佛洛伊德的住家和診所就一直在貝格街十九號（Berggasse 19）。他的健康狀態相當不穩定，困擾於心臟問題。此外，疲憊、焦慮、憂鬱以及激怒等症狀也紛至沓來。在科學的精確性以及天馬行空的臆想之間搖擺不定的他，一方面埋首撰寫他的《心理學草案》（*Entwurf einer Psychologie*），意欲以科學的方法闡述他在神經科的所有執業心得，另一方面也熟諳他相當欽佩的柏林耳鼻喉科醫師傅利斯（Wilhelm Fließ, 1858-1928）的種種猜想，雖然那些猜想現在已經站不住腳了，他把許多心理疾病直接歸因於鼻子的功能失調。直到佛洛伊德揮別了這兩端，他才真正踏出關鍵性的一步。當時的神經科沒辦法以腦部的功能失調充分解釋歇斯底里症完全漫無頭緒的症狀。而以醫學臆測為基礎的大型理論也是個死胡同。關於人類心理的研究的新方法，一方面必須像布倫塔諾的描述心理學那樣設身處地地思考，另一方面也必須在實務上拆解成個別的治療步驟，才有療效可言。

[76]

佛洛伊德在他的醫師朋友布洛伊（Josef Breuer, 1842-1925）的「滌清法」（kathartische Methode）那裡認識到這個突破，他立即加以採用並且試著使它更完美❺。布洛伊讓一個受到創傷的病患貝塔（Bertha Pappenheim）說出她隱藏多年的性侵害。佛洛伊德寫道：「我們讓病人的注意力直接轉到症狀源頭的創傷場景，試圖在其中找到衝突，並且釋放被壓抑的情感。」[43]其背後的觀

❺ 另見：同前揭：頁21-23。

念和古代的戲劇理論如出一轍。透過「災難」（Katastrophe）的宣洩，病患會得到「潔淨」，因而擺脫了他的痛苦。佛洛伊德在一八九六年的一場講座裡把他的方法比喻為一個考古學家的程序。就像考古學家一樣，他眼前看到的是「斷垣殘壁的瓦礫堆」，他必須以「鋤頭、鐵鏟和鐵鍬」把它們挖開，「在可見的瓦礫堆裡發現埋藏的東西」。如此一來，心理學家就找到了一座「宮殿或寶庫」的遺跡，或者是刻有許多銘文的「神殿」，「把它們解碼或者翻譯出來，對於史前的大事會有意想不到的啟發。」[44]❻

考古學家一開始就很確定他要研究的是哪一個特定的文明，同樣的，佛洛伊德自始就很清楚他的出土物意味著什麼。他的病患的所有「寶藏」都和性愛有關；這個讓他相當驕傲的理論，也使得他和著名的夏柯分道揚鑣。巨大的被潛抑事物（das Verdrängte）一直都是個性愛驅力（ein sexuelle Trieb），不管暗示它的是哪一些特定的焦慮、妄想症、強迫症或怪癖。以形形色色的方式損害病患生活的陰暗性愛，正是他要挖掘的特洛伊城。而他則是心理學裡第一個挖掘它的施利曼（Heinrich Schliemann）❼。而現在他必須為他的出土文物命名，用以為種種現象型態以及不同的潛抑模式分門別類。可是不同於考古學家，佛洛伊德沒辦法把他的出土文物攤在眼前。「創傷」畢竟不是特洛伊國王普里阿摩斯（Priamos）的寶藏，它一直埋藏在陰暗的心裡深處，是他在談話當中傾聽到的。

正因為如此，這個計畫也遭遇到層層阻礙。同儕們對於佛洛伊德殘酷無情的探究性愛的方式大

[77]

❻ 見：*Zur Ätiologie der Hysterie*, 1896。

❼ 施利曼（Johann Ludwig Heinrich Julius Schliemann, 1822-1890），德國商人和業餘考古學家，以特洛伊的出土著稱於世。

感憤慨。此外，他自己也知道他用以揭示出土文物的機制相當可疑。回憶往往會騙人，它會被自我審查機制斷章取義和汙染。一八九六年三月，佛洛伊德第一次把他的方法叫作「心理分析」，那是個相當魯莽的舉動。它的研究材料大多是陰森黑暗、詭譎多變、難以捉摸、撲朔迷離的。而預計的「療效」也沒有必然的因果關係，而是極為複雜的歷程，其成效也極為不確定。 [78]

拆除假象的夢

到現在為止，佛洛伊德都還算不上是哲學史裡的一號人物。他是一個醫師，儘管力求科學性，卻以臆測的方式研究他的病人。他的研究對象是神祕莫測的「無意識」；一個哲學家早就知道卻大多不喜歡踏入的房間。一九九〇年，佛洛伊德購買了一套一八九八年出版的尼采全集，這位晚景淒涼的哲學家死於一九〇〇年夏天，而今在德語區卻口碑載道。「意志」和「瘋狂」，墮落和激情，以及對於權力的陰暗渴望，是他對於人類的定義。佛洛伊德期望尼采的作品「說出許多在我心裡沉默的話語」。可是他在寫給傅利斯的信裡又說他「現在懶得閱讀」。[45]相當讓人詫異，因為我們這位在貝格街的醫師是個夙興夜寐的工作狂，熱情的探索者，他渴望閱讀任何可能對他有用的作品。後來的佛洛伊德也一再避談他讀過尼采的作品，因為他不想讓人覺得他不夠客觀。而儘管他不想閱讀這位著名哲學家的作品，必要時也只是引用二手資料，後來他還是寫道，尼采的「預感和洞見往往出人意料地和心理分析辛苦得到的成果不謀而合」[46]。至於這個看法究竟是事後諸葛，或者是在科學性的心理分析工作當中就知道的，則是言人人殊。[47]

無論如何，佛洛伊德認為心理分析不只是醫學而已，而是無所不包的超級理論；一個比從前任 [79]

何理論或學科都更加透徹地闡釋人性的理論。而這個主張在他的人生歲月裡只會有增無減。任何哲學或文化的問題，都可以在心理分析裡加以分門別類。心理分析是「深層心理學」，它要深入探索哲學家無法企及的地方。以往探討存有的隱藏法則問題的是形上學，現在則是變成了「後設心理學」（Metapsychologie）。佛洛伊德以十八、九世紀被哲學家們拒於門外的「經驗心理學」（Erfahrungsseelenkunde）的古老主題為起點：變態、暴力和怪癖，並且據此挺進到文化人類學以及生命學的重大主題。

夢是自詡為「拓荒者」和「征服者」的佛洛伊德以其方法照亮的第一個洞穴。他當然不是第一個探討這個主題的人。著名的馮德（Wilhelm Wundt, 1832-1920）學派的萊比錫心理學家們並沒有忽略了夢的問題。在萊比錫，史特林培（Ludwig von Strümpell, 1812-1899）和佛克特（Johannes Volkelt, 1848-1930）多年來一直在研究夢的現象。在布萊斯勞（Breislau）則有哲學家和心理學家謝納（Karl Albert Scherner, 1825-1889）。可是佛洛伊德的野心比其他夢的研究者都要大得多。他不只是要證明我們為什麼會做夢，在腦部生理學裡是什麼樣的現象。他更要解析夢的**境象（Inhalt，內容）**，把它當作一種不知名的語言，解讀它的符號以及它的語法。就眼前的目標而言，他認為幾乎所有心理學家的研究都顯得捉襟見肘。

佛洛伊德工程浩大的主張相當驚人。不到幾年前，在他以自然科學為職志的《心理學草案》裡，他說「夢的連結」是「既荒謬又愚蠢、怪誕、瘋狂的」[48]。現在他卻大膽地把它歸因於特定的深層意義。正如他所寫的，他的材料是他的病患對他陳述的上千個夢。此外還包括他的自我觀察。不管是精神官能症的女性患者或者健康的佛洛伊德都一樣，夢一直都是願望的夢（Wuns-

[80]

chtraum）。這個說法並不是史無前例的，只不過我們這位心靈的考古學家特別強調它。即使是惡夢，夢見所愛的人死去之類的，也都懷有一個願望，也就是說，但願那個夢不會成真，醒來時也會有類似「滌清作用」的寬慰感覺。夢是潛藏的、由驅力操縱的願望，對於佛洛伊德而言，每個夢都有個明確的訊息。夢並不是非理性的，而是依據一整個由凝縮（Verdichtung）和轉移（Verschiebung）構成的特定邏輯。而心理分析師則是以科學的方法加以精確地剖析、描述和解讀的專業人士。

如此一來，我們就可以明確地說出它的基本結構。夢是一種不真實的東西，它覆蓋著某種真實的事物。而夢的解析就在於解讀其夢的「潛伏」境象（der latente Trauminhalt）（夢的隱意），也就是在夢的「外顯」境象（der manifeste Trauminhalt）（夢的顯意）背後的「訊息」。而那是如何進行的？我們首先會描述神祕化（Verrätselung）的法則，也就是夢的工作（Traumarbeit，夢程）。我們在作夢的時候，我們的願望會被加工處理、轉移、凝縮並且以象徵作為覆膜；那是一個技藝精湛的構思，其中原始的元素都經過了多次的改寫和重編。值得注意的是，佛洛伊德認為我們的夢的動機和元素和語言特別類似。相較於畫作的構圖，以聯想、語言遊戲、以及語音連結去定義「夢的工作」，看起來更加生動鮮明。就像詩人一樣，夢把語言神祕化，變成了譬喻和隱喻。不同於所有其他夢的研究者，佛洛伊德認為這個夢的工作並不是完全非理性的、任意的或偶然的。相反的，他到處聞到種種難以察覺的心靈邏輯。這位心理分析師在他的「解析工作」裡漸漸可以推論出這些邏輯。就像畫謎和字謎一樣，他揭開夢的謎底，直到他赤裸裸地呈現了潛伏的「夢的底蘊」（Traumgedanken）。[8]

對於夢的研究如此樂觀且自信，那是聞所未聞的事。可是佛洛伊德更大膽。對於我們為什麼作夢，他也提出一個心理生理學的理論。一般而言，我們的驅力及其要求和欲望會遭到意識封鎖且壓抑（unterdrucken）。可是在夢裡，它在意識的許可下披荊斬棘奮勇向前，因為驅力的衝動在這裡不會導致任何現實的行為，當然也不會有什麼壞事。至於我們該怎麼具體地想像它，佛洛伊德則是以當時許多新的專業概念，詳盡地描述心理「裝置」（Apparat），在其中有若干「主管機關」（Instanz）在作用：一個知覺系統，一個無意識系統，一個「前意識」（das Vorbewusste）系統，以及一個意識系統。無意識系統在「初級歷程」（Primärvorgang）裡輸入它的驅力願望，並且凝縮和神祕化，到了「次級歷程」（Sekundärvorgang），這些驅力願望會經過前意識的預先審查，並且憑藉著日常生活的種種元素，變形成看似連貫性的夢。當我們醒來，意識會再度接管，它會對於夢加以審查且分類，夢的非理性和「瘋狂」的部分到頭來都會被潛抑（verdrängen）。

哲學家對於佛洛伊德的說法特別感興趣。如果說我們源源不絕的驅力都存在於無意識，而在夢裡比清醒時更加清晰可見，那麼構成人的，就不再是意識了。「無意識才是真正現實的心理事物，基於其內在本性，它對於我們就像外在世界的實在物一樣陌生，而就像我們的感官關於外在世界的

[82]

❽ 佛洛伊德所謂的「夢的外顯內容」（夢的顯意）就是「夢的內容」。而「夢的潛伏內容」（夢的隱意）則是「夢的思想」。錢鍾書把「Trauminhalt」（夢的內容）譯為「夢之境象」，而「Traumgedanke」（夢的思想）譯為「夢之底蘊」，更加貼切。見：《夢的解析》：「迄今為止，人們在嘗試解決夢的問題時，都是直接從保存在記憶之中的夢的顯意入手，力求在這種顯意中找到對夢的解釋，不然就是放棄做出解釋，只根據夢的內容對夢進行某種評判。只有我們觸及了另一個事實：在夢的內容與觀察結果之間，有一種新的精神材料，即夢的隱意，或者說是夢中的思想——唯有依靠我們的方法才能取得這些發現。我們的解夢工作正是著眼於夢的隱意，而非夢的顯意。」（《夢的解析》，頁270，方厚生譯，新雨出版，2019。）

說法一樣，意識與料提供我們的訊息也是殘缺不全的。」[49]❾所以說，真正的哲學並不是自笛卡兒的意識哲學以降的西方傳統所說的那樣，而是無意識哲學。

真的如此嗎？學術界有什麼看法呢？當《夢的解析》於一八九九年問世（依據其推測性的指涉，應該早於一九〇〇年），它應該是當時關於該主題最密集而詳盡的分析。可是真的是這樣嗎？我們這位時年四十三歲的作者至今在學術界裡默默無聞，而他關於人類心靈的圖表以及相關的操作說明書，也只能很謹慎地說是「臆測」而已。作品裡對於任何腦部研究的知識也隻字不提。神經科學不是應該要準確定位佛洛伊德的種種「系統」並且以神經生理學的角度證明它們的相互作用嗎？

而如果說這位自以為是的作者頑固地堅信所有夢的來源都是童年的性愛經驗，那就更加是臆想了。謝納也說過，許多夢都和性愛的願望有關，包括其往往以性愛的角度去解析的種種象徵。可是認為我們的夢的共同根源就在於童年的性愛，這是佛洛伊德有別於其他夢的研究者的特殊主張。當然也是個極為魯莽的做法！這位作者是怎麼知道的？他在診所裡根本沒有治療過孩子。而且他也必須堅信分析師可以憑藉著他的「自由聯想」技巧解釋所有的夢，並且歸因於童年的「原欲」（Libido）。

外界對於《夢的解析》的反應是一場災難。作者在寫作的四年間身患重病，並且大量使用古柯鹼和香菸。可是沒有人把那本書當一回事。在出版的前七年裡，佛洛伊德自詡的百年經典只在書店的陳列櫃上賣了三百五十本。就算是書評的數量相當可觀，也無法掩蓋學術界權威們對它視若無睹

[83]

❾ 見：《夢的解析》，頁569-570。

的事實。精神科醫生認為它不符合科學而純屬臆測，而哲學家更是對它棄若敝屣。佛洛伊德失望極了。絕望的他擔心說，「我身為第一個凡人踏上的心靈處女地，沒有人會以我的名字為它命名或者是遵循我的法則。」[50]

語誤、性愛和詼諧

《夢的解析》的悲慘下場使佛洛伊德元氣大傷。他的診所也門可羅雀，他的健康更是每況愈下，而他也擔心未來經濟拮据的問題。讓他稍堪告慰的是，他的一個病人於一九〇二年為他在維也納大學找到一個兼任教授的職位。他矢志不移地堅持研究無意識的計畫——而且始終依據同一個模式。不管是哪一種心理異常現象，都是源自驅力，並且植根於幼兒期的性經驗。這個極為莽撞的理論、可怕的化約主義，他認為足以使他在心理學家和精神科醫師之間脫穎而出。而他也真的以為自己手裡握有開啟任何心靈門鎖的萬用鑰匙，那是其他人沒有的。

如果真如佛洛伊德所主張的，那麼驅力和性愛的能量以及痕跡就不僅出現在夢裡，也會出現在日常生活的所有異常行為模式裡。源自無意識世界的驅力往往會在意識產生不同調而有漏洞的地方以開放或加密的形式出現。他在一九〇四年出版的《日常生活的心理分析》（*Zur Psychopathologie des Alltagslebens*，《日常生活之精神病理學》）就是要證明這點。佛洛伊德探討了遺忘、混淆、誤引行為（Vergreifen）、迷信以及錯誤等現象。不出所料，所有錯誤（Fehlleistung）背後都會有個潛抑或壓抑的驅力等著破繭而出，間接地展現它的本事。被封蓋的事物間接地重現天日，當我們用了一個錯誤的語詞，混淆了某個東西，完全想不起來某個東西，或者在某處出現離譜的錯誤。佛洛伊德說，即使是迷信，也只是種種焦慮的舊瓶新裝。正如夢使我們的驅力轉向或加密，我們在日常生活裡的種種錯誤也是如此。

《日常生活的心理分析》問世後再版了多次，變成一本暢銷書，讓佛洛伊德相當欣慰。他總算不再是個無名小卒了。而且如果他知道直到現在大家都還會引用「佛洛伊德式的語誤」（Freudsche Versprecher）這個術語，他應該會很開心。至於那些專家們則是認為佛洛伊德又在他第二本討論他的驅力理論的作品裡大放厥詞。所有離譜的錯誤、記憶的空白，真的都是童年性經驗潛抑的結果嗎？日常生活裡的許多錯誤不就是不痛不癢的小差錯而已嗎？心不在焉、注意力不集中、精神渙散？

佛洛伊德很清楚他的理論的阿基里斯腱在哪裡。他最引以為傲的部分，也正是在科學上最不著邊際的臆測。如果他不只是要以一個莽撞的解釋精確地觀察心理現象，他就必須為幼兒期性經驗的理論提出有說服力的論證。於是，在研究日常生活的錯誤的同時，我們這位貝格街的精神科醫師也致力於這個研究。在一九〇五年出版的《性學三論》（*Drei Abhandlungen zur Sexualtheorie*）裡，他第一次接觸到關於「同性戀」（「倒錯」〔Inversion〕）、獸姦（Sodomie）、戀童癖（Pädophilie）的文獻，不同於其他同儕，他把這些「病理」歸因於幼兒期經驗，就像夢的渴望一樣。對於佛洛伊德而言，童年的性經驗充滿了更加落落大方的、無拘無束的幻想（「多型性變態」〔polymorph pervers〕）。也因為如此，它更容易變形，並且由於負面的經驗而形成極端的形式。到了成年人身上，這些經驗就變成了種種「精神官能症的」現象，例如戀物症（Fetischismus）、窺淫癖（Voyeurismus）、過度自慰、受虐狂（Masochismus）和虐待狂（Sadismus）。極端中的極端則是種種放蕩不羈的「變態」，例如獸姦或戀童癖。

他在從事分析時，化身為探究人類驅力的冷酷歷史學家，他大膽說出當時假正經的性道德視為禁忌的東西。可是他也有自己的時代限制。不只是諸如戀童癖之類的偏差行為，任何偏離正軌的性偏好，我們的作者都把它們歸類成「病理」。到頭來只剩下極少數平均值的性欲，才沒有被視為病態。儘管他百無禁忌地思考性愛問題，卻一直無法擺脫一個汙點，那就是把幾乎整個性愛領域，包括手淫（Oranie），都變成一種病理。

可是這點都看在佛洛伊德的同儕們的眼裡。著名的性學家赫胥斐（Magnus Hirschfeld, 1868-1935），他不辭辛勞地蒐集整理關於同性戀的經驗性例證和無數的研究，佛洛伊德完全用童年驅力理論去詮釋所有現象的陳腐做法，讓他相當困擾。而沒有比赫胥斐的例子更能說明佛洛伊德在種種科學之間的奇特地位。從事實證研究的性學家就現象表面加以分類，就像昆蟲學家對他的甲蟲加以分類一樣，而佛洛伊德則是想要解釋表層和深層如何交互作用，才使得人類既是驅力的生物又是理性的生物。他們難道不是同時有無政府的力量以及理性的力量同時在推動他們，卻不會使得心裡四分五裂嗎？說到底，佛洛伊德的方法學既不是真正的醫學也說不上是什麼哲學。病理學家努力不懈地擴充他們的資料庫，哲學家致力於探究意識是否服從某個邏輯或者是什麼特殊的心理邏輯，而佛洛伊德卻是要以驅力、潛抑機制以及意識層次去虛構一整個屬於他自己的積木體系，用以解釋一切：所有醫學和哲學的問題。

佛洛伊德在第二論和第三論裡關於嬰兒期性愛的分析，在現代的兒童理論裡一直是沸沸揚揚。人們思索著被診斷為幼童的「口腔期」和「性器期」的現象。此外也會想到青春期，也就是從自體享樂（selbstbezüglich）的性衝動到「利他的」（altruistisch）的性衝動的過渡階段。[10]然而，從幼兒期、青春期到成年期的整個生命，其實是同一場戰役，是持續性的零星衝突，在其中，人類就算沒有辦法主宰他的驅力這頭野獸，至少也要克制它。身為專家的佛洛伊德不假思索的把他自己人生投射到他的理論裡面。他的孩子相繼出生之後，對於佛洛伊德而言，驅力就實現了它的生物性目的。自此以後，這個人類性愛的專家就開始禁欲而不再有性愛了。他放棄了肉體的歡愉，完全固著於他的理論賦予他的思想滿足。

對於佛洛伊德來說，幽默是可以對付自己的驅力的特別輔具。此外他也求助於哲學大師們，例如康德在《判斷力批判》（*Kritik der Urteilskraft*, 1790）裡關於「笑」的定義，以及讓．保羅（Jean Paul, 1763-1825）的《美學導論》（*Vorschule der Ästhetik*, 1804）。不過他大抵上是乞靈於柏格森。如果沒有這位當時聲望如日中天的法國人，就不會有佛洛伊德的《詼諧與潛意識的關係》（*Der Witz und seine Beziehung zum Unbewußten*, 1905）。柏格森在《笑》裡寫道，滑稽中斷了日常生活，使它變得機械性而自動化，而佛洛伊德則是明確地附和他的說法。在幽默裡，我們和生活保持距離，使它在某個瞬間顯得凝縮且扭曲，並且讓我們的心理減壓。詼諧和笑都是反抑制作用（Enthemmung）和減壓作用（Erleichterung）——就此而言，佛洛伊德和柏格森的看法很接近。差別只是在於，在笑裡，人類是要減輕什麼壓力。法國哲學家認為是我們僵化的文明形式，它會突然間表現在它的物質性上，而和真實流動的生命正好相反。另一方面，對於佛洛伊德而言，詼諧意味

[10] 見：《性學三論．愛情心理學》，頁121-122，林克明譯，志文，1971。

著自我審查機制的短暫失控。人在笑的時候，他被阻塞的驅力會減壓，就像在夢裡一樣，它會若無其事地暫時拐一個彎。佛洛伊德認為笑可以使得黑暗的、充滿驅力的無意識得以宣洩，而柏格森則是認為笑讓人看到他自己的存有根源，他的「深層自我」，而和佛洛依德完全相反，這個深層自我會和自己和平相處。

這些自我指涉真是再矛盾不過了。佛洛伊德越是深入探究心靈，它就變得越陰沉而殘忍，而柏格森越是跟著他的直覺走，就越加澄澈而清晰地看見且感覺到他的真實存有。儘管生命哲學和心理分析都是要潛入前概念事物（das Vorbegriffliche）、直覺事物、感覺事物以及無意識的世界，他們挖掘出來的東西，似乎差不多就是他們早先在底下猜測到的。對於齊克果（Søren Aabye Kierkegaard, 1813-1855）而言，那就是在神的面前寸絲不掛的存在，對於叔本華（Arthur Schopenhauer, 1788-1860），則是一個主宰一切的形而上意志，而居友則認為那是社會道德的本能，到了柏格森那裡，就變成了存有和綿延的內在感覺，在佛洛伊德眼裡，它則是由怪誕的性愛結構和變形構成的深淵。

大師和學生

就像柏格森一樣，佛洛伊德也把時代精神玩弄於股掌之間。城市全面性的電氣化，大街上擠滿了馬車和電車，大城市繁忙的交通也反映了人們越來越緊張的神經質。這位貝格街的醫師以他關於精神病以及精神官能症的研究漸漸搭上二十世紀早期的潮流。不管是巴黎或維也納和柏林——人們到處都被診斷為「神經衰弱」，尤其是上流社會和放蕩不羈的藝術圈。精神官能症的行為不僅被認為是異常的，人們更覺得興味盎然，甚至變成了階級差別的標誌。易卜生（Henrik Ibsen, 1828-1906））、史特林堡（August Strindberg, 1849-1912）和施尼茲勒（Arthur Schnitzler, 1862-1931）之流的劇作家，則是把文學裡的角色及其心靈深淵、潛抑和脫軌的行為搬上舞台。一股解析的狂熱風起雲湧，一切都圍繞著雙重含義以及對於無意識的探索打轉。

佛洛伊德也雅好文學和詩藝。他也很注意劇作家的創作。他在寫給施尼茲勒的信裡承認說：「我時常迷惑地問我自己，我辛苦研究得到這些神祕的知識，您是怎麼知道的，真是讓我對於文學家既羨慕又驚豔。我覺得，您是透過直覺——其實也是細膩的自我觀照的結果——認識到我在對於他人的辛苦研究當中發現的那些事物。」[51]可是施尼茲勒雖然和佛洛依德推誠相與，卻對心理分析不屑一顧。一九一三年，他寫信給佛洛伊德的學生萊克（Theodor Reik, 1888-1969）說：「關於我的潛意識，我們喜歡說是半意識——我比您懂得多，而通往心靈暗處的道路也比心理分析師所夢想（以及解夢）的還要多。而且明明有一條小徑通往燈火通明的內心世界，他們——以及您——卻以為它會轉彎到冥府去。」[52]而作家和政論家克勞斯（Karl Kraus, 1874-1936）更是於一九一一年挖苦嘲諷說：「心理分析一眼就看穿了詩人，不會被他們愚弄，它也知道《少年魔法號角》（*Des Knaben Wunderhorn*）⓫真正的意思是什麼。」[53]兩年後，他還說了一句名言，日後成為對於這個潮流最著名的侮辱：「心理分析本身其實就是它自以為在治療的那個精神疾病。」（Psychoanalyse ist jene Geisteskrankheit für deren Therapie sie sich hält）[54]

⓫ 由阿敏（Achim von Arnim）以及布倫塔諾（Clemens Brentano）編輯的日耳曼民謠集。第一輯出版於一八〇五，第二、三輯出版於一八〇八。

就在施尼茲勒和克勞斯對於心理分析敬而遠之的時候，佛洛伊德已經成了一個老少皆知的名人，而心理分析也正如為它命名的人所要的，成為一個思想和學派的團體。早在一九〇二年，佛洛伊德就和四個同儕成立了「周三心理學會」（Psychologische Mittwoch-Gesellschaft）[12]，一九一〇年，則擴大成立國際心理分析學會（Internationale Psychoanalytische Vereinigung）。一九〇八年，大師在薩爾茲堡主持第一屆心理分析大會。一九〇九年，佛洛伊德獲邀到美國發表一系列講座。[13]儘管不像後來的柏格森那樣造成交通阻塞，但是能夠得到認可，佛洛伊德還是相當開心。新學派的第一份刊物《心理分析及心理病理學研究年報》（*Jahrbuch für psychoanalytische und psychopathologische Forschungen*）也跟著創刊。接下來不久更創辦了三份刊物。[14]

然而成功並不是完全沒有陰影。關於心理分析的討論越來越多，而批評也掀天揭地而至。不僅是大學和診所裡著名的心理學家和精神科醫師對於這個新的學科指指點點，就連他們自己陣營裡的人也沒有那麼意見一致。佛洛伊德早期的學生以及助手阿德勒（Alfred Adler, 1870-1937）就對於佛

[12] 由於維也納大學許多醫師對於佛洛伊德的心理分析相當感興趣，每週三都會到佛洛伊德家裡討論，於是佛洛伊德和其他四個猶太裔學者，史泰克（Wilhelm Stekel）、阿德勒（Alfred Adler）、柯罕尼（Max Kahane）以及萊特勒（Rudolf Reitler）共同成立「周三心理學會」。一九〇八年，由於成員快速成長，且國際知名度越來越高，於是改組為維也納心理分析學會（Wiener Psychoanalytische Vereinigung），由佛洛伊德擔任主席，一九一〇年交接給阿德勒。

[13] 一九〇九年，在美國麻州克拉克大學（Clark University）校長史丹利．霍爾（Stanley Hall）的邀請下，佛洛伊德在該校以心理分析為題開設了五場講座，同行的還有費倫齊（Sándor Ferenczi, 1873-1933）以及榮格。

[14] 《心理分析及心理病理學研究年報》於一九〇九年創刊，由榮格擔任主編。接著於一九一一年創辦《心理分析中央評論》（*Zentralblatt für Psychoanalyse*）月刊，主編為阿德勒和史泰克，以及一九一一年的《形象》（*Imago*），著重於心理分析在文化和文學研究方面的應用，主編為蘭克，一九一三年的《國際心理分析雜誌》（*Internationale Zeitschrift für Psychoanalyse*），主編也是蘭克。

洛伊德的驅力理論心存疑慮。一條鞭式地把所有脫軌行為都歸因於童年的性衝動，他認為那太簡單化且公式化了。難道遺傳沒有扮演任何角色嗎？正如阿德勒在一九〇七年的《器官劣勢研究》（*Studie über Minderwertigkeit von Organen*）裡所闡述的，器官的損傷和它在精神病理學方面的效應之間不正是存在一個明顯的關係嗎？

對於佛洛伊德而言，這個批評很難以接受。原欲理論的相對化，對他來說是抽掉了整個理論建築的基石。「他創造了一個沒有愛的價值系統，」大師如是評論這個固執己見的學生阿德勒說：「而且我打算為了被侮辱的原欲女神找他算帳。」[55]而阿德勒也立刻反擊。和大師的決裂促使他成立一個自己的團體，也就是「個體心理學會」（Verein für Individualpsychologie）。這個名稱裡就是他的計畫。佛洛伊德在他的所有個案裡一再強調它們的共同根源在於驅力，而阿德勒則是要闡明身體和心理歷程的共同作用是相當個體性的。他對於病患的個殊性更感興趣。阿德勒認為人類不必被迫生活在他們童年驅力的汙點底下。相反的，他認為他們基本上更加自決。他在一九一二年出版《神經質性格》（*Über den nervösen Charakter*），一九一三年出版《治療與教養》（*Heilen und Bilden: Ein Buch der Erziehungskunst für Ärzte und Pädagogen*），以一個自由的自我為起點；驅力固然會引導自我，但不是唯一的因素。阿德勒認為人有可塑性也可以被改變。相反的，佛洛伊德則是把人類釘在驅力的十字架上。

佛洛伊德和精神科醫師榮格（Carl Gustav Jung, 1875-1961）的意見不合，讓他更加心下慊慊。大師一直把這個身材魁梧的瑞士人——他不是猶太人，而是讓佛洛伊德感到驕傲的「日耳曼人」——視為他的衣缽傳人。他要榮格「接續他的生命」。[56]可是獨裁的佛洛伊德和鷹瞵鶚視的榮

[91]

格兩人之間早就產生歧異。早在榮格的一篇探討思覺失調症的論文裡（1906），這位所謂的模範生就暗示說，在解釋精神官能症的問題時，「青少年的性愛創傷」根本不像佛洛伊德所說的那麼重要。他的批評和阿德勒沒什麼兩樣。對於榮格而言，主宰心理的並不是驅力，而是追求情緒上的同一性。那會使我們的內心世界產生一個凝聚力。如果出現失調的狀況，那麼這個同一性就會像思覺失調一樣瓦解。

對於他的態度，佛洛伊德一再忍讓。儘管意見上的分歧，他還是讓這個比他小了差不多二十歲的年輕人擔任《心理分析及心理病理學研究年報》的主編，並且接任「國際心理分析學會」的主席。可是衝突終究還是躲不了。一九一二年，榮格出版了他的《原欲的轉變及象徵》（*Wandlungen und Symbole der Libido*）。相較於佛洛伊德，阿德勒大幅度限縮原欲的重要意義，而榮格則是無限擴張它。正如叔本華認為整個世界都充斥著一個形而上的意志，榮格也以神諭的口吻說有一個可疑的原欲，它表現為形形色色的渴望以自我宣洩，而且橫跨所有時代和文明。在佛洛伊德那裡由驅力、性和欲望構成的狹隘統一體，現在蔓生成一個無所不在的力量，性愛只是它的許多面向之一。就像尼采的「戴奧尼索斯精神」一樣，榮格的愛欲是個原始力量，一種狂喜的生命能量，一個感官的「生命衝力」，那是榮格從他極為推崇的柏格森那裡偷聽來的。佛洛伊德區分我們的驅力的投射面，也就是「客體原欲」（Objektlibido），以及這個驅力的源頭，也就是「自我原欲」（Ich-Libido），而榮格則是不再以心理分析的方法去詮釋這個結構，而是以生命哲學的角度。根據他的詮釋，人類在客體世界裡的所有作為都是「外向性」（Extroversion）。而和它相對的則是「內向性」（Introversion），在那裡掌權的不是什麼驅力或「自戀」（Narzissmus），而是「主體性的東

[92]

西」（das Subjektive）。它和佛洛伊德一點關係都沒有，反而更接近柏格森。

大師驚駭萬分。如果說阿德勒撼動了他的理論基石，那麼榮格就是使它面目全非。如果他容許對於他的理論大廈如此工程浩大的改建，那麼到頭來會剩下什麼東西？佛洛伊德倉皇間成立了一個祕密委員會，一個內部核心圈，以看守他原汁原味的理論。同時他也和榮格絕交。一九一四年，**被訶斥者**辭去了「國際心理分析學會」的主席。兩個人正式絕交。榮格漸漸和佛洛伊德形同陌路，並且提出他自己的「分析心理學」（analytische Psychologie）。「原型」（Archetyp）是這個新學說的核心概念。它要探討的是人類行為的原始形式和永恆模型。榮格認為這些原型臨在於每個個人身上，它們是形塑和決定我們的文明的關鍵。

殺人的搖籃曲

儘管和榮格的齟齬讓佛洛伊德氣急敗壞，他還是提出了一個和那個對手野心勃勃的企圖相當類似的理論。我們這位貝格街的大師現在要提出的，不再只是關於治療心理病患的醫學理論。他更要以歷史、民族學和人類學的角度去鞏固他的心理分析。就像榮格的企圖一樣，他也要解釋文明的起源以及支配它的種種力量。每個人的心理事件都可以在諸民族的神話裡找到如出一轍的對應——在這點上，這兩個對手倒是意見一致。如果說心理分析是走進每個人心裡的鑰匙，那麼應該也可以用心理分析去解釋文明、道德和宗教的誕生。

儘管佛洛伊德致力於一個關於文明的萬有理論，他還是特別著眼於一個巨大的價值選擇問題。自由的解放以及惱人的擔憂之間的矛盾再度搬上檯面。一方面，佛洛伊德是個啟蒙者，他直言不諱

[93]

地談論驅力和性愛，正如一九〇八年的《「文明的」性道德與近代的神經質》（*Die "kulturelle" Sexualmoral und die moderne Nervosität*），他更提倡一個開放的、對於女性沒有那麼壓抑的性愛態度。另一方面，他又對於這個驅力的混亂力量憂心忡忡，要求每個人以各自的方式盡可能地抑制它。他是要呼籲廢除關於性道德充滿壓抑的官方觀念以解放人們嗎？可是結果會如何？如果說每個人都是獨立的主管機關，讓他們自由地看管著驅力，而不用社會插手——那不會爆發無政府狀態嗎？那會不會是所有文明的終點呢？

這真是太尷尬了。現在佛洛伊德必須就歷史和人類學的角度為他認為壓抑個人的東西辯護。一九一二到一三年的《圖騰與禁忌》（*Totem und Tabu. Einige Übereinstimmungen im Seelenleben der Wilden und der Neurotiker*）就是這次探索的成果。心理分析像一陣風似的吹進民族學和「民族心理學」（Völkerpsychologie）。他研讀了蘇格蘭社會人類學家弗雷澤（James George Frazer, 1854-1941）關於原始民族的圖騰信仰和禁忌的作品。他也讀了威斯特馬克（Edward Westermarck, 1862-1939）的著作以及馮德的鉅著《民族心理學》（*Völkerpsychologie*）第一冊。他也知道涂爾幹在一九一二年出版的宗教社會學代表作《宗教生活的基本形式》（*Les formes élémentaires de la vie religieuse*）裡關於圖騰信仰的說法。完成武裝的佛洛伊德，於是提著他的心理分析的工具箱，勇敢地跳進民族學裡。

榮格爬梳世界的種種神話，以找出原型的行為，而佛洛伊德則是埋首鑽研他的個案，把它們投射到人類歷史上。他的第一篇文章談到弗雷澤證實過的澳洲原住民的亂倫畏懼（Inzestscheu）。我們這位心理分析師大膽地把它和他在維也納的病人的故事做比較。一八九七年，他就診斷自己有

「戀母情結」（Ödipuskomplex），由此推論出潛藏的願望，大約三歲的男童會想要和自己的母親性交。健康的人漸漸成熟之後，這個願望就會消失。佛洛伊德在弗雷澤那裡讀到澳洲「土著」想盡辦法防止亂倫的願望，覺得自己的理論得到證實。顯然他們還沒有完全擺脫戀母情結。這位心理分析師也面不改色地敷陳弗雷澤提到的女婿和岳母之間的亂倫禁忌。傾聽了無數個案故事的佛洛伊德很清楚，在性愛方面不滿足的岳母很容易愛上她的女婿，反之亦然。[15]由於它在社會裡是個荒誕的行為，於是這種激情往往會以扭曲的形式呈現：（佯裝的）厭惡以及沮喪的敵意。佛洛伊德指出，「土著」明確禁止的事物，同樣出現在文明人的閾下。「野蠻人」是他絕佳的觀察材料，因為他們的「客體原欲」一直停留在幼童期，因而有強烈的亂倫傾向。而且他們也不像文明人那樣完全潛抑其性愛願望，而是把他們的生存要求投射到觸手可及的客體裡面。

民族學家把這類的客體叫作「圖騰」（Totem）。就佛洛伊德從弗雷澤和涂爾幹那裡所知道的，每個部落都有他們的圖騰，有個膜拜的偶像，經常是一頭野獸。而圖騰周圍都會流行著一個「禁忌」（Tabu），那是沒有什麼根據的禁制。人們不可以殺害或傷害圖騰動物。同屬一個圖騰部落的人不可以性交。可是為什麼需要一個如此嚴苛的禁制呢？正如這位心理分析師在他的第二篇文章裡所說的，因為存在著一種強烈的願望，既想要摧毀或殺死被神聖化的東西，又想要解放他無所忌憚的性衝動。在每個「土著」身上都潛伏著類似現代的強迫性精神官能症的東西。人類天生就會遭受一種桀驁不馴的性愛驅力以及「攻擊、控制和維護自身權益」的驅力的侵擾。[16] 57

[15] 見：《圖騰與禁忌》，頁25-29，楊庸一譯，志文，1975。
[16] 同前揭：頁94。

在第三篇裡，他更是不惜辭費地比較「土著」和精神官能症病患。佛洛伊德讀到的關於原始民族的泛靈論（Animismus）以及巫術的現象，他都可以在貝格街的個案研究裡找到。依據他對於強迫性精神官能症患者、特別是「歇斯底里症患者」的經驗，他把「土著」的巫術思考詮釋成兒童的「願望思考」（Wunschdenken）。他們堅信只要心裡想要什麼，就會真的發生。不意外的，所有的願望思考，對於佛洛伊德而言，到頭來都是和性愛有關。「野蠻人」把他們的性愛自戀投射到對象上，精神官能症患者也不例外，他們混淆了願望和現實，再加上種種常見的潛抑。

基於這些認識，佛洛伊德達到了他所要的目標。如果說民族學家證明了人類的演化史是從原始的泛靈論、更複雜的宗教，一直走到清醒的科學世界觀，那麼應該也可以用心理分析的角度去詮釋它。土著的泛靈論停留在幼童的自戀階段。至於膜拜諸神的世界宗教的信徒，他們就像孩子一樣，緊緊依附著父母親，尤其是他們的父親。相反的，先進工業國家裡的成年人會克制他們的「快樂原理」（Lustprinzip），擺脫它，並且清醒地適應客體世界的既有條件。

人類的歷史，不管是普遍的或是個體的，都要經歷三個階段的清醒歷程，這並不是佛洛伊德的創見。第一位提出的人，是著名的思想先驅，社會學家孔德（Auguste Comte），也就是三階段定律（loi des trois états）[17]。儘管從理想化（Verklärung）、啟蒙（Aufklärung）到豁然開朗（Abklärung）的次第在佛洛伊德那裡有不同的說法，但是架構是一樣的。從熱情洋溢的孩子演變為

[17] 孔德在《實證哲學教程》（*Cours de Philosophie Positive*, 1830）裡指出，知識社會的演變都要經歷三個階段：神學階段（l'état théologique）、形上學階段（l'état métaphysique）以及實證階段（l'état scientifique）。同樣的，社會、科學、個體和心靈也有三階段之分。物質形式：軍事、法律、工業化；道德情感：忠誠、崇敬與博愛；個人生命：嬰兒期、青春期、成熟期。

成熟的人，從原始的早期階段拾級而上，變成一個成年人。例外的是，我們這位心理分析師認為，即使是清醒的科學，也都殘存著原始民族「對於全能的神的原始信仰」。科學家不也野蠻而自戀地相信他們可以完全揭開世界的祕密嗎？

真是個不講情面的診斷啊。佛洛伊德自己不也是如此嗎？這位世界歷史的心理分析師要求他的讀者在《圖騰與禁忌》第四篇裡讀到的東西，不也難以置信而一團混亂嗎？他關於圖騰與禁忌的起源的解釋可以說惡名昭彰而令人髮指。根據他的說法，人類文明的起點是一場駭人聽聞的血腥大屠殺。威權的父親以前是一個人擁有所有女人，被放逐的兒子們在失望之餘，聯手殺死了父親並且把他吃下肚子。可是他們心裡的罪惡感如影隨形。它潛抑了仇恨，讓相互較勁的兒子們產生了一種認同感。他們對於其行為懊悔萬分，為他們的父親找到一個替代品，一個圖騰，並且規定任何人都不可以觸犯它。他們更規定了不可以殺人，也不可以佔有掠奪來的女人。除了禁止殺人以外，更加上禁止亂倫。所以說，謀殺和悔恨才是圖騰信仰的根源。所有道德、所有宗教、所有共同生活的社會規範，都是源自於此。

這是哪門子的歷史啊！佛洛伊德是怎麼想出來的？那是真有其事嗎？或者只是為了說明而講一個故事，就像柏拉圖自己杜撰的神話一樣？他的神話都是沒有人聽說過的故事。可是佛洛伊德大言不慚地把他的神話當作現實在探討。他認為不管是基督教或是古代的悲劇裡，都可以找到疑似弒父的痕跡。耶穌死在十字架上和兒子弒父的罪有什麼兩樣？聖餐和圖騰宴有什麼不一樣呢，不都是儀式性地把父親吃下肚子嗎？我們不也在希臘悲劇裡看到弒父重罪的餘震嗎？根據佛洛伊德的詮釋，悲劇裡的主角是被合唱隊打死了的先祖。可是作者扭曲了劇情，而為合唱隊開脫罪嫌。在悲劇裡，主角自己成了罪人，讓合唱隊豁免罪責。[18]

原本風馬牛不相及的東西，硬生生地被佛洛伊德瞎拼瞎湊，正好說明了他大膽放肆的行徑。可是如果說他以如此荒誕不經的方式探討歷史、宗教、人類學和民族學，那麼他以同樣天馬行空的方式去分析個人，提到男孩子的「戀母情結」以及女孩子的「陰莖妒羨」（Penisneid）[19]，我們又應該做何感想呢？佛洛伊德所謂的在所有文明的開端就在吟唱的「殺人的搖籃曲」（Wiegenlied vom Totschlag）[20]，不管是在人類學史或是民族學史裡都不見記載，這並不讓人意外。這位驕傲的拓荒者早就不指望其他學科的附和了。在他的自我認知裡，他史無前例地證明了我們可以用心理分析的方法去詮釋整個人類歷史。而且他還要繼續下去。

「自我」的回歸

佛洛伊德關於殺人以及罪愆的研究對於時代和文明具有決定性的意義，而他應該不知道那正是寫成於第一次世界大戰前夕。《圖騰與禁忌》出版一年後，這位原本支持和平的心理分析師卻贊成以武力兼弱攻昧。愛國主義的他相當熱中於中歐列強的緊張局勢。到頭來，佛洛伊德再也不覺得自己是猶太人，而是個奧地利人；這個感覺甚至比對於腥風血雨的大屠殺的恐懼更強烈。在首戰告捷之後，就再也沒有聽到任何戰勝的消息，他當然也開始心生懷疑。戰爭會對於歐洲文明造成什麼樣

[18] 見：《圖騰與禁忌》，頁 190-194。

[19] 見：《精神分析引論．精神分析新論》，頁 549-554。

[20] 「Wiegenlied vom Totschlag」原本是美國西部電影《藍衣騎兵隊》（*Soldier Blues*）的德文片名，該片靈感源自一八六四年科羅拉多領地沙溪（Sand Creek）大屠殺事件，號稱是影史上最殘忍暴力的電影。作者借用該片名以影射史前人類的血腥事件。

的災難性效應？

儘管他在講座的講稿裡志得意滿地把自己和哥白尼和達爾文並列，但是他的心情卻越來越抑鬱不振。血腥屠戮不再是神話裡才有的災難。那是正在凡爾登（Verdun）[21]的戰場上或是其他地方上演的現實世界。「原始人」的「系統發生學上的遺傳」，文明只是把它當作一種假象而壓抑它，現在卻殘酷地爆發出來。[58]被現代世界壓得喘不過氣來的文明人，再也管不住他們的驅力。種種攻擊行為也跟著出現，披猖揚厲，殘忍無情，到頭來則升高為野蠻的暴力。真正的父親和兒子在戰壕裡血流成河，祖國成了圖騰，人們恣意觸犯所有禁忌。隨著戰事擴大，傷病人數急劇增加。嚴重的精神官能症、精神病和潛抑，正在輾壓整個歐洲文明。

戰爭的震撼使佛洛伊德嗒然若喪，他的理論外牆也因而出現裂痕。他是否忽略了除了快樂原理之外，人類心裡還有另一個作用力？一種自我毀滅的傾向？「一個跨越無數世代的殺人者」的遺傳[59]——一種「死亡驅力」（Todestrieb）？我們這位心理分析師一再賦予性愛驅力以及和它有關的自我保存驅力無限的權力。可是第一次世界大戰以及心愛的女兒蘇菲亞（Sophie）的去世，使得佛洛伊德鬱鬱寡歡，性愛的渴望對他來說再也沒有那麼有說服力了。

佛洛伊德在一九一九年冬天寫了一篇六十頁左右的論文《超越快樂原則》（*Jenseits des Lustprinzips*），在文中，他的後設心理學（Mestapsychologie）有了個全新的面貌。那是一次影響深遠的盤點。以前他探討的是想盡辦法要控制無意識的「意識」，現在則是把「自我」搬上檯面，在

[21] 指一九一六年的凡爾登戰役（Bataille de Verdun），是第一次世界大戰中最長的一場戰役。

原欲和「毀滅驅力」（Destruktionstrieb）之間搖擺不定，不斷追求自我肯定。愛欲和死亡，神話裡的巨人，拉扯著被鞭笞的自我，不斷地以驅力的要求和肆無忌憚的破壞狂撕裂它。由於文明對於這兩者一樣無法容忍，驕矜自大的驅力往往會轉而對付自我，使它陷於自我懷疑、罪惡感、受虐狂、自我憎惡，又伴隨著一種揮之不去的神經質的「強迫性重複」（Wiederholungszwang）。

這個新的「自我」也出現在佛洛伊德一九二一年的論文《群眾心理學及自我的分析》（*Massenpsychologie und Ich-Analyse*）。它以法國自學成功的人類學家勒龐（Gustave Le Bon, 1841-1931）一八九五年的暢銷書《群眾心理學》（*Psychologie des foules*）[22]為開頭。勒龐早在佛洛伊德之前就見識到了無意識的巨大威力。它在群眾的行為裡尤其觸目可及。如果個人覺得自己是群眾的一部分，他就會沉默而且不加批判，這時候無意識的衝動就會掌權，在心理方面會感染到群眾的動力。現在我們所謂的「群行行為」（Schwarmverhalten），可以在勒龐那裡看到史無前例的詳盡描述。此外，他也提到領導者如何趁機利用群眾的瘋狂而操弄他們。

勒龐的書相當悲觀，對於啟蒙和理性的力量充滿了懷疑。對他而言，相較於讓人信服的論證，悶聲不響的民族主義更加可靠。自從第一次世界大戰爆發以來，佛洛伊德對此也深信不疑。他用自己的話語概述了勒龐關於「群眾心理」的說法。在他人的掩護之下，「自我」解禁了它的驅力，臣服於無意識的力量。佛洛伊德以自己的方式提出更加鞭辟入裡的分析。群眾的組成是「原欲的」，由橫衝直撞的欲望構成。作為群眾底下的一員，「自我」把它的自戀原欲投射到被理想化的領袖身

---

[22] 中譯本作《烏合之眾》。

上。

佛洛伊德一副理所當然地大談「自我」，但是其實一點都不理所當然。不久之前，馬赫（Ernst Mach）才說「自我」是「不可挽救的」，是「形上學的顛倒夢想」（metaphysische Verkehrtheit），沒有任何實在性成分。馬赫把「自我」分解成元素和感覺——其實是十八世紀的休姆（David Hume, 1711-1776）的主張——在維也納的作家和劇作家之間有如江河行地。根據馬赫的理論，如果有人像佛洛伊德一樣主張說有個「自我」是意識或無意識的中心，那麼他就必須大費周章地辯解。就自然科學而言毫無根據的「自我」，到底是什麼東西？

佛洛伊德在一九〇九年第一次探討「自戀」的論文裡就提到「自我」這個東西[23]，他在談論「偏執狂」[24]的時候，以及一九一五年的《論無意識》（*Das Unbewusste*）裡，也都談到「自我」。然而只要心理主管機關是由意識、前意識和無意識構成的，概念就會黯然失色。佛洛伊德的《自我與本我》（*Das Ich und das Es*, 1923）就是要澈底改變這一切，並且描寫一個新的意識的地形學（Topographie）[25]。他在《超越快樂原則》裡預備的理論結構的修正，現在推論出一個新的模型。以前的心理地圖要完全重畫，現在的地點叫作「自我」、「超我」（Über-Ich）和「本我」（Es）。

---

[23] 見：*Zur Einführung des Narzissmus*, 1914。

[24] 見：*Mitteilung eines der psychoanalytischen Theorie widersprechenden Falles von Paranoia*, 1915。

[25] 佛洛伊德借用費希納（G. T. Fechner）的觀念，提出「心理空間」的概念，而有別於「身體空間」。他的第一個地形學把心理區分成意識、前意識和無意識；第二個地形學則把心理區分成自我、超我和本我。「Topographie」在醫學上也叫做「局部解剖學」或「部位記載學」。

「本我」是人類心理的驅力元素。飢餓、性愛驅力、嫉妒、憎恨、信任、欲望、被潛抑的事物等等，定義了**「本我」**。原欲和死亡驅力是它的兩極。而**「超我」**則是**「本我」**的對手，它是在以前的作品裡就出現過的「理想的自我」（Ich-Ideal）。它體現了人類在教育裡被灌輸的種種規範、理想、角色、模範和世界觀。至於「自我」，則是夾在它們中間，被這兩個強大的對手不斷磨損的傀儡。自我是三個主人的僕役，也就是「**超我**」、「**本我**」和社會環境，它試圖調解由於對立的要求而產生的衝突，使它們和諧一致。可是它太軟弱了。一般而言，**「自我」**管不住的「**本我**」往往會戰勝，因為它會閃避意識。

對於佛洛伊德而言，這三個心理主管機關的存在並不是偶然的。就生物層面而言，「**本我**」是最早出現的部分，它源自生物性驅力的需求。「**自我**」則是從「**本我**」那裡產生的，為的是在一個複雜的環境裡滿足「**本我**」的需求。它有種種不同的知覺，它會自我定位、評估和反省。最後的「**超我**」是一段時期之後的「**自我**」層次更高的認知行為。它學會跳脫自己，仿同父母親，和「**自我**」保持距離並且批判性地觀察它，並且在「**自我**」心裡喚起罪惡感。

於是，無意識的領域重新劃定地界。如果說無意識以前是心理裝置的一個**主管機關**，那麼現在它則是被劃分成三個「功能性的」主管機關。無意識歷程不僅會出現在完全被它控制的「**本我**」裡，在「**自我**」裡也看得見它的蹤跡。我們想到了形形色色的恐懼，「**自我**」對於「**本我**」的原欲的「精神官能症式的恐懼」，對於外在世界的危險的「現實恐懼」，以及「**自我**」在面對喚醒罪惡感的「**超我**」時產生的「良心恐懼」。而「**超我**」對於無意識的能量也不陌生，特別是種種攻擊行為。如果說「戀母期」的兒童會反抗父親，也就是佛洛伊德所說的「死亡驅力」，那麼到了成年人，也會一直存在著一種攻擊性的「**超我**」，以其負面能量對付「**自我**」。它會因而心生罪惡感，也會再度感覺到童年時擔心被父母親遺棄的那種恐懼，以及位於其根源的「閹割恐懼」（Kastrationsangst）。

「**自我**」的回歸把哲學傳統（尤其是費希特〔Johann Gottlieb Fichte, 1762-1814〕）裡的那個傲慢的「自我」變成了一個被神遺棄的悲劇英雄，有時候更只是個販夫走卒：「夾在本我和現實中間，」自我「往往屈服於一種誘惑，變得屈意奉承、投機且謊話連篇，就像政客一樣，儘管很清楚真相是什麼，卻想要投輿論之所好。在這兩種驅力（生存驅力和死亡驅力）之間，自我並沒有保持中立。憑藉著仿同和昇華，自我幫助本我裡的死亡驅力打壓原欲，卻因而有成為死亡驅力的對象而自取滅亡之虞。而本我為了伸出援手，自己必須充滿了原欲，因而變成了愛欲的代理人，渴望活下去並且被愛。」60

我們該怎麼說呢？「自我」被分裂成許多個不同的主管機關，這在一九二三年並不是什麼新鮮事。詹姆士於一八九〇年在其不朽名著《心理學原理》（*The Principles of Psychology*）裡早就這麼做過。對於詹姆士而言，「自我」並不是個對象，並不是大腦裡的任何事物，而是個程序，也就是把意識流裡的事件加以分類並且串連在一起，使它們產生意義。可是當「主格的我」（Ich, I）自我審視的時候，它就扮演起「受格的我」（Mich, Me）的角色。這個「受格的我」變成了評審機關，以無聲的自我對話不斷地觀察「主格的我」。我們的自我形象和同一性，正是源自於這個對話。㉖我們在「**自我**」和「**超我**」、執行機關和評審機關的區分裡，不難再度看到詹姆士的「主格

㉖ 另見：《做你自己：西洋哲學史卷三》，頁435-438，林宏濤譯，商周出版，2021。

的我」和「受格的我」。我們不認為佛洛伊德沒有讀過這部當時最著名的心理學作品，更何況他在一九〇九年獲邀到美國演講的時候和詹姆士相識，兩人更曾經一起散步。然而關於詹姆士的理論，佛洛伊德卻是隻字不提。而且就算他承認說「本我」這個語詞是沿襲自另一位心理分析師格羅代克（Georg Groddeck, 1866-1934）的說法，他還是堅稱這個三分法是他獨創的。其實那是個極為錯綜複雜的架構，在其中，他的理論裡所有原來的元素都以不同的角色和戲服登場。「**自我**」和「**本我**」對於我們這位心理分析師而言至關重要。儘管在細節上不斷地修訂，佛洛伊德的這個新的心理地形學基本上再也沒有任何改變。可是其他心理學家們的反應卻大異其趣。對於他們而言，詹姆士的模型沒有那麼天馬行空，也一直是現代關於「自我概念」（Selbstkonzept, self-concept）的所有觀念的藍圖。就神經科學觀之，佛洛伊德的新模型和《夢的解析》裡的舊模型一樣都是空中樓閣。一九五五年，奧地利裔美國腦神經科學家，諾貝爾獎得主坎德爾（Eric Kandel, 1929-）在紐約對他的神經生理學教授說他要在大腦裡找到「**自我**」、「**本我**」和「**超我**」的蹤跡，結果當然是碰了一鼻子灰。[61]

診療椅上的宗教和文明

佛洛伊德自己也知道，他那個被壓迫和撕裂的「自我」的模型，算不上是可靠的自然科學理論。可是他已經不像以前那麼在意了。一九二五年[27]，他在《自敘傳》（*Selbstdarstellung*）的〈後

[104]

㉗ 另見：《佛洛伊德傳》，頁83-84。

記〉裡寫道：「我的興趣又回到以前深深吸引著那個懵懵懂懂的年輕人的文明現象的文題上。」[62]而對於佛洛伊德而言，這個「文明的現象」只能以哲學去鑽探，而沒辦法以醫學或者其他自然科學的方法去研究和證明。

佛洛伊德一點也不在乎臨床心理師以及從事實驗研究的心理學家的論斷。那時候的他已經夠有名了，再也不必託庇於他們。戰場上不可勝數的創傷士兵，不僅為他及其門徒提供許多工作機會以及收入，更使得他在圈內蜚聲鵲起。到了一九二〇年中期，這位心理分析師爬上了生涯的巔峰。他的門徒履舄交錯，他創辦的刊物也洛陽紙貴，佛洛伊德終於如他一直夢想的那樣位高望眾。然而，他罹患了初期下顎癌，病情每況愈下。這位貝格街的大師接下來關於文化批評的作品，都是在病骨支離之下完成的。

佛洛伊德首先從宗教下手，這並不讓人意外。他在年輕的時候就驚豔於海克爾（Ernst Haeckel, 1834-1919）以及達文爾之流的唯物論思想家。而且他很早就以病理學的角度去詮釋所有宗教。對他而言，心理分析是人類最高的演化階段上堅決主張無神論的一種科學。它再也不需要任何宗教。相反的，它要解釋為什麼人類在其漫長的文明裡如此渴望宗教。

一九二七年，佛洛伊德把他關於宗教的思考彙整出版。書名《一個幻覺的未來》（*Die Zukunft einer Illusion*）其實就說明了一切，因為他認為宗教幻覺的前景黯淡。這位心理分析師首先沿襲費爾巴哈（Ludwig Feuerbach, 1804-1872）的傳統，以社會學和人類學的角度探索他的主題：到底為什麼有宗教這種東西？它難道不是無助的表現而已嗎？對於大自然的恣意感到無力，對於病痛和死亡的莫可奈何，斲喪了人心深處的自戀。於是他自己虛構了一個系統，認為大自然是服從於一個造物主的意志而有計畫地周行不已，一個慈護萬物的天父，他可以滿足嬰兒期對於保護和安穩的渴望。除了無助以外，佛洛伊德也在文明裡找到宗教的另一個源頭。正如他在《圖騰與禁忌》裡所闡釋的，每個人類文明都是個壓抑驅力的政權，也都以亂倫和弒父為其開端。由於人類無法自由開展其驅力，便把他們的渴望投射到一個神身上。那些驅力昇華成宗教情感，而人類空虛而放縱無度的自戀也想望著一個死後的世界。

然而正因為如此，那一切都不是真實的，而只不過是自戀的投射（Projektion）[28]而已。每個宗教也都是個渴望願望實現的幻想，也就是個幻覺。佛洛伊德認為，現代文明當然也早就知道這點。它趕走了人類心裡的信仰，人們感到迷惘而不安，也因而使得我們這位心理分析師門庭若市。無數大夢初醒而悵然若失的人們好不容易才學會如何擺脫集體的「強迫性精神官能症」，以及一個沒有神的生活。可是那並不是件容易的事。因為擺脫了幻覺及其形而上的威脅恫嚇，固然讓人如釋重負，卻也更加惶然不安。

儘管這個巨大的「揭穿謊言」（Ent-Täuschung）[29]使人痛苦難當，佛洛伊德卻認為它有其正面的效應。宗教的人性幻覺並不會讓人更快樂。啟蒙和科學顯然才是更大的快樂源泉。佛洛伊德興致勃勃地觀察蘇聯的「巨大文明實驗」，那是一個徹頭徹尾的無神論國家模型。在一九二七年的時候，他還不敢遽下論斷。當然，後來他也同樣斥之為「幻覺」。可是他也意識到自己的思考裡的矛盾。他怎麼可以一方面目睹著人類被牢牢釘在其驅力的十字架上而被無意識操控，另一方面卻又指

[28] 或譯為「外射」。

[29] 「Enttäuschung」原本是失望的意思。

望著純粹的理性之光、清醒而理性的科學為人類指引道路呢？悲觀的驅力理論以及對於人類文明的樂觀預言看起來完全扞格不入。「我們想要再三強調，相較於人類的驅力，他的理性是軟弱無力的，而且我們是言之有據的，」佛洛伊德對他的讀者透露他五味雜陳的感覺，「可是這個軟弱有個特殊之處；理性的聲音幾不可聞，可是它並沒有閉嘴，直到它被聽到為止。在人們無數次的充耳不聞之後，它總算被聽到了。這就是我們對於人類未來的樂觀期待的少數理由之一。」[63]

可是佛洛伊德忽略了一個重要的問題。他固然以宗教的集體妄想解釋那些一神論形式的宗教，卻沒辦法解釋人類對於靈性的根本渴望，那是無法以父子關係去說明的。佛洛伊德多年來的筆友，法國作家羅曼・羅蘭（Romain Rolland, 1866-1944）更是在這個傷口上灑鹽。在他眼裡，宗教經驗和父子關係一點關係也沒有，而是一種「浩如煙海的感覺」。但是對於冥頑不靈的佛洛伊德而言，這還不足以使他心生動搖。正好相反，他甚至在接下來的《文明及其不滿》（*Das Unbehagen in der Kultur*, 1930）裡對於羅曼・羅蘭的批評意見冷嘲熱諷。[30]我們這位心理分析師在導論裡就把對於所謂「浩如煙海的感覺」的渴望汙名化，機械式地說它只是自戀的另一個形式。至於那本書的其他部分就好多了。儘管佛洛伊德在《圖騰與禁忌》裡把幾乎所有的人類行為都說成病態，到了晚年，他倒是讓步了許多。字裡行間的態度更加溫和，它也是一部在文學上斐然成章的作品。這位七十四歲的老人筆下不乏同情的理解，再次撰文探討他一生關注的主題：每個人都顫顫巍巍地走在繩索上，在他難以掌握的驅力結構的暴力以及以文明馴化它的企圖之間來回拉扯。

㉚ 見：《文明及其不滿》，頁20-24，林宏濤譯，商周出版，2023。

人類的快樂是有可能的嗎？一方面，人類以性愛為模範，依據「享樂原則的規劃」，尋求實現最大的快樂。另一方面，這些快樂又會遇到許多障礙。在生物方面，那些障礙是有死亡和腐化威脅的身體以及有敵意的大自然。在社會方面，人際關係也會限制我們對於無止盡的快樂實現的渴求。因此，在人生裡，避苦比趨樂重要得多。我們能怎麼辦呢？以致幻劑的極端形式在生物方面操控自己的快樂狀態嗎？或者要像大多數人一樣，轉移他的驅力目標？人們要不是以知識或藝術活動取而代之，寄情於熱情洋溢的想像世界，就是像隱士一樣放棄那些驅力目標。對於佛洛伊德而言，宗教至少可以滿足驅力轉移的功能。它的那種昇華了的快樂不只讓個人心嚮往之，整個社會和文明也趨之若鶩。相較於大剌剌地接受他的驅力，而不壓抑幻覺的佈景，宗教的種種誘惑手段既沒有那麼嚴厲，也不需要特別的規訓。

隨著人類文明的大步前進，他的驅力就越加沒有自由開展的機會。這就是佛洛伊德認識到的「文明裡的抑鬱不安」（*Unbehagen in der Kultur*）[31]他同時揣測到群眾對於文明的明顯敵意的潛在根基。人類為了擺脫大自然的束縛、為了他們的進步以及他們在政治、科學、文明和藝術上的成就，性愛驅力（愛神〔Eros〕）以及毀滅驅力（死神〔Thanatos〕）的壓抑是必須付出的悲劇性代價。正如孔德把個人的發展以及人類的演進畫上等號，佛洛伊德也看到人類在「犧牲驅力」方面的能力的漸趨成熟；這個犧牲往往會伴隨著轉向內心的攻擊性，也就是揮之不去的罪惡感。學習如何和罪惡感相處，是現代文明的沉重任務。因此人生指望的並不是什麼巨大的快樂，充其量只是短暫

[31] 見：《文明及其不滿》，頁9。

[108]

的、插曲式的小確幸。

但是人類真的有辦法憑著克制驅力拾級而上嗎？《文明及其不滿》的結尾持開放態度，但是作者有不祥的預感：「對我而言，人類命運的問題似乎就是他們的文明演進是否可以控制住人類的攻擊驅力和自我毀滅的驅力，不讓它們傷害到共同生活。在這個方面，現在這個時代或許特別值得我們關注。人們現在支配著大自然的力量，憑藉著它，可以輕而易舉地相互毀滅殆盡。他們對此心知肚明，他們現在的不安、他們的不快樂、他們的恐懼情緒，有一部分就是來自於此。可想而知的是，『蒼天的威力』其中之一，永恆的愛神，會想盡辦法在和他同樣不朽的對手的競賽當中勝出。可是誰能預見到底哪一方會獲勝，結局是怎麼樣呢？」[32][64]

對神諭的懷疑是有道理的。政治局勢也真的禍至無日。一九三三年，國家社會黨獨裁政權在德國崛起。佛洛伊德的著作被查禁且銷毀。這位被貶謫者一開始只能以諷刺性的幽默接受。一九三四年，他著手撰寫一部關於摩西的作品[33]，在其中和他自己的猶太民族針鋒相對。佛洛伊德試圖以觀念史的角度證明，猶太人的一神論可能源自易肯阿頓（Echnaton）法老時期的埃及；這個理論在不久之前也重啟討論[65]。他以心理分析的方法，把宗教的誕生詮釋為自我、本我和超我之間衝突的一個歷史角力。

對於當時種種衝突的角力，年已八十的他只能書空咄咄。他笨拙而徒勞無功地試圖和新政權妥協，以拯救心理分析圈。德軍於一九三八年三月佔領奧地利，這位舉世聞名的心理分析之父命在旦

㉜ 引文中譯見：《文明及其不滿》，頁 130-131。
㉝ 《摩西與一神教》（*Der Mann Moses und die monotheistische Religion: Drei Abhandlungen*），林宏濤譯，商周出版，2024。

夕。佛洛伊德趕緊流亡到倫敦。他的五個姊妹有四個留在維也納，被納粹關到集中營並且慘遭不測。一九三九年九月二十一日和二十二日，病危的老人由他的醫生注射致命劑量的嗎啡。九月二十三日清晨，佛洛伊德溘然長逝。

他的理論究竟有什麼建樹？佛洛伊德毋庸置疑的成就在於他以刺眼的燈火照射到感覺的意義、心理的衝突以及無意識上面。沿襲自布洛伊的治療方法，經過佛洛伊德的推敲琢磨，至今仍然流行於全世界，即使心理分析在這期間分裂成許多潮流和學派，而和他們思想上的父親的關係或遠或近。至於他在探究人類心理世界方面的科學研究，佛洛伊德在許多方面的嗅覺相當敏銳。然而也僅止於此。他遍歷他的病患的心理世界，宛若一個地圖繪製員，駕著他的小船環遊著傳說中的大陸，親眼目睹並且測量。他的傲慢也是其來有自，因為沒有人像他一樣用他的方法如此深入探究。那塊大陸就是無意識，而他就是領航員。可是佛洛伊德自知時日無多。佛洛伊德以前因為認為幫助不大而放棄的神經生物學，現在就要揚帆，而且顯然可以提出另一種科學主張。問題只是在於，佛洛伊德所繪製的地圖，有哪些輪廓、河流、山丘和島嶼值得保留下來。正如他在《超越快樂原則》結尾就其處境出人意外地自我批判說，「我們必須要耐心，並且等待其他的研究方法和機會。如果這樣做似乎不會帶來什麼好的結果，我們也必須準備放棄我們一度曾遵循過的道路。只有那些期望用科學來代替已被他們放棄的信仰的那些信奉者們，才會責備一個研究者進一步發展甚至改變他的觀點。我們或許也可以在一個詩人（《哈利利的麥加人》〔*Makamen des Hariri*〕裡的呂克特〔Friedrich Rückert〕）的詩句中為我們的科學知識的緩慢進步尋找到安慰：『我們不能飛行至此，則我們必須跛行……』」[66]

[110]

至於對於無意識以及它和意識的交互作用的測量，佛洛伊德當然不是二十世紀初期唯一的「占領者」（Konquistador）。當時有另一個探勘者，和佛洛伊德一樣出身猶太家庭，也幾乎同時間在維也納上布倫塔諾的研討課。儘管兩人幾未謀面，但是他們都以布倫塔諾的「描述心理學」為起點，鑽研同一個問題——即使方法迥異。佛洛伊德以自創的科學和哲學分庭抗禮，而這位和他一樣重要的同儕則是在傳統哲學的框架內，殫精竭慮地揭露意識和無意識的祕密。我們說的就是胡賽爾（Edmund Husserl, 1859-1938）。

[111]

回到事物本身

- 回到本質事物
- 數學心理學
- 在心理學和邏輯之間
- 信箱的本質
- 具體的自我
- 價值現象學
- 生活世界的優先地位

回到本質事物

這位來自哥廷根（Göttingen）的教授時年五十三歲，是個蜚聲國際的大人物，也是當時德國最著名的哲學家。可是他對學生要求太高了，許多人再也不想跟隨他。在短短的時間內，他的門徒完全換了一批人。因為他於一九一二年創辦的《哲學與現象學研究年鑑》（*Jahrbuch für Philosophie und phänomenologische Forschung*）得罪了許多人。至於《純粹現象學和現象學哲學的觀念》（*Ideen zu einer reinen Phänomenologie und phänomenologischen Forschung*，以下簡稱《觀念》）更是他一生對於未來哲學正確道路追尋的轉捩點。

整整六年的時間，胡賽爾為了要不要實現這個轉折而搖擺不定。他開了許多講演課，為了新的哲學鋪路，也就是「純粹現象學」。未來任何人從事哲學思考，都必須了解意識的性質，他必須認識它的「本質」。因為我們在世界裡的事物那裡碰到的——正如康德所說的，都是我們意識的構成物。它們是在**行動**中產生的，人們費盡心思還是沒辦法精確把握那個行動。而哲學主要的研究對象也不是事物，而是產生事物的**歷程**。

胡賽爾在寫成他的《觀念》不久之前，於一九一一年聆聽了俄羅斯年輕人夸黑（Alexandre Koyré, 1892-1964）的一場博士論文報告。夸黑十六歲就到哥廷根投入胡賽爾門下，當時他也才十九歲。他的題目是：柏格森的哲學。這位哥廷根的大師不是很欣賞他的論文。「我們是堅定不移的柏格森主義者！」接著他大聲說。[67]正如柏格森把他對於事物世界的注意力轉移到「深層自我」的世界，胡賽爾也積年累日地投入那個世界。可是他的方法大異其趣：他用的是「反思」而不是「直

[113] [112]

覺」。因為胡賽爾一直認為哲學是一門「嚴謹的科學」。對他來說，如果一個人沒辦法客觀地證明他的認知，那麼他在哲學裡就是一事無成。

然而——關於這個兩難，胡賽爾自己也心知肚明——一直到二十世紀初期，哲學家並沒有掌握 [114] 這種嚴格的意識科學。邏輯學家對於意識藉以創造其世界的心理活動一竅不通，而實驗心理學家也在原地踏步。他們不就只是在探究已經結束了的、可以測量的結果而已，而不是導致那些結果的歷程？作為科學的心理學為種種事件分門別類，可是它對於導致這些事件的根本歷程一無所知。「心理主義」（Psychologismus）以實驗觀察沾沾自喜，卻對於意識活動的邏輯和心理結構興趣缺缺，就像柏格森一樣，胡賽爾對此也相當不以為然。

我們沒辦法以邏輯的方法拆解意識，因為意識的工作並沒有那麼符合邏輯。我們也沒辦法以自然科學的方法去理解它，因為意識活動是經驗研究不得其門而入的。所謂的意識活動——感覺或認知——是感覺者和認知者感受到的，而不是外部觀察者猜測的那樣。在日常生活裡，我們不會注意到這些活動——胡賽爾和柏格森關於這點的看法一致。意識在工作的時候不會以我們一般採取的「自然態度」（natürliche Einstellung）觀照它自己。在一般的生活裡，我們會把我們的經驗歸類並且對象化，成為一個由客體構成的世界。至於隱身其後的活動本身則是不可見的。柏格森在他的《時間與自由意志》正是如此論證的。

對於胡賽爾而言，結論只會有一個。意欲理解意識實際上演的現象的哲學家，必須拋棄他的「自然態度」。他必須放棄他一般的作為。這種「還原」（Reduktion）到本質事物，其實是個古老的哲學觀念。笛卡兒是其中最著名的模範。在十七世紀初期，這位法國人決定懷疑一切值得懷疑的 [115]

事物，直到找到一個完全沒辦法懷疑的基礎。那就是「我思」（cogito），確定一切都是可以懷疑的，可是沒辦法懷疑有個懷疑者在懷疑——也就是在思考。

可是胡賽爾並不以此為足。他覺得這個「我思」還不夠澈底。「思考」究竟是什麼意思呢？思考不是單純的心靈而已，而是極其複雜的歷程，它被植入許多感覺當中。而且是由意識和無意識構成的。它的任務因而也比笛卡兒所想的更加複雜，預設了觀察入微的心思。這個既要捨棄一切又要觀察一切的現象學（Phänomenologie）的態度，胡賽爾沿襲斯多噶學派（Stoiker）和懷疑論的「存而不論」（epoché）以名之，德文叫做「中止判斷」（Zurückhaltung des Urteils）。對胡賽爾而言，捨棄成見是個必要條件。哲學不是要定義事物的屬性或實體是什麼，而是要定義這個被定義者自身的歷程。

胡賽爾把「存而不論」奉為圭臬，不只是他在職業上，更漸漸變成他的人生觀。可是讓他越來越離群索居的，不只是哲學思考。正如佛洛伊德對於文明的心理分析，現象學也處在第一次世界大戰前夕。相較於佛洛伊德，戰爭對於胡賽爾的打擊更加殘酷。他的小兒子在凡爾當戰役裡喪命，大兒子也身受重傷。同時間胡賽爾的母親也去世。憂鬱症接踵而至，而他也擔心雖然勾勒了現象學的梗概，卻可能沒辦法在生前克竟全功而使它胎死腹中。他一生的志業會不會只是個空中樓閣的計畫而已？胡賽爾感到遲疑、猶豫而怨天尤人。焦慮和懷疑與日俱增。這個踧踖不安的男人自年輕的時候就一直和焦慮以及懷疑糾纏不清。

數學心理學

胡賽爾的「現象學」道路相當曲折。他的哲學障礙賽跑道左彎右拐。一八五九年，他出生於莫拉維亞的普羅斯尼茲（Proßnitz, Prostějov），是一個富有的猶太布商家庭裡的次子，他就讀於歐洛慕奇（Olmütz, Olomouc）的高中，成績平平。他動作慢吞吞，也沒有什麼上進心，勉強高中畢業。這個整天做夢的孩子，他的「哲學概論」的課也只是剛好及格而已。由於數學是他唯一拿手的科目，他決定到萊比錫大學主修天文學。除了數學和物理的研討課以外，他還抽空選修了當時抱負不凡的實驗心理學大師馮德的講演課。他的同學馬薩里克（Tomáš Masaryk, 1850-1937）對他說，其實他可以另闢蹊徑，那就是「描述」（deskriptiv）心理學。他比胡賽爾大九歲，跟隨著馮德取得博士學位，不過他是以捷克斯洛伐克第一任總統著稱於世，而不是哲學家。胡賽爾到萊比錫之前，馬薩里克就在維也納師事布倫塔諾，於是勸這位同學也去找他。[116]

不過胡賽爾還是必須以數學系的學業為重。一八七八年，他到了柏林而不是維也納，因而沒辦法和佛洛伊德一起聽布倫塔諾的課。他在柏林讀了六個學期但沒有畢業。一直到再下一站維也納，他才拿到博士學位。由於他除了主修以外也一頭栽進了哲學研究，直到一八八二年才提出博士論文。接著胡賽爾利用在維也納服兵役的時間旁聽了布倫塔諾的講演課。這個相當有魅力的思想家是個還俗的神父，在大學只是個外聘講師而不是教授，專攻一種不用實驗也可以提出科學論證的心理學。對於布倫塔諾而言，所有哲學都是心理學——雖然是哲學心理學，而不是科學心理學。因為在意識裡上演的事件始終是「意向性的」（intentional），而不是科學裡的那種因果相續。其中的差別 [117]

清楚而簡單：和意圖（Absicht）有關的事物，和出於物理的必然性（Zwangsläufigkeit）的事物截然不同。

此外，布倫塔諾認為自己是個嚴謹的科學家，精確的觀察者，絕對不是什麼臆測——這個主張深深烙印在胡賽爾心裡。然而如果不是取徑於自然科學，我們如何獲致顛撲不破的確定性呢？那是因為洞見是直接而**明證的**（evident），這就是布倫塔諾的描述心理學的目標。而胡賽爾也跳上列車來。他要依據所有思考的規則不斷追尋那種明證性。欠缺的只是正確的方法，它可以**明證性地**描寫我們意識裡的**意向性事物**，而說得上是一種關於意識的**客觀科學**。

布倫塔諾也研究數學，這讓胡賽爾很開心。不過他主要是從心理學的角度去探討，也就是一種相當特別的意識活動。那麼邏輯是什麼？剛拿到博士學位的數學家胡賽爾沿襲布倫塔諾的方法問道。它其實是個意識活動嗎？而不是什麼世界的規律性？身為一個數學家，他應該接受的是第二個說法，可是布倫塔諾讓他動搖了。所有邏輯操作畢竟都是由人類的心靈執行或理解的。它們可以獨立於人類意識而存在嗎？可是如果說這樣的邏輯是人類大腦的產物，那麼誰來保證它的無條件的有效性以及客觀性呢？

布倫塔諾很欣賞這個主張懷疑論的學生。他鼓勵胡賽爾到哈勒（Halle）大學哲學系完成教師授課資格論文。胡賽爾有點舉棋不定，因為他本來是要當個數學家的。儘管如此，他還是於一八八六年決定遵照布倫塔諾的建議。他的指導教授是哲學家和心理學家史頓普夫（Carl Stumpf, 1848-1936），於一八八七年完成了教師授課資格論文《論數的概念》（*Über den Begriff der Zahl*）。可是如果胡賽爾以此為足，那麼他就不是胡賽爾了。他立刻投入範圍更大的思考，四年後在他的《算術哲學》（*Philosophie der Arithmetik, 1891*）裡面公開這些思考。正如在教師授課資格論文裡，胡賽爾嘗試回答「人類怎麼會有『數』」的這個艱難問題。哪些思考活動是其必要條件？我們應該如何想像一個產生「數」並且利用它們運算意識的程序和行為？

心理學家幾乎沒有碰觸到這個問題，而邏輯學家也沒有就這個角度去探究。胡賽爾也沒有想要一個邏輯的答案。意識是以心理學的方式在工作，即便有個相當確定的程序。布倫塔諾這個野心勃勃的學生則意圖破天荒地為這個程序找到一個確切的名字。為了理解「數」的形成，我們必須理解「多」（Vielheit）的意思。當我們試圖想像「多」的時候，我們意識裡發生了什麼事？對於一個邏輯學家而言，這是個無意義的問題。數量是什麼，邏輯可以定義，至於一個人怎麼想像它，則是既主觀而各自不同，因而無關緊要。胡賽爾卻不作此想。他認為有一個「多」的觀念，它是完全具體的思考活動，這個活動基本上都是一樣的。想像「多」不同於想像一「群」（Gruppe），或者是具體對象的數目。因為算得上一「群」的，它們都是同屬的。相對的，「多」個對象並不必然如此。「多」的觀念先於對於這個「多」的任何具體定義，不管是數量或數目。而這個人人都一樣的思考活動，胡賽爾認為它就是算術的基礎。

胡賽爾的作品在數學界褒貶不一。在下文會談到的邏輯學家弗列格（Gottlieb Frege），他對於胡賽爾的作品一頭霧水。弗列格堅持說，我們只能以邏輯的角度談論「數」。以心理學的角度解釋「數」的形成，在他眼裡既不可能也沒有必要。

[119]

在心理學和邏輯之間

正如每個其他的批評一樣，胡賽爾也對於弗列格的批評耿耿於懷。難道他一點建樹也沒有嗎？布倫塔諾把所有哲學都變成「描述心理學」，在這個陰影底下，或許使得胡賽爾目不見睫？邏輯和心理學之間到底什麼關係？它們難道不是互依互存的嗎？哪一個才是源頭？所有邏輯到頭來難道都只是一種特殊的思考形式而已，出於對於清晰性的心理需求，正如若干心理學依據哲學家貝內克（Friedrich Eduard Beneke, 1798-1854）的說法所猜想的？或者說邏輯是一種獨立的事實性科學，它先於所有主觀的心理需求，也不會因為它而改變，正如馬堡（Marburg）和海德堡（Heidelberg）的新康德主義者（Neokantianer）所主張的，或者是如弗列格在關於胡賽爾的書評裡勸說的？

胡賽爾有點不知所措。後來他自述說，一八九〇年代是他特別乖舛困厄的日子。一方面是他和妻子瑪爾芬妮（Malvine Steinschneider, 1860-1950）的家庭變故，他們於一八八七年結婚，在一八九二到九四年間生了三個孩子。另一方面，他只是個經濟拮据的外聘講師，仰食於政府的補貼。此外他也開始懷疑自己。他真的適合當個哲學家嗎？自從取得教師授課資格以來，胡賽爾一直為憂鬱症所苦。他歸信基督新教，沉浸在讀經裡。而他也一直問自己，在哲學方面可以有什麼自己的創見。在這樣的心境下，惴惴不安的他埋首寫作，這部作品日後總算使他成為獨樹一格的哲學家。這位戒慎恐懼的思想家並沒有特別急著要脫稿。可是他必須提出論文才有辦法成為專任教授，這個壓力讓他不得不趕緊把他的思想做個總結。一九〇〇年到一九〇一年間，他百般無奈地出版了後來自評為「未完成的」、「有失偏頗的」作品：《邏輯研究》（*Logische Untersuchungen*）。❶

這本書將近一千頁，由六個研究構成，是胡賽爾在科學上的突破，他第一部傳誦一時的作品，可以說相當於《夢的解析》。正如佛洛伊德憑著他對於無意識的分析而自出機杼，胡賽爾也以他在《邏輯研究》裡對於意識的分析而站穩腳跟。佛洛伊德揭露了形成我們的無意識的性愛驅力，而胡賽爾則找到了構成我們的意識的「純粹語法」（reine Grammatik）。就內容而言，佛洛伊德和胡賽爾看起來是極端對立的：一方面是放蕩不羈的驅力，另一方面則是形式明確的心理規律性。可是兩者的對比其實沒有那麼鮮明。至少，我們的心理分析師和現象學家一致主張說要揭露隱藏在日常生活裡而沒有被意識到的意識歷程。他們也都看到了我們的想像意識裡充滿著無意識的衝動、一種「前反思的事物」（Vor-Reflexive）、一種「在場而缺席的事物」（anwesende Abwesende）。就此而論，二十世紀第三位思想先驅柏格森也和他們不謀而合。

讓人驚訝的是，在《邏輯研究》裡下沉到思索自身的理性深處的鉛錘，現在也碰觸到邏輯的堅硬岩盤，而在那之前，它也只是探測到心理邏輯（Psychologik）的軟泥而已。對於心理的岩層測定的性格已經不同以往了。胡賽爾以前把所有邏輯都歸因於心理的思考活動，現在則會區分**活動**以及它的**效力**的不同。但凡人從事邏輯思考，那就是一個思考活動；然而這個思考活動並沒辦法證明為什麼邏輯推論可以主張有效並且為真。所以說，邏輯不僅僅是「思考的工藝論」，即所謂的實用學科，它更是一個「觀念的客體」，儘管不存在於時間和空間裡，卻還是有效的。思考活動是「有其原因和結果的現實的事件」，相對的，這個思考活動的**內容**則和心理學無關，也沒辦法以心理學去

❶ *Logische Untersuchungen. Erster Teil: Prolegomena zur reinen Logik*, 1900; *Logische Untersuchungen. Zweiter Teil: Untersuchungen zur Phänomenologie und Theorie der Erkenntnis*, 1901。

解釋。[68]因為邏輯思考內容的「純粹」邏輯不會有日常生活經驗的障覆，而完全獨立於那個應用它的心靈之外。「純粹邏輯」既無法以經驗去證明，也沒辦法由經驗推論得到。它和事實無關，也不屬於因果法則。相反的，它是完全超越時間的，恆為有效且必然的。

把邏輯和心理學擺在同一個位階上而導致的尷尬，只要把它們劃分成兩個領域，就可以迎刃而解。除了經驗事物的世界以外，胡賽爾也接受另一個觀念性的世界，心理學的法則在那裡則無用武之地。為了證明他的兩個世界理論，他駁斥懷疑論者和相對主義者的說法而為「純粹邏輯」的觀念領域辯護。他認為他們都陷入一種自我矛盾。因為但凡有人懷疑一個和心理學無關的「客觀」真理的存在，那麼他都會主張其命題在一個普遍性的意義之下為真。他提出了一個斷言（Wahrheitsanspruch，真理主張），並且以他所懷疑的東西作為預設。所以說，真理並不是主觀的範疇，而胡賽爾認為真理也不是人類這個物種虛構出來的東西。

懷疑論者和相對主義者固然搞錯了，而從事實驗研究的「心理學家」也是五十步笑百步。前者沒有認識到邏輯是什麼，後者則是深陷於經驗事物，因而找不到真理。最後還剩下一個對手。胡賽爾在寫作《邏輯研究》的時候，物理學家和哲學家馬赫（Ernst Mach）以及他剛剛辭世的同儕阿芬那留斯（Richard Avenarius, 1843-1896）正要聲名鵲起。身為「經驗批判主義者」（Empiriokritizist）的他們主張說，所有科學都只是以精確的工具以及抽象的符號和公式一步步地延伸日常生活經驗。他們把它說成「思考經濟」（Denkökonomie）的原理，並且以生物學為其基礎。人類天生就會考慮怎樣盡可能地節省他們的能量消耗。人們會避免走不必要的冤枉路，也會避免不必要的思考途徑。如此一來，也就形成了邏輯和科學：作為實務性的程序，它們化繁為簡，使思考更加簡明扼要而有效率。胡賽爾認為他們只說對了一部分。邏輯和科學固然使思考形式化並且更有效率。但是如果整體要起作用，科學家就必須預設說，邏輯的推論規則以及相關的斷言**基本上**都是有效的。然而這個基本的有效性並不是源自思考經濟，相反的，思考經濟為了實用，早就預設了這個有效性。

胡賽爾在他的《邏輯研究》第一卷裡證明說它需要一只叫作「純粹邏輯」的工具箱。其中配置了科學定理以及基本概念，例如「真理」或「命題」，以及諸如邏輯推論和矛盾之類的方法。在篇幅更大的第二卷裡，他更推進了一步。因為我們還是完全不清楚這個「純粹邏輯」到底是什麼東西，如果說我們沒辦法以心理學去解釋它的話。它是打哪裡來的，如何闖進充斥著心理歷程的人類意識裡？就算胡賽爾認為心理學沒辦法回答這類的問題，他也不會轉而投奔弗列格的陣營。因為純粹邏輯的對象終究必須由意識去把握。胡賽爾在第二卷裡的回答是：這類的解釋不會是心理學的，而是**現象學的**。

差別在哪裡呢？當心理學家在描述意識的事件，那麼他們描述的就是意識**內容**。可是胡賽爾認為他們因此忽略了意識的**活動**，也就是這些內容出現的方式和方法。關於數學的研究對他而言是最好的例子。邏輯的有效性並不是具體的內容，而是一種形式性的東西，超越任何心理狀態。如果我們想要挖掘意識裡的事件，就不可以停留在心理學家劃地自限的描述層次上。他必須擴大視域，全面性地分析所有經驗的可能性條件。這個更全面性的描述系統不僅僅是意識內容，更包括產生它們的意識活動，而胡賽爾就把這個描述系統叫作「現象學」。

不同於心理學，現象學要更加深入挖掘，直到「事物本身」！[69]所以說，現象學家要研究的是心理學家不假思索地當作預設的「事物」。什麼是**指謂**（Bedeutungen），它們是如何產生的？什麼

[123]

是**抽象的**觀念，具體的觀念如何被劃歸到它們底下？我們的意識如何分辨**意義**和**無意義**？布倫塔諾認為存在於所有思考活動當中的**意向性**（Intentionalität），也就是就一個對象的針對性（Ziel-gerichtetheit），它是如何作用的？最後：我們的思考最清晰的程度，也就是**明證性**（Evidenz），它的依據究竟是什麼，我們該怎麼解釋它？

胡賽爾試圖為這些問題另闢蹊徑；在唯心論和唯物論或經驗論之間的新的中間道路。就像唯心論者一樣，他知道我們意識形成的所有觀念都是主觀的觀念。而他也和經驗論者一樣，認為它們不只是主觀的，而且也和客觀世界有所對應。問題是如何對應？

胡賽爾研究語詞和句子的指謂。他的結論是，並不是說語言符號有個意義，而是在語言行動裡會一再重新產生這個意義。在弗列格的意義理論裡，這個語言行動沒有扮演任何角色，然而對於胡賽爾而言，那未免太空洞了。他認為在個別的意識活動裡固然沒有為記號重新構想客觀的意義，但是會一再地**提出例證**（exemplifizieren）。如果說他是對的，那就意味著一方面存在著種種客觀的「本質」（Wesenheiten），數字、推論規則、對象、顏色等等——可是另一方面，我們唯有把產生它們的那些思考活動也考慮進來，才能有意義地談論它們。所以說，語詞會依據使用的上下文而有不同的意義。

胡賽爾劃分了「本質」和「提出例證的思考活動」，認為解決了關於我們意識內容的實在性成分的古老哲學論辯。諸如「紅色」或「數量」之類的「本質」或「種屬」，對他來說，固然不是作為經驗實在物而存在，因為「那個」紅色並不存在於任何地方。可是它們還是客觀的。我只要以一個具體對象為起點，形成一個「紅色」的觀念，那麼這個觀念就是我的思考庫存裡不變而「客觀

[124]

[125] 的」組成部分。從具體事物到抽象事物，是個幾乎自動化的歷程，也就是「觀念化」（Ideation）。它的客觀性在於每個正常人都會理所當然地以幾乎相同的方式為之。

就算我們如此闡明抽象事物，還是有個問題，那就是它們和具體事物的關係為何。胡賽爾認為有兩種方式：「獨立的」（selbstständig）和「依存的」（unselbstständig）。每一匹具體的馬一直都是個個體性的、獨立的存有者，就算我把牠概括化為「馬」。可是強度或形狀之類的，就只是依存性的存在。純粹的強度或單純的形狀，那是什麼東西呢？它們始終必須和一個聲音、顏色或對象組合在一起。正如胡賽爾所說的，它們是一個整體的「環節」，需要一個更完備的統一體，給予它們一個基奠，為它們**打下基礎**。

在某些情況下，我們只能以特定的方式思考而別無他法。否則我們就無法產生意義，而只會是悖理而無意義的東西。其差別在哲學上很簡單：「但凡我們無法思考的，就不可能存在；但凡不可能存在的，我們就無法思考。」[70]沒有強度的聲音是悖理的，有擴延的顏色則是有意義的。一般而言，區分何者是悖理而無意義的，何者是有意義的，有兩種「本質法則」（Wesensgesetze）。凡是不合邏輯的，和一個「命題」、「概念」或「對象」相矛盾，例如說一個圓的三角形，那麼它就沒有意義。而和特定「質料」牴觸的，例如沒有強度的聲音或是沒有擴延的顏色，也是沒有意義的。

如此準備就緒，胡賽爾便開始把玩他所謂的「純粹語法的法則」（Gesetze der reinen Grammatik）。我們每個人心裡都有一套這種東西，用以區分有意義的、悖理的和無意義的命題。[126] 圓的三角形是悖理的，因為我們無法思考它。「一致或無效，」❷這句話是無意義的，因為我們沒

❷「Ist eins oder nicht läuft」。

辨法自其中推論出任何意涵。而唯有因為我們的意識都配置了這類的「純粹語法」，才得以有意義地認識世界。而若非「純粹語法」的功能預先結構化（vorstrukturieren）了我們的經驗，因而得以區分有意義、悖理和無意義的命題，否則「純粹邏輯」也是不可能的。因為人們唯有根據不同的指謂為事物分類，他們才會有不同的經驗。

和布倫塔諾一樣，胡賽爾也提到所有人類經驗都是**意向性的**。這個概念原本是源自中世紀的士林哲學（Scholastik）。有個「意向」的意思說對準標靶彎弓射箭。在布倫塔諾眼裡，「意向性」的意思是說任何經驗都是和某個事物有關的。但凡人思考，他都是思考**某物**，就算是再天馬行空的想像，也都是在想像著**某物**。[3]然而不同於布倫塔諾，胡賽爾認為住在人類意識裡的不是關於某物的觀念，而是把握（Auffassung）。我們並不是先感覺到一個對象，接著才和它建立關係，而是我們意識裡所有對象的產生，都是取決於我們和它們建立關係的方式。在這裡起作用的，一直是「純粹語法」，有時候也會有「純粹邏輯」的痕跡。就連我們的無意識衝動，我們的「情感和意志層次」，胡賽爾認為也都要臣服於這個「意向性的結構化」——這個大膽的主張和佛洛伊德天差地遠。我們的想像意識也是一個以對象關係為結構的經驗層次嗎？一直到十二年後，胡賽爾才明白自己言過其實。

❸ 另見：《做你自己：西洋哲學史卷三》，頁 397-399。

信箱的本質

[127] 儘管胡賽爾對於他的《邏輯研究》不甚滿意，但是它的影響卻相當可觀。他讓邏輯擺脫了心理學，提出一種科學性的哲學的展望，也就是對於意識的反覆檢視，因而使得學術圈凫趨雀躍。哲學會是一個「理念的科學」，不用實驗研究就可以探索意識的本質嗎？一種無預設的科學，它描述我們經驗的種種預設，並且找到「觀念性的真理」？這個計畫是個劃時代的創舉，而胡賽爾自己也知道，《邏輯研究》不是「一個終點，而是一個開端」。[71]

儘管當時同儕的強烈反彈，胡賽爾還是於一九〇一年獲聘哥廷根大學的外聘教授。時年四十二歲的他著手整理其思想，至少是對於當時最重要的知識論的批評：**經驗心理學**（empirische Psychologie）探問意識狀態的**原因**，溯源其因果關係。可是儘管它做了無數實驗，卻還是無法獲致確切的知識。它再怎麼客觀，都只是外部的詮釋。**經驗批判主義**也面臨同樣的難題。它意圖以自然科學的角度，把人描述成一個由**元素**構成的世界裡的感覺複合物。然而這些「元素」只是人類構想出來的，並不是自明的。而**描述心理學**也無法以心理學的角度解釋邏輯的有效性，因而不得不把客觀的東西主觀化。如果只著眼於意識內容，就會忽略了我們藉以把世界結構化的那個意識活動。第[128]四個重要的潮流則是**新康德主義**，胡賽爾原本是同情該陣營的，畢竟他們都相信邏輯而猛烈抨擊心理學。可是胡賽爾覺得新康德主義的思想架構顯得太蒼白了。以**判斷**作為起點，在邏輯上固然是正確的。判斷的確是我們對於世界的所有知識的開端。而新康德主義的「判斷」和布倫塔諾的「意向」其實沒有他所聲稱的那麼截然不同。可是新康德主義欠缺了感性的向度，關於意識活動的精確描述也付之闕如。我們更看不到關於知覺法則的知識，例如意識的「移情」（einfühlen）作用[4]。

「移情」（Einfühlung）這個概念，胡賽爾是沿襲自慕尼黑大學哲學教授李普斯（Theodor Lipps, 1851-1914）。人在慕尼黑的李普斯也想要效法萊比錫的馮德的事業：成立經驗心理學研究所。李普斯生前就名聞遐邇，現在人們卻只記得他是「**移情**」（Empathie）這個概念的思想先驅：我們設身處地地思考另一個自我，因而把我們自己**對象化**（verobjektivieren）。因為在移情當中，我們同時也經驗到它的界限。我們感覺到自己並不真正是他者，而是站在他者對面的人。於是，「移情」（Einfühlung, Empathie）成了自我經驗和自我認知的媒介；這個思想在尼采那裡萌芽，透過胡賽爾而影響了海德格和沙特（Jean-Paul Sartre, 1905-1980）。

李普斯也把他的哲學叫作「**現象學**」。可是自從他有個學生在哥廷根聽了胡賽爾的講演課以後，其他優秀學生也陸續跑去追隨胡賽爾。李普斯所理解的「現象學」相當接近布倫塔諾的描述心理學：觀察入微地描述我們的知覺及其加工方式。相反的，胡賽爾想要創建一個全新的哲學。他不想止步於煩瑣的觀察和概念。在《邏輯研究》裡，那些概念只是一棟新的思想大樓的建材：**關於意識活動的一套完備的邏輯**。

他所設想的建築藍圖是要大破大立的：就像新康德主義者一樣，它的支架是由我們意向性思考行動的邏輯構成的。此外，它要以大量的知覺心理學知識作為磚瓦和灰泥，而胡賽爾更是增補了許多人們琅琅上口的概念。為了實現這個劃時代的藍圖，他需要大量的知識。這位哥廷根的教授和越

[4] 另見：《做你自己：西洋哲學史卷三》，頁 402-404。

來越多的學生多次交談，接觸到新康德主義者，於一九〇五年到柏林拜會他相當景仰的狄爾泰（Wilhelm Dilthey, 1833-1911），並且在一九〇六年獲得渴望已久的教席。

可是作為對於事物的「本質直觀」（Wesenschau）的「現象學」，一路上道阻且長：「不知有多少不明情況……有多少半途而廢的工作，有多少惱人瑣事的不確定性，」他在講演課的手稿裡如是寫道。[72]如果說我們沒辦法以邏輯或心理學揭露意識活動以及無意識的歷程，那麼胡賽爾要用什麼方法呢？在《邏輯研究》裡，他並沒說明什麼是**現象學方法**。這其實是難題所在。在最後一個研究裡，胡賽爾把真理定義成**明證性**。如果我所意指的（meinen）（「意向」〔Intention〕）完全對應到一個既與者（「呈現」〔Präsentation〕），那麼我就會有個直接明證性的感覺。然而這個明證性其實是個搖擺不定的判準。有多少人是不假思索地就有這種感覺呢？只要不要想太多，就容易獲致這種明證性。為了區分哲學上的明證性以及短暫而草率的明證性，我們亟需那個被應許的現象學方法。

如是，胡賽爾來到他的「存而不論」的思想。儘管他對於笛卡兒頗多微辭，卻亦步亦趨地踵繼其傳統。憑藉著知識論一定可以獲致關於世界以及我自己的毋庸置疑的判斷——在二十世紀初期，這個傳統觀點早就沒有那麼理所當然。當時在德國依舊相當流行的尼采之流的生命哲學嘲笑說，這種回到自身的思考途徑只是個魅影而已。另一方面，語言分析哲學正蓄勢待發，它沿襲弗列格的意義（Sinn，意含）和指涉（Bedeutung，指謂或意指）的理論，而完全不理會任何意識活動。在語言邏輯學家眼裡，除此之外，一切都是不科學的，而現象學也只是徒託空言而已。

所以說，如果沒有嚴謹的科學方法，那麼現象學就沒有多少價值。胡賽爾也未雨綢繆地提出他所謂的「超驗觀念論」（Der transzendentale Idealismus）。在維也納的佛洛伊德以其作為科學的心理分析掃除人們對於其嚴謹性的疑慮，在哥廷根的胡賽爾則是在為了一個無懈可擊的現象學方法而搜索枯腸。此外，他也和康德以及柏格森越走越近。正如這位科尼斯堡的偉大哲學家以及新康德主義的無數徒眾，他也認識到他的方法只能是「超驗的」。這個方法必須指出人類知識的終極源頭。當然此舉也使得現象學更加偏向「唯心論」。如果說胡賽爾在《邏輯研究》裡自信在唯心論以及經驗論和唯物論之間找到自己的捷徑，那麼現在的他則是漸漸轉向唯心論。我們關於世界的任何認知，都是我們意識裡的一個意涵。關於一個客觀外在世界自身的種種命題，那是不可能的，因此我們必須存而不論，中止對它的判斷。

對於他的數學感興趣而且沉迷於邏輯的學生而言，那是相當讓人失望的。世界的事物現在變成了意識活動的結果。如果我們抽掉這些活動裡凝固成事物的東西，就會剩下相當有價值的東西，那就是意向性的意識活動本身。柏格森憑藉著直觀獲致的，現在胡賽爾要經由反思找到它：流動不居的意識的形構歷程。哲學可以有意義地談論的所有真實的存有，都是作為意識的動力在作用，而不存在於外在世界的事物裡。——就此而論，他和詹姆士以及柏格森是一致的。在這個意義下，胡賽爾才會在一九一一年對他的指導學生大聲說：「我們是堅定不移的柏格森主義者！」此外，早在《邏輯研究》裡，他就借用了詹姆士的「經驗流」（stream of experience）的概念。他要把這條奔流區分為種種「奠基的活動」，也就是潮水、江河、小溪、河床以及河岸。

對於胡賽爾來說，堅定不移的柏格森主義者意味著徹底的還原（Reduktion）。於是，他會花好幾個鐘頭的講演課描寫哥廷根一片不起眼的山坡。學生們要就大師所謂的「銅板」[5]——諸如墨水瓶和火柴盒之類的東西——做報告。他更讓一個助理在一整堂的研討課裡談論一只信箱。他們描摹意向性如何以特定的「走向」、依據特定的「類型學」（Typik）漸漸變弱。憑藉著從「自然態度」抽離出來的「存而不論」，學生們無微不至地審視和觀察。每個對象都顯現在一個無限的「視域」（Horizont）前面，在視域前面，人們以情境的方式感覺到對象；就此而論，胡賽爾也和詹姆士不謀而合。觀看一個在視域前面的某物，那意味著：沒有「前知覺」（Vorwahrnehmung）就沒有知覺，如果沒有時空意識之類的先行經驗，就不會有認知。對自己的身體的認知，或者對於數的意義的認知等等，一直都是臨現的（präsent）。胡賽爾認為，唯有如此，人們才能走到「事物本身」。他為其方法辯護說，看得更多的人才是對的。

[132]

所以說，現象學方法不僅僅是憑藉著漸進式回填的嚴謹還原技術。它也是爬羅剔抉、刮垢磨光的哲學技巧。然而胡賽爾還是不滿意。他想要推進到整個人類的普遍經驗。第一次世界大戰呼嘯狂吼，「詆毀醜化的洪水以及戰爭泯滅人性的狂歡」[73]，胡賽爾希望他的現象學不只是另一個推陳出新的知識論而已。儘管罹患了憂鬱症而必須住進療養院，他仍然想要把哲學變成一門科學，摒棄世界裡的所有成見，讓人們在思考方面實事求是，在道德方面重振人心。胡賽爾要在他另一個工作坊裡走上這個階段——那就是弗來堡（Freiburg）。

❺ 據說每當有學生在高談闊論時，胡賽爾總會對他說：「不要老是大面額紙鈔，同學，銅板，銅板就好。」（Nicht immer die großen Scheine, meine Herren, Kleingeld, Kleingeld!）

具體的自我

一九一六年，在戰爭期間，胡賽爾獲聘為弗來堡大學（Albert-Ludwigs-Universität）教授。新康德學派的里克特（Heinrich Rickert）轉到海德堡，胡賽爾接任他的教席。原本他和新康德學派的往來酬唱，到了弗來堡都煙消雲散。邏輯不再重要了，新的主題取而代之。那個包羅萬象、先於一切、超越時間的經驗視域，究竟是什麼東西？在意識裡上演了哪些被動的歷程？其他人在我們的意識建構上扮演什麼角色？在新康德主義者眼裡，只有第一個主題才算得上主題，其他的他們都瞧不上眼。可是胡賽爾要深入探究的正是這個「瞧不上眼的」世界。

我們這位形格勢禁的天文學家的望遠鏡現在變成了聽診器，越來越敏銳地傾聽內心世界。而讓他感到振奮的也不只是自己的研究。有些學生對於更具體地描述意識的興趣越來越濃厚，成了對於大師的一股推力。一九〇〇年，李普斯的學生普芬德（Alexander Pfänder, 1870-1941）寫了一本《意志的現象學》（*Phänomenologie des Wollens*），胡賽爾也曾經詳讀過。此外，他也沒有錯過比他小十四歲的謝勒（Max Scheler, 1874-1928）在柏林出版的兩部現象學研究作品：《論怨恨與道德的價值判斷》（*Über Ressentiment und moralisches Werturteil*, 1912）以及《同情心以及愛憎的現象學和理論》（*Zur Phänomenologie und Theorie der Sympathiegefühle und von Liebe und Haß*, 1913）。

謝勒是個支配欲相當明顯的人。他的父親是路德宗教區牧師，母親是正統猶太教徒，他在慕尼黑長大，一八九四年上大學，主修醫學，也跟著李普斯研究哲學和心理學。他在柏林聽了名重當時的狄爾泰、齊美爾（Georg Simmel, 1858-1918）以及胡賽爾的指導教授史頓普夫的講演課，接著他又到耶拿師事李普曼（Otto Liebmann, 1840-1912），研究新康德主義，在哲學方面的涉獵相當廣泛。至於他還欠缺的經驗論，則是作為他的博士論文題目。儘管阿芬那留斯於一八九六年辭世，謝勒還是提交了計畫中的論文。迫不得已之下，他到耶拿跟隨資質平庸的倭鏗（Rudolf Eucken），以《邏輯原理和倫理原理兩者關係之證明》（*Beiträgen zur Feststellung der Beziehungen zwischen den logischen und ethischen Prinzipien*）獲得博士學位。一八九九年，他以《論先驗方法以及心理學方法》（*Die transzendentale und die psychologische Methode*）取得教師授課資格，接著就在耶拿擔任外聘講師。

謝勒和胡賽爾不一樣，他是個熱情洋溢的人。他娶了一個大他六歲的離婚女子，可是不久又和一個出版商的妻子海倫（Helene Voigt-Diederichs）暗通款曲。該外遇使得謝勒在耶拿再也沒有容身之處。行囊裡塞滿了手稿（也就是後來的第一部文集），謝勒到慕尼黑跟隨著李普斯再次取得教師授課資格。他一下子就沉浸在現象學裡，特別是胡賽爾的學說，可是另一段「情史」，在國外一家旅館和一個陌生女子的一夜情變成了醜聞，又結束了他在慕尼黑的教學生涯。

謝勒在三十九歲出版他的《論怨恨與道德的價值判斷》以及《同情心以及愛憎的現象學和理論》，當時是個醜聞纏身的男人。他先是離了婚，接著又娶了梅莉．福特萬格勒（Märit Furtwängler, 1891-1971），著名指揮家的妹妹❻，定居在柏林。愛、價值和道德，是他自耶拿時期以來的重要主題，後來才又加上教育的問題。謝勒不算是胡賽爾的學生，即便是他早在一九〇二年就和

❻ 威廉．福特萬格勒（Wilhelm Furtwängler, 1886-1954）是二十世紀最重要的指揮家之一。

大師相識。而且雖然他自一九一〇年就定期參加哥廷根大學哲學學會的研討會，卻不算是哥廷根學圈的成員。儘管如此，由於他熟諳現象學而且才思敏捷，胡賽爾便於一九一三年聘任他為《哲學與現象學研究年鑑》主編。

可是謝勒的興趣太多元了。胡賽爾的現象學只是他的靈感來源之一而已。這個顛覆性的思想家和巴黎的柏格森的魚雁往返，信中也談到了佛洛伊德的作品。柏格森對於他的臨床經驗相當感興趣，可是他的詮釋和佛洛伊德截然不同。這位生命哲學家認為其中欠缺了對於存在深處的心理分析，對於佛洛伊德太原始而自然主義的形上學大搖其頭。[74] 謝勒也有類似的看法。佛洛伊德提出了正確的問題，卻從來沒有反省自己作為觀察者的觀點，因而把主觀的東西和他以為的客觀事物混為一談。

不同於胡賽爾，謝勒更急於把現象學變成一種人類學，一種關於人的概括性理論。胡賽爾至今只是解剖了一個「純粹意識」，而謝勒則是要把身體和心靈也都拉進來。現象學不僅僅要探究心靈活動的基礎，更要爬梳種種感覺的秩序。這是個龐大的計畫。他依據所有方法規則分析了李普斯的「移情」，並且劃分為同情、情感的感染以及經由「自我的消融」而「重新沉浸在生命之流」的移情。這點明顯透露了柏格森的影子。就連謝勒的「生命意識」（Vitalbewußtsein）的概念，也是擷取自生命哲學。

我們如何探究種種情緒的基礎呢？那就要像意識活動一樣劃分情緒的位階。一切都始自單純的、反應式的移情。它在更高的層次上會轉變為一種意向性的心靈活動，也就是愛。現在現象學要接手，描寫我們如何為對方賦予一個價值。對於謝勒而言，感情的位階便如是漸漸成形，也就是

「同情的基礎秩序」（Fundierungsordnung der Sympathie）：直覺性的一體感（Einsgefühl）是移情（Nachfühlung, Empathie）的基礎。移情是對他者有意識的同情的基礎。接著更由同情形成層次更高的**博愛**（Menschenliebe, humanitas），位階最高的則是對神的愛。至少就前兩個位階而言，現在的認知心理學的看法和謝勒是一致的。嬰兒在情緒上會被「感染」，而到了三歲左右，也會形成更複雜的移情能力。至於對神的愛，則是人與人之間的愛的抽象化或是轉移，自費爾巴哈以來的哲學都是這麼說的，即使謝勒不同於費爾巴哈，認為它是源自對神的愛。

胡賽爾看得很清楚。他認為謝勒特別證明了兩件事：現象學也適用於情感；**身心向度**和意識的意向性活動一樣，都是現象學可以探究的領域。此外，現象學家也要把**他人的向度**放到自己的分析裡面，如果他想要理解我們對於世界判斷和什麼東西有關的話。那些判斷是在對誰說話？它們是在什麼樣的社會脈絡下形成的？

現象學還原的「純粹自我」必須和一個完全具體而個別的「自我」結合在一起，否則現象學就只會原地踏步。可是要怎麼結合呢？胡賽爾在《觀念》未出版的續作裡所勾勒的，讓人想起了德國觀念論哲學家費希特，而胡賽爾也在一九一七年為士兵發表的三場演講裡談到費希特。❼根據演講的說法，事實上存在著一個「純粹的自我」。當現象學家剔除了所有其他事物，它會是碩果僅存的

❼一九一七年十一月，在戰爭的摧殘蹂躪以及節節敗退的時局當中，胡賽爾為了從戰場歸來的士兵發表一場演講，講題為《費希特的人性理想》（*Fichtes Menschheitsideal, Hua XXV: 267-293*），並且於一九一八年為弗來堡大學師生就同樣的題目演講了兩場。在演講中，胡賽爾相信費希特的人性理想有助於恢復全世界的道德秩序。「主體根本就只是行動本身。不管主體面前是什麼，作為行動的基底，作為其行動的對象，它們都必定內在於主體，是實現了的。因此，成為主體和成為行動者之間是一致的；但同時又存在著主體的對象以及行動的產物。在行動之前，在開端，什麼都不存在。」在開端那裡，「只有『事行』（Tathandlung）而沒有『事實』（Tatsache）」。（*Hua* XXV: 275）

東西。這個「純粹的自我」是個核心，人格化的意向性，是我的「意思」和「意指」的源頭，或者是如費希特所說的，是我的「追求」（Streben）❽。馬赫所說的「自我」的分解，在胡賽爾那裡是不可能的事。因為我的內在意義世界一定有個東西把它束緊在一起，因此——也唯有如此——使我成為「位格」（Person）。

馬赫以及此前的休姆找不到「自我」，對於胡賽爾而言，那是想當然耳的事。他們都誤以為大腦裡的意識歷程是一種因果關係。可是在胡賽爾眼裡，那只是身體的程序，而不是心理的歷程。我們的心靈並不是亦步亦趨地服從因果法則在作用，而是依據**動機**。特定事物會促使我從事特定的行為。但是它們並不會以任何物理力量強迫我去做！就像詹姆士、柏格森和此前的荷努維耶，胡賽爾也認為注意力的游標是自由移動的。我們意識的自由就在於可以決定要把注意力放到哪裡。而人與人之間之所以差別那麼大，也正是因為：他們注意到什麼，沒有注意到什麼！物理學家不明白心理的自由，這點對於胡賽爾而言是相當發人深省的——而且正是關於物理學家褊狹的世界觀。

所以說，我的「純粹自我」是我的「位格」自由的中心點，它以意向性的活動一步步摸索且開拓世界。我們的心理構造也是如此。我們也在摸索且開拓它。關於我們的身體、我們的需求、我們的個性和我們的存有，也就是我們的「心靈」，我們形成了種種觀念。我們的「自我」知道自己是個身體和心靈。費希特和胡賽爾都認為，「純粹自我」並不等於它作為位格而塑造出來的形象。我們的身體和心靈始終是我們的想像力的一個內容。正因為如此，我們對於它們的看法才會一直都在

❽ 另見：《認識自己：西洋哲學史卷二》，頁477-486，周予安、劉恙冷譯，商周出版，2021。

[137]

改變。

正如現象學揭露了我們用以建構我們的世界的意向性活動，內在主體性也是如此。我們也像剝洋蔥一樣的分析它。它的內在核心是使我們的經驗成為可能的「純粹」或「超驗」的自我，因為這個自我創造了意義。身體和心理只是最外層的洋蔥皮。為了不讓內心裡的洋蔥散開，我們的感情和願望、我們的觀點和習性會穿透每一層洋蔥。每個習性也都是一個思考習性。如果說我會看見或聽到特定的東西，那麼我每次的想法也都會一樣。一種「被動的動機法則」生效了，也就是「固定聯想」（verfestigte Assoziation）的法則。記憶和知覺的串聯就像是一張地毯的樣式，我們每次都會看到相同的形式。特定的人名必定會引起特定的感覺，喚醒對於那個名字的相關判斷。政黨、地方、公民團體、職業形象、宗教等等也是一樣。我們會立即撐開一個時間、空間和意向性的視域，在其中自動地把事物加以分類。

我們的情緒和念頭大多會自動地串聯，胡賽爾的這個理論並不是全新的。巴洛克時期荷蘭哲學家斯賓諾沙（Baruch de Spinoza, 1632-1677）就曾經提及。而在現代的神經生物學家當中，葡萄牙的大腦科學家達馬吉歐（António Damásio, 1944-）也指出這點，並且提出「身體標記假說」（Somatic Marker Hypothesis）。根據該假說，大腦前額葉裡的標記會把情緒和思想緊緊串聯在一起，以相同或類似的方式喚起它們。[75]正如胡賽爾所寫的，「現前的東西（das Gegenwärtige）會讓人想起複製重現的東西（das Vergegenwärtige）」[76]而指涉它。

儘管胡賽爾對於神經生物學所知甚少，他關於「固定聯想」的描寫卻成了大腦研究的「身體標記」的先驅。就連他關於自我的概念也相當新潮。當達馬吉歐談到「核心意識」（core consciousness），其特徵是個人的視角、擁有個人的思考以及個人的原創性，他所說的其實和胡賽爾的「純粹自我」沒什麼兩樣。[77]正如達馬吉歐所說的，它的真正本質就在於意向性。「純粹自我」是一個無止盡的（經常是自動的）意義創造的源頭，就在我們和世界裡的事物建立關係的時候。

為了真正擁有感覺，成為一個人，我們必須在任何時候都覺得自己是同一個人。我們如何在狂放的經驗流裡感覺到這種恆定性呢？胡賽爾在時間裡找到答案（後來的達馬吉歐也是一樣）。他在一九〇五年相關的系列講座裡就探討了「內在時間意識」（das innere Zeitbewußtsein）的主題。此後他更不斷地思索它，並且以他所謂的「先驗轉向」（die transzendentale Wende）修正它。

那是在說什麼呢？我們的意識不僅會感覺到所處的時間點，也會把當下的東西（**原初印象**〔Urimpression〕）和從前以及未來的東西連接在一起。直到知覺和記憶（**滯留**〔Retention〕）以及預想（**前攝**〔Pretention〕）合而為一，人才能創造一個意識場。如此才會不斷產生新的知覺，它們會形成明暗層次，或者套用胡賽爾的漂亮說法，「掩映」（sich abschatten）❾。於是，我們在經驗流裡總是同時經驗到現在、過去和未來。唯有如此，我們才能解釋為什麼我們可以聽到一段旋律，而不只是沒有脈絡的個別音調。

[139]

然而，我們的同一性（Identität），在時間裡自我持存而感覺自己是同一個人，並不僅僅是從經驗流裡產生的。我們隨時都可以脫離知覺的經驗流，轉換到回憶的經驗流。柏格森談到的「純粹記憶」，也就是自由地重現往事，正是胡賽爾所說的「橫向意向性」（Querintentionalität），它是

❾ 原意為遮住光線。胡賽爾的意思是，知覺可以有許多不同的視角，既有的視角會「遮蔽」其他可能的視角，但是每個知覺的視角都會指涉到其他沒有被知覺到的視覺，因而總是會有個知覺脈絡。或譯為「側顯」，則是誤譯。

從一般的經驗流的「縱向意向性」（Längsintentionalität）突圍而出的。

記憶有個珍貴的優勢，那就是我們在此也可以把我們的意向性轉向自己。我們突破連續性，重現往昔的經驗流，宛若靜止的快照（Momentaufnahme, snapshot）。它使我們得以同時掌握我們的原初印象、滯留和前攝，因而「覺知」到我們自己。就像柏格森一樣，對於胡賽爾而言，如此自由地支配回憶，證明了一個「純粹的」（胡賽爾語）或「深層的」（柏格森語）的自我的存在。一言以蔽之，自由始終是回憶的自由。

價值現象學

當胡賽爾忙著鑽研具體的自我及其感情和習慣模式，謝勒早就又更進一步。除了愛以外，他也思索一個問題，人為什麼以及如何以道德去評價世界。由他來思考這個問題再恰當不過了。因為他在對別人的價值判斷方面鮮少知所節制。而他和許多哲學家一樣，也為了第一次世界大戰的爆發歡呼喝采。就像齊美爾一樣，謝勒也期盼一種心靈的重生，而他也和新康德主義的納托普（Paul Natorp, 1854-1924）一樣，也誤以為資本主義會瓦解。所幸他因為健康問題而不必上戰場。一九一六年，他歸信天主教，夢想著戰後一個基督教社會主義（christlicher Sozialismus）的時代的到來。在那個期間，他也完成了六百頁的鉅著：《倫理學裡的形式主義與實質的價值倫理學》（*Der Formalismus in der Ethik und die materiale Wertethik*），在胡賽爾創刊的《哲學與現象學研究年鑑》裡以別冊的形式出版。憑著這個起點，他遠遠超越了胡賽爾。如果說所有經驗都是意向性的經驗，那麼人就難免要評判和評價他的世界。感覺、思考和評判是須臾不可分離的。可是這個評判的遊戲規則是什麼？以現象學的方法為價值分門別類且理解它們，對於謝勒而言，正是在為倫理學奠定一個新的基礎。他認為倫理的基礎不在於善意和義務感（康德），也不在於現實的效益（洛克、休姆和邊沁），而是對於價值的精確觀察。

謝勒認為對於價值的感受和對於顏色的視覺一樣是天生既有的。不管是價值或顏色，當人以感官感覺它們的時候，都沒辦法選擇不去感受它們。就此而論，兩者都一樣是客觀的。謝勒甚至認為價值有個自然的層級。最底層是和感官的感受有關，而有愉悅和不快之別。再上一層，我們則會區分「生命價值」，也就有了高尚和卑鄙之分。此外還有心靈的感受，美和醜，正義、不義以及神聖。

所有人類文明裡都存在著這些區分，並且認為正面價值（愉快、高尚、美、正義和神聖）高於負面價值（不快、醜、不正當），人類學和民族學都證實了這點[78]。我們是否因而就要認為它們是先天「有效的」，那是另外一回事。此外，謝勒也以個人的評價對於他所列出的價值提出看法。在近代世界裡有兩個相對的價值，「效益價值」和「生命價值」，它們都要矮化對方，在他看來，那是個劇烈的畸形現象。

然而，憑著現象學的分析工具，我們是無法做出裁定的。價值對於人類而言固然相當重要。然而即使跨文化的基本價值大抵上都一樣，那也無法證明我對於美或正義的感受也會一樣。有人覺得畢卡索的作品很美，有人不覺得。有人認為所得相同才是公平的，有人認為只要擁有其所得的機會相等，那就是公平，即使他們的所得差異相當大。價值是否類似或相同，其中個人或文化的遊戲空間相當大。

[141]

可是謝勒不認為這個遊戲空間是隨機的。他要加以衡量和評價，以列出道德的層級。在該作品末了，他為此擴大解釋「具體自我」，在他的價值學說裡摻入了大量的靈性成分。他的「具體自我」不只是胡賽爾所說的自知為一個「人」的「純粹自我」。相反的，「具體自我」永遠是看得見摸得著，是直接見證到的「經驗的統一體」。謝勒後來把它叫作「行動實體」（Aktsubstanz）。這個實體和我們從事的倫理評價一直是密不可分的。於是，不只是價值，就連人也可以劃分為不同的倫理層級，也就是堪為楷模的人以及不足為訓的人。而所謂的模範，謝勒想到的也只是它和神的理念的關係。為了有別於提出神學論證的哲學家，謝勒不想從神推論出道德，而意欲從日常生活裡不可或缺的價值實踐推論出神的存在。

[142]

謝勒一到弗來堡，胡賽爾就對於他奔軼絕塵的哲學大皺眉頭。胡賽爾一方面相當欣賞謝勒，因為他把現象學發揚光大，而不只是硜硜自守於知識論。另一方面，胡賽爾又擔心謝勒淪於扣槃捫燭，後來更抱怨說謝勒掉回「舊時哲學的天真想法」[79]。啟發了一個如此有創意的思想家，他應該高興嗎？或者他必須劃清界線，不要和那些完全不屬於他的觀念瞎攪和。胡賽爾在類似於謝勒的企圖以及疑慮之間拉扯，從他於一九〇八年到一九一四年在哥廷根的《倫理學和價值理論講演錄》（*Vorlesungen über Ethik und Wertlehre*）到一九二〇年至一九二四年間在弗來堡的倫理學講演課，他都在鑽研道德領域。

[143]

就像謝勒一樣，他也認為道德是由感覺和理性思慮構成的一團複雜織錦。沒有感情的道德是貧瘠而了無生趣的；沒有理性的道德則是草率而站不住腳的。正如在所有意向性活動，感情、觀念和判斷都會匯流在一起，倫理行為亦復如是。胡賽爾和謝勒一樣，既反對康德的理性倫理學，也拒絕休姆的情感倫理學。正如他的老師布倫塔諾，胡賽爾也不支持康德的定言令式（das kategorsiche Imperativ）。現象學家的命令式必須把感情和脈絡考慮進來，因此只有一個形式性的命令式：「在你當時整個現實範圍裡，盡可能做到你可以實現的種種善！」（Tue das Beste unter dem erreichbaren Guten innerhalb deiner jeweiligen praktischen Gesamtsphäre）[80]

善總是和其他的善相對。康德應該知道這點，可是胡賽爾相當謹慎地表達了他的命令式。人們的行為並不是在「人性」及其種種期望的視域裡，而是在其日常生活的視域裡。倫理基本上不是相互的義務，而是對自己的誠實正直。但凡人誠實面對自己，他同時也會形成他的善的意志。不同於康德，這個意志當然不是抽象的。相反的，這個意志充滿著種種感情，或者如胡賽爾所說的傾向（Neigung）。所以說，努力向善的意思是調伏且陶冶他的種種傾向。而直到第二個階段，其他人才登場。因為我們在評斷和行為當中越是不自欺，那麼我們也就越是不會欺騙別人。

當然，胡賽爾並沒有指出有什麼絕對必要的理由要對於他人誠實。可是我們可以從他的現象學明確地推論出來。我要怎麼保證對自己誠實呢？那是因為我猜想我認為真實且真誠的東西，別人一定也會同意。可是如果說，每個意向性行為至少理論上都必須由他人的認同來證實，那麼我就必須承認這些他人基本上是位階相等的。幾十年前的皮爾斯（Charles Sanders Peirce, 1839-1914）正好也提出相同的想法，雖然胡賽爾沒有讀他的作品，因為他在歐洲可以說沒沒無聞。皮爾斯的倫理學正是以一個理想的共識社群的觀念為基礎，為了調整且證實我的有效性主張（或者是胡賽爾的「意向性活動」），我必須承認它的存在。[10]

[10] 另見：《做你自己：西洋哲學史卷三》，頁 422-425。

[144]

可是儘管一個相互主體性（Intersubjektivität）的倫理學理念和胡賽爾的哲學並行不悖，他卻沒有接受這個觀點。他並沒有像當時在芝加哥的美國哲學家、心理學家和社會學家米德（George Herbert Mead, 1863-1931）那樣闡明這個思想。米德和胡賽爾一樣，也都認為倫理行為是個客觀化的「活動」。可是它無關人性或誠實，而只是要對我們的自我概念負責：一直努力要保存我們的**同一性**。儘管胡賽爾為了一個「人」的倫理學搜索枯腸，到頭來還是說不清楚它是什麼。第一個阻礙在於他在找尋一個比自己的同一性更加客觀的源頭。就像謝勒一樣，他也相信憑藉著現象學，他可以挖掘出一個根源的、不可反駁的價值基礎。當他漸漸必須放棄計畫，儘管心存疑慮，卻還是在謝勒的混濁水域裡不斷摸索。他和謝勒一樣，都認為愛的普世價值是倫理行為的導體，並且虛構出由一個「愛的共同體」構成的人性。他就是這樣夢想著第一次世界大戰之後的人類「革新」（Erneuerung），以歐洲的價值基礎建立一個在倫理上更美好的「世界共同體」。人類難道沒辦法因此就更加相親相愛、更加誠實且理性嗎？關於這些，胡賽爾只有為了一家日本雜誌《改造》（*Kaizo*）寫了一系列的論文。[11]因為就在這個問題上，悲觀主義以及強烈的懷疑的砲火也一陣陣地轟炸他。

[11] 一九二三年到二四年間，胡賽爾為日本改社造的《改造》雜誌寫了三篇論文，後來叫作「Kaizo-Artikel」，三篇論文分別是：“Erneuerung, Ihr Problem and ihre Methode,” in The Kaizo- La rekonstuyo. Tokyo. (1923) 3: 84-92; “Die Methode der Wesens-forschung,” in The Kaizo-La rekonstuyo. Tokyo. (1924) 2: 107-16; “Erneuerung als individualethisches Problem,” in The Kaizo-La rekonstuyo. Tokyo. Special Edition (April): 2-31。文中提到「革新是我們苦難的當下以及歐洲整個文化領域的共同呼聲」。

生活世界的優先地位

一九二八年，五十三歲的謝勒在法蘭克福謝世，他在科隆待了八年，剛剛獲得法蘭克福的教席。一九二一年，他出版了《論人裡面的永恆》（*Vom Ewigen im Menschen*），那是「對於宗教的一個本質定義」，一直到死前，他只留下篇幅很短的《人在宇宙中的地位》（*Die Stellung des Menschen im Kosmos*）。現象學到頭來還是變成了一個思辨的人類學。他以許多晦澀難懂的語詞以及明顯的靈性傾向反覆訴說著人類介於動物性和靈性之間的「本質」。同年，胡賽爾在弗來堡退休。在他的許多重要的夥伴當中，艾狄特．史坦茵（Edith Stein, 1891-1942）、奧伊根．芬克（Eugen Fink, 1905-1975）、路德維希．朗格列伯（Ludwig Landgrebe, 1902-1991））和海德格（Martin Heidegger），只有海德格踵武了他的事業。作為該專業的超級明星，胡賽爾接獲外國無數的邀請，在倫敦大學學院（University College London）、巴黎索邦大學（Sorbonne Université）以及史特拉斯堡（Straßburg）演講，吸引許多來自世界各地的學生到弗來堡。他被譽為在歐洲僅次於柏格森的傑出哲學家。他計畫整理其無數的思想和手稿，卻一再遷延時日。那些在哲學上師心自用的學生們讓他徒呼負負，儘管名重當時，他卻漸漸被孤立。

[145]

海德格以粗鄙的方式對他態度不變，更讓他情何以堪。一九三三年四月，海德格獲選為弗來堡大學校長，身為忠誠的國家社會黨員，他要哲學服膺「領袖的原則」。那裡再也沒有胡賽爾的容身之處。一九三三年四月，依據「帝國公務員復員法」，胡賽爾被解除教職。一九三三年七月復職，一九三六年，這位哲學耆耄被禁止從事任何教學活動。

儘管在德國遭受百般羞辱，胡賽爾卻在整個歐洲聲名遠播。一九三四年，他為了在布拉格召開的世界哲學大會撰文概述當代哲學，那是個氣度恢弘的計畫。那時候的胡賽爾不知道他的手稿在兩年後以《歐洲科學危機與超驗現象學》（*Die Krisis der europäischen Wissenschaften und die transzendentale Phänomenologie*）為題出版，成了他的絕筆之作。這兩場演講都在探討一個著名的問題：科學，尤其是自然科學，可以解釋世界到什麼程度？我們為什麼還需要一個哲學？自從自然科學在十九世紀下半葉屢傳捷報以來，哲學家就一再探討這個主題。新康德主義的文德爾班（Wilhelm Windelband, 1848-1915）以及里克特就在這裡留下他們的足跡，另外還有胡賽爾相當重視的狄爾泰。文德爾班認為「提出定律」自然科學無法看到事物和事件的**殊相**。里克特則是指出，因果法則和人類生活的許多**關係**是兩回事。而狄爾泰則是區分了自然科學家的**解釋**（Erklären）以及人文科學家的**理解**（Verstehen）。

對於自然科學家的解釋，胡賽爾的批評更加鞭辟入裡。他看到它們的一個重大危機，甚至預言西方文明一個轉捩點的到來。因為科學以及它的代言人，那些「實事求是的人」，完全忽視了生命的存在向度。「在我們生命的坎陷裡……科學對此隻字不提。在我們阢隉不安的時代裡，向變化多端的命運屈服的人們的種種燃眉之急的問題，它一概不予以理會：那就是整個人類的存在到底是有意義或者是無意義的問題。」[81]

問題的癥結在哪裡呢？自從伽利略（Galileo Galilei, 1564-1642）以來，數學化的自然科學漸漸以真理唯一的解釋機關和辯護人自居。它的工具則是探究且測量因果關係的抽象方法。在胡賽爾眼裡，它一直誤以為它所測量的就是世界本身，而不是對於世界的特定視角。可是自然科學的捷報卻

[146] [147]

也因此使得人類蒙上了災難性的陰影。它越是揭露客體的真相，就越加使得主體神祕莫測。我們在日常生活裡所有的心理感受和評判，在我們的世界裡所有重要的事物，在科學家眼裡，怎麼會變成了不精確的、沒有斷言性質的、語焉不詳的、捉摸不定的東西呢？問題真的是在於人類天生的缺陷，整天沉淪於含混和假象當中嗎？或者錯誤是在科學家自己，他們把專業上的知識世界和世界本身混為一談了？

沒有意外的，胡賽爾認為問題出在後者，而且相當斬釘截鐵。數十年來，胡賽爾憑藉著他的現象學，周密詳盡地探索人類如何建構他們的世界。對於其他人有效的，對於科學家也不例外。他們和每個其他人一樣，也必須先以感官去把握對象，並且在心理產生一個印象。當他們抽象化和測量對象，就是對於事物採取了特定的態度，執行特定的處理程序。如果沒有主觀的認識作用，如果沒有一個刻意簡化的視角，自然科學根本就寸步難行。然而這也意味著，有一個世界，它先於自然科學的觀察而存在，也不會因為這個觀察而被消滅或者相對化：那就是**生活世界**（die Lebenswelt）。

「生活世界」這個概念在胡賽爾一九一七年的手稿裡第一次出現，這個靈感得自於他的得意門生，波蘭人羅曼．英加登（Roman Ingarden, 1893-1970），他在胡賽爾的指導下，以柏格森為題提交博士論文[12]。胡賽爾因而間接地研究起這位法國同儕，並且歸結出屬於他自己的主要思想。每當我認識或者做什麼事的時候，那個一直在背景裡的視域究竟是什麼東西？那些一起被看到、被思考、被經驗到、被意識到的東西，它們加在一起就是生活世界。每個人生活在這樣一個生活世界

[12]《論柏格森的直覺和知性》（*Intuition und Intellekt bei Henri Bergson*, 1918）。

[148]

裡，而試圖以抽象讓他們的思考脫離生活世界的數學家和自然科學家也不例外。正因為如此，生活世界擁有一種存在的優位性。它是所有明證性的場域，我正是以這些明證性定位我自己，而且可以透過許多不同的方式確定它們，因為這個確定性——胡賽爾和詹姆士在這點上看法相近——的目的無他，正是用於自我定位。

對於一九三〇年代的胡賽爾而言，生活世界的「前理論的」（vortheoretische）世界，是認識世界唯一有意義的起點。自然科學家只是對此提出了一個重要的專題報告而已。我們終究要認識到這點。超驗現象學必須成為概括性的基礎科學。唯有如此，我們才可以跨越對象化的、科學的世界以及人類的日常生活經驗之間的鴻溝。我們也可以重新整合思考心物問題。自伽利略以及笛卡兒以來，世界就一分為二——一邊是非個人的、以數學去解釋的外在世界，另一邊是個人的、完全主觀的內在世界——，現在總算可以接在一起了。自然科學，包括實驗心理學，被趕到它們的自然柵欄裡，現象學的哲學則成為所有知識的基石——「自我省思」和「自我闡明」的理想工具。

不過，胡賽爾的生活世界的關鍵在於，它對於哲學家而言固然是明證的，卻也必須以分析的方式去描述，以思想去測量，並且以沉思去探索。然而如此一來，生活世界就不再是**先於**所有知識的視域，而是**經由**知識才看得到的。就像月光一樣，生活世界也不是觸手可及的東西。那麼它怎麼會是一個統一性的、涵攝一切的哲學的基石呢？

然而讓人詫異的是，一向於不疑處有疑的胡賽爾，對此卻沒有任何疑心。他在前往布拉格參加世界哲學大會之前，於一九三五年五月在維也納以《歐洲人的危機下的哲學》（*Die Philosophie in der Krisis der europäischen Menschheit*）為題發表一場演說，獲得了滿堂彩。然而正當這位德國哲學

[149]

的大貴族滿心想要成為一個統一的新世界觀的奠基者，種族仇恨席捲整個德國。該年九月，就在胡賽爾啟程前往布格拉的時候，德國通過了紐倫堡種族法案⓭。胡賽爾的生活世界一夕間風雲變色，而他自己也岌岌可危。他的鄰居催促他搬家，一九三七年間在弗來堡居無定所，有一次在浴室跌倒，使他的身體更加虛弱，因而罹患了肋膜炎。一九三八年四月二十七日，七十九歲的他因病辭世。胡賽爾的遺孀瑪爾芬妮冒著生命危險一路逃到比利時的魯汶。皮箱裡塞滿了丈夫沒有出版的四萬多頁手稿，一直保存在魯汶。一九四六年，瑪爾芬妮移民到美國，可是沒多久又回到德國，以九十高齡在弗來堡與世長辭。

胡爾賽留下了什麼流風餘澤呢？接下來的現象學總是和海德格截然不同的哲學相提並論。特別是在法國，這兩位思想家幾乎沒有分別。現象學因而成為存在哲學的一個基礎，尤其是列維納斯（Emmanuel Lévinas, 1905-1995）。這位立陶宛裔的法國哲學家自一九二九年到三〇年師事胡賽爾和海德格。沙特也在一九三三年間研究兩人的作品，卻難以區分這兩位德國大哲學家。在美國則有凱恩斯（Dorion Cairns, 1901-1973），他一生都致力於推廣胡賽爾及其學說。另外兩個移民是胡賽爾的兒子，法學家葛哈德．胡賽爾（Gerhart Husserl, 1893-1973），以及和奧地利社會學家舒茲（Alfred Schütz, 1899-1959）。儘管舒茲的主要工作是銀行職員，卻成為現象學界的泰山北斗，讓現象學在社會學裡開花結果。

⓭ 即由兩個法案合稱的紐倫堡法案（Nürnberger Gesetze），其一是《保護德國血統和德國榮譽法》（Gesetz zum Schutze des deutschen Blutes und der deutschen Ehre）：禁止「德國人」（指具有德意志民族血統者）與猶太人結婚或有婚外性行為；禁止猶太家庭僱用四十五歲以下的德國女性為家庭傭工。其二是《帝國公民權法》（Reichsbürgergesetz）：宣布只有德國人或有相關血統者才有資格成為德國公民，褫奪「非德國人」的德國公民權。

胡賽爾在日本也享有盛名。佛教學者西田幾多郎（Kitarō Nishida, 1870-1945）原本心儀柏格森，後來也熱中於胡賽爾的現象學。他是「京都學派」的創立者，他主要探究內在和超越之間的關係的佛學問題，探究一個使這兩者匯流的真理的問題。「純粹經驗」是怎麼形成的？不同於胡賽爾，而更接近柏格森，西田幾多郎認為唯有**以靈性**才得以認識「生活世界」。可是我們怎麼把這個靈性經驗轉換成對應的概念？感覺和思考之間的裂痕如何彌合？受到佛學啟發且熟諳現象學的西田幾多郎，一生都在追尋開悟的感覺和靈性的思考。身為偉大的導師，這個日本人對於當時的西方哲學也如數家珍。

不過，在知覺理論、完型理論（Gestaltteorie）以及美學領域，現象學才真正開展它的全體大用。胡賽爾對於知覺活動的細膩觀察在那裡餘波盪漾，為藝術理論提供特別有用的區分和概念。法國哲學家梅洛龐蒂（Maurice Merleau-Ponty, 1908-1961）把身體性的向度擺在現象學和知覺理論的中心點。立陶宛人顧爾維奇（Aron Gurwitch, 1901-1973）也在鑽研相同的領域，更大力提倡完型理論。胡賽爾的助理法蘭茲・考夫曼（Franz Kaufmann, 1891-1958）於一九三八年流亡到美國，他也把現象學應用到藝術理論上。當然，英加登的成就是他望塵莫及的，英加登的《文學的藝術作品》（*Das literarische Kunstwerk*, 1931）得到大師的極力讚賞，後來啟發了文學理論的「接受美學」（Rezeptionsästhetik）⓮。

儘管他的啟發相當繁複而多樣性，卻一直沒有形成一個作為概括性理論的科學現象學。胡賽爾

⓮ 一種以閱聽人為中心的美學理論，探究讀者與文本之間的互動關係。

沒有完成的劃時代計畫，沒有任何學生把它一肩扛起。有人利用現象學作為自己的哲學的採石場，有人則是沉默而謹慎地深入探究專業領域以及細節問題。胡賽爾自認為是當時最重要的哲學家（儘管他也批評自己），這點容或有討論的空間；然而就其為無數靈感的源頭活水，則是毋庸置疑的。然而在二十世紀初期三十年間繁華似錦的德國哲學時代裡，他並不孤單……

創造符號的動物

- 抽屜裡的作品
- 彷彿的哲學
- 以功能取代實體
- 創造符號的動物
- 進步與神話
- 對自身盲目的理性
- 思考的心理邏輯

抽屜裡的作品

炸彈在史特拉斯堡以及哈勒（Halle）的抽屜裡藏了整整三十三年。當它在一九一一年引爆，一 [152] 手打造它的人時年六十三歲而且全盲了。退休哲學家懷興格（Hans Vaihinger, 1852-1933）已經是冢中枯骨。儘管如此，《彷彿的哲學》（*Die Philosophie des Als Ob*），正如它的副標題所說的，「以 [153] 唯心論的實證主義為基礎的人類理論、實踐和宗教的虛構物的體系」（*System der theoretischen, praktischen und religiösen Fiktionen der Menschheit auf Grund eines idealistischen Positivismus*），正要來到人世間。❶可是他絕口不談二十多歲時的青年時期作品，而只想當一個對他而言越來越陌生的文本的編輯。❷

該書寫於一八七六年到一八七八年間，仍然處於十九世紀的氣氛當中，甫出版就被指控是「懷疑論」，有人更惡毒地說它是「無神論」。當《彷彿的哲學》於二十世紀問世，沉默而謙虛的懷興格覺得自己一直被世人誤解。他出生於杜賓根（Tübingen）附近，父親是施瓦本（schwäbisch）教區牧師，而他也的確從基督徒變成泛神論者（Pantheist），接著又變成了不可知論者（Agnostiker）——可是他並沒有想要和教會或宗教對抗。這個天賦異稟的學生就讀於因為謝林（Schelling）、黑格爾和賀德林（Hölderlin）而名聞遐邇的杜賓根神學院（Das Evangelische Stift Tübin-

❶ 一九〇六年，懷興格由於罹患白內障而停止講學，到了一九一一年，已經接近全盲。《彷彿的哲學》於一九一一年問世，使他一夕成名，該書再版了十幾次。

❷ 懷興格從一八九七年到一九二二年一直擔任《康德研究》（*Kant-Studien*）的創辦人和主編。

gen），但是他的志向其實正好相反。他老早就認識到基督教在知識論上根本站不住腳。可是哲學家們的種種形上學假設不也如此嗎？就連科學研究不也是憑藉著圖像、模型、片面的誇大其詞以及不當的張大其事，也就是說，藉助於虛構物（Fiktionen）。就算真的如此，那也不是因為宗教在說謊，哲學家河漢斯言，或者是科學家短綆汲深，而是因為虛構物相當實用，甚或是不可或缺的。

所有關於世界的偉大理論都是依賴於虛構物——年輕的康德專家早就在科尼斯堡大哲學家身上找到這個觀念。讓人意外的是，許多評註康德的學者都忽略了這個層面。「彷彿」（als ob）這個語詞，康德用了多少次？就連著名的定言令式，也出現了這個「彷彿」：「你應該如此行為，『彷彿』你的行為箴規要通過你的意志而成為普遍的自然法則。」[82]懷興格愣住了。可是每個人都知道他的行為不會變成一個普遍的自然法則。這個前提就已經違反事實了。儘管如此，康德認為這個虛構物在道德方面很有幫助。這點就喚醒了懷興格的興趣。他在康德的作品裡到處看到「彷彿」這個語詞。我們應該如此想像自然，彷彿它構成一個整體，並且擁有合目的性的結構，儘管根據康德的說法，事實並非如此。可是唯有如此，我們才能以科學解釋它。如果我們想像自然是合目的性的（zweckmäßig），那麼我們也會想像這個目的有一個神性原創者，並且如此觀察一個**彷彿**有個神存在的自然。當我們在探尋道德行為的究竟原因時，也會想像這個神的存在。❸而在知識論裡，我們也會如此想像我們的意識，**彷彿**它是唯一的實體，而不是一整束知覺、記憶行為、知性活動和理性能力。

[154]

❸ 見：Kant, *Krik der Urteilskraft*, 444-482；另見：《認識自己：西洋哲學史卷二》，頁456-460。

根據懷興格的看法，康德其實也心知肚明，如果沒有實用性的虛構物，人就沒辦法解釋他的世界。康德在其著名的「二律背反」（Antinomie）裡證明了，人類理性為了既無法置之不顧又無法證明的問題而感到困擾。❹也就是時間和空間的無限性的問題、極大和極小的事物的問題、在一個由因果律決定的世界裡的自由意志的問題，以及上帝存在的問題。在那些問題裡，我們的感官想像力都面臨其界限。儘管如此，理性並沒有放過我們，催促我們拋開這些感官限制去思辨。於是，懷興格推論說，難怪人們習慣採用種種輔助結構，也就是虛構物，才能大致上辨別方向。

「定向」（Orientierung）的概念對於懷興格相當重要。他是達爾文的忠實讀者，認為人類心靈是個實用的演化工具。它不是要認識和揭露絕對真理，而是要配合生存意志。懷興格認為人類也是為此才會擁有且創造它。正如他相當推崇的叔本華（Arthur Schopenhauer），懷興格也認為意識只是人類意志的延伸，而不是獨立的心靈。此外，他很早就有個驚人的發現。儘管知性和理性原本只是意志的工具，人們不知怎地卻認為它們是理所當然的東西。它們可以提出對於生存而言沒有必要的問題，產生種種和作為動物性意志的工具無關的念頭。懷興格在其中認識到了一個適用於人類以及整個有機自然的法則，「工具超越目的增生定律」（Gesetz der Überwucherung des Mittels über den Zweck）。目的一但來到世界上，就可能有自己的生命。它使自己變得理所當然，並且變成了目的

❹ 見：Kant, *Kritik der reinen Vernunft*, A VII。「人類理性具有此種特殊命運，即在其所有知識之一門類中，為種種問題所困，此等問題以其為理性自身之本質所加之於自身者，故不能置之不顧，但又因其超越理性所有之一切能力，故又不能解答之也。」（藍公武譯）另見：《認識自己：西洋哲學史卷二》，頁 434-437。

本身（Selbstzweck）。❺

其實懷興格的這個說法是個石破天驚的發現，直到今天，許多演化理論家都還會在筆記本上用沾水筆寫道：自然裡不是所有東西都是為了適應生存的，有許多事物是作為想當然耳的目的而存在，並沒有任何現實的用處。美國演化生物學家古爾德（Stephen Jay Gould, 1941-2002）和路翁廷（Richard C. Lewontin, 1929-2021），他們和懷興格八竿子打不著一塊兒，卻在一百年之後根據這個「工具超越目的的增生定律」提出一個可信的生物學理論。[83]

有嚴重弱視的懷興格，以他在研究康德時的熱忱和謹慎，閱讀他在哲學上的對手的作品，唯物論者、經驗論者和實證主義者。他到萊比錫聽了馮德的課，認識到欠缺經驗心理學的哲學只是「方法學上的抽象」，只是空中樓閣而已。[84]他也加入極端的經驗論者阿芬那留斯在萊比錫成立的「學院哲學協會」（Akademisch-Philosophischer Verein）。阿芬那留斯認為，在人類意識裡，唯有經驗可以驗證的、在嚴格的思考化約之後依舊不可或缺的東西，才是有意義的。如此一來，諸如「實體」、「因果關係」或「自我」之類的傳統知識論概念，都可以置之不理。可是懷興格又問，我們為什麼要透過化約磨滅它們呢？千百年來，它們經由哲學一直在作祟，難道只是個荒謬的偶然而

❺ 見：*Wie die Philosophie des Als Ob entstand*. In: Raymund Schmidt (Hrsg.): *Die Philosophie der Gegenwart in Selbstdarstellungen*. Band 2. Felix Meiner, Leipzig 1921, S. 175-203。「讓我特別茅塞頓開的是它證明了思考原本只是為了意志所用，作為成就其目的的工具，而思考在演化歷程中漸漸擺脫意志的操控，變成了目的本身。叔本華自己也說，動物的大腦原本很小，作為執行意志的器官，那樣就夠了，但是在高等動物裡，尤其是人類，它卻表現出不成比例的增生。而同時間達爾文的演化理論的形成也證實了叔本華的這個想法，它也成為了我對於現實世界的基本看法。叔本華的這個學說對我如此寓意豐富，我覺得有必要把它延伸且概括化。我在當時（一八七七年及其後）的筆記裡，經常出現『工具超越目的的增生定律』這個概念。它的例證處處可見，也就是說，原本用於特定目的的工具，漸漸有變得理所當然並且成為目的的本身的趨勢。」

已？它們沒有任何實用性的貢獻嗎？人們用「我」指稱自己不是更方便嗎？就經驗論的觀點而言，所有這些概念都只是虛構物而已。可是它們難道不是很實用的、甚或是必要的虛構物嗎？

不管是唯心論或實證主義，它們都沒有獨佔真理。當他讀到了朗格（Friedrich Albert Lange, 1828-1875）增訂大量實例的第二版的《唯物論史》（*Geschichte des Materialismus und Kritik seiner Bedeutung in der Gegenwart*, 1865, 1877-81）❻，他更加確定這個看法。他認為執兩用中才是正道。他相當推崇康德的哲學、叔本華對於意志在實踐上的意義的看法，也熟諳當時自然科學的研究成果。而當朗格談到倫理學，呼籲「以理想為觀點」思考善的問題且實踐之，懷興格更覺得朗格和他的實用性虛構物的理論不謀而合。

一八七六年底，懷興格在史特拉斯堡跟隨著一個經驗論哲學家拉斯（Ernst Laas, 1837-1885），整理了他的思想並且提交教師授課資格論文，題目是《邏輯研究第一部：科學虛構物理論》（*Logische Untersuchungen. 1. Teil: Die Lehre von der wissenschaftlichen Fiktion*）。❼這篇論文只是一部汪洋閎肆而真知灼見的作品的開頭：人類的思考裡必然而不容否認地充斥著種種虛構物。人類想盡任何辦法都無法看到真理。所謂的思考，意味著杜撰和建構、想像和不斷地犯錯。懷興格又花了兩年的時間埋首寫作。可是，「工具超越目的增生定律」卻一直在困擾著他。

❻ 另見：《做你自己：西洋哲學史卷三》，頁 278-279。

❼ 該論文已經佚失，不過大部分的內容都收錄在《彷彿的哲學》裡。

彷彿的哲學

一八七九年一月，懷興格的父親去世；二十六歲的他生活漸漸困窘。一八八一年，有個出版商提供這個窮途潦倒的外聘講師一個待遇優渥的工作，要他為《純粹理性批判》的百年紀念版本撰寫評注。而懷興格也憑著這部作品的第一部獲得哈勒大學兼任教授的職位。然而作品的第二部分卻因為懷興格的視力每況愈下而遷延時日，一直到一八九二年才出版。而這位忙著升等為正教授的虛構物專家還是沒有時間動筆撰寫他的主要作品。為了擴充他的康德專業，他在一八八六年創辦了《康德研究》（*Kant-Studien*），它日後也成為康德研究最重要的刊物。為了《康德研究》的財務穩定，懷興格創立了「康德基金會」。當他為了支持該基金會而創辦「康德學會」，工具早就覆蓋在目的之上。懷興格變成發行人、主編、基金會委員以及籌備人，使得「生命力脫離了原本的目的」[85]。

身為康德專家，這位幾乎全盲的哈勒大學教授是個人人景仰的權威。可是很少人知道他的抽屜裡一直藏著炸彈。一九〇四年是康德逝世百年紀念，接著他就以眼疾為由提早於一九〇六年退休。由於白內障日趨嚴重，他埋藏多年的寶藏再也沒有多少時間了。他把整個手稿爬搔梳櫛，增加許多注釋，並且增補了他對於尼采思想的思考。舊有的手稿以一長串書名出版：《彷彿的哲學》（*Die Philosophie des Als Ob. System der theoretischen, praktischen und religiösen Fiktionen der Menschheit auf Grund eines idealistischen Positivismus. Mit einem Anhang über Kant und Nietzsche*）。

什麼是「唯心論的實證主義」？身為實證主義者，懷興格的看法和大多數自然科學家沒什麼兩樣。存在著一個客觀世界「自身」，它既和人相對，而人也置身於其中。為了挖掘關於它的真相，人類必須以現代自然科學的工具揭露它。難怪於一八八七年到一九〇一年和懷興格在哈勒大學共事的胡賽爾對他斬釘截鐵地說，他們在哲學信念上的差距「不可以道里計」[86]。對於胡賽爾而言，根本不存在這種居高臨下的實證主義觀點。因為再怎麼可靠的自然科學家，都要受限於意識活動的「主觀／客觀」的遊戲規則而無法置身其外。儘管如此，胡賽爾還是相當推崇《彷彿的哲學》，而且是因為它的「唯心論」成分。其實，我們這位抱負不凡的現象學家認為他在哈勒大學的同事是個優秀卻也相當無聊的康德專家。至於說人類生活世界結構裡有大量的虛構物——胡賽爾倒是還沒有想到這點。他完全沉浸在邏輯的起點的問題裡。而正因為懷興格層出不窮的觀念和靈感，他也讚美說那是「偉大的知識論作品」。

對於懷興格而言，身為一個「唯心論的實證主義者」，意味著同時考慮到：自然科學的絕對真理主張，以及意識裡對於真理的追尋以及真理的產生的遊戲規則。世界是客觀的存在，是個「既與者」（das Gegebene）。可是探尋和研究的人們越來越使不上勁，覺得力有未逮，因而到處摸索著符號和虛構物往前走。只要它們有助於縮短我們思考的東西和「既與者」的距離，那麼它們就是有用的。所以說，我們整個存在就像是一個「彷彿的生物學」，它虛構一個由許多支柱構成的想像世界，兩手交替扶著一根根支柱度過一生。[87]

懷興格差不多和詹姆士同時間提出一個思想，詹姆士（從皮爾斯那裡得到的靈感）自一八七八年就反覆推敲，於一八九八年把它叫作「實用主義」（Pragmatismus）：實用性是在生活實踐裡的真理的判準，因為演化就是如此模塑人類心靈的。懷興格後來才知道他們在想法上的雷同，於是在《彷彿的哲學》第三版裡和詹姆士劃清楚河漢界：「沒有批判性的實用主義是等而下之的知識論的效益主義：但凡對我們有用的、有助於我們忍受生活的，就是真的；所以說，迷信的教義也是真的，因為它『證明』自己是生活的支柱。」[88]相反的，懷興格認為虛構物的實用性只能證明它自己是有用的，但不能證明為真。這樣的劃分畛域當然是因為懷興格誤解了詹姆士。因為詹姆士從來沒有說凡是有用的東西都是真的。即使是讓人不悅的、駭人聽聞的、擾人的東西也可能為真，因為在待人處世上，不去質疑這個真理，那對人是有好處的。詹姆士和懷興格的差別其實和胡賽爾一樣：懷興格憑什麼可以居高臨下地明確區分真理和虛構物呢？他憑什麼說神是虛構物呢？誰可以證明原子模型（懷興格以它為例，說明科學裡實用的虛構物）是個虛構物呢？當他談到虛構物時，他似乎早就知道什麼才是真的。可是他是怎麼認識「既與者」的？

懷興格居高臨下的觀點讓人完全是霧裡看花。就算是把他汪洋浩瀚的作品整理成一個綱要，也不會清楚一點。相反的，他屢屢把虛構物視為「工具」或者是描述為「增生」，或者是影射憑藉著輔助結構去摸索生命和科學的實用必要性。當他讚美蘇格蘭哲學家和經濟學家亞當・斯密（Adam Smith, 1723-1790）的「虛構物」，也就是說，所有行為都是基於當事人絕對的自身利益，他也看穿了其假設背後的虛構物，卻沒有質疑這些假設對於古典經濟學家的實用性。種種誇大之詞可以突顯特定的脈絡以及被誇大的事物。正是如此，它們才能推動科學的發展。

[160]

《彷彿的哲學》引起的強烈反彈遠遠超出懷興格的預期。儘管故作無所謂的模樣，他還是期望這部作品可以成為一個新的思考以及一個淡泊寧靜的世界觀的基礎。就此而論，他的確是二十世紀初期典型的哲學家。相較於胡賽爾在《歐洲科學危機與超驗現象學》裡的躊躇滿志，佛洛伊德的使命感，謝勒的救世主野心，懷興格顯然要謙虛許多。儘管如此，他還是遭到猛烈的抨擊，其中或許有若干理由。這部刪節為「民間版」的作品如此大受歡迎，當然招來了許多人的嫉妒。一個這麼慎思明辨的思想家，怎麼會寫出如此驚世駭俗的作品？對於懷興格鹵莽而直率的康德詮釋，許多康德專家都不知所措。我們難道真的要把康德的「思考的必然性」（Denknotwendigkeit）、「規制性理念」（regulative Ideen）和「虛構物」劃上等號嗎？

教會人士的反應則是極為氣急敗壞。懷興格把康德的立場極端化的「彷彿的神學」，其實和康德主義者佛貝格（Friedrich Karl Forberg, 1770-1848）在一七九八年的著名論文〈宗教概念的演變〉（*Entwickelung des Begriffs der Religion*）裡所主張的沒什麼兩樣。佛貝格認為神只擁有一種「彷彿的存在」（Als-Ob-Existenz）。我們必須把祂想成存在的，如此我們才能相信善在人世間佔上風。對於教會而言，這在二十世紀初期仍然構成一種挑釁。把神當作一個有用的虛構物，在他們眼裡，並不是如懷興格所說的什麼友好的思想，而是相當傲慢輕蔑的。可是懷興格完全認同佛貝格的說法。如果說人需要的是一個真實存在的神，而不是「彷彿的神」，那麼他一定是個對神失去信心而且品行不端的傢伙。因為他其實只是擔心天堂裡有沒有他的位置而已。

懷興格沒有因為所有批評的聲浪而動搖心志，他還是如同二十年來的做法一樣：籌辦種種活動。《彷彿的哲學》一出版，就有若干博士論文以它為題。一九一九年，一本雜誌創刊：《以「彷彿」觀點問題為主的哲學年報》（*die Annalen der Philosophie mit besonderer Rücksicht auf die Probleme der Als-Ob-Betrachtung*）。一九二〇年，幾乎全盲的懷興格在哈勒辦了一場「彷彿研討會」。一九二二年又創辦了另一本雜誌《彷彿哲學的基石》（*Bausteine zu einer Philosophie des "Als-Ob"*）。直到一九二七年，懷興格的這部暢銷作品已經再版了十次。六年後，全盲了的他在哈

[161]

勒辭世。

《彷彿的哲學》留下了什麼雪泥鴻爪呢？懷興格啟發了以物理學家和哲學家石里克（Moritz Schlick, 1882-1936）為核心的維也納學圈（Wiener Kreis），我們在下文會談到他們。一九三〇年，這群維也納人接手了《哲學年報》，只不過換了個名字：《知識》（*Erkenntnis*）。可是維也納學圈有另一個更深思高舉的目標，它著眼於邏輯以及語言哲學，使得懷興格很快就被人拋在腦後。他在另一個領域裡倒是持續存在著。思考以及它的種種理論和概念，主要都是一種「適應」，後來瑞士發展心理學家皮亞傑（Jean Piaget, 1896-1980）把這個觀點發揚光大，並且建構了一個重要的學習理論。不過皮亞傑抨擊「實證主義的」觀念，他們認為透過虛構和杜撰獲得的知識會漸漸趨同於實在界。如果說實在界是無法理解的，那麼基本上無法驗證的東西如何趨同呢？

[162]

所以說，更聰明和精確地思考並不是說自動地和實在界越來越接近。這個想法在哲學上有指標性的意義。所有思考都是一種「建構」（Konstruieren），日後成為奧地利模控學家佛斯特（Heinz von Foerster, 1911-2002）和奧地利裔美國哲學家格拉瑟斐（Ernst von Glasersfeld, 1917-2010）的「激進建構主義」（Radikaler Konstruktivismus）的核心觀念：正如懷興格所說的，世界一直都是「被製造出來的」。可是不同於「彷彿」哲學家所說的，它從來都沒有「被認識」。因為諸如人類的認知生物在生物和心理層面上會建構一個封閉的系統。我們的思考和知識並不是用來和外在世界校準的，它有個完全不同的任務：維持一個內在的平衡！

以功能取代實體

在懷興格的《彷彿的哲學》出版之前不久，有另一部作品問世，它澈底質疑傳統的思考形式。它的書名沒有那麼一目瞭然，對於外行人而言太沉重了：《實體概念和功能概念》（*Substanzbegriff und Funktionsbegriff. Untersuchungen über die Grundfragen der Erkenntniskritik*, 1910）。不過它的內容其實沒有那麼笨重。這個大部頭作品的作者是三十七歲的哲學家卡西勒（Ernst Cassirer, 1874-1945）。這位柏林的外聘講師注意到自然科學的概念很少和它們的理論相符。當它們的邏輯一直在使用遙遠的上古時代的形上學概念，現代的數學以及物理學早就超軼絕塵而不知其所。

卡西勒關於自然科學的反思是以時代精神為基礎的。自從十九世紀下半葉以來，物理學就面臨著根本的危機。古典物理學和現在的物理學思考再也不同調。不安全感以及種種修正後來也真的催生了新的物理學，量子物理學以及相對論。然而到了二十世紀，還是到處瀰漫著不確定感。如果說即使是像馬赫這麼優秀的物理學家，也對於諸如「實體」、「恆定性」之類的概念心生疑慮，那麼哲學家就再也沒辦法把它當真了。在這個意義下，懷興格說自然科學，尤其是物理學，它的抽象概念只是個「虛構物」。不管是英國人法拉第（Michael Faraday, 1791-1867）的「力」的概念，或者是麥斯威爾（James Maxwells, 1831-1879）的連續性假說，都和實用性的虛構物、模型以及「符號化」有關。

卡西勒並不想不假思索地就說物理學的基本概念都是虛構物。卡西勒出生於西里西亞的布列斯勞（Breslau），父親是個猶太木材商人。他起初在柏林主修法律，接著又研究日耳曼文學、數學以及哲學。一八九六年，他的老師齊美爾要他到馬堡師事柯亨（Hermann Cohen, 1842-1918）和納托普。這座小城位於蘭河（Lahn）河畔，是僅次於海德堡、弗來堡和史特拉斯堡的新康德主義重鎮。正如康德闡釋了我們的思考結構和法則，他的信徒們在一百年之後也要如法炮製。可是在二十世紀之交，不同於康德的是，他們不再主張說我們的直觀是先天的（a priori），也就是說既有的。如果說我們對於世界的判斷是有效的，那麼也不是因為什麼先天性，它的有效性是在於我們的判斷自身的**結構**。新康德主義喜歡把「思考的必然性」掛在嘴邊。真理是只要我們想要辯論就會陷入一個思考邏輯的矛盾的東西。

新康德主義者的頭號敵人，是自然科學家的權威主張，他們認為只有自己才有資格探究真理。康德的門徒們強烈抗議這點。既然世界的事物既不是對我們而言顯而易見的，也不是「既與的」，而是意識製造出來的，那麼真理就必須以**思考**為支柱，而不是難以企及的實在界。不管是唯物論或是實證主義，或者是許多自然科學家的世界觀，因此都不能作為基礎哲學。至於實驗心理學，他也強烈質疑它。我們沒辦法透過實驗和測量去揭露意識的真理。在這點上，胡賽爾也支持新康德主義的陣營，而把他的現象學擴充為「超驗」（transzendental）現象學：所有哲學的起點都在於內省重建種種意識活動及其中許多無意識的歷程。

如果卡西勒審視了自然科學的現代演進，那麼他就會證明他對於它是否有資格解釋哲學的懷疑是對的。自然科學的說法到處都是破綻。他的懷疑論態度不僅是來自新康德主義批判精神的訓練。在那個期間，他寫了一部將近一千五百頁鞭辟入裡的知識論問題史。一八九九年，他在柯亨以及納托普的指導下提出博士論文，題目是《笛卡兒對於數學和自然科學知識的批判》（*Descartes' Kritik*

[164]

der mathematischen und naturwissenschaftlichen Erkenntnis），接著又以其鉅著《近代哲學和科學裡 [165] 的知識問題》（*Das Erkenntnisproblem in der Philosophie und Wissenschaft der neueren Zeit*）在柏林獲得教師授課資格。他在一九〇六和一九〇七年分別出版第一冊和第二冊。第三冊則遲延到一九二〇年才問世，至於第四冊則是死後才於一九五〇年出版。

卡西勒在其探討知識論問題的作品裡說明了自然科學如何因為其專門的方法而脫離哲學。可是它的概念依舊是源自形上學和哲學的傳統。卡西勒認為這就是所有的不精確和混淆的來源，尤其是當自然科學家想要回答關於真理或真實性的知識論問題的時候。當時新康德主義的鮑赫（Bruno Bauch, 1877-1942）也在其《精確知識的哲學之研究》（*Studien zur Philosophie der exakten Wissenschaften*, 1911）裡探討相同的問題。這位在哈勒大學的外聘講師剛剛獲得耶拿的教席，他建議自然科學家放棄「實體」這個自我誤解的概念。

卡西勒在柏林也致力於研究自然科學的基本概念，諸如抽象、數字和空間，以及精確科學獲致這些概念的程序。卡西勒的觀點相當清晰而一針見血。數學和自然科學的概念並不是指稱任何事物或實體。它們指稱的是種種**關係**，諸如快一點或慢一點，更多或更少，比較大或是比較小。「空間」或「時間」之類的概念並不是要為實在事物命名，而是時間和空間因為這些概念才變成事物。它們依據方法學而精確地依序排列，創造了嚴格科學的種種**論證關係**（Begründungszusammenhänge），[166] 其真理不在於事物本身，而在於精確定義的、「正當」陳述的種種關係。卡西勒的彈匣裡裝填了這個認知，據此探究歸納的問題、真實性的概念、關係概念是主觀或客觀的問題，以及關係的心理學問題。

結論相當明確：精確科學不是要認識實體，而是要描寫**功能**。這不是什麼破天荒的思想，卡西勒在他相當推崇的詹姆士那裡也看到這個說法。這兩位思想家的差別在於他們不同的真理概念。詹姆士推選處世哲學裡的「實用性」作為真理之母，而卡西勒則是支持新康德主義，也更加接近素昧平生的皮爾斯以及馬赫的說法。如果說自然科學裡的思考——「序列的收斂」，和存有本身——「經驗的收斂」——是一致的，那麼它就可以提出可信的主張，說它是真實的或真的。思考是「依據邏輯對於經驗內容的劃分，把它們劃入一個由種種相關性構成的排列系統，這個系統構成了真實性概念的核心。」[89]卡西勒認為，一個經驗或知識的有效性判準在於其內在的融貫性（Kohärenz）。自然科學的斷言因而只是眾多斷言之一，而不是高於其他斷言，在這點上，卡西勒同意詹姆士的看法。自然科學的自我認知不會是基於人們相信認識了事物的絕對真理。它只要描述事物彼此的關係，讓它們的功能關係（Funktionszusammenhang）越來越清楚，那就夠了。

整個十九世紀的自然科學家和人文學者以及哲學家之間的激烈論戰，卡西勒認為可以作為證明。自然科學家和人文學者以及哲學家根本不是在「世界是什麼樣子？」的問題上一較高下。精確科學描述功能關係，哲學關心的則是經驗和知識的性質。這兩個領域至今的分野因而又多了一條新的騎縫線。對於卡西勒而言，差別不在於自然科學家從事的是**解釋**，而人文科學家則是在**理解**，或者說精確科學只探究**共相**，文化科學關心的則是**殊相**，或者說前者和**因果法則**有關，而後者著眼於種種**關係**。差別是在於精確科學形成了一種截然不同的思考形式。它們訴說著一個完全不同的「語言」，擁有不同於人文科學或文化科學的「構詞學」（Morphologie）。這個差異性也就導致它們理解世界的方法判若雲泥。然而，哲學的任務就是要以一個後設理論（Metatheorie）去把握形形色色的理解世界的方式。但是如果真是這樣，那麼還有哪些其他的語言、構詞學和方法呢？

創造符號的動物

可惜的是，卡西勒關於自然科學家的思考世界以及形式語言的重要作品固然頗受好評，他卻沒有因而獲得任何教席。即使有胡賽爾的支持，他還是錯過了一九〇九年在哥廷根授課的機會。就連基爾（Kiel）大學及其後的哈勒大學，他也都被拒於門外。如果接任因為柯亨於一九一二年在馬堡退休而出缺的教席，那應該是理所當然的事。可是他們不想考慮另一個猶太人以及忠誠的民主黨員。於是馬堡新康德主義未來的接班人只得在柏林當了十三年的外聘講師。直到一九一九年，卡西勒已經四十五歲了，才總算在甫成立的漢堡大學掙得了一個教席。然而就連那裡，狂熱的反閃族主義也越演越烈。

卡西勒在漢堡寫了他的三大冊的鉅著《符號形式的哲學》（*Die Philosophie der symbolischen Formen*, 1923-1929）。它的起點在關於精確科學的作品裡就找得到。如果說數學家和物理學家認識到的不是事物本身，而是種種關係和功能——那麼為什麼只有他們？或許所有人類也只能知覺到關係和比例？因此，意識的所有活動都只是把種種感覺印象放置到複雜的意識脈絡裡以方便處理。所謂的體驗（Eerleben），其意思就只是分門別類、記錄、找尋適當的符號、使用有效的符號語言、闡明，並且區隔種種意義。然而如果真的是這樣，那麼知識的概念就不會如康德或新康德主義者所說的那樣，位於哲學的核心——可是卡西勒還是用五百頁的篇幅在處理這個概念！**體驗**以及**意義**的產生才是更重要的概念。即使是在嚴格意義下不算是知識的體驗，也會被分類且賦予意義。至於人類的符號以及符號語言，它們也會實現許多目的，而清晰地認識真理則只是其中一個目的而已。

如果說我們體驗到的一切都和意義的形成和理解有關，那麼邏輯也只是意義建構的眾多形式之一。在這個重要的問題上，卡西勒拋棄了德國觀念論的哲學傳統。對於黑格爾而言，萬事萬物都充滿著邏輯，不只是科學，藝術和宗教都會在邏輯裡被「揚棄」。諸如石里克和卡納普之流的維也納學圈的思想家，也是如此醉心於邏輯，卡西勒認為他們使哲學變得「短淺」而「捉襟見肘」。[90]對於世界的理解不僅限於知識而已，而心靈的能量也沒辦法以邏輯去分類！如果要正確認識人類及其文化，就不可以把他們框限在一個觀念論或語言邏輯的體系裡。我們必須更概括性地理解意義是如何產生的，它的用處在哪裡，而不是像邏輯學家那樣褊狹。

如果我們不再認為邏輯可以解釋一切，那麼我們也就不會相信只有一個體系才可以描繪世界。然而那不意味著我們沒辦法有系統地探究意義的建構和理解，也就是「概觀和對觀」（Überschau und Zusammenschau）[91]。而這就是《符號形式的哲學》的綱要。以前人們追求的是一個形上學體系，或者是語言分析學派和實證主義者的邏輯系統，而卡西勒則是追尋一個包羅萬象的文化哲學，它同時也是一個人類學。因為文化不就是意義建構的總和，我們在其中成長，並且以思考和行動穿梭其間嗎？如果我們認識到這些意義生產的跨文化的遊戲規則，也就會藉此認識人類這種「創造符號的動物」（animal symbolicum）（卡西勒語）。

就像現代自然科學一樣，《符號形式的哲學》探討的不是實體而是功能。問題不在於「世界是什麼樣子？」，而是「人類以什麼方式創造不同的意義以及意義世界？」。意義的生產顯然會依據我們對它的期待而遵守完全不同的遊戲規則。我們的模塑、形成和建構會截然不同，而且會在我們的意識裡創造種種大異其趣的體驗世界。不管是形成神話、創作藝術、獻身宗教、研究歷史、發明技術、探索科學、宣告判決，或是在道德和政治方面的行為，我們使用的符號、詮釋架構和評斷判 [170] 準都有所不同。

正如卡西勒在導論裡所說的，人類聯手把他們的經驗打造成一個世界。[92]第一個提出這個思想的，是十九世紀中葉的洛策（Hermann Lotze, 1817-1881），後來在美國的實用主義那裡開花結果。生命的意義就在於以不同但是完全平等的方式建構世界。關於世界的經驗永遠都只會是複數的。卡西勒的朋友，愛沙尼亞生物學家魏克斯屈爾（Jakob Johann von Uexküll, 1864-1944）於一九二四年來到漢堡，他的看法和卡西勒如出一轍。生命是個生物學上的記號和溝通的歷程，在其中，每個生物都會以自己的方式創造一個屬於自己的世界。

在卡西勒看來，人類和動物的差別在於他知道自己在做什麼。他創造世界的方法更加多樣豐富。動物只會做出反應，而人類則會插入符號世界。這些反應會經歷一個模塑的歷程，最主要的是語言。儘管如此，人類用以創造世界的種種「符號形式」都有個特定的基本程序或「法則」。正如實用主義和懷興格所說的，那都是要在世界裡積極地自我定位。生命的意義就在於行動。在形塑的起點總是會有個感官印象要處理。為此人要先加以揀擇。我捨棄所有不重要的東西，或者如胡賽爾所說的，我讓主題脫離視域，並且讓它持續掩映，直到它產生一個輪廓。在卡西勒那裡，意義也是經由剔除和突顯產生的。每個事物置身其中的撲朔迷離的關係網路，在這個時候會隱退。剩下來的就只有我所揀擇的特定關係。它們會產生意義，幫助事物得到其「構詞」，或者如卡西勒所說的 [171] 「符號蘊含」（symbolische Prägnanz）。

當我如此為感覺對象賦予意義，它就成了負載著意義的對象，也就是「有意義的」對象。「意義」不同於感覺印象，它不是直覺的，而是普遍且抽象的。一個有「意義」的東西，指涉的往往不再是個別事物。一隻「狗」不再只是個別的狗，而是「狗」這個眾所周知的意義脈絡下的一部分。這個意義的產生並不是我個人的事，否則別人就會不懂我的意思。相反的，意義的產生總是要使用符號。可是符號屬於一個文化的既有項目。而一個文化裡效力最大的符號就是它的語言。它告訴我們「狗」是什麼，因為它把「狗」這個種屬和其他動物區分開來。

一個「符號形式，」正如卡西勒所定義的，是「每個心靈能量……藉此，一個心靈的意義內容連接到一個具體的感性符號，並且在內心裡被指派給這個符號。」[93]可是卡西勒擔心造成混淆，於是一方面把「符號形式」和神話、宗教以及藝術並列為主題，另一方面又把所有「符號形式」理解為和語言相關的表達工具。於是，語言既是個**個殊的符號**，又是符號產生的**條件**。值得注意的是，卡西勒固然大談符號以及「蘊含形成」（Prägnanzbildung）的規則❽，卻沒有像幾十年前的皮爾斯或是當時的石里克那樣開展出一個自成一體的記號理論。卡西勒認為「符號性蘊含」並不是孤立的出現，也沒有明確的分野，而一直是一個「整體體驗」的形式。[94]

儘管「符號」的概念對於卡西勒相當重要，他卻沒有以邏輯的方式加以闡明。他認為歷史的推論比邏輯的意義理論更重要。所以說，《符號形式的哲學》有兩個高掌遠蹠而有時候讓人困惑的任

❽ 蘊含形成的幾個層面為：一、識別（Rekognition），也就是重新認識（Wiedererkennung）二、呈現（Präsentation），物質和感官事物的臨現；三、滯留（Retention），體驗會在意識裡停留一陣子；四、再現（Repräsentation），聯結表象物和被表象物的關係。

務。關於「符號形式」的產生的描述，一方面是**系統性的**，另一方面則是要考慮到它的人類學以及**歷史的**演變。這兩個任務也決定了三大冊作品的結構。第一冊〈語言〉（*die Sprache*）有系統地描述心靈的種種表達形式以及相關的語言概念和類別，第二冊〈神話思考〉〈*Das mythische Denken*〉則是就歷史和系統的觀點探索所有符號形式如何以神話為其起點。第三冊〈知識現象學〉〈*Phänomenologie der Erkenntnis*〉是要系統性地研究人類如何把他們的經驗建構成符號性蘊含，同時也思考現代自然科學裡所有符號化的極致目標。至於第四冊，則是要探討歌德的「原始現象」（Urphänomenen）理論，卻一直沒有完成，也沒有在生前出版。

就文化史而言，卡西勒認為所有符號形式都是從神話裡漸漸產生的。心靈對於經驗的加工——模仿、找到一個**表現**、以歸類和劃分尋找一個適當的**表述**，最後是透過符號建構意義——可以說是一個「觀念的歷史」。正如黑格爾的《美學講演錄》，卡西勒也讓符號的形式及其意義層面的種種階段經歷了一段完美化的過程。於是，對於自然現象的神話模仿和複製漸漸喚醒了藝術，它是**表現**的極致。而在自然科學的公式和抽象關係裡，**表述**被完美化而變成了非直觀的、「純粹的」**意義**。對於卡西勒而言，完美化同時意味著解放。符號形式幫助人類征服世界並且更加穩固地掌握它：「整體而言，我們可以說文化是人類逐步自我解放的歷程。語言、藝術、宗教和科學則是構成這個歷程的不同階段。人類在其中發現且證明了一個新的力量，一個用以打造一個『觀念的』世界的力量。」[95]

人類以種種不同的方式創造意義世界，胡賽爾也看到了這點。卡西勒說那是「符號形式」，胡賽爾則把它叫作「思考類型」（cogitative Typen）。可是胡賽爾並不想提出一個關於藝術、宗教或科學的符號產生的理論。他也沒有像卡西勒那樣，把他的類型放置在如此龐大的歷史和人類學的脈絡下。正當胡賽爾把他的思想擴而充之且刪繁就簡的時候，卡西勒一頭栽進了位於漢堡汗牛充棟的瓦爾堡文化科學圖書館（Kulturwissenschaftliche Bibliothek Warburg〔KBW〕）裡。館藏圖書是德國猶太裔藝術史家瓦爾堡（Aby Warburg, 1866-1929）自一九〇一年開始蒐集的，到了一九二〇年已經有兩萬冊，它們也成了卡西勒浩瀚無垠的作品的地下礦坑。❾在那個期間，這位心志高潔的文化哲學家潛心研究藝術，並且寫了許多文學評論。卡西勒個人的藝術品味和他的老師齊美爾一樣保守。他的美學世界裡充斥著歌德、席勒（Schiller）、賀德林和克萊斯特（Kleist）。就當代文學而言，他並不怎麼欣賞喬伊斯（James Joyce, 1882-1941）驚人的形式實驗、他的表現主義或是布萊希特（Bertolt Brecht, 1898-1956），而獨鍾於傳統風格的湯瑪斯．曼（Thomas Mann, 1875-1955）。

作為「符號形式」，藝術的角色不只是《符號形式的哲學》的主題，卡西勒也在一九四四年出版的《論人》（*An Essay on Man*）裡概述其蘊含。作為眾多創造世界的可能性之一，藝術專注在事物的**形式**。它著眼於生命源泉不竭的感性現象的多樣性，而不像自然科學那樣化約它。正因為如此，它總會點燃我們的種種想像和感覺。就像康德和席勒一樣，卡西勒也認為美感經驗是個動態的歷程，在想像力和知性之間來回擺盪。不過他相當保守地限縮了美感經驗的目標。我們馳騁於想像，既拋下我們的痛苦憂傷，也醉心於沉思的寧靜。沉思就是藝術樂趣的極致嗎？卡西勒不感興趣的前衛派藝術家可能會大聲抗議吧。

---

❾ 另見：《魔法師的年代》（Wolfram Eilenberger, *Zeit der Zauberer*），頁 149-158，區立遠譯，商周出版，2020。

藝術如何開顯那些隱藏在日常生活或是種種化約成知識的科學裡的事物，也是柏格森在探討的主題，其實，卡西勒有一部分的觀點和生命哲學是一致的。就像狄爾泰、尼采、齊美爾和柏格森一樣，他也認為人是在世界**裡面**，而不是——有如唯心論傳統或是新康德主義所說的——和世界**對立**。人是擁有身體的存有者，也是感性的動物，他置身於既存的世界和環境當中。儘管如此，卡西勒還是和生命哲學劃清界線。柏格森認為唯有經由直覺才可以認識到真正的現實世界，尼采似乎也如實了知超越所有理性和文明之外的真理。可是卡西勒不認為有這種直接而「純粹」的進路。我們不管是感覺、思考和認知，都是在使用歷史傳承下來的、經過文化烙印的「符號形式」。我們沒辦法脫離這個符號世界而獲得「純粹」的經驗，或是窺探事物背後的真相。即使是胡賽爾所說的「存而不論」，也就是沒有任何預設地探究一切，那也是不可能的事。「生活世界」並不是排在語言、藝術或科技前面的存有位階。

進步與神話

一九二九年三月，卡西勒客居達佛斯（Davos）。德國哲學菁英在這個瑞士小鎮齊聚一堂。原本是為了在格勞賓登（Graubünden）療養的肺結核學生提供的交流計畫，現在則是第二屆。就連愛因斯坦這樣的人物也參加了第一次的研討會；難怪哲學界一時之俊秀都欣然赴會。[10]

卡西勒知道在達佛斯會和德國哲學界的一位熠熠新星相互較量：那就是海德格。[11]可是五十四

[10] 達佛斯大學研討會（Davoser Hochschulkurse）於一九二八年到一九三一年連續舉辦了四次。

[11] 關於兩人在達佛斯的辯論，另見：《魔法師的年代》，頁349-366。

歲的他對於和小他十五歲的挑戰者的決鬥已經胸有成竹。他的《符號形式的哲學》第三冊再幾個月就要出版了。多家大學都在延攬卡西勒。此外，如果他留在漢堡，就有機會當上大學校長——那會是威瑪共和時期第一位也是唯一的猶太裔德國大學校長。

卡西勒和海德格一開始是個別發表演說，沒有提到他們的對手，而只是各抒己見。海德格批評理性哲學，以及康德和新康德學派的理性哲學，在他看來，他們都忽略了人的生活。人不是以思考建構他的世界，他的存在是在憂懼和擔心之下「被拋進生命」的。「理性的進路」因而「被打破了」。[96]相對的，卡西勒扮演的角色則是要為新康德主義辯護，儘管他自己的文化哲學也和他們扞格不入。如果說諸如海德格之類的存在哲學認為人是被拋入生命的，就像被拋入一個空間一樣，那麼他們就是把人類和其他動物混為一談。生物學家魏克斯屈爾不是說過，人類和動物的差別就在他會自己創造世界？人類不只是存在而已，他會採取距離，以思考把世界建構為一個對象，正如卡西勒在《符號形式的哲學》裡闡述的。人類的存在就是不斷地以概念去把握世界。在海德格那裡，人類和世界的源初關係不是符號化，而是「憂懼」，卡西勒認為那是宗教的古老餘緒，生物學家對此是不屑一顧的。

海德格把他的存在哲學說成了一種生物學，卻對於生物學一無所知，因而也使得他的哲學漏洞百出，卡西勒應該在接下來和海德格的辯論當中大獲全勝才對。可是在達佛斯的聽眾卻不這麼想。醫學系學生英格勒特（Ludwig Englert, 1903-1981）為後世人們記錄了對於辯論的印象。「這個矮小的棕髮男子，滑雪好手和運動健將，流露出器宇軒昂而堅定不移的神情，這個崖岸執拗、有時候太粗鄙的男人，他那讓人敬佩的孤介不群，戒慎恐懼地獻身於他自己提出的難題」，不只英格勒特一個人認為他正是哲學的精神和未來。相反的，卡西勒「白髮蒼蒼，不管外在或內在都顯得超塵拔俗，其思想恢弘廣闊，他的提出的問題藻思慮密，他的神情和悅，推誠相與，充滿活力而有彈性，更不用說他的貴族氣息」[97]，則是體現了正統的中產階級知識份子以及大學教授的風範，頗有另一個時代的遺風。儘管卡西勒侃侃而談，相較於他細膩的思路，海德格直指赤裸裸地存在的哲學似乎更勝一籌，讓年輕聽眾為之傾倒。

直到今天，在達佛斯的辯論本身一直有其象徵性的意義。它意味著作為末代唯心論理性哲學的新康德主義的沒落。除了卡西勒和他的同事賀尼斯瓦德以外，這個學派再也沒有任何重要的辯護人。其理由不只是年輕人對於海德格舊瓶新裝的存在哲學的狂熱。更殘忍而重要的是國社黨獨裁者以海德格為其鷹犬在德國哲學的大學地景形成的重大轉折。

卡西勒真的當上了漢堡大學校長，在希特勒掌權之後，他再度陷入危懼不安的處境。一九三三年國會大選之後，面臨被撤職的風險，卡西勒舉家逃到英國，在牛津萬靈學院（All Souls College）擔任客座教授。一九三五年，這位流亡者應聘到瑞典哥特堡大學（Göteborg），一個由私人資助而為他設立的教席。由於擔心德國軍隊入侵瑞典，卡西勒於一九四一年搭上蒸汽船移民到美國。自一九三九就成為瑞典公民，在船隻離開瑞典領海的時候，這位著名的哲學家及其家人差一點被臨檢的德國巡邏隊逮捕。下一站是新港的耶魯大學（Yale University），在那裡待了三年。一九四四年，卡西勒又搬到紐約，在哥倫比亞大學（Columbia University）擔任客座教授。這位七十歲的老人在戰爭結束的三個禮拜前，於一九四五年四月十三日因為心臟衰竭而辭世。

一九四六年，他的遺著《國家的神話》（*The Myth of the State*）出版。卡西勒在書中試圖解釋為什麼歐洲會變成法西斯主義。普列斯納（Helmuth Plessner, 1892-1985）早就探討了相同的問題。因為父親是猶太人，科隆大學教授普列斯納一九三三年被解職，這位熟諳新康德主義以及胡賽爾和謝勒的現象學的思想家，於一九三五年出版了《日耳曼精神在其中產階級時期結束時的命運》[178]（*Das Schicksal deutschen Geistes im Ausgang seiner bürgerlichen Epoche*）。普列斯納認為德國人會落入法西斯主義之手，那是因為德國錯過了十八世紀的民主化浪潮。作為「遲到的」民族，日耳曼瞠乎其後，接著才在當權者手裡變成了民族國家。他們只有民族主義而沒有民主傳統，只有以地方教會為組織的路德派而沒有草根性民主的教會，使得公民總是對於自由和民主望之卻步。

卡西勒的作品晚於普列斯納，而和阿多諾（Theodor W. Adorno）以及霍克海默（Max Horkheimer）的《啟蒙的辯證》（*Dialektik der Aufklärung*）約莫同時，他把法西斯主義解釋為一種失敗的「構想」（Ideation）。社會的符號建構一但到了危機時代，就有可能變成種種病症，就像人的身體一樣，當腦部受到損傷，可能會罹患「失用症」（Apraxie）、「失認症」（Agnosie）或是「失語症」（Aphasie）。卡西勒認為感到惶惑不安的社會也會有相同的經歷。它們在表達形式和意義建構方面會喪失多樣性，因而回到神話階段。理性淪為防衛機制。語言變成了種種激情的載體，偏見四處蔓延而變成了真理，儀式取代了思考。平庸的直接性取代了差別化，以世界為向度的全體性解釋則作為側翼掩護它。集體取代了個體，個人被神話控制，並且消失在群眾當中。個人什麼也不是，國家才是一切。

卡西勒看到許多人在為神話的復辟鋪路，不管是德國浪漫主義、黑格爾的目的論式的觀念論、蘇格蘭歷史學家卡萊爾（Thomas Carlyle, 1795-1881）的英雄崇拜，或是法國作家戈比諾（Arthur de [179]

Gobineau, 1816-1882）之流的種族理論家。然而直到神話和現代科技災難性的暗通款曲，激情才快速加溫。二十世紀的科技創新使得世界的流動性不斷加速。地區之間的連接更加快速，空間由於汽車和聲波而萎縮。時間變成了由許多片刻構成的間不容髮的序列。科技超越了人類的尺度，突破了原本的人類經驗世界。它越來越強大，也越來越獨立自主。如果應用到邪惡的意圖上，那麼現代科技就可以在一彈指間把神話散播到全世界，藉此把惴惴不安的個人和世界焊接在一起。

卡西勒特別要探討的是思想家的挫敗。失望而憤怒的他，認為系上若干同事是法西斯主義崛起的幫凶。被他點名批判的有反民主的文化哲學家史賓格勒（Oswald Spengler, 1880-1936），他的《西方的沒落》（*Der Untergang des Abendlandes. Umrisse einer Morphologie der Weltgeschichte,*, 1918/1922）一出版就造成轟動，當時銷量超過六十萬冊，就連湯瑪斯．曼一開始也相當驚豔。依據史賓格勒的說法，人類的進步並沒有什麼永久不變的法則。世界歷史只是時間有限的戰爭和文明的周期更迭，他是墨索里尼的擁護者，對於威瑪共和的民主相當反感，自一九二〇年代初期就翹首盼望德國不久也可以有個獨裁者崛起。儘管史賓格勒對於國社黨心存疑慮，卡西勒還是指摘說《西方的沒落》是宿命論式的「歷史星相學」。這本書是個災難性的神話學，對於人類進步思想而言是個沉重的打擊。

第二個被卡西勒批評為主張宿命論的歷史觀的思想家就是海德格。這位倖免於大屠殺的教授在流亡美國期間，只要人們譴責他的對手海德格的納粹思想，指摘他的獨裁主義的大學政策，他總是很識相地三緘其口。相對的，他則是把砲口指向海德格哲學的心臟。如果說海德格把人在世界裡的位置詮釋為「被拋性」（Geworfenheit），那麼他就不再像啟蒙運動那樣把人視為行為者和建構者，而是任由種種力量擺布。對於卡西勒而言，這個所謂的動物學觀點是反人文主義的。黑暗的命運取代了進步的計畫，讓最陰暗的神話和最可怕的罪行有隙可趁。若要防範未然，就必須認清神話建構的機制，而不是推波助瀾。這個「創造符號的動物」不是天生孤單地「被抛入」，而是如亞里斯多德（Aristoteles）所說的「政治的動物」（zoon politikon），一個建構共同體的動物。自由、開放的文化、殊異的符號產生以及一個人文主義的國家共同體，構成了一個理想的群落生境（Biotop），人們在其中可以迎向未來，不斷地開展和進步。

卡西勒的批評對於到處鑽營的海德格毫髮無傷。他的聲譽並沒有受損，一九四五年後，他變成了德國哲學的核心人物，有無數的學生前呼後擁。相反的，卡西勒的影響則沒有那麼大。即使他留下了大量的遺稿，卻始終不見成立一個推廣他的思想的「卡西勒學派」，流亡的重大轉折造成的傷口太深了。這位流亡者也只有在美國才有其影響力。一九四二年，卡西勒在世的時候，德裔美國哲學家蘇珊・朗格（Susanne Langer, 1895-1985）出版了她轟動一時的作品，《哲學新解》（*Philosophy in a New Key: A Study in the Symbolism of Reason, Rite, and Art*）。就像卡西勒一樣，朗格也認為符號的產生是人類所有的表達和形塑形式的共同點。她特別強調藝術裡的符號產生，那是她的老師沒有特別著墨的地方。藝術作品是記號的產物，它表現了某種言語道斷的東西。自一九二六年以來，以受胡賽爾啟發的捷克結構主義者（Strukturalist）穆卡洛夫斯基（Jan Mukařovský, 1891-1975）為核心的「布拉格學派」（der Prager Schule），也把「美感功能」和其他的「功能」區分開來。後來美國哲學家顧德曼（Nelson Goodman, 1906-1998）的功能主義（funktionalistisch）意義理論則是明確地沿襲了卡西勒的思想，研究人類用以建構世界的種種意義構造，並且賦予藝術的符號語言一個相當特別的角色。

卡西勒的知覺理論特別強調人的身體面向，和胡賽爾一樣，也影響了梅洛龐蒂於一九四五年出版的《知覺現象學》（*Phénoménologie de la perception*）。他的文化哲學啟發了許多不同的人，諸如美國民族學家紀爾茲（Clifford Geertz, 1926-2006）以及法國哲學家傅柯（Michel Foucault, 1926-1984）。他在《實體概念和功能概念》（*Substanzbegriff und Funktionsbegriff*, 1910）裡開展的觀念，也就是認為功能比實體更重要，對於社會學的影響無遠弗屆。儘管涂爾幹（以及卡西勒的老師齊美爾）也以功能和交互作用去解釋社會事件，可是直到派深思（Talcott Parsons, 1902-1979）和盧曼（Niklas Luhmann, 1927-1998）在卡西勒啟發下的行為理論，才把功能主義的主張發揮到極致。

卡西勒的歷史地位現在看起來和他的新康德主義主張沒什麼關係。更重要的反而是他強調身體面向的知覺理論、「創造符號的動物」的概念以及對於功能的興趣。可是再也沒有人就先驗哲學的角度以我們的判斷結構去解釋關於世界的所有知識。不同於同時代的新康德主義者，卡西勒不認為他的文化哲學可以捆紮成一個嚴格的體系。《符號形式的哲學》既沒有體系的封閉性，也沒有新康德主義按部就班的論證，卻漫溢到四面八方。

對自身盲目的理性

卡西勒年輕的時候或許從來沒有想到要脫離褊狹的新康德主義體系。當時他和一個更年輕的同事激烈辯論，這位同事雖然自己是康德主義者，卻對於馬堡學派的新康德主義不假辭色[98]。這個辯才無礙的傢伙就是尼爾森（Leonard Nelson, 1882-1927）。他的父親是在柏林的一個猶太裔律師，他在海德堡大學念了一半，上了關於文學、自然科學和法學的講演課，接著他就轉到了哲學和數學。一九〇一年，他到柏林，兩年後又到哥廷根，認識了胡賽爾。可是尼爾森走上了另一條哲學道路。他踏著弗里斯（Jakob Friedrich Fries, 1773-1843）及其學生亞培特（Ernst Friedrich Apelt, 1812-1859）的足跡前進。他們兩人都以心理學的角度去詮釋康德的先天知識。使我們的理性成為不可窮究的原理的，並不是理性的知識，而是心理的思考圖式。因此，不管哲學再怎麼努力找尋我們的知識可以證明而客觀的原理，直覺才是堅固的基礎。

尼爾森也對此深信不疑。他在哥廷根以《弗里斯及其近年來的批判》（*Jakob Friedrich Fries und seine jüngsten Kritiker*, 1904）為題獲得博士學位，這篇論文原本在柏林被史頓普夫打回票。他在接下來的作品裡以滿腔熱血和新康德主義打起筆戰，使得他自己更加不合時宜。可是他又於一九〇八年以《康德知識論的演化史研究》（*Untersuchungen zur Entwicklungsgeschichte der Kantischen Erkenntnistheorie*）獲得教師授課資格。如此蹉跎了十一年之久，他才於一九一九年於哥廷根獲得夢寐已久的教職，即便只是個兼任教授。

尼爾森對於新康德主義的批評相當一針見血。新康德主義者怎麼知道他們的知識是客觀有效的？它們的**判準**（Kriterium）是什麼？用以決定是否客觀有效的每個判準本身不也是個知識嗎？這個知識難道不需要另一個判準以確定其有效性，如此以至於無窮？所以說，決定客觀有效性的判準的，不會是什麼理性知識。可是這個解答不會讓任何哲學家滿意。因為就算是這樣直接而直覺的知識，也需要一個判準證明它有效。如此一來，我們又陷入更深層的無窮回溯而伊於胡底。

於是，對於康德主義者不肯放棄理性論證，尼爾森覺得倒盡胃口。那終究只是知性可以正當使

[183]

用的「間接」證明，而不是知性關於它自身的終極知識，因為這種知識只能直接把握。在十七世紀末，英國人洛克（John Locke, 1632-1704）就已經解釋過了，知性有如一隻眼睛，它什麼都看得見，就是看不到自己。在這個意義下，尼爾森在接連幾部作品裡都提到人類的理性是對自身盲目的。「如果說哲學判斷有個知識基礎的話，」那麼「它就在於我們自己裡面，不需要我們的任何助力，也不依賴於任何經驗。」[99]我們不應該把它當作可以往下證明的知識和能力並且信賴它。哲學家沒辦法分析理性的基礎，而只能分析知性的**使用**。我們越是深入探究這個使用，它無法解釋的種種預設就會越加清楚。

[184]

早在一九〇六年，尼爾森就為此招致比他大八歲的卡西勒的激烈批評。「至今我們一直認為，哲學，特別是知識批判，其任務在於以原理的證明取代盲目的信念，它不只是要證明邏輯原理在事實和經驗上的應用，更要闡述它的必然性和客觀有效性。現在我們看到，正是這個成見使我們不敢苟同於尼爾森的『觀點』。」[100]

對於新康德主義者而言，尼爾森的批評著實不容小覷。如果人類理性沒辦法認清自己的基礎和原理，那麼就不會有所謂的「先驗演繹」（transzendentale Deduktion）——也就是把我們的經驗知識一步步回推到無法窮究的、先天的知識。在這個程序裡，理性不會認識到世界裡的任何客觀事物，它只會認識到它自己。我們的哲學思考到頭來也只是使自己更理解我們的哲學思考而已。因為我們所有的推論，我們的錯誤，以及我們所有的懷疑，一直都屬於反思的領域，而沒有觸及我們的直覺。

[185]

在這個意義下，尼爾森在一九一一年波隆那的演講裡提到「知識論的不可能性」。[101]哲學唯有放棄證明最後的原理，才有資格說是科學的。而倫理學也是如此，那是尼爾森越來越重視的主題。在倫理學裡也是一樣，直覺才是究竟的基礎。我們大家認為善或惡的東西，都是我們動物天性的一部分，植根在無意識裡。它同時也是超越個人的，有意義的，因而大抵上是理性的。在這個意義下，尼爾森也提到「一種作為我們倫理判斷之基礎的純粹實踐理性的存在」。[102]就像在知識論裡一樣，哲學只能一步步從潛意識的理性抽離，直到我們找到了有意識的準則和原理。它到頭來不會是康德所說的命令式，而是一種義務感，覺得要符合自己理性的洞見並且考慮到他人而生活：「如果說對方的利益和你的利益一致，你就不能不同意那麼做。」[103]

「利益」是尼爾森的倫理學的關鍵概念。對他而言，自己的利益在道德上並不比其他人的利益更優先。如果我漠視其他人的利益，那麼我也應該同意我自己的利益被漠視。因為依據尼爾森的說法，一視同仁地權衡種種利益才是正義。對應於正義的誡命，我就有義務同等尊重他人的利益以及我的利益。個人如是履踐他的德行義務，而政治的課題就是如何以一個法律義務形式把這個德行制度化。政治要盡可能地實現一個「法律理想」，「對於任何一方都不會造成不義」。[104]

尼爾森顯然是第一個有系統而完備地把動物權也考慮進來的康德主義者。牠們也有不可以漠視的利益，否則我們就是忽視了德行義務。我們會在這部哲學史的最後一卷回到這個主題⑫。尼爾森的特點在於他不認為思考和行為有什麼區別。但凡人認識到了什麼，他就有義務那麼做。而那也意味著在政治場域裡實現它。在愛因斯坦的支持下，尼爾森於一九一七年成立了「國際社會主義青年

⑫ 另見：《做你自己：西洋哲學史卷三》，頁136。

聯盟」（der Internationale sozialistische Jugendbund (ISJ/IJB)），其宗旨是要在政治上實踐其道德洞見。可是尼爾森的社會主義隨即就和德國共產黨（Kommunistische Partei Deutschlands）以及德國社民黨（Sozialdemokratische Partei Deutschlands）產生激烈衝突。國際青年聯盟主張的既不是馬克思主義也不是社會民主主義，而是一個重新詮釋的康德主義，這使得它被視為討厭的競爭對手。一九二五年，尼爾森把它改組為「國際社會主義戰鬥聯盟」（Internationaler Sozialistischer Kampfbund (ISK)）。他也催生了一所改革學校「瓦克密勒」（die Walkemühle）的成立，該校並附設以「國際社會主義戰鬥聯盟」為宗旨的「成人教育哲學與政治學院」（Philosophisch-Politischen Akademie zur Erwachsenenbildung）。尼爾森於一九二七年因肺炎猝死，但是他所創立的政治團體並沒有因此中斷。在納粹獨裁時期，「國際社會主義戰鬥聯盟」是重要的反抗組織之一。尼爾森的祕書威利・艾希勒（Willi Eichler, 1896-1971）自一九二七年就擔任「國際社會主義戰鬥聯盟」主席，是推動於一九五九年決議通過社民黨「哥德斯堡綱領」（Godesberger Programm）的重要成員。

思考的心理邏輯

理性是否看不見它自己，使得哲學只好以對於真和善的潛意識感覺為基礎，一步步把那些感覺從黑暗中抽離出來？或者理性可以對自己做出一個無懈可擊的解釋，把一切都歸因於不可窮究的根基？尼爾森主張第一個看法，而賀尼斯瓦德（Richard Hönigswald, 1875-1947）則是支持第二個看法。他出生於匈牙利的阿騰堡（Ungarisch-Altenburg, Mosonmagyaróvár），父親是個猶太裔醫生，一八九二年，他要這個年輕人到維也納學醫。以生理學家布呂克（Ernst Wilhelm Brücke）和麥涅特

[187]

（Theodor Meynert, 1833-1892）為核心的維也納學派舉世聞名。然而就在賀尼斯瓦德入學的那年，這兩位大師相繼離世。於是他最重要的老師就變成了布呂克的學生艾克斯納（Sigmund Exner, 1846-1926）。艾克斯納在佛洛伊德和布洛伊創立的生理學研究所從事研究。他和布呂克以及麥涅特一樣，也試圖找出種種心理活動在腦區裡的位置。艾克斯納認為心理功能可以一對一地由生理學的角度解釋。心理學是一種醫學——賀尼斯瓦德起初對於這個進路很感興趣，可是接著又漸行漸遠。

他於一九〇二年獲得博士學位，很清楚自己並不想當個執業醫生。於是他到格拉茲（Graz）師事布倫塔諾的學生邁農（Alexius Meinong, 1853-1920）。布倫塔諾和邁農的進路和艾克斯納的實證主義心理學正好相反。他們認為唯有「描述」（deskriptiv）心理學才是實事求是的科學。「對我而言」是經驗的東西，只能由內省去窺探且描述；而胡賽爾也是從這裡開始他的現象學旅程的。艾克斯納認為所有主觀的事物都可以客觀解釋，而對於邁農而言，所有客觀的事物只能以主觀的方式解釋。熟諳新康德主義的里爾（Alois Riehl, 1844-1924）自一八九八年就在哈勒大學擔任教授，他試圖遊走在這兩個立場之間。[13]在新康德主義者當中，里爾是少數把自然科學的嚴格斷言當一回事而且不去挑戰的人。儘管所有關於世界的知識都是我們意識的一個內容，這卻並不意味著研究客觀世界人的沒有資格談論世界。意識哲學家和自然科學家是互補的。哲學家的思考越是合乎邏輯、其語言越是精確，那麼他就可以更加正當地斷言自己是在實事求是地認識客觀事物。

一九〇四年，賀尼斯瓦德在里爾的指導下以他最愛的哲學家休姆為題獲得博士學位[14]，並且在

---

[13] 另見：《做你自己：西洋哲學史卷三》，頁 290-291。

[14] 其博士論文題目為：*Über die lehre Hume's von der realität der aussendinge: Eine erkenntnistheoretische Untersuchung*。

同年接受基督新教的洗禮。此前他已經寫了兩部作品，極力諷刺當時兩位雅好哲學思考的自然科學家：生物學家海克爾（Ernst Haeckel）[15]以及物理學家馬赫。海克爾的《世界之謎》（*Die Welträthsel*, 1899）是二十世紀之交自然科學類的暢銷書，而我們這位心高氣傲的醫學系學生卻尖刻地批評說海克爾對於科學的理解太幼稚了。相對的，馬赫是更加難纏的對手，儘管賀尼斯瓦德批評馬赫的經驗批判主義（Empiriokritizismus），卻也在自己的哲學裡不吝於採用他的「思考經濟」（Denkökonomie）原則。知識論必須嚴格地化約（Reduktion）並且捨棄所有不確定的概念，才能有所作為。

一九〇六年，也就是和柏林的卡西勒同年，賀尼斯瓦德以《知識論和方法學》（*Erkenntnistheorie und Methodologie*）為題在布萊斯勞大學獲得教師授課資格。自一九一〇年就在布萊斯勞擔任教授的賀尼斯瓦德也一直在從事類似的研究計畫。他的哲學以新康德主義為起點，試圖探索具體的自我，接著提出完備的文化理論。如上所述，卡西勒也是走同一條路。里克特的學生拉斯克（Emil Lask, 1875-1915）也在研究一個問題，那就是我們如何從一個先驗哲學的知識論推論出人在世界裡的事實性存有，並且據此超越一個理性主義的意識理論的狹隘界限。

新康德主義的末流和胡賽爾的目標是一致的。然而胡賽爾是要以存而不論的方法直觀種種沒有疑問的既與性，而以它們作為堅固的基礎，賀尼斯瓦德則是不同於後來的卡西勒以及拉斯克，認為我們必須以**邏輯**（而不是現象學）的方法推論出哲學的終極根基——而且是經由完全理性的「究竟

⑮ 另見：《做你自己：西洋哲學史卷三》，頁248-251。

論證」。我們唯有沿著一連串的邏輯程序，溯源到一個沒有預設的開端，才能提出關於真理的有效性主張；而胡賽爾直到晚期才贊同這個條件。

儘管如此，賀尼斯瓦德卻在一個重要的問題上脫離了新康德主義。就像詹姆士、柏格森和胡賽爾一樣，他也把體驗視為一個意識流，而不是純粹邏輯式的判斷行為。如果說世界的事物對我們顯現為「既與的」，那麼它們也是以心理學而不是邏輯的方式對我們顯現為「既與的」。我們是作為世界的一部分而存在，這個世界固然是我們在意識裡產生的，卻沒有對我們顯現為我們意識的產物。在我們意識的心理學向度裡，我們體驗到事物宛如獨立於我們而存在。賀尼斯瓦德和胡賽爾差不多在同時間譴責新康德主義者的忽視、隱匿或反對這種心理學。知識論必須有嚴格的邏輯論證，可是它不可以漠視體驗的心理學向度，而必須把它考慮進來。

問題是：思考裡應該有多少心理學的成分？第二個問題是：誰才有資格適當地分配它，哲學家或者心理學家？賀尼斯瓦德花了整整十年的時間研究這些問題，直到一九二一年出版了他的第一部鉅著。《思考心理學的基礎》（*Die Grundlagen der Denkpsychologie*）既反對馮德的學生屈爾佩（Oswald Külpe, 1862-1915）的「烏茲堡學派」（Würzburger Schule）的實驗思考心理學，也反對納托普的反心理學的新康德主義，更不贊成胡賽爾的現象學。無論如何，賀尼斯瓦德在其作品裡總是避免指名道姓。他的句子看起來像是不停地在鑽孔，他的思路也是一步步鑿出來的。他的風格出奇地精確，其密度讓人難以喘息，就像烤得太硬的麵包一樣。賀尼斯瓦德的作品裡聞不到任何時代的氣息，每一部作品都是披沙揀金的結果。他的野心一直是在基礎上打轉，而不管是否詞不達意，更談不上什麼詞藻了。

賀尼斯瓦德對於實驗心理學的批評和新康德主義的批評一致：主觀的「思考體驗」（Denkerlebnis）沒辦法自外部把握。我們只是對於它所處的「環境」分門別類。由個人體驗到的意義構成的世界沒辦法轉換到外在世界。任何所謂的翻譯儘管都想要符合科學，卻都只是含混而無法驗證的同感（Nachempfinden）而已。[105]

為了要理解人在思考時的活動，我們首先要概括性地認識人是如何產生意義的。我在體驗裡會區分在思考的他以及他思考的對象。這個體驗會由我**規定**，並且由於這個**規定性**（Bestimmtheit）而變成對象。對卡西勒而言，人類是**創造符號的**（symbolisierend）動物，對於賀尼斯瓦德而言，人則是**從事規定和對象化的**動物。不同於柏格森，他認為如果沒有和主體有別的對象，就沒有體驗的主體。反之，如果沒有主體，也就沒有對象。主體和對象不可分的關係，賀尼斯瓦德以一個笨拙而容易誤解的術語稱呼它：對象性（Gegenständlichkeit）。在體驗裡，世界會被對象化為事物世界，而我自己在其中也會變成對象，也就是作為那個從事對象化的人。對於賀尼斯瓦德而言，「對象化」（verobjektivieren）是最核心的概念。如果說自然科學處理的是對象，那麼哲學就是要探討人如何藉由對象化而使對象變成對象。

賀尼斯瓦德的哲學可以說是踏著康德的足跡前進，探究我們知識的可能性條件。可是相較於康德或者新康德主義者的一般性認知，賀尼斯瓦德認為體驗是更加複雜而無序的歷程。我們沒辦法完整地對它分門別類，也無法以概念趕上它。就像巴洛克哲學家萊布尼茲（Gottfried Wilhelm Leibniz, 1646-1716）一樣，賀尼斯瓦德也把人視為一個單子（Monade, monas），在一個世界海洋裡的一座不起眼的意識孤島。每個單子都是個封閉性的生物心理學系統。而每個單子也都是一個具體的自我，有一個屬於自己的身體以及依據所謂的圖式操作的具體體驗。由於我和某個「既與物」建立關係並且規定它，我也因而意識到我自己而「自我臨現」（Selbstpräsenz）。

賀尼斯瓦德的「單子」概念遊走於新康德主義者的意識哲學以及存在哲學進路之間，例如認為人和一個「既與者」對峙的海德格。而賀尼斯瓦德對於作為一個心理歷程的體驗感到興趣，也和胡賽爾以及海德格一致。他在慕尼黑大學擔任教授，自一九三〇年著手寫作《知識論的基本問題》（*Grundfragen der Erkenntnistheorie*, 1931），試圖闡述體驗的種種基本形式。賀尼斯瓦德想要證明倫理、藝術、法律和信仰如何以不同的方式主張其有效性。美感和宗教的判斷指涉判斷者的主體性的方式，和道德以及法律的思考的指涉方式截然不同。在宗教和美感判斷裡，對象不只是像其他判斷那樣「和自我相關」（ich-bezogen）而已，而是擁有鮮明的個人主體性基調，賀尼斯瓦德稱之為「由自我規定的」（ich-bestimmt）。我和神的個人關係就是我自身的主體性的一個表現，我把我的主觀美感感受注入其中的藝術作品也是如此。在科學的判斷裡，我會刻意地淡出我的主觀心境，相反的，在我的宗教和美感的規定裡，我自己會成為焦點。

卡西勒著眼於符號的創造，穆卡洛夫斯基指出美感、數學或現實生活的存在實踐當中的不同「功能」，而賀尼斯瓦德則是就其**有效性主張**區分人類的不同表現形式。卡西勒認為語言是眾多符號形式之一，而賀尼斯瓦德則是特別強調語言的角色，尤其是因為單子之間的相互溝通必須以語言為其預設。在這個意義下，他認為語言才是所有人類文化以及高度發展的文明的基礎，而不是一般性的符號化能力。

就像卡西勒一樣，賀尼斯瓦德也是一九三三年國社黨變起倉促的文化斷層（Kulturbruch）的受

[192]

害者。時年五十七歲的他儘管許多同事為他請願，仍然於九月被解除在慕尼黑大學的教職。海德格居心叵測的審查報告則是扮演臨門一腳的角色。報告裡寫道：「賀尼斯瓦德以極其危險的洞察力以及空洞的辯證法為新康德主義思想辯護。其危險性尤其是在於他的行為讓人產生一個實事求是以及 [193] 嚴格科學的印象，已經蠱惑且誤導了許多年輕人。」106

悽悽惶惶的賀尼斯瓦德只能離群索居，接下來的作品，《哲學和語言》（*Philosophie und Sprache. Problemkritik und System*, 1937）和《義大利文藝復興時期思想家》（*Denker der italienischen Renaissance. Gestalten und Probleme*, 1938），則都是在瑞士出版的。那是他生前最後發表的作品。在一九三八年的「水晶之夜」（Reichspogromnacht）事件之後，他遭到逮捕並且被押送到達浩集中營（RZ Dachau），五個禮拜後被釋放。一九三九年三月，賀尼斯瓦德和第二任妻子逃亡到瑞士，並且於七月搭船到美國。他沒辦法在美國大學找到任何教職，也就沒有收入，全賴妻子製作手工娃娃維持生計。在紐約窮途潦倒的賀尼斯瓦德在人生最後的八年裡的寫作數量超過他以前在大學裡的作品，其中包括了《普通方法學基礎》（*Die Grundlagen der allgemeinen Methodenlehre*）以及《開展自個人問題的哲學體系》（*Die Systematik der Philosophie aus individueller Problemgestaltung entwickelt*）。一九四七年七月，七十一歲的他在客居新港期間辭世。

賀尼斯瓦德在戰後不久就被人遺忘了。直到烏茲堡大學哲學系教授漢斯・華格納（Hans Wagner, 1917-2000）以及波昂大學哲學系教授葛德・渥蘭特（Gerd Wolandt, 1928-1997）擔任其遺產管理人，才由渥蘭特整理且出版塵封多年的大量手稿。卡西勒的作品是一座源泉不竭的採石場，其流風餘澤無遠弗屆，反之，賀尼斯瓦德的建樹儘管更加向下扎根，卻也因而特別乏人問津。只有 [194]

極少數的跟隨者踵武他的思想。法蘭克福哲學家沃夫岡・克拉默（Wolfgang Cramer, 1901-1974）因為在一九三二年加入國社黨，在戰後只能先後擔任兼任教授以及副教授，他把賀尼斯瓦德原本鈎玄提要的作品更加濃縮凝鍊，尤其是他的《單子》（*Die Monade. Das philosophische Problem vom Ursprung*, 1954）以及特別極端的《精神理論基本原理》（*Grundlegung einer Theorie des Geistes*, 1957）。由於學術圈興趣缺缺，賀尼斯瓦德學圈僅限於烏茲堡、波昂和法蘭克福，儼然是一個祕教團體。我在一九八〇年代末期就讀於科隆大學，情況也不例外。直到現在，許多哲學史依舊對於賀尼斯瓦德隻字不提。相較於一九三三年使他被解職並且被邊緣化的那個人，賀尼斯瓦德顯然難望其項背。我們說的就是海德格。

存在的奧祕

- 在不同陣營之間
- 走上柏格森的路
- 重訪亞里斯多德
- 闡明存在
- 存有與時間
- 人本身就是問題
- 轉向
- 自己的王國裡的領袖：科技和藝術
- 無悔與四合

在不同陣營之間

[195] 弗來堡大學（Albert-Ludwigs-Universität Freiburg）主樓於一九一一年落成，看起來就像一座博物館。赭紅色砂岩外牆、青銅屋頂、圓頂建築以及塔樓，其實還有一間關押違反校規的學生的「禁閉室」（Karzer），簡直是一部活歷史。[196] 自一九一五年以來，大廳入口就矗立著荷馬和亞里斯多德的青銅塑像，西牆上則銘刻著出自《約翰福音》的一句醒目名言：「真理必叫你們得以自由。」抬頭仰望城市櫛比鱗次的屋頂後面，就可以看到一片蓊鬱的黑森林；在丘陵間可以看到韶因斯蘭山（Schauinsland）一枝獨秀，第一次世界大戰初期的弗來堡大學有三千名學生，集自然浪漫主義、中世紀田園風格以及大城市學生活動於一身。然而田園風格只是個假象。市區公園（Stadtgarten）傳來刺耳的聲音，進行曲震耳欲聾，砲兵部隊在飛機場操練，就連大學也不時傳來慶典合唱團的嘹亮歌聲。打開學生們的心扉並且使他們自由的不是真理，而是步槍火力。精神領袖以慷慨激昂的演說號召學生投入對抗「世讎」法國的戰爭。

海德格（Martin Heidegger, 1889-1976）並不在其中。他在一九一四年應召入伍，但是因為心臟病而驗退，於是這個哲學系學生可以完全專注於他的教師授課資格論文：《董思高的範疇論和意義理論》（*Die Kategorien- und Bedeutungslehre des Duns Scotus*）。[1] 砲火使暗夜燦若白晝，鄰近的亞爾薩斯（Elsass）的戰役使得弗來堡市政廳變成了大型野戰醫院，而我們這位二十多歲的年輕人卻

❶ 另見：《海德格：其人及其時代》（Rüdiger Safranski, *Ein Meister aus Deutschland. Heidegger und seine Zeit*），頁105-116，連品婷譯，商周出版，2021。

沉浸在中世紀的士林哲學裡，埋首研究兩個壁壘清野的陣營，一方是「唯實論者」（Realist），主張「人類」、「心靈」、「愛」和「善」是實在的東西，而另一個陣營則是「唯名論者」（Nominalist），認為所有這些抽象名詞都只是語詞而已。海德格研究的文本叫作：《論指謂的模式或即思辨語法》（*De modis significandi sive Grammatica speculativa*）。他和當時所有人一樣，都認為它出自蘇格蘭哲學家和神學家董思高（Johannes Duns Scotus, 1265–1308）之手，直到現在，我們才確認其作者是籍籍無名的埃福特的多瑪斯（Thomas von Erfurt, ca. 1300）。

海德格在戰爭的陰影下完成他的論文。他也是在晚期哥特式風格的主教堂的陰影下寫作的，那或許是最美好的時期。他探討的問題既屬於中世紀也和現代有關：神和世界的關係是什麼？埃福特的多瑪斯的這個問題，也一直出現在海德格心裡。我們只要一思考，就要使用語詞。我們是在我們的語言框架下思考的。然而如果所有思考都是以語言思考，那麼我們怎麼確定語詞真的對應於事物，我們怎麼知道它們和客觀實在界一致？我們的確無法走出語言並且走進客觀世界。思考和存有從來都不是等同的。那麼它們之間的關係是什麼？埃福特的多瑪斯的答案是：它們是類比（analog）的關係。我們不是以拉丁文書寫世界的，但是拉丁文語詞還是可以貼切地描述它。當我們以語言思考，那麼我們的思考方式就會讓思考和事物「宛如」一致；就像店家看板上葡萄葉圈意指著我們在那裡可以喝到葡萄酒一樣。而第二種類比，也就是神和世界之間的類比，也是如此。世界和神的關係不是語言和世界的那種等同關係，它們是一種類比的關係。對我們呈現的世界並不是神，可是它指涉了神，也就是它的造物主。埃福特的多瑪斯認為他解決了「唯實論者」和「唯名論者」的論戰問題。真理是在他們中間。語詞固然如唯實論者所說的和事物對應，可是它畢竟一直是

[197]

個語詞，正如唯名論者所強調的。重點是：語詞和存有固然是相互對應的——但是它們的存有位階並不一樣。而世界和神的存有層次也不相同。

身處於二十世紀初期的海德格，為什麼要關心這個問題呢？難道這是個竅門？既承認神的存在，又讓祂不必和堅硬的事物實在界相遇，也就是自然科學家眼裡的種種事實，而他們早就差不多把神趕出世界了。海德格是個虔信的人。他的童年是在梅斯基希鎮（Meßkirch）度過的，那是在波登湖（Bodensee）北岸上施瓦本（Oberschwaben）西部的村莊，大概有兩千個居民。他的父親是天主教聖馬丁教堂的執事。他在市民學校畢業以後，教會為這個才華洋溢的孩子提供了十三年之久的庇護。[2]他就讀於康斯坦茲（Konstanz）的教會學校，那是培養年輕神父的寄宿學校。十七歲的時候，他獲得教會的獎學金，到弗來堡就讀於著名的貝托德文科中學（Bertold-Gymnasium）。二十歲的時候，他加入位於費爾德基希的提西斯（Tisis bei Feldkirch）的耶穌會初學院，不久就因為心臟病問題而退學。一九〇九年上學期，海德格在弗來堡攻讀神學，再度獲得教會的獎學金。

這個年輕人深得贊助人的歡心。他成為五年前成立的聖杯盟（Gralbund）的成員，那是個保守派的作家協會，其宗旨為革新且重建天主教的浪漫主義。[3]他們強烈反對任何叫作「現代」的東西，尤其是文學裡的「自然主義」，也就是想要如實地呈現生活。在托爾斯泰（Tolstoi）和杜思妥也夫斯基（Dostojewski）的小說或者是易卜生（Ibsen）和史特林堡（Strindberg）的戲劇裡，異鄉人和失根的人誤入歧途，經歷了困頓而殘酷的人生，細膩地描寫了歇斯底里、瘋狂、自我欺騙，不

❷ 關於海德格在梅斯基希鎮的童年生活以及求學經歷，見：《海德格：其人及其時代》，頁 23-40。
❸ 同前揭：頁 46-54。

但沒有避談社會和心理的墮落深淵，反而把它搬上舞台。在聖杯盟以及海德格眼裡，這種文學讓人不耐煩而且有破壞性。他在天主教的《評論匯報》（*Allgemeine Rundschau*）裡以激烈的語氣撰文提出他對於現代潮流的懷疑。文中提到了「令人窒息的壓抑氣氛」，抨擊「外來文化」，「追求快速、本末倒置的創新浪潮」，競逐於「短暫的刺激」。[107]

海德格認為他的天主教神聖世界、永恆價值和永恆真理已經岌岌可危。現代世界欺騙了他，雖然他沒有住在柏林或維也納，更不用說巴黎、芝加哥或紐約，而是在寧靜悠閒的弗來堡。然而光是這個小城就已經讓他受夠了。這個鄉下來的學生擔心他的靈魂深處、擔心他腳下的堅固信仰基石會開始動搖。當時膚淺的文化不可能是真實的。對他而言，真理只存在於教會兩千多年來累積且保存的傳統裡。如果置信仰和宗教於不顧，而擰開「自我」，分析它，扭曲它，誇大或抬舉它，那麼就是忘記了「擁有真理的永福」是屬於神的層次，而不屬於人的思想世界。[108]

儘管海德格堅決捍衛教會的「信仰寶藏」，批評時代精神，卻只在神學院讀了三個學期就輟學了。他的心臟病復發，再加上心情抑鬱，那就是他誇大炒作的「橄欖山時刻」（Ölbergstunden）。[4]儘管他在大學出人意料地主修自然科學，他的興趣卻自此轉移到哲學。他相當熱中於布倫塔諾，此外也發現了胡賽爾的《邏輯研究》。邏輯的永恆真理的確存在著，然而它不是人類造就的。在年輕的海德格心裡，它就像神一樣，成為永恆的第二個不容置疑的機構。那個東西比心理學

❹〈橄欖山時刻〉（*Ölbergstunden*）是海德格在一九一一年四月發表於《評論匯報》的詩作標題：「我生命中的橄欖山時刻：在陰鬱的表象中／膽怯畏懼／你們時常見到我。／我流淚喊叫從未白費。／我年輕的存在／已厭倦了抱怨／只相信天使的『恩典』。」見：同前揭：頁78。

還大，是絕對有效的。在胡賽爾的精神支持下，他完成了反駁實驗心理學的無條件斷言的博士論文：《心理主義裡的判斷理論》（*Die Lehre vom Urteil im Psychologismus*）。❺

在海德格的贊助人眼裡，他依舊是個虔誠的天主教思想家，他年輕輕就成為弗來堡大學即將懸缺的天主教哲學教席的候選人。為此，這個野心勃勃的學生必須以一個「天主教的」題目撰寫教師授課資格論文。正因為如此，他才會埋首研究董思高或即埃福特的多瑪斯的思想世界，以期重拾他一生的主題：深刻體驗的屬己性如何擺脫自然科學的膚淺理解以及時代精神的浮光掠影？海德格萃取出來的「中世紀世界觀」至少符合他自己以及那位士林哲學家的需求。這個孜孜不倦的學生研究過認為精神是在認識絕對者的道路上的黑格爾。海德格也想推動精神前進，然而不是朝向普遍的絕對者，而是屬己性的以及個體性的深處。齊克果（Søren Kierkegaard）是他第二個重要的靈感源泉，就像齊克果一樣，海德格也不認為絕對者是客觀而既存的，絕對者在於生命自身的深處，在於它不停地轉變，在於它不得不持續地前進和決意。而由於中世紀沒有這種基督新教的思想，於是海德格想要把他的士林哲學文本「液態化」：從靜態的中世紀變成動態的現代生活。正如他在教師授課論文末了所說的：那是關乎一種「生機盎然的精神、充滿行動的愛、以及內心對神的敬畏」的哲學。[109]

❺ 關於海德格的博士論文，見：同前揭：頁81-86。「他以胡賽爾的思想和心理主義的代表人物進行論戰，反對以心理學內容解釋邏輯的嘗試。這位自信的博士生批評的對象都是令人尊敬的哲學家，像是西奧多．里普斯和威廉．馮德。和心理主義的爭論迫使他首次反思後來主要作品中的核心問題：時間。思考作為一種心理行為在時間中發生，需要時間。但是海德格以胡賽爾的立場主張，思考的邏輯內容獨立於時間。邏輯內容是一種『靜態的現象，超越任何發展跟變化，不會變動、不會生成，而是有效；是某個能被判斷的主體把握的東西，但不會通過這種把握而被改變。』」

海德格所分析的《董思高的範疇論和意義理論》，終究不是關於中世紀哲學的文本，而是一部現在幾乎沒有任何士林哲學的專家會當作教師授課資格論文題目的作品。裡頭胡賽爾的成分太多，而董思高和埃福特的多瑪斯又太少了，海德格「生機盎然的精神」的哲學太多，士林哲學的思想世界太少了。儘管這篇論文頗受好評，可是我們這位盡責的天主教徒再度身陷兩個陣營之間：他當然是在激情地對抗分裂的、膚淺的、草率的現代世界。可是他也招致了種種疑慮：太多的「液態化」、太多的現象學以及舊瓶新裝的「生命哲學」和「時代精神」。於是，天主教哲學的教席落到一個比較謹小慎微的人的身上。約瑟夫．蓋瑟（Joseph Geyser, 1869-1948）❻比他年長二十歲，是個徹頭徹尾的宗教改革者，在天主教哲學的圈子裡小有名氣。當時的海德格在弗來堡警察局當國民兵，負責拆開並且審查士兵的郵件，教會的教學大樓再也沒有他的位置了。他不會原諒教會。三年後，我們這位落選人完全跳出了「教會體系」。

走上柏格森的路

由於胡賽爾的協助，接下來的改弦易轍還算順利。當我們這位德國哲學大師於一九一六年來到弗來堡，海德格正處於真空狀態。就在德國最振奮人心的哲學思想到來的同時，這個二十六歲的年輕人覺得自己在弗來堡大學有志難伸。這個短小精悍而滿臉于思的男子依舊以睥睨的眼神生活在一個以天主教作為點綴的、克己而猜疑的黑暗世界裡，反對刺眼的、太刺眼的、飛快的、太飛快的、

❻見：同前揭：頁116。

[201]

狂放的、太狂放的現代生活。可是他知道必須揭開這個陋室，讓外面的陽光灑瀉下來。而有什麼地方的日照比胡賽爾周圍更多呢？

對於海德格而言，胡賽爾來的正是時候。一方面，他相當醉心於胡賽爾的《邏輯研究》，它把邏輯形容成一種存有，獨立於任何人類的心理而存在。另一方面，海德格也很欣賞現象學的嚴謹、它對純粹性的渴望，以及它鍥而不捨鑽探所有經驗超越個人的共同點。自從海德格學會了哲學思考，他就想要「回到事物本身」。挖掘出事物埋藏在種種經驗和習慣的沉澱層底下的真實存有——他認為這就是所有偉大哲學家的共同點。

然而他們並不是那麼相互欣賞。至少目前不是。在胡賽爾眼裡，海德格只是一個天主教陣營的後生晚輩，而不是符合他的胃口的學生。然而海德格糾纏了一整年，直到胡賽爾於一九一七年九月同意支持他。一年後，胡賽爾就對這個三十歲的年輕人讚不絕口。儘管胡賽爾的次子因為頭部中彈而受傷住院，他卻以熱情洋溢的語氣寫信給在前線軍事氣象站服役的海德格，讚美他未來的助理擁有「清澈的靈魂之眼，清澈的心，目標清楚的生命意志」。[110]

胡賽爾這位喜歡信口雌黃而又模稜兩可的大師，原本也對他那位捨己為人的助理史坦茵（Edith Stein）伸出橄欖枝。她不只是對於一再修改其手稿而無法付印的思想家感到失望，胡賽爾更是對於史坦茵的教師授課資格論文不聞不問，不敢為一個女性仗義執言，更不敢在弗來堡大學為一個猶太人爭取另一個教席。[111]史坦茵是個出類拔萃而特別獨立的思想家，後來到其他大學也無法獲得授課資格，儘管女性的教師授課資格在形式上是許可的。她歸信天主教，加入位於史派耶（Speyer）的加爾默羅修會，後來又到荷蘭的艾西特（Echt），於一九四二年在那裡被流放到奧斯威辛（Auschwitz）集中營並且殉難。

史坦茵和胡賽爾分道揚鑣的時候，海德格正在法國亞爾丁省（Ardennen）的軍事氣象觀測站服役，其任務是為了計畫在比利時發動的化學戰提供氣象資訊。一九一八年十一月，這個身在前線的氣象預報員嘵嘵不休地大談「真誠精神的人」的誕生，在槍林彈雨底下接受淬鍊，堅定不移地推進，教育「人民成為真誠的人，並且真正重視此有的真正的善」。112❼這個只會「玩弄思想」的世界已經支離破碎，一個新的原初性（Ursprünglichkeit）以及「蓄勢待發的張力」正要破曉❽，一個從來沒有真正上戰場的士兵怪誕不經的情操；好兄弟尼采正在向他招手致意。

其實，海德格在戰後就一帆風順。他成了胡賽爾的助理，並且於一九一九年二月開了他的第一堂講演課：「哲學的理念以及世界觀的問題」（*Die Idee der Philosophie und das Weltanschauungsproblem*）。自從二十世紀之交以來，人們對於「世界觀」這個概念早就琅琅上口。人們再也不想提出什麼哲學的普遍體系，在十九世紀下半葉，觀點（Perspektive）早就取代了體系。世界的本質是什麼，我們怎麼評價世界，大抵上是個態度、預設立場、視角和興趣的問題。馬克思的意識形態批判讓人眼界大開，同樣的，狄爾泰關於所有思考的歷史關聯性的洞見，或者是尼采狂暴地砸碎理性以及以它為基礎的所有體系，也都不遑多讓。如果說理性變成了瓦礫，體系老舊不堪，那麼剩下的也就只有「世界觀」了。

---

❼ 見：同前揭：頁 144-146。

❽ 同前揭：頁 145：「我們想要的新生活，或是我們想要進入的新生活，必須放棄追求普遍，即虛假而平面的（膚淺的）——它的財產就是那個原初性——它不在人為的施設造作，而是完全直觀的明證性。」

海德格在一開始接觸宗教的時候就關心「屬己性」、「原初性」和「真實」的問題，對他而言，世界觀是個可鄙的東西。他要奮力超越的正是「玩弄思想」而各持己見的世界觀的任意性。戰後時代的「新的強度」應該推論出一個擁有這種強度的哲學。揭露在所有世界觀之前的「體驗的原初態度」（Urhaltung des Erlebens）——以前胡賽爾宣告的事，現在海德格要付諸實現。❾

現在他有了一個深不見底的靈感源泉，它不再是教會的「信仰寶藏」，而是柏格森的哲學。德國人對於這個法國人大多是疑信參半，柏格森在一個決定性的問題上和胡賽爾判然有別。如果說現象學大師想要「探究事物本身」，那麼他也會拋棄「自然態度」，轉換到「理論態度」。唯有作為一個頭腦清楚的科學家，現象學家才有辦法深入事物的根基。相反的，柏格森認為理論態度只是個附屬的構造，在某個意義下是不真實的。一般來說，我們不會是從事抽象以及化約思考的科學家，而是直接體驗的人。柏格森的核心概念正是這個直接性，直覺的東西，而不是胡賽爾那種「存而不論」的人為態度。直接的時間經驗，「綿延」的經驗，並不是什麼科學的東西。柏格森認為他的成就正是在於這個存在性的體驗的直接性，相較於以哲學加工和證明的所有衍生的態度以及認知方式，它要深刻得多。

當海德格在一九一九年的講演課裡要求學生回到「體驗的原初態度」，他就走上柏格森的路了。「作為原初科學的哲學」（Philosophie als Urwissenschaft）的起點不會是個把所有對象都化約成科學的東西的研究意識。它的起點是一種感覺，也就是覺得置身於世界當中，而世界的對象也都

❾ 見：同前揭：頁155-173。

匯聚成一個印象，一個重要的意義：「生活在一個周圍世界裡，對於我而言，意味著時時處處都和世界有關（welthaft），它『世界化了』（es weltet）」。[113]但凡人要探究事物，就必須捨棄「對於理論事物根深柢固的執念」。[114]哲學不是眾多科學之一，也不是如胡賽爾所說的科學性和理論性的基礎科學。作為「原初科學」，它闡明了在所有理論肇始之前的人類世界。所以，確切地說，「作為原初科學的哲學」是個弔詭：一個在理論化的起點以前的關於人類體驗的理論。

[205]

海德格和柏格森一樣，都把**時間**視為最重要的原初體驗。作為時間性的存在，感覺到人置身於時間之中，時間既持續也消逝，此即所有人類經驗當中最存在性的經驗。所有「和世界有關的事物」都是時間性的。而空間則是意識的建構物，它不是原初的，而是被構想出來的。人以感官和思考創造一個用以定位的空間，相反的，時間一直都在。海德格和柏格森一樣，也回應了二十世紀初的物理學的重大危機，對於物理學家而言，空間和物質變成有問題的東西，它們沒有時間那麼真實和原初。相較於一個物理學家，哲學家們重新認識到時間是所有存有（Sein）和此有（Dasein）腳下的始基（Urgrund），其中有更多且更重要的東西要探討。物理學家只知道要測量時間，哲學家則是要探索（ergründen，找出根基）時間。在十九世紀處境尷尬的哲學，現在終於找到一個顛撲不破的基礎。就算把神棄之不顧，就算一切都屬於邏輯，時間經驗作為真實的「存在性相」（das Existenzial）一直是哲學家的專有領域。

在海德格眼裡，柏格森的直接時間經驗是他自己的終南捷徑，相對於胡賽爾以及在德國盛行一時的新康德主義，那是他的**盈溢**。新康德主義之於「非理性事物」，就像是魔鬼看到聖水一樣驚慌害怕，它不是無關緊要的意識殘渣，而是此有的「原初經驗」，是哲學的核心問題。當人排除了

「非理性事物」，那就是把它讓渡給在德國戰敗以後摩肩接踵的瘋子和世界觀先知。對於海德格而言，以哲學探究「非理性事物」並且讓它接地，那並不只是知識論的任務，更是個倫理學的使命。它必須溯源到一個完備而井然有序的哲學內部。一言以蔽之：在上帝死亡之後，信仰不應該只是個意見而已，它必須回溯到自己的始基：那就是對於世界的存在性經驗。

重訪亞里斯多德

就像謝勒以及第一次世界大戰以來的胡賽爾的意圖一樣，海德格的哲學計畫是文化的創新。可是不同於胡賽爾，海德格要當時的哲學冷酷無情地搜查所有阻礙其計畫的事物。尤其是哲學的語言。胡賽爾的現象學裡充斥著源自希臘文和拉丁文的專業術語。可是這些兩千五百多年的古老語詞裡有多少真正的生命呢？海德格和柏格森一樣不信任所有傳統的專業概念，它們早就失去真正的意義內容了。使用或濫用了幾千次以後，它們已經變成了空殼，裡頭只有大量的酸腐學究氣味，而沒有任何可以理解的意義。

海德格堅持探究這個問題，也和一個外在環境有關。我們這位胡賽爾的助理在哥廷根和馬堡成了談論的話題，因為他是一個兼任教職的候選人。可是為此他必須出版一篇論文。於是在一九二一年到一九二二年間，誕生了一個研究計畫的草案，題目是《對於亞里斯多德的現象學詮釋》（*Phänomenologische Interpretationen zu Aristoteles*）[10]。它是否應該叫作「詮釋」，或許值得商

[10] 見：同前揭：頁180-200。

權。海德格把古代哲學整個塞到榨汁機裡，好讓他的哲學的原初意義有如濃縮果汁一般地流出來。現在的哲學「非屬己地」在其中遊蕩的「**希臘文**術語」，他要把它們刮垢磨光，也要挖掘出「隱藏的動機，內隱的傾向」，揭露其「原初的動機源頭」[115]。然而正如我們現在猜想的，海德格其實對於亞里斯多德（Aristoteles, 384-322 BC）原本的意義世界興趣缺缺。他既不是語言學家，也不是思想史家或文化史家。亞里斯多德的術語在變成以訛傳訛的幽靈以前原本所處的文脈，海德格根本不在乎。正如海德格所說的，「拆解」亞里斯多德，對他而言，意味著從亞里斯多德那裡讀出柏格森的生命哲學以及齊克果的存在哲學對於當代的意義：語詞是為了要感覺到那個先於所有術語存在的「事實性的此有」（das faktische Dasein）。而我們既沒辦法一條鞭式地描述這個「事實性的此有」，也不能把它製成木乃伊，擺在兩千多年的語詞空殼裡。「事實性的此有就只是如其所是，一直都只是自己的，而不是任何全體人類的一般性此有，為了全體人類而操心，只是在癡人說夢而已。」[116]

談到忠於原著的問題，相較於所謂的董思高的文本，海德格對於亞里斯多德的詮釋更加無憑無據。他說要以一種「現象學的詮釋學」（phänomenologische Hermeneutik）闡釋埋藏在希臘哲學家的思考底下的事實性。可是亞里斯多德自己怎麼看呢？我們在海德格後來關於存有學的講演那裡或許也會有同樣的問題。[117]如此一來，他把關於亞里斯多德的兩個問題串連在一起，那是胡賽爾不會問的：歷史上的亞里斯多德如何對我們呈現？他如何認知他自身的此有？於是，現象學不再是像胡賽爾那樣的**描述**，而是一種**詮釋**，或者更精確地說：是對於自我詮釋的詮釋（Interpretation der Selbstinterpretation），在這裡則是詮釋亞里斯多德的自我詮釋。理解一個人如何自我理解，海德格

[207]

以極為匪夷所思的「邏輯」一詞形容之。如果說存有學是關於存有的理論，那麼如海德格所理解的，「邏輯」就是關於存有的言說的理論。它和亞里斯多德定義的傳統邏輯風馬牛不相及，而古典語言學家或許更有理由氣得跳腳。可是海德格並不想以語言學的角度精確再現亞里斯多德，而是要詮釋他在亞里斯多德的自我理解裡看到的哲學潛力。特別吸引他的是這位古代思想家在其《尼各馬科倫理學》第六卷裡所說的，「真理」不僅限於理論的層次。技藝（téchne）（製造以及目標明確的行為）和實踐（praxis）（日常生活的行為以及履踐）也有其真理。海德格在這裡難道不是重拾他對於一個在形成任何理論之前的深層真理的渴望嗎？難道他不能假定說亞里斯多德在追尋的東西和二十世紀的海德格沒什麼兩樣嗎？

是否如此就真的可以創造一部可靠的作品，合理地探討歷史上的亞里斯多德，那是不無疑問的事。而海德格也顯然不是以關於亞里斯多德的大篇幅獨立作品為之。儘管如此，這個研究計畫還是完全滿足了他的目的。儘管哥廷根大學拒絕了他，失之東隅，收之桑榆，海德格反而獲聘為馬堡大學外聘教授。耄耋之年的新康德主義者納托普剛剛退休，他的哲學也有胡賽爾的影子，並且鑽研宗教哲學，海德格如此獨樹一格地探討哲學史，讓他大為讚賞，於是為這個膽識過人的弗來堡現象學家遊說奔走。[11]一九二三年秋天，剛剛年滿三十四歲的海德格成就了第一個人生階段的目標。他總算當上了教授，但是他並不打算只是當個教授。

⓫ 見：同前揭：頁204-209。

闡明存在

[209]

「林蔭籠罩／溪水潺潺／岩崖連亙／雨水流淌／田野在等候／冽泉湧出／風已棲止／幸福在沉思。」托特瑙山（Totnauberg）上的小屋，簡樸而不起眼，倚在斜坡上，窗子有藍色的窗框和綠色的窗板，遺世獨立地停駐，就像從時間掉出來一樣。路牌上面寫著海德格的詩句，指向那間四十二平方公尺的小屋，以及裡頭的窄小房間、簡陋的廚房以及樸素的臥房。在黑森林的這座高地，海德格度過了差不多十年的歲月，夏天滿山遍野都開花，冬天則又濕又冷。自從一九二二年八月，在許多個周末，他都會避居在這個一一五〇公尺高的孤山上，暑假時還會待得更久一些，穿著簡樸的亞麻布衣服，戴著尖頂帽，像個黑森林的農夫一樣地生活，寫下扣人心弦的作品。

其實，海德格的下一部作品不是在林間綠草如茵的小屋裡寫成的，而是在人煙罕至的村落舒適宜人的山上小屋的房間裡。這間山坡上的屋子也不是他自己蓋的，而是他太太艾弗里德（Elfride Petri）請一個農夫建造的。他也不是從弗來堡走到這裡的，而是艾弗里德開了三十公里左右的車子載他來的。現在這座小屋也一樣成了一個象徵。儘管一直在馬堡當教授，海德格卻在費爾德山（Feldberg）虛構了一個哲學家的新形象：不是在大學裡搖唇鼓舌的教授，而是孤獨的、知足的隱士——木桶裡的狄奧根尼（Diogenes），而不是雅典學院裡的柏拉圖。這個角色形象深深烙印在當時以及後世崇拜他的人們心中：作為一個與世乖違的隱士的哲學家，凝觀著本質、存在和永恆事物的先知，在一個浮光掠影而眾聲喧嘩的世紀裡，外頭風雨咆哮，獨自在他的小屋裡。

[210]

原本和精神的進步和文明同義的哲學，現在卻擺出了反文明的姿態！此外還有撤退到本質事物，不管是內在或外在的——海德格在二十世紀初期的學術圈的崛起看起來如此荒誕不經。他身穿農夫上衣，讓弗來堡演講廳裡的學生們如癡如醉。此後他一直堅持這個風格。相較於學術圈和文化活動，山上儉樸人家的生活更接近真實的存有。在一九二六年四月，他在一封信裡寫道：「已經深夜了，風暴席捲而來，小屋裡的木板嘎嘎作響，生命在靈魂面前純粹、簡單且偉大……有時候我真不明白，人們怎麼能在山下扮演如此奇怪的角色……」118 ⑫

不管怎樣，海德格堅持把他自導自演的自我形象攪拌到「底下的」生活裡。他並沒有像山上農夫那麼知足，而他熾烈的虛榮心促使他扮演一個你只能以「怪誕」形容的角色。他在給雅斯培（Karl Jaspers, 1883-1969）的信裡談到他在小屋裡的幸福。兩人於一九二〇年相識，到了一九二二年，他們就成了摯友。雅斯培的父親是歐登堡（Oldenburg）的銀行家，也是個保守自由派的（liberal-konservativ）州議會議員，不同於海德格，他是出身於名門望族。這個有肺部和心臟疾病的年輕人起初想要成為法官，卻轉而先後在柏林、哥廷根和海德堡讀醫學系。他在新康德主義者文德爾班（Windelband）的指導下獲得博士學位，接著在一九〇九年到一九一四年間擔任大學附屬醫院精神科助理。在那個期間，他認識了著名社會學家馬克斯·韋伯（Max Weber, 1864-1920）。韋伯認為實事求是的科學不能和價值態度甚或世界觀混為一談，這讓雅斯培陷入一個兩難。診所裡的醫生和心理師不就是以科學的方法詮釋精神病患的症狀嗎？在心理分析的實務上，診斷和詮釋是沒辦法明確區分的，因而也牴觸了韋伯的純粹性要求。難怪在實驗心理學和佛洛伊德的心理解析世界

[211]

⑫ 引文中譯見：同前揭：頁226。

之間一直存在著難以跨越的鴻溝。經驗心理學沒辦法理解心理的內在邏輯，而佛洛伊德的解析也一點都不科學。

為了解決這個兩難，三十歲的雅斯培於一九一三年寫了一本全新的教科書，也就是《普通精神病理學》（*Allgemeine Psychopathologie*）。他在書裡區分了研究病人心理的兩種方法，並且借用狄爾泰的「解釋」和「理解」的概念，區分在嚴格的醫學裡看得見的，以及唯有經由「理解」才可以把握的現象。此外他也區分醫生在診斷時的「靜力學的理解」以及「發生學的理解」。後者是雅斯培對於當時的精神病理學相當特別的補充。他從胡賽爾那裡獲得靈感，想要開展一個以同理心去把握心理的邏輯的方法。胡賽爾描述的是健康的心理，而我們這位熟諳現象學的醫生則是用以理解病患的心理：要重構病患內心世界，就必須認識他的發展以及他的生活環境：「現象學的任務是**直觀地重現**病患真實體驗到的種種心理狀態，考察其相互關係，並且盡可能清楚地**劃定界限**，**區分**它們，並且賦予它們一個明確的術語。」[119]唯有就醫學的解釋以及哲學的理解的整體觀之，才可以「證明」精神病的真實症狀。所以說它到頭來並不是什麼科學的精確診斷，而是一種哲學的理解成果。

就像當時的柏格森、卡西勒、賀尼斯瓦德和胡賽爾一樣，雅斯培的《普通精神病理學》也想要為哲學家確保一塊領地。所有心靈事件基本上只能以哲學去詮釋，而不能讓從事經驗研究的科學家來做。他接下來的《世界觀的心理學》（*Psychologie der Weltanschaungen*）也是基於相同的目標。雅斯培和謝勒一樣，都認為生活在於不斷地評價。他和海德格一樣熱中於齊克果的觀點，認為生命是由種種立場、態度和決斷構成的。所以說，所有生命都有其預設立場，因為如果沒有評價，世界就沒辦法各從其類。我們不僅評斷事物，也會評斷我們對自己的種種看法，而會有好惡臧否。由此漸漸形成一個「外殼」，一個「世界觀」。我們會把主觀的看法套到世界上，使得兩者融合在一起。可是人們選擇的「外殼」為什麼各自不同？雅斯培認為，所有世界觀都是植根於人如何面對生命的存在臨界處境（Grenzsituation）：死亡、痛苦、戰爭、存在的偶然事件以及罪愆。在熱中於尼采的人們眼裡，被拋到生物達爾文主義的世界裡的人，會渴望整體性的、有意義的理念，在內心裡征服命運。其實，人很容易會變成虛無主義者以及極端的懷疑論者。可是有個防範的方法：那就是省思自己的**存在**，並且在其中找到自己的立足點！

雅斯培後來說他這本書說是「存在哲學」的第一部作品，它於一九一九年問世，剛好是德意志帝國的舊秩序瓦解的時候，種種守舊的和創新的世界觀泛濫成災。全體性和激進的、心靈和社會的革新許諾層出不窮，史代納（Rudolf Steiner, 1861-1925）的人智學（Anthroposophie）、克拉格斯（Ludwig Klages, 1872-1956）故弄玄虛的性格學、改革教育學（Reformpädagogik）、生活改革運動（Lebensreformbewegung）、天體文化（Freikörperkultur）、無政府工團主義（Anarchosyndikalismus）、俄羅斯至上主義（der russische Suprematismus）、布爾什維克黨（Bolschewismus）、民族保守主義者的復仇主義（Revanchismus der Nationalkonservativen）、未來主義（Futurismus）以及義大利的法西斯主義，還有不勝枚舉的基督教改革運動，謝勒的天主教社會主義（katholischer Sozialismus）只是其中之一。

雅斯培於一九二〇年在胡賽爾家中認識了小他六歲的海德格，當時兩個人在一個問題上意見一致。新時代需要一個新的思想基礎——可是這個基礎要比所有世界觀都更深一層！胡賽爾教授的學問再大也不夠。所有內在和外在信念的堅固底座不會是在意識裡，而要在對於自身存在的絕對反思裡才能覓得。雅斯培直到一九三二年才把他的計畫稱為「存在的闡明」（Existenzerhellung）。當然，這個攻擊方向早在第一次世界大戰結束時就確定了。

一九二〇年，雅斯培成為海德堡大學哲學系教授。這時候的海德格還只是胡賽爾的助理，海德格花了兩年時間為《世界觀的心理學》撰寫書評，因為篇幅太長而無法在學術期刊發表。[13]此外，這兩個「戰鬥團隊」（Kampfgemeinschaft）的弟兄，正如海德格於一九二二年在寫給雅斯培的信裡所說的，在一個重要的問題上意見相同：如果說自達爾文以來的自然科學讓人類在世界上找不到立足點，面對一個就生物學而言沒有意義的此有——那麼我們就必須在自然科學的方法之外找尋自身此有的意義，在捨棄妄念的、哲學性的個人存在的自我確定當中覓得。

行囊裡塞滿了這個基本信念的海德格，於一九二三年秋天到馬堡任教。他要證明且提倡的正是「此有為己的覺醒」。[120]然而他並不就此止步。在他眼裡，所有新同事都是他的競爭對手。尤其大他七歲的馬堡意見領袖尼古萊．哈特曼（Nicolai Hartmann），納托普的接班人，更是他要好好教訓一頓的對象。「我會以我登場的作風，把他搞得……天翻地覆；我會率領一支十六人的突擊隊，其中當然有些跟班的，但還是有一些認真而有本事的人。」[121]而海德格剛剛辭掉胡賽爾助理的工作——如果沒有胡賽爾，他根本無法獲得馬堡的教席——他就對雅斯培飛揚跋扈地清算他的導師：「胡賽爾已經完全走樣了——如果說他以前『有個樣子』的話……他只是上班下班，盡說些不著邊

[13] 該書評原定計畫在《哥廷根學報》（*Göttingische Gelehrte Anzeigen*）刊載，由於篇幅太長而無法刊登，直到一九七三年才得以問世。見：同前揭：頁192-194。另見：《魔法師的年代》，頁137-146。

際的話以討人同情。他就靠著『現象學創立者』的使命混口飯吃，鬼才知道那是什麼東西。」122[14]

不多久，海德格就獲得馬堡的學生的擁戴。他夏天穿著農夫上衣，冬天則穿著滑雪外套出門，打扮成不諳事故而又行為果斷的人，而和舉止雍容優雅的哈特曼形成強烈的對比。跟隨海德格的學生越來越多，哈特曼失望之餘，於一九二五年接受了科隆大學的教職。現在這個穿著農夫上衣的「魔法師」成了所向披靡的哲學權威。至於神學家魯道夫・布特曼（Rudolf Bultmann, 1884-1976），海德格並沒有把他當作競爭對手，而布特曼卻一直對這個哲學家印象深刻。海德格才華洋溢的學生當中包括了卡爾・勒維特（Karl Löwith, 1897-1973）、漢斯・約拿斯（Hans Jonas, 1903-1993）、高達美（Hans-Georg Gadamer, 1900-2002）以及漢娜・鄂蘭（Hannah Arendt, 1906-1975），他們都在哲學裡留下了足跡，特別是二次大戰後的德國哲學。海德格和鄂蘭有一段熱烈的祕密戀曲，直到鄂蘭於一九二六年在他的催促下到弗來堡找胡賽爾。她的導師和情人需要把腦袋空出來。[15]馬堡大學指定要海德格接替哈特曼出缺的教席。可是為此這位外聘教授需要出版一部重量級的作品。時間相當緊迫，一九二六年，海德格不時避居於托特瑙山的農舍，一陣風似地整理他關於此有以及存在的本質的思想並且賦予它一個臨時性的架構。書名簡明扼要地總結了他一生的兩個重要主題：《存有與時間》（*Sein und Zeit*）。

[14] 引文中譯見：《魔法師的年代》，頁 146；另見：同前揭：頁 149-150。

[15] 見：《海德格：其人及其時代》，頁 218-226；另見：《愛這個世界：漢娜・鄂蘭傳》（Elisabeth Young-Bruehl, *Hannah Arendt: For Love of the World*），頁 32-38, 150-176，江先聲譯，商周出版，2018。

[215]

存有與時間

關於《存有與時間》的誕生，有許多故事可以說。直到最近的研究才證明為什麼海德格有辦法如此飛快地寫就他的鉅著。大多數的概念都是他在研究亞里斯多德的時候想到的，也可見於他在一九二三年到一九二五年的講演課裡。這部一揮而就的作品只是試圖要整理它們，可是他寫到第一部第二篇時就立即中輟了。原本的計畫是把系統研究的第一部分成三篇，而歷史研究的第二部也有三篇，也就是以系統研究的成果「拆解」（destruieren）整個哲學史（康德、笛卡兒和亞里斯多德）。

於是，原本的「建構」和「拆解」就變成了不完整的「建構」：試圖有系統地闡明存在是什麼意思。而海德格的要務則是要證明說，存在沒辦法像胡賽爾以及納托普（以及哲學傳統屢見不鮮的方法）那樣以理論去認識。「硜硜自守地執著於理論」，正如海德格於一九一九年指出的，是哲學的典型錯誤。[123]「理論的霸權必須被打破，」[124]它只會導致「和生命脫節」（Ent-lebung）。[125]所以說，《存有與時間》要以直接的體驗（Erleben）為起點，據以推論出存有和世界。此有的不同體驗之間究竟有什麼**有意義的關聯**，而儘管有這個雜多性，它們如何大抵上以一個全體或統一體而被體驗？

不同於自亞里斯多德以來的存有學，海德格不是要探尋據說是構成存有的「實體」（Substanz）或事物，而是要就體驗者的視角去證明存有，對於那樣的人而言，那是有意義地自我開顯的事。胡賽爾也是以思考的視角為起點，可是海德格認為他忽略了許多重要的東西。因為對他而言，存有的巨大意義脈絡並不是有意識地思考建構或者思考抽象，而是完全直接體驗到的東西，因而被體驗為自明性，儘管它事實上是個極為複雜的結構。而海德格就是要證明這個結構。

因此，《存有與時間》的第一篇就致力於探討「存有」。這個存有和人類的理解視域（Verständnishorizont）是同義的。某物「存在」，因為它對我而言是存在的。所有存有者（Seiende）都是由於體驗和理解才得以成為「存有」的，當然不是一個相對的存有（「為我」之有），而是真的成為一個存在著的存有。這個歷程是怎麼發生的呢？起初，所有體驗都是「在世界裡的存有」。我們的存在一直是在某物「裡面」的存在。世界並不是如傳統哲學思考所說的和我們對立的對象，它一直在那裡，使得我們感覺到我們在它「裡面」。對於海德格而言，由此可以推論出很多東西。和我們在生活裡相遇的存有者，並不是「手前性的存有」（Vorhandensein）（亞里斯多德所謂的「理論」〔theoria〕），而是「及手性的存有」（Zuhandensein）（亞里斯多德所謂的「製作」〔poiesis〕）。它是我們的此有（Dasein）（「實踐」〔praxis〕）的一部分，作為「工具」而臨到我們面前，而不是漠不相關地和我們對立。相反的，我們總是覺得它可以用來做些什麼。我們不會採取什麼哲學的距離，而會採取一種「環視」的立場。我們以一種思考要怎麼使用它的視角在觀看它。一把鐵鎚是什麼，胡賽爾抽離實踐的「存而不論」並沒有辦法解釋它，而是「鐵鎚自己揭露了鐵鎚特有的『稱手性』（Handlichkeit）」[126]。就其「及手性」而言，事物是一個我們和他者共有的世界的一部分。所以說，「存有」總是意味著「和他者的共存」（Mitsein mit Anderen）[127]。

由於和「工具」的交往並不是自動的，也不是完全沒有摩擦的，而是「侵入」和「阻抗」的，所以我們需要理論性的知識，才能出入於「工具」之間而恢恢乎游刃有餘。而即便是和他者的「共存」也有許多障礙。生活裡處處潛伏著使人耽溺而變得「不屬己」（uneigentlich）的危險。作為文化和歷史的生物，沒有人可以置身於社會之外，也就是「世人」（Man）的世界。這個「世人」是個「事實性」（Faktizität），它制定規則和規範，卻又開放一個社會行為的空間。可是我們不也很容易整個沉淪在這個「世人」裡面，耽溺於取悅他人？這個被拋入生命的人因而沒有得到自主自決，而只在他的被拋性（Geworfenheit）經驗到自己。

所以說，這個在世界裡面的「在其中的存有」（In-Sein）並不只是手前性的存有，相反的，人不得不對世界採取態度，因為我們體驗到的世界總是和我們「有關」。我們的「在其中的存有」因而有三個基本的存在性相（Existenziale）作為其特徵。其一是由於「憂懼」（Angst）而產生的「境遇感」（Befindlichkeit），它竭力要獲取它的「屬己性」（Eigentlichkeit），卻一直面臨著歧義性和「不屬己性」的威脅。接著是對於他者以及自己的「理解」（Verstehen），如果沒有理解，我們就沒辦法「拋出」（entwerfen, 籌劃）自己，它是由好奇（Neugier）以及良知（Gewissen）構成的，它「把此有從世人那裡接回來」。第三個特徵則是「言談」（Rede）。作為有語言天賦的生物，我們會把我們世界的意義轉換成語言。如果沒有「交流」（Mit-Teilung），也就不會有和他人的「共存」。語言支持了團體性（Gemeinschaftlichkeit）的存在，它使我們成為希臘文所說的「政治的」動物，成為一個涉及共同事務的公共領域的一部分。可是「言談」也有變得「不屬己」的危險，也就是落入「閒談的無根性」（Bodenlosigkeit des Geredes）。如果沒有若干程度的「沉默」，此有者就沒辦法保有它的屬己性，他的「自體」。

此外，人在世界裡的此有也有個「掛念」（Sorge）的性格。人不只是活在當下，就其整個存

[218]

在狀態而言，他必須掛念他的未來，人在世界裡一直是「先於」自身。如此一來，依據海德格的說法，「掛念」是構成「和自我以及世界的關聯性」的所有方式及其意義和目的的「整體結構」[128]。但凡人處身於世界，他就總是以**事實性的**方式作為掛念者而存在。此外，掛念也是個**存在狀態**。因為存在意味著先於自身一步，掌握可能性，自我籌劃，並且自由行動。而掛念的特徵則是沉淪（Verfallen，陷溺），在當下的人從來都沒辦法完全優游自在（bei sich selbst），而總是「執著」某物，也就是為了吸引他的事物而營營擾擾。對於海德格而言，這個「以在世界裡的存有」的「事實性」保障了人和過去的關係。我們知道人存在，因為人總是已經存在。而「先於自身的存有」（Sich-vorweg-Sein）的「存有性相」則包含了未來的向度。人總是已經有了個念頭才會行動。而「沉淪」則是當下的特徵，人在當下總是執取著某物。

海德格認為，如果要理解「存有」，就必須先理解「掛念」。有了掛念，存有就獲得了「所向」（Woraufhin）的向度。我們把我們的生命投向種種目標和目的。透過「前有」（Vorhabe，計畫）、「前見」（Vorsicht，意圖）和「前把握」（Vorgriff，預期），我們對我們自己把存有「揭露」為存有者。據此，海德格來到了他的作品的第二個向度：存在的時間性。《存有與時間》整個第二篇都在探討此有如何在時間裡實踐和開展的問題。存有和時間是不可須臾分離的。如果說此有意味著真實地處身在世界裡，而掛念則是把我們往外拋到接下來的「在世之有」，那只會是因為我們的此有涵攝了過去、現在和未來。此有的每個實踐總是已經以時間為其結構，如果沒有時間，就不可能有此有。如果沒有時間性的向度，我們的此有就沒辦法自我理解，也無法突破「對某物的執著」。時間感和理解也是在一起而不可分的：「時間性是此有的存有結構（Seinsverfassung）的可能性條件，但是它也必須包含自我理解，否則實存著的此有和非自身以及自身的存有者之間的關係就會不一樣。」[129] 換言之：不管是我們的此有或者是我們對於我們的此有的理解，如果沒有時間性的向度，那就是不可能的事。

如果說時間以這個方式成為我們所有經驗的基礎，那麼當下就不會比過去或未來真實到哪裡去。在「掛念」的經驗視域裡，它們都是同等重要的：如同現在和未來，過去也是存在著的。而當下在對於存有的解釋上也不會比其他時間向度更優先。相反的，它只是在描寫我們的此有在時間視域裡實存的方式而已。我們總是對自己有所預期，「預先」找尋生命的種種可能性，找尋我們可以自我實現的種種籌劃（投出）。我們以往昔的經驗為資糧，也就是「已在」（Gewesenheit），找尋一個此有實踐，它超越自身而成為顯明的東西，也就是擁有了「透明性」。因為如果只有生命的透明開顯，我們還是有可能從自我偏離到「世人」，落入「自我沉溺」的模式，而喪失了我們的屬己性。

所以說，我們的生命並不會像柏格森所說的在瞬時的經驗裡變得透明，而是在「先於自身」當中。人必須有所準備，他才能忠於自己，並且找到且實現自身存有潛能的種種屬己可能性。此有不只是「專注當下」，更要「展望未來」，如此才會最接近自己。儘管如此，海德格還是認為沉浸在當下有其道理。如果說我們「沉醉」於世界當中，「忘我地沉浸」在當下，我們還是在等待著當下的可能性。就此而言，「等待、保存和被遺忘的當下」還是有其價值。「不為什麼的張望」會使得對於「手前性」的感知更敏銳。

海德格把時間區分成不同的既有性模式，把它們叫作「站出去」（Ekstasen），藉此從人類的

[220]

體驗裡揭露未來、現在和過去的向度。未來發生在不斷的遷流當中，在人的此有裡持續地展望，直到他的終點，也就是死亡。現在則是發生在片刻裡（kairos）。而過去則是發生在體驗藉由回憶的再現而對我們的自我開顯當中，其特徵則是遺忘和保存。現在還欠缺的，則是生命的不同存有方式和時間的直接串連，周密詳盡地描繪時間如何為我們存有的形塑**奠定基礎**。這原本是第一部第三篇要完成的——而海德格卻在一九二七年一月戛然而止，擱下了他的手稿。

那是怎麼回事？海德格在前面兩個部分把存有和時間描寫成宛若永恆存在的東西。在《存有與時間》第一篇裡的存有沒有歷史可言。海德格要顛覆亞里斯多德的存有學——從自上層和外部的考察轉為自底層和內部的考察——可是存有的種種定義卻似乎完全沒有改變。存有和此有一直如其所是，宛如鐫刻在石頭上一樣。一方面，時間的向度是海德格用來打敗實體存有學的武器。就像柏格森一樣，這個時間向度說明了所有存有都是變異，唯有時間本身才有綿延。但若真是如此，那麼時間就會讓第一篇的存在性相處於流轉當中。原本被認為是永恆的東西，現在也有了生住異滅，它變成了無數次的模塑，變成了相對的，而不是絕對的。一言以蔽之：它變成了歷史學的（historisch）東西！可是如此一來，存有就不再是存在性相，而是一個可變項！那麼歷史性就成了它的基礎。可是由於歷史是人的產物，而不是什麼超越歷史的東西，所以它不可能是存有以及人的此有的基礎。人類可以恣意翻轉和扭曲它：問題變成無解的。我們或者主張說，存有的基礎獨立於它的歷史而存在，那麼就不會因為歷史學而改變。或者我們主張說它會因為歷史學而改變，可是那麼它就不再是由不變的存在性相構成的。

海德格的哲學走到了死胡同。儘管如此，他還是於一九二七年出版了《存有與時間》（上半部），並且刊載於胡賽爾的《哲學與現象學研究年鑑》。一九二七年十月，他獲得了覬覦已久的馬堡大學正教授一職。這部作品不僅滿足了大家的期望，更是讓眾人驚呼連連。現在海德格已經是哲學的地下國王，是學生們眼中的「魔法師」；他超越了胡賽爾，成為他的學科裡的領袖。《存有與時間》到底為什麼會引起如此驚人的迴響呢？

人本身就是問題

在弗來堡的胡賽爾直到兩年以後才真正批評他的前助理的作品。他的眉批更是炮火猛烈。這個疾病纏身的大哲學家固然在裡頭到處看到他的現象學方法，卻也看到它們變成了「人類學」。「此外，一切都變得晦澀難懂，失去了哲學上的價值」[130]。海德格自詡一舉擊潰胡賽爾的地方，在老師眼裡卻是極為膚淺。「裡面說的都是我的學說，只是欠缺更深入的論證。」[131]

可是讓胡賽爾感到困擾的地方，卻是使得當時的人們心醉神馳的。蒼白沒有血色的現象學變成了對於人類存在的動人凝視。心境變成了存在性相，人的境遇感變成了存在物，尤其是憂懼（Angst），以及一個「顯然變成了負擔」的存有[132]。我們的存有不會在反思的距離裡自我開顯，而是在心境裡。我們的心境是什麼，決定了我們如何考察我們的此有。而模塑我們的也是憂懼的根本心境加上不間斷的掛念，而不是我們反思的內容。我們彷彿又看到了那個在「橄欖山時刻」的痛苦年輕人，深深擔憂自己的未來，思考著怎麼脫離天主教的舒適圈。

海德格在《存有與時間》裡提到的心境，顯然不只是他自己的生命感受。用他自己的概念來說，那是「世人」的一部分，正如一九二〇年代末期的歷史。在《存有與時間》一年後，普列斯納

[222]

（Helmuth Plessner）出版了他的《生物之種種階段與人類》（*Die Stufen des Organischen und der Mensch*, 1928）。普列斯納在大學選修了許多科系的課程。他在海德堡跟隨杜里舒研究動物學，跟隨馬克斯・韋伯研究社會學，並且先後跟隨新康德主義的文德爾班以及胡賽爾研究哲學。一九二六年，他成為科隆大學教授，和謝勒過從甚密。他們一起冒險深入哲學人類學的領域。謝勒於一九二八年辭世，其講演錄遺作《人在宇宙中的地位》成了暢銷書。從一部人性論的哲學知識就可以看出時代的跡象。而普列斯納也試圖這麼做。身為生物學家的他要闡明生命現象和無生命現象的區別在哪裡。那就是和「環境」的關係，生命現象會突破一個「界限」而和環境交流。可是不同於動物，人的生命現象並不會執著於自我，它不是向心的，而是「離心的」。人類憑藉著天生的意識和他們的環境以及他們自己建立一個反思的關係。他們可以把體驗到的世界區分為「外在世界」、「內心世界」以及「共有的世界」。我們的生理就是個簡明扼要的例子。自外部而觀之，它是我們的軀體，自內部觀之，它則是我們的臟腑。所以說，身體和心靈經驗不是對立的，而是我們天生就有不同的視角的問題。

[223]

海德格所謂的存有的「負擔」，對於普列斯納而言，則是技藝熟練的人類怎麼對付他們「天生的人工性」（natürliche Künstlichkeit）。至於海德格的心靈寶藏，也就是「屬己性」，也變成了像人類這樣的離心生物怎麼有辦法守著自己，如果他的生物性構造不是圍著一個核心打轉的話。一九二〇年代德國生活世界的鉅變，海德格期期以為不可的科技和文明的闖入沉思生活，俾德麥耶時期（Biedermeier）好戰成性的威廉大帝的世界觀的敗北，把屬己生命的問題推上了檯面，而這個問題原本應該是以人性的角度去解釋的。不管是像海德格那樣沉默地抵抗「沉淪」到「世人」和「閒

[224]

談」，或者正好相反地認識到人根本沒有什麼「屬己性」。就天性和文化而言，他的存有和此有只能說是「深不可測」（Unergründlichkeit），正如普列斯納在一九三一年出版的《權力與人性》（*Macht und menschliche Natur: Ein Versuch zur Anthropologie der geschichtlichen Weltansicht*）裡所說的。

現在我們更一頭霧水了。就我們現在所知，人到底是什麼？謝勒在一九二八年一語道破地說：「在大概一萬年的歷史裡，我們是第一個使人類澈底變成了問題本身的時代；人再也不知道他是什麼，卻又知道他不知道自己是什麼。」[133]在這個背景下，就連謝勒也讚不絕口的《存有與時間》落到了一個極為肥沃的土壤上。對於哲學而言，有什麼任務比讓人重新找到一個自我理解更合乎時宜呢？就算海德格的「基礎存有學」（Fundamentalontologie）極力和謝勒以及普列斯納之類的哲學人類學家撇清關係，他們其實還是在耕耘同一塊田畝。他們的差別不在於主題和研究方向，而是在於方法。海德格的「事實性的詮釋學現象學」（hermeneutische Phänomenologie der Faktizität）僅僅就人的自我理解去詮釋人類。所有意義向度都來自於體驗的視角內部。而且意義和存有是同義的。相反的，普列斯納和謝勒把內在視角和動物學的外在視角組合在一起。他們置入一個不是來自主觀體驗、而是來自對象化研究的知識。海德格對於這第二個視角不屑一顧。對於那些認為人是由歷史和文化形塑的生物、其生活和共同生活的型態不斷在改變的思想家，海德格一直採取防衛的態度。我們談的就是海德格相當敬重的狄爾泰和齊美爾，可是海德格在一九二〇年上學期講演課裡卻對他們隻字不提。[134]

海德格把由文化和歷史形塑的東西美化成存在性相，並無損於《存有與時間》的作用。讓當時

[225]

許多人心醉神馳的是那個到處瀰漫的憂懼的心境，以及如何以自己的行動克服它。所有存有都充滿著憂懼的感覺，而展望未來的人一直是活在死亡的視域裡，這些觀點其實是神學的餘緒。此外，海德格也從齊克果的作品裡得到靈感。死亡催促人們要不斷地做出決斷，死亡讓人明白在大限到來的路上應該要自由地抉擇，才能活出自己——這正是齊克果的存在哲學的核心。海德格把這個思想深深植入《存有與時間》裡。所有存有都是「走向死亡的存有」。把憂懼變成決定一切的存在性相，這正是這位神學院學生和他的哲學同儕謝勒以及普列斯納的差別所在。在《存有與時間》裡，驅力、欲望、希望、渴求、信賴、滿足、歡愉、愛和幸福，它們跑到哪裡去呢？憂懼真的比歡愉更加實存性嗎？或者只是反映了海德格的心理呢？

對於基督教傳統抱持懷疑論態度的人，例如海德格的學生約拿斯和勒維特，他們會把被認定為神學的種種範疇排除在存在性分析之外。而後來的法國哲學家列維納斯（Emmanuel Lévinas）和沙特則反之。海德格所謂「被拋到」一個「走向死亡的存有」的存在狀態，在他們眼裡，那意味著一個使命，那就是要自由地行動以自我實現，特別是在面對他人的態度上。讓一個人感到顛躓而壓抑的東西，到了另一個人那裡，卻變成了絕對的行動方針。

海德格的哲學把心理的東西變成了一種存在狀態，他以特有的語言去詮釋它而幾乎捨棄所有外來語，風靡了許多學科。難怪海德格的神學家朋友布特曼（Rudolf Bultmann）因而提出了對於新約聖經的一種「存在性相詮釋」，這裡的神學核心又回到神學裡。文化保守主義（一度是法西斯主義）的瑞士日耳曼學者史泰格（Emil Staiger, 1908-1987）也在其專業奉為圭臬。他深受海德格的哲學和世界觀的影響，以所謂的「作品內部詮釋」作為其專業的主要方法，並且大量使用存在哲學的

[226]

語彙。

它引起的迴響極其驚人，在這裡只能略述其梗概。無論如何，當海德格兩年之後在達佛斯和卡西勒相遇，《存有與時間》一直是哲學界的熱門話題。儘管野心勃勃的海德格炫耀說他「並不是要炒作」，卻又沾沾自喜地吹噓自己成為關注的焦點。「一身美好的疲憊、充足的陽光和高山的自由，加上身體裡一股順坡滑行的衝勁，我們總是在傍晚時分穿著滑雪裝備穿梭在衣著優雅的人們之間。對大多數教授和聽眾來說，這種事物性的研究工作和完全放鬆的快樂滑雪直接合而為一，是聞所未聞的事。」[135][16]根據當時若干見證者的說法，海德格在那場極為友好的對決當中獲勝，並不是因為他的哲學更加嚴謹。當時的情境對他特別有利，那個時代的人們，尤其是年輕人，他們的「境遇感」賦予他一種「屬己性」，至於博聞強記而思路有條不紊的卡西勒，則是一點機會都沒有。

轉向

在「魔山」上的論戰只是很膚淺地掩飾了一個事實，那就是海德格的基礎存有學露出了難以膠合的裂痕。他在達佛斯小心翼翼地避而不談，而只是批評康德的哲學，那正是他的對手的基石。對於康德的批評原本是要放在《存有與時間》第二部裡，拆解哲學傳統裡錯誤的存有學假設。然而就像第一部第三篇一樣，這個第二部也是付之闕如。在一九三〇年代初期，他的鉅著原本的計畫終究中輟了。

[16] 見：《海德格：其人及其時代》，頁 289-290。

[227]

在那個期間，海德格的學術生涯正來到他夢寐以求的巔峰。他在馬堡大學當了一年教授，一九二八年，他就接任了胡賽爾在弗來堡大學的教席。一九二九年上學期，他開了一門講演課，課程名稱是「形上學基本概念。世界、有限性、孤獨」（Die Grundbegriffe der Metaphysik. Welt-Endlichkeit-Einsamkeit）⑰，一九三一年上學期又開了一門「論真理的本質。柏拉圖的洞穴喻和泰阿泰德篇」（Vom Wesen der Wahrheit. Platons Höhlengleichnis und Theätet）⑱。他要怎麼走出在《存有與時間》裡遇到的死胡同，這個不確定感現在變成了哲學的一般性主體。不只是海德格，他的整個學科都處於「極度的不確定性」當中，因為它是他們「持久而危險的鄰居」。可是當時的哲學家們並沒有洞察到這點的「決心」。海德格會說，只有他自己才大膽深入探究這個「成果豐碩的問題性」。[136] 於是他把自己的困擾變成了在哲學上的捷足先登。如果人們擁有大師的思想深度，並且駕馭「思考」，而不只是像他的同儕那樣尋行數墨，那麼他們就可以認識到一直潛伏在他們周遭的「危險」。這個危險並不只是思想的偏離，它以「無聊」（Langeweile）的形式窺伺著每個人，當我們逃避「本質性的窘境」而被沖刷到此有的表層，就會陷入這個無聊裡。哲學家的英勇任務，就是提醒人們，讓忐忑不安的「常人和庸人」回到「他的此有的奧祕」。[137] ⑲

那要怎麼做呢？現在大師要轉向哲學人類學的主題。現在他也要引用當時的生物學家、柏格

⑰ 關於一九二九年的形上學講演課，見：同前揭，頁 296-312。

⑱ 關於一九三一年的柏拉圖講演課，見：同前揭，頁 329-342。

⑲ 「儘管今日有種種困境，我們的此有還沒有遭遇困難，如果說沒有了祕密，那麼我們首先面臨的是，人們要得到那個基礎和向度，使人類有如和此有相遇的祕密一樣的重新和自己相遇。這種要更接近自身的要求和努力，使現在的常人和庸人忐忑不安，有時甚至使他們眼前發黑，於是他們忙亂地抓住偶像，這完全是正常的。如果期待情況是別的樣子，那就是誤解。我們首先必須重新呼喚那個能引起我們的此有恐懼的人。」（GA 29/30, 255）見：《海德格：其人及其時代》，頁 305。

森、卡西勒、謝勒以及普列斯納的作品。如果說，在《存有與時間》裡所有世界只有由人的意義視角才會展開，那麼現在動物也是如此。可是現在海德格必須以存有為起點，而不再是人的體驗。可是這個評斷依舊是人類中心式的。動物「欠缺世界」，只是在黑暗裡到處摸索行走，只有人類才有辦法走向「亮處」，唯有人才會明白「在此」存有是什麼意思。他不會只是看到眼前的東西，而會揭露希臘人所謂「aletheia」（真理）的東西，也就是「無蔽」（Un-Verborgene）。

從「亮處」到世界的「敞亮」（Gelichtetheit）只有一步之遙。真理並不像傳統哲學所說的源自於觀念和事實的一致性。真理一直在人把亮點變成此有的地方閃爍著。經由照亮的思想，經由理解，真理對著思考者自我開顯。在不屬己的人們、「沉淪者」眼裡封閉、遮蔽而扭曲的世界，在堅持其屬己性的哲學家面前熠熠生輝。一言以蔽之：真理不是斷定，而是一個事件（Geschehen）。此外，海德格也越來越強調說，這個理解是個從兩端開始的行動。不只是思考者在沉思對面的存有，存有也在走近思考者，讓人凝視它。在他的《人文主義書簡》（*Briefe iier den Humanismus*）裡，海德格會談到「存有即顯即遮的臨到」。[138]存有宛如在賣弄風情地現身，露出一個片段，當人探究地張望它的時候，它又會隱藏起來。存有以「敞亮」（Lichtung）、「遮蔽」（Verbergung）和「抽離」（Entzug）的順序，揭露其真實本性為一個懷著劃時代命運的存有者。存有的「成己」（Ereignis）只是偶一為之的事。

所以說，世界歷史的發生也是一種命運（Geschick）。每當存有一個新的視角自我呈現，知識就會變成「成己」。突然間，世界就以另一個角度對人顯現。海德格以存有為起點，而不再是此有的人，因而擴充且修復了他在兩個戰線上的哲學。他比哲學人類學家搶先一步，把動物學的觀點也考慮進來。另外他也找到一個把歷史向度塞進他的哲學裡的訣竅。所以說，他對於世界的探賾索隱不再是「基礎存有學式的」（fundamentalontologisch），而是「存有歷史的」（seinsgeschichtlich）。自然和歷史在海德格的哲學裡找到它們的位置，並且使他的哲學更加動態。人不只是照亮了存有的黑暗，存有自身也成為主動的一方，以「投擲」（Zuwurf）加入了照亮的歷程，據以使新的「成己」成為可能。

海德格憑著一貫的熱情，認為以存有為起點是他的「轉向」（Kehre）。現在這位思想家的思考方向整個翻轉過來。再也不是從人的自我揭露走向存有，而是從存有走向人的自我揭露。對於胡賽爾、賀尼斯瓦德或者卡西勒之類的思想家而言，以存有為起點簡直是個墮落。存有，原本是人類意識的概念抽象物，現在看起來不只有其自主性的重要性，更奇怪的是居然被賦予了生命。可是海德格一點也不動搖。如果說別人認為他的思考是在極度剝削形上學，那是因為他們不夠了解形上學。傳統的哲學家只是在探究存有的「存有」。相反的，海德格在其《存有與時間》更加追根究柢地探究存有的「意義」。所以說，他提出的不是個「重點問題」，而是個「基礎問題」。正如他不再像《存有與時間》那樣以此有的人為起點去思考，而是以存有為起點，現在他也以意義為起點去思考「真理」。一九二七年的作品詮釋了存有的意義視域，接著海德格則要致力於詮釋存有的真理視域，探討這個真理視域如何在歷史命運的敞亮和遮蔽裡自我開顯。傳統的形上學——探討存有的種種非物質的事實問題——現在要被放置到更深的地方，或者如海德格所說的，讓思考「退回去」（steigt zurück）。在這個意義下，形上學要被「超克」（verwunden），舊有的觀念要被瓦解，形上學的真正「本質」要「顯現」。[139]

然而究竟什麼才是形上學的「真正本質」？它的具體內容是什麼？海德格真的是那個指引人們走向那麼先於所有其他國度的王國領袖嗎？他真的是另一個柏拉圖，認識到真正的真實世界，在《國家篇》的「洞穴比喻」裡的洞穴居民看不到的那個真實世界？那個山上的先知目睹且投影的應許之地到底在哪裡，他要引領其他人到哪裡去？答案很快就找到了，比一九三一年的海德格所預期的還要快。

自己的王國裡的領袖：科技和藝術

海德格在關於柏拉圖的講演課裡談到了「人類存有的一個翻轉，而我們正站在那個起點上」[140]。而在那期間，他的心裡也有個東西在翻轉。當時一般人都覺得哲學家並不關心政治。甚至有人批評說《存有與時間》欠缺社會、倫理和政治的向度。如果說「世人」對於「屬己性」而言一直是個危險，如果說「閒談」會使世界變得「不屬己」，那麼政治的路就會被封鎖起來。其實，整部作品讀起來和民主相去不可以道里計，因為民主正是「閒談」的體現，追求的是團結和共識。

可是到了一九三一年上學期，海德格似乎是完全變了個人。不同於雅斯培，他一股腦栽進對於希特勒以及國社黨的狂熱裡。如果不是國社黨，還有誰可以改變存有的歷史，如果不是希特勒，還有誰有辦法領導他們。事實上，海德格期望國社黨可以催生一場形上學的革命，一個新的「真實性」，它的「指揮力量」可以澈底翻轉世界。在希特勒掌權不久以前，海德格於一九三三年三月加入國社黨部底下的「德國高校教師文化政治聯合會」。接著他又接任弗來堡大學校長一職，並且於五月發表惡名昭彰的校長致詞：「德國大學的自我主張」（Die Selbstbehauptung der Deutschen

University）。為此，他把德國大學溯源到古代希臘，他們不顧形上學的所有危險，揭露對於真理的意志並且追隨它。相反的，所謂的科學家只知道輕鬆愜意地棲身在「沒有危險的」大學裡，現在他則要清算那些人。他要掃除的就是這種「陳腐的虛假文化」，置身於「在存有者的優勢力量當中對於此有最嚴峻的威脅」，也就是面對「現在的人類在存有者當中的被遺棄」[141]。

那聽起來再荒誕不過了。海德格想要變革且顛覆整個大學，大聲附和當時的「運動」，正中國社黨下懷。海德格把古希臘和日耳曼文化混為一談，他們並不在意。儘管「現在人們的被遺棄」不是他們的主題——他們關心的是個人在「種族」裡如何被揚棄——可是重點是海德格是他們的人。海德格要率領人類前往的那個精神王國，不管怎樣都沒有和「第三帝國」唱反調。奇怪的只是這個持續大權在握的校長居然認為他的使命是「危險的」。有生命危險的不是那些不願意跟從他的納粹路線的人，而是那些不想順從他或者是像胡賽爾這種根本不可能聽他的話的人。這個滿腔愛國主義的弗來堡哲學貴族完全沒有想到他不久就被禁止講學了。

在海德格擔任校長的第一年內，他致力於在弗來堡大學貫徹他所詮釋的國家社會主義精神，此外更推動學生的軍事勞動役。他在無數的演說裡自詡為國家社會主義運動的一份子，反之，該運動也是他的哲學的表現。儘管他在表面上不是因為「種族主義」才支持反閃族主義的，可是他的思考和演說都充斥著許多反閃族動機和說詞。然而他也拒絕了柏林大學的教職，那可以讓他成為希特勒跟前的哲學家紅人。儘管他在多次演說當中對於希特勒讚不絕口，卻對於大都市及其混亂的生活望而生畏。而且不到一年的時間，他就領悟到他對於國家社會主義的詮釋並不等同於那個政黨所理解的。

有一件事特別讓海德格悶悶不樂：那就是國社黨對於科技的熱中。海德格在一場關於「形上學」的演講裡就把「科技」形容為形上學的「最終形式」。[20]人類對於世界深處的基礎的期盼、渴望和沉思，到了近代漸漸轉向科技尋找答案，直到所有存有都以科技的角度去認知。在這個意義下，科技是存有歷史在當時的主流形式，是現代世界的形上學。然而科技越是主宰著生活世界，存有也就越加自我「解蔽」（entbergen）。因為正如狄爾泰所闡述的，自然科學的世界觀只是從事**解釋**，卻沒辦法在全面性的意義下進行**理解**。海德格在《存有與時間》裡試圖證明的事物的存有，唯有因為人的**揭露**才擁有其意義。可是這個揭露是出現在「在當中的存有」（In-Sein）的直接性裡，而不是透過個別的對立情況。自然科學冷靜而採取距離的考察只會開啟一個有侷限性的視角。如果人認為這個視角是絕對的，那麼它就只會使存有變暗而不會照亮它。自然科學和科技把人變成「存有者的計量單位和關係中項」，把知識化約成一個無法領受豐盈存有的以主體為中心的世界觀。[142]

[233]

海德格對於科技的批評既苛刻又極端。讓人困惑的是，它和馬克思（Karl Marx, 1818-1883）以及恩格斯（Friedrich Engels, 1820-1895）在《共產主義宣言》（*das Kommunistische Manifest*, 1848）裡對於資本主義的批判極為相似：「資產階級在它已經取得了統治的地方把一切封建的、宗法的和田園詩般的關係都破壞了。它無情地斬斷了把人們束縛於天然尊長的形形色色的封建羈絆，它使人和人之間除了赤裸裸的利害關係，除了冷酷無情的『現金交易』，就再也沒有任何別的聯繫了。它把宗教虔誠、騎士熱忱、小市民傷感這些情感的神聖發作，淹沒在利己主義打算的冰水之中。它把

⑳ 即「透過形上學建立近代世界觀」（*Die Begründung des Neuzeitlichen Weltbildes durch die Metaphysik*, 1938）。見：同前揭，頁417, 447-463。

[234]

人的尊嚴變成了交換價值，用一種沒有良心的貿易自由代替了無數特許的和自力掙得的自由……一切固定的僵化的關係以及與之相適應的素被尊崇的觀念和見解都被消除了，一切新形成的關係等不到固定下來就陳舊了。一切等級的和固定的東西都煙消雲散了，一切神聖的東西都被褻瀆了。人們終於不得不用冷靜的眼光來看他們的生活地位、他們的相互關係。」143馬克思和恩格斯極力譴責資本主義，而海德格則是歸咎於自然科學的冷靜以及科技的目的理性：「人類正準備要顛覆整個大地及其大氣層，撕裂大自然以種種力的形式的祕密統治，並且要歷史進程臣服於一個大地政權的計畫和秩序之下。這些叛變的人沒有能力說任何東西存在，也說不上來一個東西存在是什麼意思。整個存有者都只是唯一一個征服意志的對象。」144

科技使人異化，它無止盡的貪婪和毀滅社會，馬克斯．韋伯早在海德格之前就提出這樣的控訴。但凡事物變得「可支配」，它就會貶值。然而馬克思和恩格斯認為那是歷史的歸趨，韋伯認為那是因為「不理性」，對於海德格而言，則是因為人的形上學走到了死胡同。如果說我們的整個思考永遠是個實踐，那麼一個特定形式的實踐的宰制就意味著我們的思考在迎合它。當它越演越烈，所有其他意義和世界的關聯性就會漸漸枯萎。換句話說：存有會越來越貧乏。依據海德格的詮釋，不只是動物，更包括完全由科技形塑的思考，都「欠缺了世界」。我們以此為起點往下思考，很快就知道，不只是技術性思考，就連對於技術的思考都和人有所區別：人工智慧「欠缺世界」，因為

[235]

它缺少了「在當中的存有」。它和世界的關聯性和真實人類生活的無限的意義關聯性相去甚遠，而只是「以規則為基礎」，因而沒辦法「照亮」世界。145

對於海德格而言，人僅僅以科技實用性的角度去思考世界，或者正如他所寫的，被「集置」

（ge-stellt）到它們的可用性上。當人們在河流上建造水力發電站，他們並不是增加什麼東西，而是改變了它的存有。他就是在這個意義下說科技是一種「集置」（Gestell，框架、基座）。河流變成了水壓供應站。「支配著現代科技的解蔽是一個強索（Herausfordern），也就是對於自然要求輸送能源……有一塊地區……被強索要開採煤和礦砂。現在那塊地自我解蔽為煤礦區，地底下則是礦場……水力發電站被裝置在萊茵河上，它使萊茵河形成水壓，而水壓則使渦輪轉動，渦輪的轉動使得機器運轉，而機器的運轉則產生了電流。」於是「萊茵河也表現為某個『被訂做的東西』（Bestelltes）……它現在就是作為河流而存在，也就是水壓供應站，是由水力的本質構成的。」[146][21]

於是人不斷地改變事物的存有，直到一切都成了資源和目的。意義消失了，對於自然的驚奇變成在打量著可支配的「庫存量」。人在打量的時候越是嫻熟而且不假思索，其他的審視方式就越來越少。現在人甚至把自己視為庫存量或者資源。科技原本是要服務人類，現在完全獨立自主了，擁有自己的權力，現在人類反而要服從它的權力。由於被捆綁在「集置」裡，人類支配世界的驅力變成被科技世界觀的種種力量驅動的存有。

海德格自一九三〇年代就提出對於科技的批評，一直到他死前仍然反覆思考和辯護。他痛斥人類對於大自然的殘酷剝削和利用，這使得他成為二十世紀另類的——生態學的——自然觀的先驅。他見證了全球性的環境破壞，慨歎人類損失了兩個東西：一方面，人類失去了自然的生存空間以及自然的生存條件，另一方面也失去了文化和歷史。整齊劃一的科技地景摧毀了就存在狀態以及存有

㉑ 引文中譯另見：海德格爾《演講與論文集》（*Vorträge und Aufsätze*），頁 13-14，孫周興譯，北京：三聯，2005。

歷史而言的存有，剝奪了人類的生物和文化上的家鄉。

海德格在批判科技之餘也為自己發現了藝術。如果不是在藝術裡，人類怎麼有辦法意識到，除了冰冷而喪失人性的科技以外，人類和世界之間還有其他更堅固的關聯性？如果說科技因為著眼於主體中心的實踐而掩埋了真理，如果說它為持續地破壞大自然而同時也毀滅了美，那麼真理和美也只能殘存於藝術之中了。實事求是的科技眼裡只有人類利益，而藝術則完全不同於科技的「存有的遺忘」（Seinsvergessenheit）。當海德格漸漸放棄他的國家社會主義哲學，自一九三四年起，他也就越加沉浸於藝術的王國。賀德林（Friedrich Hölderlin, 1770-1843）是他特別鍾愛的投影面。對於海德格而言，賀德林是「存有」（Seyn）[22]的詩人，人被拋入那個存有，而它也在存有歷史裡自我遮蔽且解蔽。不同於當時的人，賀德林認識到人的「存有的遺棄」（Seinsverlassenheit）並且表現在他的詩裡。在哲學家眼裡，賀德林成了一個早期的海德格，他在不斷地對其閱聽人介紹賀德林當中找到了自己。在第二次世界大戰期間，海德格極力讚美這位施瓦本地區的朋友是從古代希臘偷渡到日耳曼、從「異域」（Unheimischen）到「家鄉」（Heimischen）。讓德國人想起他們的存有的全體性的不是希特勒，而是賀德林，而海德格想要他的聽眾認識他。

不只是賀德林（包括以前的亞里斯多德和柏拉圖），海德格也不吝於和梵谷（Vincent van Gogh, 1853-1890）神交。於一九三五年到一九三六年寫成的論文《論藝術作品的起源》（*Vom*

㉒「Seyn」或譯為「原存有」，有過度解讀之虞。「對於存有的提問應該避免把世界當成世界觀。當海德格注意到，這個『存有』本身可能變成一個世界觀時，他以有『y』的存有（Seyn）代替存有（Sein），有時他會先寫『Sein』再打個叉。」（《海德格：其人及其時代》，頁462）

Ursprung des Kunstwerkes）毀譽參半。它之所以得到讚美，那是因為海德格相信藝術把真理「置入作品之中」（**ins-Werk-setzen**，實現的意思）。不同於卡西勒的主張，藝術並不是創造符號以及經驗世界的一種方式，而是釋放一個只有它才能釋放的真理。就像思考活動或者是建立一個國家一樣，它是個真實**事件**。海德格關心的不是許多美學理論所說的主觀體驗，而是一個真理客觀的自我開顯。於是，我們這位弗來堡的大師也要「超克」美學（就像存有學、形上學和古希臘文化一樣）。儘管藝術像海德格所說的那樣充滿激情，可是自浪漫主義以來卻幾乎沒有人加以定義。批評他的人則是因為海德格把激烈的「巨人戰爭」放到藝術裡以詮釋它，在「設置」於作品裡的世界以及一個聖祕的「大地」之間的原初對抗，它們以照亮和遮蔽相互較勁。他相當草率地以梵谷的靜物畫「一雙鞋子」（一八八六年）詮釋這個對抗。海德格沒有花任何時間去研究，就把梵谷自己的鞋子詮釋為一雙農夫鞋，杜撰出一個農村世界。「鞋具破舊襯裡的黝黑開口倒豎著工作腳步的艱辛。穿著堅固耐用而沉重的鞋具，穿越一望無際而整齊劃一的田溝的蹣跚步履不斷地累積它的頑強。」[147][23]就算這個主題想說的是，在藝術作品裡，藝術家從歷史性事物那裡汲取真理，並且把它當作事件「置入作品之中」——那麼梵谷的靜物畫也沒有證明這點。就算我們在哥雅（Francisco de Goya）、威廉·透納（William Turner）、蒙德里安（Piet Mondrian）或者是保羅·克利（Paul Klee）的畫作那裡找到證明，更不用說布朗庫西（Constantin Brâncuşis）的雕塑或者是荀白克（Arnold Schönberg）的十二音列音樂，世界作為「敞開者」以及「大地」作為「掩蔽者」，它們兩者之間的較勁，充其

[238]

㉓ 引文中譯另見：海德格爾《藝術作品的本源》，孫周興譯，商務印書館，2022。

量也只是美學的一次「超克」而已。

無悔與四合

「第三帝國」裡的政治事件越來越卑鄙無恥，異議人士、不服從者以及猶太人被殘忍地迫害，第二次世界大戰前夕的軍備競賽也越演越烈，海德格也越加轉進到他的哲學世界；一個越來越故弄玄虛的世界。在他沒有出版的《哲學論稿》（*Beiträge zur Philosophie*, 1936-1938）裡，他在找尋真實的「存有」（Seyn），它不可以和虛妄的存有混為一談。當某物成為存有時，它也喪失了它的存有性質，變成了眾多對象之一。就像對於科技的批評一樣，人類就是這樣對待一切的。他把它變得方便而服貼，在人類眼裡，就連神也變成了具體的觀念，變成一個對象。海德格要控訴的就是這個根源的虛無化（Nichtung）。他要為神聖的「存有」伸張它的權利，他是個沒有神的中世紀密契主義者，想要在「自身裡面」再度感受到「神格化的振盪」（Er-zitterung des Götterns）。148

海德格沒有讓論稿變成一部鉅著，而只是個人的札記、講演錄和隨筆。戰時的海德格是個在社交上相當沉默的海德格。儘管大地到處產生裂痕，他卻埋首於研究尼采、古代希臘文明或者是賀德林。一九四四年十一月，海德格應召成為「國民突擊隊」，不過那只是為時很短的插曲。[24]他沒多久就回到他的研究。為了安全起見，海德格把手稿藏在畢廷根（Bietingen），為了避難，哲學系師生疏散到位於施瓦本山區裡的威爾頓斯坦堡（Burg Wildenstein）。由於情勢所逼，海德格在戰後失

[24] 見：《海德格：其人及其時代》，頁502-503。

[239]

去了弗來堡大學的教職。㉕他在擔任校長期間附和國社黨，成為他的重要罪證。四面楚歌的他回頭找上負責審查該案的雅斯培。可是這位故交早就不是海德格的「戰鬥團隊」的一員了。由於娶了一位猶太裔的妻子，雅斯培於一九三七年被迫退休，兩夫婦當時險遭不測。雅斯培的報告證明說海德格的個性對於戰後青年的教育有害。雅斯培認為這位以前志同道合的朋友的「思考方式」傾向於「不自由、獨裁、封閉，對於教學有災難性的影響」。只要海德格「沒有像在作品中那樣清晰可見的真正重生」，雅斯培沒辦法把年輕人託付給他。149㉖

這個「重生」其實只聞樓梯響，不見人下來。海德格並沒有公開懺悔，私底下也沒有認罪。相反的，他對於在「第三帝國」裡的角色避重就輕，並且把國社黨的罪行和戰後盟軍的措施混為一談。對於納粹大屠殺（Holocaust）以及戰爭的殘忍，他沒有任何哀悼或者罪惡感的表示。相反的，現在他在關於「泰然任之」（die Gelassenheit）的演講裡一再重申對於科技的批評。「存有的遺忘」一直是他的主題，至於自己的意識遺忘則置若罔聞。於是，他甚至磨刀霍霍地把人文主義視為一個太過於人類中心的世界觀的錯誤思考方式。一九四六年，海德格寫信給他在法國的仰慕者哲學家博弗雷（Jean Beaufret, 1907-1982）說人類「被趕出存有而在原地打轉」。150任何人文主義的世界觀都沒辦法改變這點。重要的是「存有的問題」，而不是個人道德行為的問題。如果說重點不在於

㉕ 見：同前揭，頁 505-511。

㉖ 宅心仁厚的雅斯培在報告裡並沒有著墨於海德格為了附和國家社會主義的劣跡惡行，只是認為海德格的思考方式對於年輕人有害：「我們的處境，對年輕人的教育有著重責大任。應力求教學自由，但是現在還不宜立刻實施。對我而言，海德格思考方式的本質傾向於不自由、獨裁、封閉，這對於現在的教學會有災難性的影響。在我看來，思考方式比政治判斷更加重要，思考方式的侵略性可以輕易改變方向。只要在他身上沒有像在作品中那樣清晰可見的真正重生，我認為不能把這樣的老師介紹給毫無招架之力的年輕人。我們首先必須讓年輕人獨立思考。」（同前揭，頁 512。）

人文主義或者是反人文主義，而僅僅在於「接近」或遠離存有（存有的近側或遠側），那麼海德格為什麼要有罪惡感呢？

自戰後時期一直到於一九七六年辭世，對於存有的關注才是海德格的決定性的人生主題，而不是別人對他的看法。正如他在《人文主義書簡》（*Brief über Humanismus*）裡所說的，他自詡為「存有的牧人」。人唯有以開闊的感知才可以「上路」並且分受存有。不久之後，他又可以以弗來堡大學教授的身分上路了。隨著他的榮譽退休，教學禁令也被廢除了。[27]一九五〇年代初期，海德格重獲世人的尊敬。他公開授課，也獲得許多大學和學院的邀請。他不是唯一一個無法為自己的行為感到悲傷的人，而世人也樂意接受他的邀約，一起悼念存有的遺忘。天主教在大戰過後盡復舊觀，使得後期的海德格也跟著水漲船高。他以一副俗世神學家的姿態，以類似於教會的方式詮釋存有。相對於膚淺以及剝削世界的態度，他提出另一種思想態度，對於創世的敬畏驚嘆，海德格把它理解為四合（Geviert，四方域）：「神和人、天和地的內在相會」。[151]只有不怕死的，也不把自己視為宇宙中心的人，才可以真正擁有相同的體驗。海德格慷慨激昂地主張一種以存有而不是人類為中心的世界觀。唯有不把世界工具化，才可以真誠地「棲居」在其中。

海德格再度回到他以前的思考起點——神學。可是以往教會以其永恆的傳統和禮儀提供的安全庇護所，現在則變成了存有。以詮釋學的角度去詮釋且審視它們如何相互指涉，就像兩千年來的基

[27]「雅斯培為了撤銷海德格的教學禁令而到處奔走……一九四九年三月對於海德格的去納粹化審判，裁定他是『隨流者』（Mitläufer）而免於制裁」，弗萊堡大學又開始關於撤銷教學禁令的討論。一九四九年五月，校評會以險勝的多數決建議文化部讓海德格榮譽退休，並取消教學禁令。一九五一年冬季學期開始，海德格再度開設演講課。」（同前揭，頁561。）

督教神學家的聖經研究一樣，現在也成了海德格的老年嗜好。以前他在《存有與時間》裡把罐子之類的事物定義成「工具」，也就是及手性的東西，現在對他而言，罐子則是象徵著天和地在無止盡的相互指涉當中合而為一。[152]胡賽爾在他的研討課裡反覆演示而讓人厭煩的，也就是對於單一對象的「本質」的現象學詮釋，現在海德格也以同樣的周密詳盡演示。只不過對他而言，「漫衍」（wesen、Wesung：本現、默顯、本質化）不只是指地上世界，同時也是天。而語言對他而言也不是哲學家用以分析的工具。正如存有侵襲人類，以命運的方式對他顯現，語言也是如此。它是「說話」（Sage）也是「指明」（Zeige），因而大於使用它的人。它讓思考者和說話者得以分受它，但是它不屬於他。它不是他最屬己的意義下的語言，而是已經存在的語言，而就算說話者不再分受它，也會繼續存在。

海德格自己探討語言的方式和哲學傳統徹底決裂，也和近代認為語言是一種科學的主張大相逕庭。其實，他內涵豐富的用語透露了他相信詩在知識上的價值高於科學的化約語言。因為唯有詩的語言才有辦法把握如此豐富的影射、涵括以及指涉，因而為存有奪取至今未見的「林間空地」（Lichtung）。如果說話裡沒有這種成己性格（Ereignischarakter），那就不會有真理。我的語言越是豐富而畫面生動，我的「存有」的「寓所」也就更豐盈。

旅行是另一個為存有的寓所添置家具的方法。海德格到晚年才發現它。他於一九六二年第一次到希臘旅遊時已經七十二歲。他花了一番工夫才把他想像中的夢想之地以及當下的現實世界兜在一起。然而他總算做到了，海德格後來又旅遊了三次。另一個夢想之地是普羅旺斯。我們這位樸實的哲學家第一次感覺到他在黑森林之外的靈魂故鄉。他也在那裡結交了真正的朋友，那是他以前做不到的事。[28]可是他的哲學被一種強大的語言征服，這種語言讓海德格走進他自己的世界裡而越來越諱莫如深；林間空地起霧了：「作為單純相互信任而發生的鏡像遊戲，四合（Vierung）漫衍著（west）。四合作為世界的世界化而漫衍。世界的鏡像遊戲是成己（Ereignis）的圓舞曲。」153[29]

於是，他就這麼平淡度日。

---

[28] 見：同前揭，頁 602-609：「經過長時間的猶豫——梅達德·博斯（Medard Boss）、埃哈特·卡斯特納（Erhart Kästner）和讓·博弗雷（Jean Beaufret）鼓勵了他很多年——海德格在一九六二年和妻子一起去希臘旅行，這是妻子送他的禮物。……那是第一次拜訪夢想之地，後來在一九六四、一九六六和一九六七年陸續再訪。……海德格發現了普羅旺斯，他的第二個希臘。一九五五年在諾曼地瑟里西拉薩爾（Cerisy-la-Salle）舉行的會議之後，他透過博弗雷認識了法國詩人雷內·夏爾（René Char）。他不僅是詩人，也以反抗運動的黨派領袖聞名，兩人相識之後很快成為朋友。」

[29] 引文中譯見：同前揭，頁 646。

事實的土壤

- 我裡頭可靠的動物
- 我們的生物理性
- 世界的相對性
- 雨滴的匯流
- 整理世界
- 存有與神

我裡頭可靠的動物

「這裡是個更寬闊的哲學體系。如果讀者忍不住嘴角要揚起的話，我保證會跟他一起笑出來……我的體系就其思想和主張而言，和一般所謂的體系大相逕庭。尤其是**我的體系既不是我的也不是什麼新的東西**。我只是試圖讓讀者明白他不屑一顧的那些規律性是什麼東西。」[154]

對於一部哲學作品而言，這是什麼樣的開場白呀：一個既不是自創的也不是新的體系！至少，這種自我聲明應該極具原創性且前所未有吧。作者一副圓滑狡黠而事不關己的樣子，在導論裡要讀者跟隨著他；不是跟隨一個喜歡傳教的世界詮釋者，或者是像海德格那樣枯思冥想的偉大哲學家，而是個風趣優雅的享樂主義者，他讚嘆的不只是浮光掠影的表層生命——「人」的多重型態的世界——也深入它的底層。

我們說的就是喬治・桑塔耶納（George Santayana, 1863-1952），而那一部以平易近人而詼諧的開場白為起點的作品則是他著名的《懷疑論與動物信心》（*Scepticism and Animal Faith. Introduction to a System of Philosophy*, 1923）。桑塔耶納到了六十歲才出版它。它原本只是一個龐大體系計畫的導論，涵括了四十多年來對於世界的哲學反思的精華。作者一貫地沒有任何注釋，而只是言簡意賅地提到其他哲學家。他一開頭就讚美對於傳統哲學思考的懷疑態度。其他哲學家認為顛撲不破的思考起點，有多少是沒有任何根據的？唯心論者當然可以堅持說關於世界的所有經驗都是主觀的經驗，我們不是在把握客觀性，而是在建構它。可是如果他們認為人類絕對沒有辦法把握到實在界，那麼他們就大錯特錯了。探究實在界的可靠途徑不在於我們的知性，而是我們的感官和本能。作為

[244]　[243]

在演化中出現的動物，我們擁有明察秋毫之末的感官。而桑塔耶納把這個感覺稱為「動物信心」（animal faith），也就是相信我們感官知覺到的大抵上都是實在的。

[245]

正如當時到馬堡任教的海德格，桑塔耶納也認為哲學是以「徑入事物核心」（in medias res）為起點，也就是我們知覺到自身已經置身於一個世界。就算世界是我們的意識建構出來的，我們還是感覺到它的直接存在。這個動物性感覺決定了我們的許多行為，幫助我們在這個世界找到自己的位置。生活不就是釐清自己的方向嗎？就算世界是我們的意識建構物也不例外，正如卡西勒和胡賽爾闡明的。可是到頭來這些都不算什麼。我們不管怎樣都一直忠於我們的動物本能、我們的感覺，以及感覺到的證據。海德格以複雜的概念變位和語詞組合試圖證明的——「在世之有」、「在當中的存有」以及「對世界的態度」——被桑塔耶納搬到他的「體系」的開端裡面，並且簡明扼要地勾勒出我們的生物基本構造。

正如桑塔耶納在導論裡承認的，他的「動物信心」概念並不是他獨創的，也不是什麼新東西。因為唯有我們的生物性感官認為是真實的，事物才真正存在，這個看法其實是來自他的老師威廉·詹姆士。桑塔耶納八歲的時候跟著母親來到美國的波士頓。他出生於馬德里，在城西數百公里外的小鎮阿比拉（Ávila）度過童年。年邁的父親以前是菲律賓殖民地官員，他在那裡認識了他的妻子。她是美國一位成功企業家的遺孀，不僅育有一子，更想要回到美國定居。她天資聰穎的小兒子喬治十六歲就進入了哈佛大學。當時該所大學的名氣還沒有那麼大，可是桑塔耶納的眾多優秀老師當中有羅益世（Josiah Royce, 1855-1916）以及威廉·詹姆士。

[246]

詹姆士不僅僅是在美國一枝獨秀的哲學家，也正要成為當時最著名的心理學家之一。身為實用主義（Pragmatismus）的創立者，他開展出來的哲學和演化論相當一致。他認為真理並不是思考者構想出來的永恆有效的法則和原理，也不是從神的旨意或者——等而下之的——邏輯那裡偷聽到的東西，真理是我們以合理的根據**接受**為真的。尤其是我們的感官，也就是「自然心靈」（natural spirits）。所有關於世界的知識，都是直接或間接的定位知識。我們必須從這個瞭望台觀照世界，而不是從大多數自然科學家所說的宇宙睥睨萬事萬物，更不是自康德以降的唯心論者或者桑塔耶納在哈佛的第二個老師羅益世所說的人類精神的自我反省。

那麼人類要如何思考自然以及人性呢？是以自然主義或唯心論的角度呢？什麼樣的哲學思考才能符合演化論？一個演化唯心論或者演化唯物論？生命是個生物的歷程，這個事實可以用來證明認為時間和空間是直觀的範疇（康德）嗎？或者說時間和空間是唯一的實在物？此外，我們以什麼樣的立場去思考這一切呢？探討這些問題的，不只有德國的懷興格、卡西勒、尼爾森、賀尼斯瓦德、胡賽爾和海德格。那些問題是整個時代都在探究的哲學問題。而在哈佛則分別有羅益世的唯心論以及詹姆士的實用主義。詹姆士用來對付他的朋友羅益世的王牌主張：認知不只是思考，還包括感官經驗。我們的「自然心靈」在所有概念的把握之前就會對我們保證說，我們置身於一個不是我們自己創造的世界。這個自然心靈是個可靠的羅盤，讓我們在世界裡找到方向。此外，我們也可以確信，我們以**本能**知覺到的物質、空間或時間確實就是它們的本來面目，而且事實上沒有我們的干預也一直存在著。

就像每個好學生一樣，桑塔耶納也會反駁詹姆士的某些主張。不過不是「自然心靈」這個概念。這個觸類旁通的西班牙年輕人既會寫詩和散文，也擅長作畫和戲劇表演，在他眼裡，感性在我們的思考以及對於世界的知覺方面的力量是昭然若揭的。大學畢業之後，他獲得獎學金到德國留學兩年，一直在尋找新的挑戰。他就讀於柏林大學，卻大失所望。他的教授們都很平庸。狄爾泰還沒有什麼名氣，而桑塔耶納也和他緣慳一面。詹姆士把他引薦給當時德國的心理學大師艾賓浩斯（Hermann Ebbinghaus, 1850-1909），可是他對這個學生興趣缺缺，反而垂涎於他美麗的妻子。至於尼爾森（Leonard Nelson），他的「理性對自身的直覺自信」和桑塔耶納的「動物信心」很接近，可是還沒有到柏林大學任教。相較於在大學裡和他覺得很無聊的同學們的往來，流連於美術館反而讓他獲得更深刻的體驗。撇開這些插曲不談，當桑塔耶納回哈佛撰寫博士論文的時候，難怪不是由他自己擬定題目，而是羅益為他推薦的：一篇關於洛策（Hermann Lotze）的論文。

我們這位哲學家、心理學家和醫生，現在大多數的人們把他視為過渡時期的思想家；他在唯心論和自然主義之間搖擺不定，在傳統哲學以及現代的演化論之間尋尋覓覓。他最重要的認識是要把人類從宇宙的中心擺放到外圍地區。對於身為動物的人類而言，真理是不可企及的。由於在宇宙裡被擺錯位置了，人類只能對世界投射種種視角，而沒辦法認識到全體。桑塔耶納認為洛策指出了一個很不錯的起點，可惜他半途而廢。但凡人把演化當一回事而且把人視為一種動物，他就不得不承認感覺以及原初的信心對於意識的深層烙印。如果不把「自然心靈」也考慮進來，任何知識論都會功虧一簣。就此而論，桑塔耶納認為這位德國哲學家失敗了。而他也很明白他對於哲學史的貢獻是什麼：那就是證明一個「懷疑主義的實在論」（skeptischer Realismus），相較於哲學家建構出來的概念世界，他寧可相信感官的真實性。

[248]

我們的生物理性

羅益世和詹姆士都對桑塔耶納讚譽有加。現在他們的這個學生也成為哈佛大學的教授。桑塔耶納所說的感官的作用力的第一個例子就是美感。一八九六年，這位三十二歲的教授在《美感》（*Sense of Beauty*）裡挑戰自德國觀念論以降的傳統美學。藝術所表現的，不是什麼形而上的東西，也不是神性的火花、至高者的表象，而是完全自然的東西。當我們覺得某個東西是美的，我們的自然欲求會和我們的經驗產生共鳴。我們的心靈感到如此的和諧，使得我們相信至高者的存在，而我們的經驗則會證實這點。所以說，美是一種「客觀化的快樂」，一種感性欲求，它會在一個對象裡被放大。❶「客觀化的快樂」這個說法往往被人誤解，尤其是卡西勒，他認為快樂是主觀的而沒辦法被客觀化的。此外，卡西勒也不喜歡「快樂」這個概念，認為它會使「美」的概念變得太平庸了，藝術應該不只是快樂或消遣而已。155

可是桑塔耶納當然也知道藝術不只是平庸的消遣而已。可是話說回來，它也不是獲得真理的特權管道，而只是感官的感動而已。不同於卡西勒，桑塔耶納並不是個熱情的學究，他自認為是在不同世界之間焦灼不安地流浪的人。在他的自我認知裡，他既是個詩人和畫家，也是個大學教授。而他也有三個學生日後成為世界知名的詩人：多次獲得普立茲獎的佛洛斯特（Robert Frost）、諾貝爾

❶ 見：《森塔亞納美學箋註》，頁 30-32，王濟昌譯，二十一世紀出版社，1981。「美是積極的、內在的與客觀的價值。或者，以較不技術性的語言來說，美是事物性質的快樂。……假若我們有一瓶香水，誰也不會想起來稱它為美，它只能給我們太獨立與太刻板的感覺，在其中沒有客體能夠很容易的被組織起來，但是讓它從花園飄送出來，它將同時為所認識的諸般客體增加感覺的魅力，並幫助它們變成美的。這種美是由客觀化美所組成，它是客觀的美。」

文學獎得主艾略特（T. S. Eliot）以及前衛派偶像葛楚・史坦（Gertrude Stein）。至於美國最著名的詩人之一，比他小五歲的華萊士・史蒂文斯（Wallace Stevens, 1879-1955），則是他的摯友。

可是一個以哲學家和文學家自居、而又特別相信感官的形塑力量勝於理性的詮釋力量的人，他會寫出怎樣一部哲學鉅著呢？就像齊克果、叔本華、居友和尼采一樣，他也要以簡約而感性的語調呈現他的思考。而他其實也是二十世紀出類拔萃的箴言作家。「唯有死人才看過戰爭的結束。」（Only the dead have seen the end of war）現在已經成為我們的集體記憶，就像他膾炙人口的雋語：「那些不記得過去的人，註定要重蹈覆轍。」（Those who cannot remember the past are condemned to repeat it）可是詩人兼哲學家桑塔耶納也能寫出世界一流的哲學作品嗎？

一九〇五年，我們這位時年四十一歲的哈佛教授出版了五大冊作品《理性的生命》（*The Life of Reason: or, The Phases of Human Progress*）的第一冊。[2]我們第一個想法應該是他居然要為虛無縹緲的理性賦予一個生命，一個獨立的生命！他要把理性變成一種更高等的本能，或者更確切地說，若干被舉揚的本能：常識的理性，此外還有社會理性、宗教理性、美感理性以及科學理性。

在混沌而無止盡的演化歷程裡，不知什麼時候出現了一個變幻莫測的層級，我們把它叫作人類意識。它不是堅固的東西，也不是恆常不變的，更沒辦法從某個更高的眺望台窺見全貌。一言以蔽之：理性只是一個不斷演進的本能構造。所以說，合理性也不是唯一的，而是有許多合理性。就像洛策一樣，桑塔耶納也把理性的獨立生命拆解若干視角。我們的常識以及對於世界的不同立場，都

❷ 第一冊《常識中的理性》（*Reason in Common Sense*）；第二冊《社會中的理性》（*Reason in Society*）；第三冊《宗教中的理性》（*Reason in Religion*）；第四冊《藝術中的理性》（*Reason in Art*）；第五冊《科學中的理性》（*Reason in Science*）。

[250]

是源於自然的需求：找到方向，相互理解，從一個全體看自己，感到心靈的快樂，並且挖掘出生命裡的重要事物。我們不斷地把對於世界的感知變成觀念和概念。它們都有相同的目標：讓我們適應環境並且盡可能地幸福。

人類所有行為的未來視域並不是海德格所說的死亡，而是幸福。然而關於追尋幸福的生物理性以及觀念產物的具體描述，桑塔耶納卻摻雜了許多欠缺科學推論的個人偏好。在第二冊《社會中的理性》（*Reason in Society*）裡，許多世界觀以無可挑剔的生物哲學（biophilosophisch）論證在此相遇。正如當時許多生物學家一樣，尤其是德國動物學家海克爾（Ernst Haeckel），桑塔耶納也相信一種自然的道德。它為人類配備了羅盤，而不是康德傳統下的那種理性主義道德理論。我們不應該只是設計一個以種種理由為基礎的道德體系，而應該去探討「在愛和家庭的友善氣氛下產生的」[156]種種社會情感。

這位一生未婚的哲學家認為家庭是社會的群落和起源。可是當社會越來越大型，就沒辦法以家庭形式為其結構，它需要一個國家。對於桑塔耶納而言，國家是個怪物，可惜是個不可或缺的怪物。一個對公民抽稅的海盜，再怎麼說也勝過數百個海盜。儘管如此，現代國家的安定性以及政府結構也招致了種種弊端，尤其是桑塔耶納極為鄙視的平均主義。他和柏拉圖一樣都反對以政治的手段廢除人類天生的不平等。社會最重要的基礎在於機會的平等而不是齊頭式的平等。讓有能力的人因而得以出頭，對於國家而言是再好不過的事。當桑塔耶納談到「功績主義」（Meritocracy）以及賢人政治，讓人不禁想到了尼采。可是兩者其實沒有那麼相似。他們固然都批判資本主義的鯨吞虎踞，也都認識到雇傭勞動對於人們的奴役越來越猖獗，強迫人們穿上剝削的勞動社會的拘束衣。可是不同於這位幾年前才辭世的德國同儕，這位西班牙人是同情工人階級的。而且和尼采正好相反的，他公開反對任何形式的戰爭。狂熱的愛國主義使得沒有真正家鄉的世界公民噤若寒蟬。人們難道不會寧願看到二十世紀初期到處萌芽的運動風潮可以永久取代戰爭嗎？為了世界和平，桑塔耶納提到了中世紀時代。以前的教會難道不覺得自己管轄的不僅僅是一個國家，而且是全體人類嗎？這是一個我們絕對有必要重新吸取的想法——即便不一定是由教會來管轄。

桑塔耶納不只一次自稱為「天主教的無神論者」（catholic atheist）；他嚮往的不是教會而是信仰的美感。而他也正是在這個問題上和他的老師詹姆士唱反調，因為不管是教會或者信仰的美感，詹姆士都感到興趣缺缺，卻在其著名的論文《信仰的意志》（*The Will to Believe*, 1896-1897）裡認為信神對於個人以及性格養成都很有幫助。❸相反的，桑塔耶納認為信仰的幫助不是基於倫理的理由，而完全是美感的理由。在《宗教中的理性》（*Reason in Religion*）裡，他拒絕天主教會的整個信理，卻同時承認它可以取悅心靈。因為就算天主教的信仰再怎麼悖理，它仍然有美感的殘餘部分：它會感動人心，喚起正面的心靈衝動。基於這個理由，桑塔耶納對於基督新教意興闌珊，因為它排除了基督宗教的詩性元素。

難怪多才多藝的桑塔耶納特別重視藝術和美學的層面。在《藝術中的理性》（*Reason in Art*）裡，他把一部更加汪洋浩瀚的作品題獻給它。如果說所有思考都是把感覺印象轉變成觀念，那麼藝術就是構想出那些在實在界裡沒有任何堅固基礎的觀念。我們的美感想像作為「綜合表象」（syn-

[252]

❸ 另見：《做你自己：西洋哲學史卷三》，頁447-450。

thetic representation），在以感官為中介的現實世界以及抽象觀念之間閃爍不定，使我們的生活更愜 [253]
意、更快樂，也更有洞見。正如桑塔耶納在《科學中的理性》（*Reason in Science*）裡所寫的，科學負責的是理性知識，而藝術則是滿足我們另一個強大的、非理性的、主觀的知識的需求。

整個五巨冊的《理性的生命》有一千多頁——是至今最完備的實用主義著作。桑塔耶納相信他已經成就了他的目標：那就是以感官經驗以及在世界裡立足的需求為起點，劃定人類經驗的視域。哲學就是在描述人類如何由於對於幸福的渴望而一再把他們的觀念刮垢磨光且分門別類。為了找尋最好的方向，我們創造了科學，為了我們更高的幸福需求，我們創造了藝術和宗教，為了對於合理的共同生活的需求，我們創造了社會和國家——而在每個領域裡都存在著不斷進步的渴望。

這部作品使桑塔耶納名噪一時，不只是在美國，在歐洲更是炙手可熱。一九一二年，他繼承了母親那邊的龐大遺產，跟著也搬到巴黎。四十八歲的他從來沒有想要一輩子都在哈佛當教授，於是辭掉了工作。現在他開始從事私人講學和自由寫作。他到處旅行，在哈佛住一陣子，冬天則住在羅馬。他在第一次世界大戰期間的哲學作品大抵上是篇幅比較長的論文，例如探討自十八世紀下半葉的德國觀念論以來的德國哲學的自戀（《德國哲學中的自我主義》〔*Egotism in German Philosophy*, 1915〕），或者是關於他的老師詹姆士和羅益世（《美國的人物和觀點》〔*Character & Opinion in the United States. With Reminiscences of William James and Josiah Royce and Academic Life in America*, 1920〕）。一九二二年，桑塔耶納首度出版他的詩作。翌年，在他客居牛津期間，《懷疑論與動物 [254]
信心》（*Scepticism and Animal Faith*）跟著問世。

一九二五年，這位詩人哲學家全家搬到羅馬，並且在那裡度過晚年。他要著手撰寫在《懷疑論與動物信心》裡預告過的第二本大部頭作品。可是他的社交生活太活躍了，他是冠蓋雲集的歐洲知識圈裡的一員，並且一如以往地醉心於詩和寫作。「詩人在其心靈深處不都是在找尋哲學嗎？或者說，哲學到頭來不都是詩嗎？」桑塔耶納在哈佛期間寫道。[157]他在後世也被視為一個跨界的作家：就一個哲學家而言，他的風格太優雅了；對於一個詩人而言，他的理論太複雜了。他生前以詩人和哲學家著稱於世，一個熠熠明星，而身後也因為同樣的理由而被世人遺忘。文筆太淺顯易懂而清麗脫俗的，沒辦法當個哲學家；沒有哪個詩人會寫哲學作品。

一九三五年，桑塔耶納出版了自傳式的小說《最後的清教徒》（*The Last Puritan, a Memoir in the Form of a Novel*），那是他最膾炙人口的作品。[4]儘管作品裡嚴詞譴責美國假道學的清教徒，卻在美國極為暢銷，評論家也對它讚不絕口。當然，他也不諱言自己的種族主義以及反閃族主義。而清教徒所相信的白人上流階級的道德優越性，也正是他們被人口誅筆伐的。

一九四〇年，桑塔耶納總算完成了他的第二部哲學鉅著，一共四大冊，其中第一冊在一九二七年就出版了，再一次慮周藻密地開展他的存有學。而「存在者」（Essenz）是其中的關鍵詞。它原本是中世紀哲學的主要概念，而桑塔耶納則是剔除了其中的神學部分，把它變成生物學的概念。在我們更明確地認識和分類事物之前，我們只是把它視為「存在者」。我們感覺到有某物存在，不管那是對象、想像、邏輯論證或者是思想。他擺明了反對唯心論的主張。在我們意識到事物之前，它就已經是可感的，也已經在對我們起作用。所以說，如果有人質疑一個「存在者」的存在，他只會

❹ 中譯本作：《桑塔耶那自傳》，黃書敬譯，水牛出版社，1973。

[255]

遭人訕笑而已。

人在思考之前，就已經知道事物的存在。我們感覺到一個不明所以的存在者。第二步則是把它歸類為物質或非物質的對象。第三步我們會以一般人的視角評斷它的真值。最後，我們據此推論出層次更高的意識洞見。換言之：我們的心靈賦予事物其意義。而桑塔耶納的作品也是依據這個順序組成的：「存在者的領域」（The Realm of Essence）、「物質的領域」（The Realm of Matter）、「真理的領域」（The Realm of Truth）以及「心靈的領域」（The Realm of Spirit）。我們所有的知識都依循著一個自然主義的模型，一個生物的認知，正如作為動物的人類在演化的歷程中學習和熟諳的。諸如「存在者」、「物質」、「真理」、「本質」和「心靈」之類的艱澀概念，固然都只是我們思考的輔助結構，然而它們並不是偶然的；相反的，它們是依據演化，更確切地說，是我們對於事物不斷演進的生物性鑑別力。

整部作品於一九四二年在美國問世，也就是《存有之領域》（*The Realms of Being*）。可是由於是在二次大戰期間出版的，並沒有引起什麼人的注意，也沒有任何譯本，只有少數人讀到它；和他暢銷國際的自傳正好相反。一九五二年，桑塔耶納在羅馬的「藍衣修女隱修院」因年邁辭世，他固然是個名人，可是他的哲學不久就被人遺忘了。他不想建立任何學派，對於所有封閉性的真理都抱持著懷疑的態度，到頭來，他在人們的記憶裡一直是個局外人，一個難以歸類的人，在哲學史裡也很少被提及。

世界的相對性

有另外一個哲學家也是局外人，他在當時也和桑塔耶納鑽研同一個領域，後來也接任了他在哈佛的教席。相較於幾乎被人遺忘的桑塔耶納，哲學史對於懷德海（Alfred North Whitehead, 1861-1947）可以說寬大得多。它把這個英國人視為怪胎，不過畢竟是個重要的怪胎。而如果說他在哲學史裡名垂千古，那也是因為他的創作初期在數學和邏輯哲學裡留下的足跡，而不是他自己最重視的哲學作品。因為那些都是棘手的問題。

一八六一年，懷德海出生於肯特郡（Kent）的拉姆斯蓋特（Ramsgate），比桑塔耶納大兩歲，小胡賽爾兩歲，父親是個老師。一八八〇年，懷德海就讀於劍橋大學三一學院，主修數學。該校濟濟多士，人文薈萃，對於正要起步的數學家而言，是全世界最好的地方。而在劍橋使徒會（Club of Cambridge Apostles）裡的辯論也總是讓人眼界大開。年輕哲學家麥塔格（John McTaggart Ellis McTaggart, 1866-1925）把懷德海引入哲學領域。一八八八年，懷德海成為劍橋的大學教師。在接下來的二十二年裡❺，他的著作不多，也僅僅鑽研數學問題。這個時期著名的巔峰和終點是和他的學生羅素（Bertrand Russell）於一九一〇年到一九一三年合著的三大冊的《數學原理》（*Principia Mathematica*），我們在下文會詳述他和羅素的關係。

在那一部眾所矚目的作品之後，他感到厭倦了。懷德海離開了劍橋，轉往沒有那麼知名的倫敦

[257]

❺ 懷德海的任教期間應該是一八八四年到一九一〇年。

大學學院（University College in London），一九一四年到倫敦帝國理工學院（Imperial College of Science, Technology and Medicine）任教。他擺脫了數學的狹隘領域，現在要探討更龐大的主題：「自然」到底是什麼？我們對於自然歷程的主觀知覺為什麼不同於自然科學裡的自然觀？接著懷德海又遇到和桑塔耶納一樣的哲學問題：我們到頭來只能以麥塔格的唯心論觀點去把握自然嗎？或者就像自牛頓（Issac Newton, 1642-1726/27）以降的許多自然科學家所相信的，一直是只能從唯物論的角度去解釋？數學家懷德海越是反覆思量，他就越加深陷於哲學之中。他眼前面對的是一個雙方陣營水火不容的問題。那個時期英美世界的代表人物當屬數學家和哲學家撒母耳・亞歷山大（Samuel Alexander, 1859-1938）以及唯心論哲學家法蘭西斯・布萊德利（Francis Herbert Bradley, 1852-1936）。

就像在哈佛的詹姆士一樣，在曼徹斯特的亞歷山大也提倡以演化論的觀點思考人類心靈。可是詹姆士著重於心理方面的推論，而亞歷山大則是從生理下手。他和動物學家摩根（Conwy Lloyd Morgan, 1852-1936）共同開展出「突現」（Emergence）理論，那是關於在演化歷程中如何出現新性質的學說。對於亞歷山大和摩根而言，演化是一條不斷拾級而上的直線；從空間和時間，經由無生命的物質到生命，接著出現知性和意識。種種種元素的組合會一再產生前所未見的性質。所以說，人類心靈的出現也可以完全由生理的角度加以解釋：那是一個持續趨向複雜的演化推力的結果！若是要理解人的行為，這裡早就有一把可以打開任何門鎖的萬用鑰匙。就算是關於美感以及人的藝術創造力的觀念也可以被解釋為：蘊藏在宇宙裡並且在人類身上漫溢的生命能量。於是，「自然主義者」亞歷山大和唯心論者柏格森其實是殊途同歸：他們都溯源到為人類賦予生氣的生命力。

布萊德利和亞歷山大是在知識論上的死對頭。他和柏格森一樣，都認為自然科學家和以自然科學從事論證的哲學家處境極其艱難。一個自然科學家是怎麼知道他的對象的？他是怎麼知道空間和時間、物質、力和能量的？那是他以人工的方式推論出來的！如前所述，二十世紀之交的物理學潛伏著一個重大的危機。它的種種概念都變得極為不確定。布萊德利說，那是想當然耳的事。在《表象與實在》（*Appearance and Reality*, 1893）裡，這位熟諳黑格爾的英國唯心論者解釋說，自然科學家認為的恆定性，或多或少是人類心靈裡陳陳相因而實用的概念結構。此外還包括在經驗裡沒有那麼重要的數值。我們不是在我們的心靈產生摹本才知覺到時間或物質的。我們的思考都是以感覺（feeling）為基礎——馬赫也是以這個觀點作為他的哲學起點。

正如布萊德利所說的，思考會製造出「一部概念和關係的機器」。[158]我們也應該如此思考它，而不是把它視為對於一個其實沒辦法真正知覺到的實在界的忠實摹本。懷德海總算識相，沒有隨便指摘任何一方。他不僅讀過布萊德利的作品，也看過了麥塔格一九〇八年的著名論文《時間的非實在性》（*The Unreality of Time*）。麥塔格以數學的精確性要求，試圖證明柏格森的主張：我們體驗到的生命時間，是沒辦法以概念去把握的。如果我們那麼做了，那麼我們就落到時間的概念重構層次上，並不等於體驗裡的時間本身。因為我們的體驗總是在當下，不會是過去或未來。我們**現在**會浮現記憶，我們**現在**會想像未來。所以說，我們關於時間的種種觀念大抵上都是不實在的：它們沒有和我們的體驗相互對應。所以說，懷德海很清楚，任何哲學都必須以體驗為起點，而不是什麼後來推論得到的觀點。可是唯心論不可以止步於體驗的世界。他必須從那裡挺進到客觀實在界，因為對於懷德海而言，這個客觀世界無疑就在眼前。

所以說，唯物論者和唯心論者都有他們的道理。如果唯物論者說一切到頭來都和物理有關，那麼他算是說對了。可是他不能因此就認為物質是事實的基礎。而唯心論者的主張也不算錯，也就是說所有實在界起初都是被感覺到的，因此所有概念的把握都是「人工的」，而且是事後才加上去的。可是那真的和一個「自然主義的」世界觀有矛盾嗎？

於是，懷德海的哲學生涯計畫擬定好了：提出一個兼顧雙方立場的自然哲學，因而可以把握全體自然。而唯一的道路就是：以對於世界的主觀體驗為起點，一步步推進到現在科學的觀點。於是懷德海在三年內完成他的三部曲計畫。起手式是《自然知識原理研究》（*An Enquiry Concerning the Principles of Natural Knowledge*, 1919）。接著是一九二〇年的《自然的概念》（*The Concept of Nature*），那是相當完備的講演錄。而《相對性原理》（*The Principle of Relativity with Applications to Physical Science*）則於一九二二年問世。

當時卡西勒在漢堡動筆寫作他的《符號形式的哲學》，胡賽爾在弗來堡找尋從「理念的」自我到「具體的」自我的隱蔽道路，佛洛依德在維也納找到被「本我」和「超我」扯裂的「自我」，海德格住在多特瑙山上的小屋，柏格森在巴黎因為和愛因斯坦辯論而筋疲力盡，這時候的懷德海則是為他的「**機體主義哲學**」（Philosophy of Organism）——「機體主義」理論——敲下第一根木樁；那是一個呼應自然的流轉和生成變化的哲學。他真的有辦法整修或重建哲學和自然科學之間坍塌的橋樑嗎？懷德海的企圖並不止於此。在《自然的概念》裡他相當清晰明確地描述了他最重要的觀念。第一：自然（就像詹姆士以及桑塔耶納所說的）是個**歷程**（Process）！所以我們也只能把自然描述成一個歷程。第二：如果說自然一直是個歷程，那麼作為自然生物的人類的**所有體驗和思考**也都是個**歷程**；和自然的所有其他歷程一樣，我們必須以**相同的概念**描述人類。第三：如果所有自然事件都是歷程性的，也必須以歷程的方式被知覺，那麼自然裡就沒有任何恆定性可以描述，而只有種種關係（卡西勒也談到這點）。我們所認識到的一切，都是就它和其他事物的關係去認識的。

那麼認知是如何具體產生的？人以其感官知覺到自然，而且正如詹姆士所說的，是一種「事件流」（stream of events）。我們的知性讓我們在這些事件裡辨識到整個要素（factors）並且加以歸類。我們依據要素的空間和時間上的擴延（extension）加以區分。於是我們的意識為自己建構了一個屬於自己的時空體系。如果我們要像自然科學一樣深入洞察自然，那麼我們就要注意那些規律性重複的事物。如此我們就可以把我們的經驗認知抽象化。我們從種種作用推論出原因，因而認識了世界的真正本性。

經過了兩三年，懷德海總算相信他搭建了一座哲學家和自然科學家都可以接受的堅固橋樑。然而哲學家期望的不只是一個觀念的梗概，他們要一個完備的體系。可是物理學家的反應極其冷淡，讓他相當錯愕。還有很多事要做。而時機不久就到來了。

雨滴的匯流

一九二四年，懷德海意外收到哈佛大學的邀請函。詹姆士已經逝世了十四年，羅益世在八年前就離開人間，而桑塔耶納也搬到歐洲十二年了。懷德海時年六十三歲，溫文儒雅而有魅力的他毫不猶豫地應聘。他的講演錄《科學與現代世界》（*Science and the Modern World*）風靡了無數學生，也成為炙手可熱的作品。我們的唯物論和原子論式（atomistisch）的世界觀以及以演化論、量子力

[261]

學和相對論為特徵的現代自然科學，它們兩者之間被撕裂的關係，不管是懷德海或者是閱聽人都感到憂心忡忡。我們的思考再也跟不上自然科學的演進了嗎？哲學的重大任務，也就是把層出不窮的 [262] 知識整合成一個整體，一個新的世界觀，它是不是失敗了？不管是基於知識論或者是文明的理由，這個世界觀難道不是人們亟需的嗎？

一九二七年上學期，懷德海接到一個相當光榮的邀請，到愛丁堡大學著名的基佛客座講座（Gifford Lectures Delivered in the University of Edinburgh）講學。一共十次的講演於一九二九年出版，那就是：《歷程與實在》（*Process and Reality: An Essay in Cosmology*）。儘管是以拆成二十五講的不完整形式，它還是成為懷德海的哲學曠世鉅作。它到底在探討什麼，我們在第五章談到桑塔耶納及其「動物信心」的部分就可以窺見端倪：「我們如果把『動物信心』這個術語解釋為在描述被哲學傳統忽視的一種知覺，那麼桑塔耶納的整個研究和機體主義哲學其實是一致的。」[159]可是懷德海認為桑塔耶納和他之間有個重大的差別。這位西班牙哲學家把世界區分為我們的感官和理性體驗和把握到的，以及我們據此推論出來的：也就是說，存在著一個獨立於我們的意識的外在世界。因此，正如懷德海所說的，在體驗以及真實的存有之間掛上了一塊「面紗」。[160]可是「機體主義哲學」的創立者卻想要扯掉這塊面紗。他要證明說，意識世界以及外在世界是沒有分別的，意識的作用和自然都使用同一個自然模組。它並不是一個屬於自己的內在世界而和自然對立，意識及其所有作用一直都是在世界**裡面**。

在那個時期的海德格完全捨棄了物理學和生物學而整天在枯坐冥想，而懷德海則是試圖以自然 [263] 科學證明：存有的統一先於意識世界和外在世界的隔離。它不是由意識建構出來的，而是一直都已經存在著的，因為意識也是自然歷程之一，也必須以同樣的方式被描述。為了實事求是地證明這點，懷德海使用大量概念，以相同的語彙描述意識歷程和所有其他自然歷程。

為此建構的「歷程哲學」是個龐大的工程。首先他要開展一個自己的範疇體系。其中「創造性」的究極範疇（the category of the ultimate）是最根本的。在還沒有任何劃分以前的自然是一個永恆的生成變化的歷程。世界的真正質料不是個別事物或實體，而是歷程。❻接下來懷德海劃分了八個存在範疇❼。所有存在著的事物都和歷程息息相關，因而是「流轉生滅的」，除了究極的實在者及其用以相互區別的種種形式。在這個創造性的世界歷程以及形形色色的存在形式之後則是第三個層次：解釋的範疇。一共有二十七個歷程形式，用以解釋自然裡的生成變化是如何出現的：集結、作用、對象化、共生（concrescence）、實現等等❽。懷德海在第四個層次放置了九個「範疇規範」（categoreal obligations）。它們都是意識用以自我建構的形式：我們的種種體驗會主觀地消融為一個「整體」，我們的客體則會涇渭分明地相互區隔而有其內在的次第，我們會把身體感覺轉換成概念，我們也會以概念把不同的感覺串接一起，而這個串接則會服從於和諧和強度的主觀目的。❾

❻ 究極範疇包含了：創造性、一、多三個互涉的觀念。見：A. N. Whitehead, *Process and Reality*, p. 21-22, The Free Press, 1978。另見：沈清松《現代哲學論衡》，頁107，黎明文化，1985。

❼ 八個存在範疇為：現實物（actual entity）、攝受（prehension）、集結（nexus）、主觀形式（subjective forms）、永恆對象（eternal objects）、命題（proposition）、雜多（multiplicities）、對比（contrasts）。見：*Process and Reality*, p. 22。另見：《現代哲學論衡》，頁108-110。

❽ 見：*Process and Reality*, p. 22-26。

❾ 見：*Process and Reality*, p. 26-28。另見：《現代哲學論衡》，頁112-114。

接著懷德海就要挑戰哲學和自然科學的傳統：他們把世界化約成事物，而不認為事件是自然的根本原理。正如《科學與現代世界》所解釋的，構成世界的不是原子，而是事件。建構世界的不是基本粒子，而是基本歷程。起點不會是諸如事物或實體之類的對象化，而是一個可以解釋自然的構成的「修正的主觀主義原理」：變化、生成、蛻變、共生和消融。關於這個自然觀，美國女詩人穆里爾·魯基瑟（Muriel Rukeyser, 1913-1980）在讀了懷德海以後，把它沉澱成一首美麗而著名的詩《黑暗的速度》（*The Speed of Darkness*）：「宇宙是由故事構成的，而不是原子。」[161]

懷德海認為，所有主觀體驗到的歷程、原因、結果和目的，都是在一對一複製客觀的自然事件。哲學傳統把存有和意識分割來開來，現在則自然而然地重新合而為一。亞歷山大的「突現」以及布萊德利的「感受」並不是在不同的層次上演，它們是同一個自然事件的元素。不管是天或地，生物自然或是意識：不管何時何地，都是同一者的作用和生命。

至於第三步，懷德海則是要解釋自然裡的心靈和物質如何相互作用而須臾不可分。自然裡的所有個體，不管是石頭、蘋果或人，都有其內在和外在的結構。那意味著它們都處於和其他對象的交流關係裡，因而建立種種「社會」（societies）。此外，每個社會都是更大的社會的一部分，直到一個巨大整體的社會，也就是時空連續體。對象之間的交流是一種「攝受」（prehension）。人們無意識地或者在少數情況下有意識地把握他的環境並且攝取它。不管是因果的、化學的反應，或者人類心理的知覺，它們原則上是同一個歷程：「現實緣現」（actual occasion）的生成。磁性、重力、生和死，並不是作為世界的事物而孤立存在，它們只存在於和對象之間的交流關係當中。它們的真實本性是歷程性的，驅動它們的有外在因素（其他對象的作用），也有攝取這個作用並且做出不同的反應和「評價」的自身因素。

所以說，任何物理事件都有兩端，也就是物質的和心靈的，兩者是同一個體系的兩個面向。這種相互的消融可見於萊布尼茲（Gottfried Wilhelm Leibniz）的觀念。在他一七二〇年出版的遺著《單子論》（*Monadologie*）裡，他認為世界居住著個別的有機體，每個為己存在的存在物都為自己創造一個沒有窗戶的世界，一個內在宇宙[10]。可是懷德海批評這個「無窗戶性」說那是唯心論者的錯誤詮釋。事實上，現實存在者（actual entities）會不斷地相互整合。單子的門窗大開。就像窗子上的雨滴一樣，它們會匯聚在一起，改變方向，宛若一個無止盡的演化川流不息。

懷德海強調體驗，也就是先於所有記憶和概念建構的「以表象直接性為模式的知覺」（perception in the mode of presentational immediacy）[11]，也樂於承認他的思考有許多地方是得自於柏格森：主觀體驗到的事物同時也是客觀事物，所有自然科學的概念都只是事後的客觀化，就像布萊德利所說的「概念機器」。可是不同於柏格森，懷德海認為他的理論架構既是哲學的也是自然科學的。

然而懷德海自己也知道，問題在於他無數的「思辨」概念都是從主觀經驗推論出來的，卻又主張它們像自然科學一樣的真實。這使得他被雙方陣營左右夾攻。大多數自然科學家不接受他的思辨概念；「思辨」一詞讓他們大皺眉頭。而身為哲學家的他卻必須回答一個問題，也就是說，如果他

[10] 「一單子的內部怎樣能為另一物體所變化或變易，亦是無法解釋；因為不能往那裡輸入什麼，亦不能設想其有內在的活動，能在內部被激起、驅使、增加或被減少，猶如它能在組合物中所發生的一般，組合物中有分子間的變易，單子沒有窗戶無能由此出入。」見：《單子論》，頁66-67，錢志純譯，五南，2009。另見：《認識自己：西洋哲學史卷二》，頁198-200。

[11] 見：*Process and Reality*, p. 60-65。

的那些概念沒辦法反映原本的主觀經驗，而只是「概念機器」的產物，那麼它們有什麼用呢？於是懷德海遇到和柏格森同樣的難題。他一定也很清楚真理不存在於概念裡，但是他不得不以概念思考和寫作。就像那位法國前輩一樣，我們這位英國人也知道他一定會灰頭土臉。柏格森的作法是盡量以文學的筆法寫作，以美感和感性去說服人們。懷德海的反應則是不斷找尋新的方法以及一個以兜圈子的方式探賾索隱的哲學，使得他的作品欠缺感性，也使他的思想晦澀難懂。它們也往往像雨滴一樣，以無法預測的軌跡流動。

《歷程與實在》接下來第五部應該會讓讀者對於他的機體主義哲學大惑不解。儘管它是最短的一部，寫來卻特別鏗鏘有力。正如整部作品反覆提唱的，懷德海批評那些被自然科學不當簡化的自然概念。如果自然概念沒有考慮到所有自然歷程裡的體驗性質，那麼它就會被量化，因而變得極為空洞。懷德海認為所謂的「自然律」也是如此。數學物理學認為「不變」而「普遍有效」的東西，其實只是孤立而人為抽象的思考的結果。事實上，懷德海認為自然律是十七世紀的神學的殘渣；那是一個時代的迷信，諸如牛頓之類的物理學家相信，神把數學和物理學賜予他們，那是一步步揭開神的創世之謎，揭露每個事物和法則。懷德海猜想說，如果牛頓知道「現代的量子理論以及以波函數描述量子態」，應該會舌撟不下，而他更認為另一個思想家早就「預料」到了：那就是古希臘哲學家柏拉圖（Platon, 428/427 BC-348/347 BC）以及《蒂邁歐篇》（Timaios）裡的生成變化理論。[12] 162

對於懷德海而言，自然律並不是獨立於世界對象之外的力量，在己為己地存在，而對某物起作

⑫ 見：*Timaios*, 27D-28B。

用。他認為作用只有在一個普遍的生成變化的框架裡才會開展，是這個框架的一部分。基於這個理由，懷德海猜想說，就連自然律也是一個宇宙演化的一部分，演化產生了自然律，未來也會改變它。隨著時間的腳步，所謂的自然常數也都是可變的（variabel）。誰曉得哪一天會產生巨大的變化和作用。

可是如果說自然律不是永恆的，那麼難道就沒有任何永恆的東西了嗎？讓人驚訝的是，懷德海的機體主義哲學居然膽敢在這裡提出一個答案。的確存在著永恆的事物，而且既不是質料也不是自然律，而是為一切賦予形式的塑造力量。懷德海把它叫作「永恆對象」（eternal objects）。任何事物的生成，不管是產生對象或是定律，在它們當中都是一個潛態（potential）的實現。也就是從永恆的「純粹的可能性」變成了倏忽生滅的「實在的現實性」。值得注意的是，懷德海認為這種「純粹的可能性」是絕對實在的，並且認為它遍在於所有生成變化當中。正如柏拉圖的「理型論」，他也強調不可見的絕對者優先於所有質料。理念的東西（目的和目標）和實在物（質料以及規律性）一樣是真實的存在物。意向性並不是指從人類意識走到世界裡，自然本身就是意向性的，其中充斥著渴望圓滿和強度的意圖以及感受。所以說，目標導向也是屬於自然的本質，即使不是朝向既定的整體目標，那不可免地會為生成變化的歷程設定一個終點。其實道路本身同時也是目標。

懷德海在《歷程與實在》末了的「究竟詮釋」（final interpretation）讓人相當不諒解。對於一個「歷程哲學」而言，有必要讓自然臣服於一個有目的的行為嗎？懷德海自已招致的難題相當棘手。自然裡怎麼會有意圖以及目標設定呢？懷德海說因為它們一直都存在。然而唯有某個人懷有那些永恆的意圖，它們才可能存在。而自然無疑不是「某個人」。只有一個生物才會有意圖，而懷德海也直言不諱地認為周行不息的自然有個意向性，而他說擁有這個意向性的就是「神」。可是他的「神」和一神教的神並不相同。他不是造物主，他本身就是不斷的創造，一個持續生成變化的目標導向的力量，一再以新的形式和事件自我實現。對於懷德海而言，神是「絕對豐盈的潛態無限的、概念性的實現。就此而言，他不是**先於**所有創造而存在，而是與所有創造**同在**。」163

有人會質疑說，以另一個不可知（「神」）取代或等同於一個不可知者（「自然裡的意向性」），那難道不是文字遊戲而已，沒有辦法擺脫無法解釋演化裡假定的意圖的尷尬？可是如果沒辦法提出真正言之成理的解釋，那麼為什麼要大費周章地主張他的存在呢？

一九二九年，緊接著《歷程與實在》之後，讀者可以在《理性的功能》（*The Function of Reason*）裡面看到答案。如同當時幾乎所有的存有學，懷德海也試圖證明有客觀價值的存在。他更加詳盡地闡述以前提出的主張：自然裡為什麼有個理性之類的東西，它存在的目的是什麼？懷德海認為理性是自然的屬性：它是一種自我組織的形式，有助於成就自然的目標，也就是提高生命的強度。此外，理性也有助於更高等的生命形式有一個「好的」或「更好的」生活，讓它們活得更充實。因為相較於有個好的生活，也就是盡情汲取生命的豐富可能性，單單只是活著，那是相當卑微的價值。在這個意義下，生命變得更有價值，對於它的體驗也會更強烈。在這個意義下，植物和動物也想要欣欣向榮，鳶飛魚躍，可是人類意欲更多的可能性。他在豐盈的生命裡自我實現的強度越大，他的生命就越加符合自然的整體目標，也就是開展和強度。

在一九三三年出版的深入淺出而優美藻麗的講演錄《觀念的探險》（*Adventures of Ideas*）裡，懷德格更進一步。在第四部裡，他把自然奮力提高自身的強度的這個觀念應用到人類文明上面。對

［269］

於更大的生命強度的渴望不僅僅表現在追尋真理方面，「美」——和諧和多樣性——也是文明的自然目標。[13]可是由於美是短暫而容易消逝的，所以產生了和平的理想——也就是試圖在社會生活裡讓美更穩固。 [270]

四年後，七十六歲的懷德海自哈佛大學退休。他在一九四一年以「不朽性」（Immortality）為題在哈佛發表最後一次演講。一九四七年，這位擁有許多榮譽教授頭銜的哲學家以八十六歲高齡因為腦中風辭世。就像桑塔耶納一樣，他沒有建立任何學派，而只是播下了種子，讓它們到處萌芽，其中成果最豐碩的，當屬他的學生哈茨霍恩（Charles Hartshorne, 1897-2000）創立的「歷程神學」（Process Theology）。

整理世界

懷德海辭世三年之後，在哥廷根也有個人離開人間，他一生的作品足堪和懷德海相提並論。他把自己的哲學叫作「批判實在論」（kritischer Realismus），無疑相當類似於桑塔耶納的「懷疑主義的實在論」，或者是懷德海的宇宙論形上學探究：一個沒有質疑外在世界的實在性的存有學，不認為它是意識的「建構」，而是人類所有經驗的預設。正如桑塔耶納和懷德海，我們這位德國的同儕也明白：如果我們要提出關於這個實在界的任何命題，那麼我們就再也不能以亞里斯多留下來的方式：以不變的「實體」為準則。我們說的那個人就是尼古萊·哈特曼（Nicolai Hartmann, 1882-

---

⓭ 見：*Adventures of Ideas*, pp. 324-340, The Macmillan Company, 1933。

1950）。

一方面是哈特曼，另一方面是桑塔耶納和懷德海，讓人詫異的是，很少人比較他們雙方：一方[271]面是德國學究，另一方面是周遊世界、熟諳自然科學的英國思想家。[164]他們在風格上就已經大相逕庭。在英國哲學裡，在詹姆士、桑塔耶納以及懷德海那裡，哲學是在燦爛的陽光下漫遊：有清晰的輪廓、輕快優雅的風格、一種心靈活動和形式的美。在德國哲學裡，胡賽爾、海德格以及哈特曼，哲學是在陰暗的冷杉林裡的沉思；隨地吐一口痰，那裡就會有諱莫如深的新概念抽芽。在英國，可讀性和優雅是咳唾珠玉的哲學的特徵，和數學公式世界殊無二致。行雲流水而沒有任何斧鑿痕跡，那才是技藝高超。在德國哲學裡，優美的風格只會引人訕笑，沒有一點神祕性，就沒有深度可言。如果被人一眼就看穿了，人家就會認為那是蹩腳貨，每個人都做得到；只有故弄玄虛的東西才會贏得尊敬。

不管是哈特曼和海德格，或者是桑塔耶納和懷德海，他們都沒有把對方看在眼裡。自從一九二〇年代以來，試圖建立一個不以實體為基礎的存有學和形上學，德國和英國的思想家走上兩條平行的道路，彼此幾乎沒有任何交流和接觸。可是思考、傳統以及概念處理上的差異並不難消弭，因為德語區的哲學家們和英美世界的同儕都在為同樣的難題傷腦筋：一方面是以新康德主義為代表的唯心論，而另一個陣營則試圖找尋一個新的存有學，擺脫由意識內部的思想建構物構成的無窗戶的、自我指涉的概念世界。而在德國，擁護一個新的存有學的人也都心知肚明：在演化論的所向披靡以[272]及物理學面臨的重大危機之後，這個存有學再也不可能是個古典的實體存有學。宇宙不是靜止不動的，它裡面的生命也不是。事實的究竟根基既不在於普遍的法則也不在於物質的不變實體。如果我們不想走上海德格的偏僻道路，從「人」的種種內涵意義推論出存有，那麼我們只能想像一種由現代自然科學的實在界概念推論出來的存有學。我們要找尋的不是如海德格所說的那種下層結構，形上學地窖裡的基石，而是所有物理學和形上學的思想性的上層結構。而這就是哈特曼眼前的目標。

這個年輕人出生於里加（Riga），就讀於馬堡大學，那是新康德主義的堡壘。他的老師柯亨以及納托普是當時著名的哲學大師。他們技藝精湛地從思考的遊戲規則演繹出整個世界。他們的主要對手是前述的實驗心理學家，尤其是以屈爾佩為核心的「烏茲堡學派」思想家。屈爾佩及其學派認為，思考是個心理歷程，可以由自我實驗加以揭露。對於柯亨和納托普而言，思考是我們認識且探究任何事物的預設。它只能從「內部」揭露，而不能從「外部」實驗證明。

年輕的哈特曼亦步亦趨地追隨他的老師們的準則。可是新康德主義在五十年繁華似錦的全盛時期之後便驟然沒落。它的末代英雄，卡西勒和賀尼斯瓦德，顯得形隻影單。而哈特曼也有如著魔一般地熱中於一種新的直接性存有學。在他的《生物學基本問題》（*Grundfrage der Biologie*, 1912）裡，他試圖在對於生命的兩種相持不下的觀點之間找到一個折衷的哲學思考。我們可以用機械性和物質性的觀點去解釋生命，或者必須假設一種「生命衝力」，正如以杜里舒（以及柏格森）為核心的「生機論者」所主張的？哈特曼的結論是，我們不能只用機械性的方式去解釋生命。正如在他後來的存有學裡所說的，他認為自然有不同的存有階層，各自有不同的屬性。可是這位對於康德如數家珍的年輕思想家也認為生機論犯了一個錯誤，而柏格森和懷德海都沒有看出來：目標導向是人類思考的屬性而不是自然的屬性！

哈特曼在馬堡擔任講師的時候認識了小他七歲的海德格。海德格一來就打算要讓那裡的意見領袖灰頭土臉。可是就連哈特曼也思忖著要脫離新康德主義的思考體系。《知識形上學的基本特徵》（*Grundzüge einer Metaphysik der Erkenntnis*, 1921）就已經充滿了新的思想氣息。第一次世界大戰的經驗、德國以及懷德海的英國舊有世界的搖搖欲墜，都讓哈特曼重新直接認識到「存在」是什麼意思。

但是要從何處下手呢？哈特曼倡言要恢復被新康德主義拋棄的康德的完備形上學理念。正如他在一九二四年第一次提到的，他的目標是一個「新的形上學」：「我們無疑地又要漂向一個新的形上學。我們再次面對自古以來真正撼動人心的問題……，所有人都明白沒有人可以躲掉那些問題，它們裡頭……有一種永恆的必然性。」[165]

他要談的到底是什麼問題？就像海德格、桑塔耶納和懷德海一樣，他也特別關心「存有」的問題。如果沒有假設一個我們處身其中、或者如海德格所說的「被拋到」其中的世界，那麼任何哲學思考都沒有意義。其次他也要為一個古老的矛盾找尋解答：我們怎麼辨認且認識這個獨立於我們的外在世界，如果說它只是主觀的、由於我們的感官以及知性才存在的？正如胡賽爾，哈特曼起初也談到對世界的「自然態度」。可是胡塞爾說哲學家必須放棄這個「自然態度」，脫離它，才能深入事物本身，而哈特曼則是相信，對我們悄悄說我們周圍有個獨立於意識的世界的，正是這個「自然態度」[166]。哈特曼和桑塔耶納不約而同地主張對於實在界之真實性的一種原始的動物信心。我們應該大膽地相信說，我們的意識正在忠實地描摹世界，哈特曼於一九二二年接任納托普在馬堡的教席。三年後他就轉到科隆。他在那裡認識了身材矮胖的謝勒，對於他的價值倫理學驚豔不已，後來也在他的存有學和形上學裡談到「價值」的存在的問題。他在一九二五年出版的《倫理學》

（*Ethik*）也和謝勒那部關於價值的劃時代作品一樣內容豐富。哈特曼和謝勒一樣，也把種種價值歸類到不同的位階上。在所有文化裡都不變的基本價值，例如「善」、「高尚」、「豐足」、「純潔」，會依據不同的文化特質而演變出種種不同的模式。所以說，「博愛」、「人格」和「愛」，是到了近代才形成的價值。所有這些價值固然都是「理念的」而不是「物質的」，哈特曼卻認為它們同樣真實地存在。只要一個人提到這些價值，它們就會脫離理念的領域而「變成實在」。

理念的東西和實在物一樣存在，它成了哈特曼在存有學上的重要觀點。一九三一年，他成為柏林大學的理論哲學教授，推本窮源地開展一個存有的整體體系。在十五年之間，他陸續出版了四部作品：《存有學基礎》（*Zur Grundlegung der Ontologie*, 1935）、《潛態與實現》（*Möglichkeit und Wirklichkeit*, 1938）、《實在世界的結構》（*Der Aufbau der realen Welt. Grundriß der allgemeinen Kategorienlehre*, 1941）以及《自然哲學》（*Philosophie der Natur. Abriß der speziellen Kategorienlehre*, 1950）。哈特曼的存有學的基本命題是：世界其實是人可以認識到的——而且是個「有序的構造」。那麼他是怎麼起手的？

[275]

哈特曼僅僅著眼於他相信實在界是可以管窺蠡測的。正因為如此，他把自己的哲學叫作「批判的實在論」，它既是一種實在論，卻又明白人沒辦法認識世界「自身」，而是以他們的意識為中介。所以說，「存有自身」既不是他的主題，也不是神祕的世界根基。就像在哈佛的懷德海一樣，在柏林的哈特曼也認識到所有存有都只能被理解為一個歷程，一種生成變化，也必須被描述為生成變化。可是他們之間有個重大的差別。懷德海認為存有是從屬的、人為的概念。唯有被觀察的生成變化才可以揭露世界「自身」。柏拉圖意義下的真實的世界是「純粹潛態」。相反的，哈特曼依據傳統認為生成變化是一個存有的表現。自然的種種歷程並不等於世界，而是讓我們據以認識到世界的本質。哈特曼在他的《存有學基礎》最後一卷寫道，在它們背後必定有個「基質」（Substrat），就像是液體培養基一樣，不斷地為種種歷程提供養分。[167]

就像懷德海一樣，哈特曼也渴望導入許多新的範疇以描述存有。而他和海德格一樣，也是以亞里斯多德的存有學為模型。所有存在的事物都可以加以歸類。而範疇就是他的工具。只要找到真正對應的範疇，哈特曼認為就可以避免因為「範疇錯誤」而導致的難題、誤解和弔詭。如果說唯物論和唯心論如此水火不容，那其實是因為唯物論者不當地把物理學的特殊範疇套用到意識歷程上面。反之，黑格爾傳統下的唯心論者也不當地把精神的特殊範疇應用到無生命的自然。

所以說，問題的重點在於重新把範疇歸類到一個複雜的階層體系。哈特曼以現象學的方法不斷地劃分，有哪些是所有存有階層共同的範疇，哪些是只有在特定的階層才會遇到的。所有階層共同的範疇，也就是最根本的範疇。它們叫作「基本範疇」，也就是「原理和具體事物」、「結構和樣式」、「形式」和「質料」、「內在和外在」、「規定和依變」、「統一」和「雜多」、「一致和衝突」、「對立和向度」、「離散和連續」、「基質和關係」、「元素和構造」等等。哈特曼認為基本範疇貫穿所有存有階層。而它們到了每個存有階層，也都會增加新的屬性。例如說，物質階層裡的「規定」的意思就不同於更高等的生命裡的「規定」。生物也都是由自然規定的，可是它們不是死氣沉沉的，而是被規定要自我保存和調節。此外，例如說，唯物論者和唯心論者在辯論「自由」到底有沒有可能，他們卻都忽略了這是屬於特定階層的問題，而不是一個共同的存有問題。諸如人類等有意識的生物，可以調整他們自己的目標設定，在哲學的角度下，他們是自由的。而石頭就沒有辦法，在物質的階層就不存在自由。

哈特曼熱中於範疇、分層（Schichtung）和分層法則，因而把世界變成了一座藥櫃，看起來井然有序，上頭也都寫著學究式的術語。我們看到的不是如懷德海所描述的一個叫作「宇宙」的動態有機體，而是一個整理得有條不紊、分門別類的世界圖像。於是我們有了一大堆由存有的環節、存有的方式、存有的樣態構成的存有現象，理念性的存有以及物質性的存有的建材，關於存在（Dasein）和本質（Sosein）[14]犬牙交錯的不同觀點、一大堆階層、階層的範疇正當性，以及一大堆共同的以及個殊的範疇。

或許有人會質疑哈特曼的研究到底有什麼價值。人們當然會驚豔於他慮周藻密的觀察、描述和分類。但是一個哲學的價值不也和它在思考以及延伸思考方面的實用性有關嗎？批評哈特曼的人，都會不由得想到瑞士藝術家烏爾蘇斯·威爾利（Ursus Wehrli, 1969-）以及他著名的《整理藝術》（*Kunst aufräumen*）[168][15]。在書中，現在藝術作品被拆解、分類並且堆疊在一起，重點是：為什麼要那麼做？

哈特曼在生前就是名重當時的哲學家，卻沒有提供人們太多的靈感。他對於國家社會主義政權俯首貼耳，可是相較於海德格，至少沒有什麼劣跡惡行，因此在一九四五年之後仍然得以繼續在哥廷根任教，五年後在那裡辭世。如果說他有什麼深遠的建樹，那麼也不是在哲學上，而是在生理學

[277]

⑭ 存在和本質就是哈特曼所謂的兩個「存有的環節」。另見：《現象學史》（Herbert Spiegelberg, *The Phenomenological Movement. A Historical Introduction*, The Hague: Martinus Nijhoff 1963 (third edition)），頁 432-438，李貴良譯，正中書局，1971。

⑮ 《整理藝術》，唐際明譯，布克文化，2013。

[278] 和生物學，他們相當重視他類似自然科學的系統建築。把世界劃分階層，是自亞里斯多德以來的共同財產，自巴洛克時期以來，也是自然史家以及生物學家的傳統思想。哈特曼有個看法特別引人入勝，他認為生命的種種屬性固然不可以化約為物理定律，可是它們身上還是有物理的作用。如果說不以化約論的角度去看，生物學其實也和下一個階段，也就是人類文明，交織在一起。因此，奧地利民族學家羅倫茲（Konrad Lorenz, 1903-1989）特別在他的《鏡子的背面》（*Die Rückseite des Spiegels*）花了一章的篇幅探討哈特曼，並且談到「基因和文化的共同演化」（Gen-Kultur-Koevolution）。⑯基因演化和文化演化固然是兩個不同的範疇，但是基因演化的法則卻會侵入文化的演化。169

存有與神

海德格、桑塔耶納和哈特曼都強調他們的存有學和形上學不需要神就可以探究存有的實在性。至於懷德海的「神」也只是個沛然莫之能禦的能量，卻不是一個把人類的存有定錨在巨大的存有裡的擔保人。儘管如此，就算在二十世紀裡，神也沒有如尼采所說的在世界的每個地方都死了。我們只要想一想教會學校、大學、神學院、訓練和進修機構的數量，也就不會訝異二十世紀初期有那麼哲學家擁有教會背景了。此外，教會和大學以及俗世哲學之間的橋樑也沒有完全斷裂。海德格以前就是個神學家，到了晚年更是「神格化」（göttern）。而在整個歐洲赫赫有名的謝勒在其創作力的

⑯「基因和文化的共同演化」是美國生物學家威爾森（Edward Osborne Wilson, 1929-2021）的理論，認為人類文化的發展是與基因的演化共同構成的。見：E. O. Wilson, *Genes, Mind and Culture: The Coevolutionary Process*, 1981。

巔峰時期也顯然是個歸信的天主教徒。他的價值倫理學風行一時，就連嘉祿・華德雅（Karol Wojtyla, 1920-2005）——後來的教宗若望保祿二世——也以謝勒作為其博士論文的題目。170

而我們也不會驚訝於天主教會起初有多麼激烈反對所有「現代主義」的哲學。教宗庇護十世在一九〇三年到一九一四年的十一年教宗任期裡，就頒布了兩次教諭以及一次通諭，以斷然拒絕以起初有貶義的「新士林哲學」（Neoscholastik）為名的神學革新理念。[17]所有天主教的教育機構的教授甚至必須宣讀「反現代主義誓詞」，一直到一九六七都有效。其主旨在於讓天主教會免受所有牴觸其古老傳統的外在影響。二十世紀初期的所有哲學潮流都受到波及，自是不在話下。

儘管庇護十世建立了龐大的防範和舉報系統，但是其實成效不彰。俗世哲學的禁果依舊相當誘人。我們想到了布倫塔諾，他早在庇護十世擔任教宗之前就放棄鐸職，因為他懷疑「教宗無謬說」。我們在上文詳細談到他對於佛洛伊德以及胡賽爾的巨大影響。另一個不害怕接觸的人就是布隆德（Maurice Blondel, 1861-1949）。他一八九三年的博士論文《行動》（*L'action. Essai d'une critique de la vie et d'une science de la pratique*）充斥著康德先驗哲學的思想風格，也摻雜了黑格爾觀念論的元素。我們關於存有所知道的一切，都是在我們的意識裡推論出來的。正如康德所說的，它們是我們憑藉著認知能力衍生出來的。自意識的內在性過渡到永恆價值的超越性以及既與性，布隆德把它叫作意欲（Wollen）。我們的行為並不是聽從闇昧的動物意志，而是會找尋具體的行動目標。可是前提是我們意識到我們是自由的，而且這個行動的自由就潛能而言是無限的。一個意識到

[279]

[17]「一九〇三年七月三日，聖職部公佈一道敕令『可悲的』，以處罰現代主義的六十五條條文。兩個月後，教宗也寫了一篇著名的『牧者』通諭（Pascendi, 1907）。」（《歷代教宗簡史》，鄒保祿著，台灣聞道出版社，1983）

[280]

自己是自由的存在，正如每個人的存在，都會因而破繭而出，迎向一個無限可能性的理想。對於布隆德而言，自由和無限性因而是不可分的，並且指涉到塵世凡夫之外的事物。這個指涉正是基督教的天啟的中心主題。所以說，觀念論的哲學必然會走向基督教。

這個推論實在太突兀了。那不就是為了基督教而對於其他宗教的指涉性格視若無睹嗎？然而那並不是布隆德自詒伊戚的原因。讓教會高層困擾的是他從意識的內在性推論出超越性——顯然牴觸了聖多瑪斯（Thomas Aquin, 1225-1274）的存有學。而對於教會的潔德誡命的僵硬審查而言，它太傾向於主觀主義哲學了。布隆德一輩子都沒辦法在教會大學獲得正式教席。就連俗世的大學也沒有對他伸出橄欖枝。他在普羅旺斯艾克斯（Aix-en-Provence）擔任名譽教授，一直是個人人敬重的局外人，儘管他啟發了整個歐洲的哲學家和神學家，此外更包括西田幾多郎和京都學派。布隆德是第一個提出內在性的「溢出」（Übersteigen）和「超克」（Überwinden）的人，而海德格後來也把它當作自己的思考綱領。

瑞士耶穌會士馬雷夏（Joseph Maréchal, 1878-1944）的個人境遇則好多了。他也從康德的意識哲學下手，可是把它附會到被教會奉為圭臬的聖多瑪斯的思考。作為「新士林哲學」，馬雷夏的思考沒有像布隆德那麼讓人反感。他在一九二二年到一九四七年期間出版的五大冊鉅著《形上學的起點》（*Le point de départ de la métaphysique. Leçons sur le développement historique et théorique du problème de la connaissance*）並沒有引起太多反彈，反而是鼓舞了比利時、法國、德國和加拿大的天主教哲學家的思考。

[281]

馬雷夏的哲學和「批判實在論」的立場有頗多雷同之處。正如桑塔耶納，甚或是哈特曼，他的哲學起初也和康德的知識論分析亦步亦趨。可是康德所謂的人類心靈的建構物——認識的範疇和圖式——到了馬雷夏那裡卻成了實在界的元素，也就是士林哲學所謂的形式對象。於是，他在魯汶（Louvain）的工作室裡從康德的先驗演繹（transzendentale Deduktion）優雅地飛掠到一個存有學，和在馬堡小他四歲的哈特曼不約而同地提出相同的研究計畫；只不過馬雷夏一開始就把他的存有學套上多瑪斯主義哲學的思想圖式，而不像哈特曼那樣一步步提出一個新的範疇體系。哈特曼找生物感官來證明外在世界的實在性，而馬雷夏則是訴諸對於「絕對者」在感官以及心靈上的明證性認知，這個絕對者就在我們四周，大於我們的意識世界。在我們看來，世界是由一個至高者「定立」的，而不是我們自己在心裡虛構出來的；那是一個貫穿我們所有經驗的一種默會知識。我們唯有把大於我們的絕對存有者攝受到我們的意識裡，我們才能正其性命。而對於馬雷夏而言，這就意味著肯定基督教。

至於出身於維也納的馬丁．布伯（Martin Buber, 1878-1965），他則是走上一條和布隆德或馬雷夏截然不同的道路，來到一個靈性的存有學。他童年大部分住在猶太教正統派教師的祖父家裡，也就是位於烏克蘭地區隸屬於波蘭的倫堡（Lemberg），年輕時就體驗到維也納人文薈萃的氛圍。[18]布伯的興趣相當廣泛，尤其是以施尼茨勒（Schnitzler）、阿騰貝格（Peter Altenberg）、霍夫曼斯塔（Hugo von Hofmannsthal）以及巴爾（Hermann Bahr）為核心的維也納現代主義文學，更

[18] 布伯父母親在他四歲時離婚，他一直住在家境富裕的祖父家，並且在家自學。布伯非常喜歡讀書，通曉多國語言，包括希伯來文、意第緒語、德文、波蘭文、希臘文、拉丁文、法文、義大利文和英文。另見：馬丁．布伯《我與你》，頁230-283，林宏濤譯，商周出版，2023。

是熱中於當時相當流行的尼采，也是華格納的粉絲，此外也對於波蘭以及德國的民族主義心嚮往之。

這個求知若渴的年輕人到蘇黎世以及柏林求學，開啟了完全不同的眼界。他在柏林大學的老師有狄爾泰和齊美爾。狄爾泰的詮釋學（Hermeneutik），也就是理解他者的「他在性」，以及齊美爾對於現代大都會生活優美的散文式分析，都深深烙印在他心裡。沒多久，這個短小精悍、蓄著雄偉大鬍子的年輕人就成了被齊美爾邀請到家中討論的入室弟子。布伯在強烈主張經驗論的哲學家和心理學家猶得（Friedrich Jodl, 1849-1914）的指導下，以庫撒努斯（Nikolaus von Kues）和波美（Jakob Böhme）為題，提交了篇幅只有四十多頁的博士論文。[19]

為了構想中以文藝復興時期藝術為題的教師授課資格論文，他和新婚妻子搬到翡冷翠住了一陣子[20]，可是論文並沒有寫成。家境富裕而興趣廣泛的布伯變成了自由作家和出版商。就像他的博士論文一樣，他熱中於神祕主義和靈性，並且自己接觸到哈西第教派（Chassidismus），那是源自十八世紀的神祕主義教派，流傳於烏克蘭和波蘭的猶太教之間，成為他們重要的民間信仰。布伯大量翻譯和註解哈西第教派，因而更加接近他原先在心裡相當排斥的思想。他也出版了關於東方和西方思想裡的神祕主義傳統的作品而獲得相當大的關注，尤其是他的文集《出神的懺悔錄》（*Ekstatische Konfessionen*. 1909）。接下來的幾年裡，布伯出版了大量的作品，成為奧地利文化事業的要角。他遊走於猶太教和西方傳統之間，自己也不停地在尋尋覓覓。正如當時許多知識份子一樣，

[19] *Beiträge zur Geschichte des Individuationsproblems*, 1904。

[20] 一八九九年，他認識了寶拉·溫克勒（Paula Winkler），一九〇七年，兩人在寶拉歸信猶太教之後結婚，育有一子一女。

第一次世界大戰爆發的時候，他也熱中於形上學式的民族主義，在戰場的廢墟上打造一個新的共同體。此外，就像他在自己創辦的《猶太人》雜誌上所寫的，猶太教也要建立一個新的共同體。

在戰爭血流漂杵的悲劇裡，布伯知道自己錯了。真正的靈性和「民族」、「國家」之類的概念無關。另一方面，我們也不是如神祕主義傳統或是若干學究所說的，只有在內心的對話以及離群索居的冥想當中才和世界傾訴衷情。擺脫了這兩個妄想的布伯，在他的朋友那裡找到了決定其往後人生方向的解答，也就是熟諳黑格爾的哲學家羅森茨威格（Franz Rosenzweig, 1886-1929）。正如羅森茨威格在其《救贖之星》（*Der Stern der Erlösung*, 1921）裡所闡述的，我們和存有的直接關係並不是在思想裡實現的，而是在**行動**當中。讓我們分受神性存有的，不是枯坐冥想，而是相遇（Begegnung）以及他者的「臨在」（Gegenwart）。

其實這個想法早就在時代精神裡持續醞釀當中。柯亨晚期關於宗教的作品（他和布伯對於第一次世界大戰的問題意見相當分歧）就洋溢著對話哲學（Dialogphilosophie）的思想。而對於他者的承認（die Anerkennung des Anderen）正是這種哲學的核心。奧地利哲學家艾伯納（Ferdinand Ebner, 1882-1931）由於齊克果的啟發，也在一九二一年寫了一部作品：《話語以及靈性實在》（*Das Wort und die geistigen Realitäten. Pneumatologische Fragmente*）。這部乏人問津的作品的核心命題和柯亨如出一轍。真實的存有不是覓得的，而是在對話交流的間隙裡產生的。正如艾伯納在他處所寫的，理性是「在話語裡」，而話語也是「在理性裡」。[171]可是由於話語如果沒有說話的對象就沒有任何意義，所以說和「你」的關係就是人的唯一真實的知識可能性。

根據布伯自己的說法，他是在對話裡而不是寫作裡得到重生，並且點燃了他的靈感。一九二三

[284]

年，在羅森茨威格以及艾伯納的作品問世兩年之後，他也出版了他的《我與你》（*Ich und Du*）。自一九一六年，這位哲學家和出版商就住在悠閒寧靜的海本罕（Heppenheim）的貝格街。他在埋首寫作時，並不知道那會是他一生的哲學曠世鉅作。而且它也不怎麼符合科學的要求，沒有嚴謹的章節劃分，而是由六十二個段落構成的。布伯不想推論或證明什麼主張。他只是以詩對著讀者說話，打開心扉走進他所寫的東西：那是由哈西第教派、西方神祕主義以及存在哲學構成的一種個人本質。

他沿襲自羅森茨威格的核心思考方式，是區分對象（Gegenstand）和臨現（Gegenwart，現在）的不同。[21]如果我們把我們的世界視為對象的總和，那麼我們就是把它對象化。我們就走進了一個我它關係（Ich-Es-Beziehung）。我們和世界的關係是一種客體關係。相反的，另一種和世界相遇的深刻形式則是主體關係。如果我們以一種我和你的關係去思考世界，我們就不再把它對象化，而是讓它臨現。正如艾伯納所說的，在真實對話的那種真誠裡，存有的關係會更加強烈。我們越是融入一個他者的臨現——大多是另一個人，可是有時候也可能是植物、動物或藝術作品的臨現——我們對於實在界的體驗就越加強烈。我們的感官為了真實永恆的存有而敞開，它不會在我們獨處時和我們相遇，因為真實的相遇只有在對話裡才可能出現。

如果我們仔細審視布伯的思考方式，我們會知道那是和海德格、懷德海或哈特曼之類的形上學家截然不同的一種形上學。而差別就在於他們的方法。以西方傳統思考的形上學都是獨白式的

[21] 見：《我與你》，頁32。

（monologisch），儘管這個傳統是源自柏拉圖的「對話錄」。它們一步步定立獨自枯坐冥想的思考者的知識。分受存有，或者說「存有的敞亮」，唯有在對話裡才可能發生，可是在海德格對於任何他者的保守態度裡完全看不到。針對這種就連康德或黑格爾也難以自拔的西方傳統的偏執狂，布伯要提出一種「關係」的哲學，也就是說，唯有在和他者的「關係」裡才能提出任何關於存有的命題。所以說，真理和存有無一例外地只會在臨現當中開顯，而這個臨現也只會在和一個主體的相遇當中發生。沒有「你」就沒有知識！使人獲得知識的，不是在《純粹理性批判》裡的第一句話所說的經驗[22]，而是「相遇」。布伯苦口婆心而循循善誘地要讀者在他的書寫裡和他相遇並且跟隨他。但凡人在相遇裡體驗到臨現，他就經驗到——布伯在這裡從心理學跳躍到存在主義存有學——世界裡唯一真實的、神性的存有。在他者的臨現裡，而且唯有在他者的臨現裡，神才會現身。布伯眼中的宇宙，並不是如哈特曼所說的由階層和範疇構成的，也不是如懷德海所說的力和關係，而是由相遇構成的。所以，我們可以套用魯基瑟的詩說：**宇宙是由相遇構成的，而不是原子**。

布伯的書頗受好評。這位著名的哲學家和出版商原本被大學拒於門外，現在獲聘為大學講師，後來也成為法蘭克福大學名譽教授。可是國家社會主義的獨裁者使德國輿論圈對於他的討論戛然而止。一九三八年，布伯逃亡到耶路撒冷，他在海本罕的屋子也在「水晶之夜」大屠殺事件中被洗劫一空。他在耶路撒冷任教於由猶太復國主義者（Zionist）創辦的耶路撒冷希伯來大學。第二次世界

[22]「吾人所有一切知識始於經驗，此不容疑者也；蓋若無對象機動無人之感官，一方由感官自身產生表象，一方則促使吾人悟性之活動，以比較此類表象，聯結之或離析之，使感性印象之質料成為『關於對象之知識』，及名為經驗者，則吾人之知識能力，何能覺醒而活動？是以在時間次序中，吾人並無先於經驗之知識，凡吾人之一切知識，皆以經驗始。」

大戰結束之後，布伯成為歐洲舉足輕重的公共知識份子，獲得無數的表揚，其中包括一九五三年的德國書商和平獎（Friedenspreis des Deutschen Buchhandels），一九六五年備極哀榮地於耶路撒冷謝世。

人和權力

- 暴力的神話
- 剩餘物和衍生物
- 心靈失落和大眾文化
- 以馬克思超越馬克思
- 實踐的哲學
- 福特主義的年代

暴力的神話

二十世紀初期的哲學幾乎不曾因為政治的阢隉不安而有所動搖，這讓我們一再感到大惑不解。德意志帝國的瓦解，不管是對於胡賽爾或海德格而言，其剝膚椎髓的感覺不下於對於具體自我的追尋或者是對於存在之屬己性的探索之旅。可是就在胡賽爾在弗來堡第一次定義「生活世界」概念的時候，俄羅斯的十月革命風捲雲殘地掃除了生活世界。而正當海德格說雅斯培是他的「戰鬥團隊」成員的時候，義大利的墨索里尼（Benito Mussolini）及其法西斯戰鬥團隊也大權在握——在思想顛覆之後，整個社會也跟著棟折榱崩，左右了海德格所謂的「命運」。社會存有的重組在這個時候登上世界舞台，勢焰薰天而駭人聽聞，然而奇怪的是，在德國、法國和英美哲學裡所有的存有重建——柏格森、胡賽爾、海德格、賀尼斯瓦德、懷德海和哈特曼的思考——卻一副若無其事的樣子。

屬己性的層次顯然就算沒有具體的社會性存有也沒有什麼關係，相反的，它是存在於創造力和生命衝力（柏格森、懷德海）或者是存在以及自我開顯的存有（海德格、哈特曼）。至於持續塑造著意識的社會性存有，他們則是置若罔聞。就算是在布伯的對話哲學裡，也只是談到直接的臨現。撇開海德格關於國家社會主義的黃粱一夢不談，我們注意到，在所有這些存有學體系裡，社會和政治事務是沒有意義的東西。在他們的理論裡，人就像是踽踽獨行的美洲豹，偶爾才會群聚，而不是社會關係緊密的靈長類，如果沒有他者，他們就不知道自己是誰，對他們而言，指派他們一個角色的不是神或命運，而是他們的群落。諸如胡賽爾和海德格之流的哲學家的社會地位這麼高，社會在他們的哲學**裡面**扮演的角色卻如此低下。

[288][287]

在這同時，也有許多思想家指出，就算是馬也要被套上政治和社會的轡頭，他們有意識地思考 [289] 著時代的脈動——而不會（有意或無意地）抗拒它。他們對於歷史的理解都相當動態。事實的唯一穩固基礎並不是「存有」，而是「歷史」。所以說，海德格所謂的「世人」的非屬己性和歷史以及社會的屬己性是對立的——那是一種真正的屬己性，個體只是其中一個不重要的部分而已。讓世界轉動的行為主體並不是個人，而是社會。而屬己性也不是屬於個人的東西，而只是因為分受了社會性的存有。在其他存有學裡一直很陌生的東西，現在成了最重要的概念之一。以個人主義推論出來的存有學充斥著宿命和命運，而在關於動態的社會變遷的哲學裡自我規畫和展現的則是：**權力**！

這種建築風格的哲學擁有截然不同的體系構造。它不從事演繹。它不會像德國大眾對於哲學的期待那樣不斷地深入鑽探內心世界（正因為如此，有些「中產階級的」哲學史對於政治思想家沒有什麼好感）。這些哲學也勇於提出種種價值判斷。相反的，它們認為不做評斷的哲學是個妄想。它們的工具則是自十九世紀之交以來的意識形態批判以及對於社會權力結構的理解。它們也要求一種重要的黨派性。

在法國，二十世紀的起點不只是萬國博覽會，而是先前的政治鼓聲。一八九四年秋天，軍事法庭宣判砲兵軍官德雷弗斯（Alfred Dreyfus）的叛國罪，然而不久就獲得平反。人們懷疑是保皇黨勢 [290] 力的一場陰謀。德雷弗斯事件使得法國第三共和岌岌可危。一八九八年，作家左拉（Émile Zola, 1840-1902）以公開抗議信「我控訴……」（J'accuse...!）的形式點燃了烽火。正面交鋒的一方是軍隊和天主教會，而另一個陣營則是自由派、社會民主主義以及社會主義力量。以德雷弗斯派（Dreyfusards）為核心的左派陣營把兩個不同的族群團結起來：動員群眾對抗因循守舊的政府的人士，以及支持改革但是不贊成全面顛覆政府的知識份子以及共和派領袖。

就連索黑爾（Georges Sorel, 1847-1922）也慷慨激昂地投身其中。他是個土木工程師，二十多年來造橋鋪路，直到四十多歲，才由於馬克思以及蒲魯東（Pierre-Joseph Proudhon, 1809-1865）關於社會革命作品的鼓舞而成為社會理論家。在索黑爾眼裡，德雷弗斯事件驚人地證明了第三共和有多麼腐敗。他很快地就在德雷弗斯派陣營裡找回了自己。他和他們一樣，也主張社會的澈底變革。可是索黑爾的願望並沒有實現。當左翼的共和派於一八九九年獲得執政，德雷弗斯派產生了內鬨。索黑爾極為失望。他夢想中的由人民作主人到哪裡去了？現在掌權的是一個「共和派的貴族政治」，他們也和以前的政府一樣，用國家鎮壓手段來鞏固其政權：「經驗一再對我們證明，我們的革命者一旦掌權，就會訴諸國家理性，使用警察方法，把司法當作一種對付政敵的武器。就算議會社會主義者也難以倖免於這個一般性規則；他們堅持老舊的國家神話，隨時準備犯下和舊制度（l'Ancien Régime）以及革命一樣的所有罪行。」[172]

索黑爾不想和「貴族政權的輪換」妥協。他的失望使他成為蒲魯東思考傳統下的「工團主義者」（Syndikalist）。所有權力都應該歸於工團，由他們來組織，而不是「貴族政治」的國會。讓人詫異的是，索黑爾居然把希望寄託於當時正在法國流行的反閃族主義。他把它美化成群眾對抗腐敗而自私的上流統治階級的一種本能力量，儘管大部分的上流階級，教會和軍隊，自己也有強烈的反閃族主義傾向。

這個熟諳社會主義著作的工程師對於當時的政治演變並沒有太大的影響。對於工團以及社會主義者而言，這位蝸居在巴黎近郊的思想家一點也不重要。可是他的野心並沒有熄滅。自從一八九〇年代初期以來，他就密集研究柏格森，並且去聆聽他的公開講座。「綿延」的概念以及早在《創化論》之前就暗示了的「生命衝力」的觀念使他為之傾倒。可是柏格森對於「生命」以及「生命衝力」的理解會不會太侷限於生物方面了？它不也應該是充斥於文化、社會和政治的層次？社會破壞的創造力，反叛的創造力，它們在哪裡？為什麼中產階級對它們視而不見，只是把它們定位為動物界的事件？如果說人也是動物，那麼人類社會也應該像所有其他自然一樣由相同的力量驅動。

索黑爾的這些想法，可見於《論暴力》（*Réflexions sur la violence*），那是他在一九〇六年發表的論文，並且於一九〇八年彙集成書。這部激進的作品無疑在二十世紀初期的政治哲學歷史裡拋下了震撼彈。它在索黑爾生前就再版了四次，在問世的一年內就被翻譯成義大利文，一九一四年有英文本，一九二八年則有德文本。這部論文集圍繞著兩個主題打轉。第一個主題是索黑爾對於「中產階級及其變種的支配和道德」的深層不安以及厭惡。中產階級的價值充滿了謊言和矛盾，沒有任何真實的道德基礎，只是為了鞏固政權而已。讓中產階級感到驕傲的政黨、議會和民主制度，在索黑爾眼裡，都只是對於工人階級的壓迫機制的偽裝。而種種改革也沒有考慮到工人的利益，它們眼裡只有墮落的上流階級的權力。

那麼我們可以怎麼對抗它呢？索黑爾提出了兩點：我們必須掃除中產階級的統治，消滅知識份子的統治，推翻國家機器。改革成不了任何氣候，在索黑爾的詮釋下的「階級鬥爭」必須承擔一個歷史性的重大轉折：建造一個意志堅定的公民社會，以在勞動當中淬鍊出來的力量和能量取代中產階級以及知識份子的墮落。

索黑爾所說的「階級鬥爭」當然不同於馬克思。他認為自人類有記憶以來，一個掌握了經濟力

[292]

量的階級並沒有真正掃除上一個階級。對於索黑爾而言，歷史裡還沒有出現任何一次真正的階級鬥爭。第一個也是最後一個真正的階級鬥爭一直還沒有到來，而那正是工人階級的歷史使命。作為難以抑遏的自然和社會力量，無產階級要求掌握權力。而直到它得到應有的承認，它才真正形成一個階級。所以說，歷史的目標並不是如馬克思所說的一個「沒有階級的社會」。相反的，工人階級的形成才是它的目標，創造性能量的階級，真正的生命力，作為新的道德，要摧毀和取代墮落而道德敗壞的中產階級。

不同於馬克思，索黑爾所謂的「階級鬥爭」並不是什麼經濟上的必然性，而是道德的必然性。這個道德服膺的法則也不同於知識份子以及中產階級的道德。在其中，戰爭和暴力也不是負面的概念，而是創造性的力量和狂放不羈的生命力的表現。柏格森的生命衝力到了索黑爾那裡變成了建設性破壞的源泉。在階級的戰爭當中，無產階級積蓄它的力量，釋放它的能量，同時又為了一個偉大的社會目標而自我規訓。

於是，索黑爾提出了一個別出心裁的概念：一個以生命哲學為基礎的暴力理論，而柏格森對此也只能大搖其頭。[173]當然，把「生命衝力」想像成一種「社會力」，接著用以顛覆社會，那是相當艱鉅的任務。我們要怎樣才能廢除中產階級國家以及議會體系？以總罷工為形式的全面叛亂成了索黑爾的執念。如果工人日復一日地停下他們的工作，那就達到了顛覆的目的。可是索黑爾也心知肚明，就當時法國的情勢而言，成功的可能性相當有限。所以說，總罷工不會在短期內變成事實，而只是個妄想，正如索黑爾所說的，它是一個集體的神話，必須在所有工人的腦袋裡擴散開來。正如黑格爾的名言，只要幻想變成了革命，現實就再也沒辦法堅持下去❶，索黑爾也要召喚神話和想像的力量。數百萬人總罷工的想法創造了一個不同以往的意識，有朝一日也會產生一個不同以往的存有。國家不需要一個刻畫入微的烏托邦，而只需要一個古老的神話：「所有這些美好的事物都會隨著總罷工而消失無蹤；革命會表現為一個單純的反叛，不管是社會學家或是社會上同情社會改革的人，或者是**以思考無產階級問題為職志**的知識份子，都再也沒有他們的位置。」174

正如一九三三年到三四年醉心於國家社會主義的海德格，一九〇六年的索黑爾也渴望總罷工是一個「清洗」以及一個強而有力的重新啟動。所有猶豫不決的、意圖分化的、自我設限的知識份子，軟弱無力的改革者階級，都要被沖洗掉。後來的海德格也意欲如此梳理德國哲學的未來。知識份子的反智論（Antiintellektualismus）！可是海德格心裡想的是如何幫助「存有」破繭而出，而索黑爾則是夢想著工人的生命能量如何奪權；海德格只是以一個學究的距離，把工人視為陶罐的製造者，或者是破舊的鞋子的使用者，至於他們悲慘的生活處境，對他而言根本不值得接下去思考。索黑爾在一九〇六年呼籲工人階級為了自身的權利而戰，建立且體現一個自己的國家，海德格卻是以選擇國家社會主義明確表達了反對的立場。

而他們的共同點則是兩個熟諳哲學的知識份子對於神話事物的想像，一直是個空中閣樓的古老社會力量的想像，此外他們也很荒誕地意欲以不民主的方式清洗民主社會。索黑爾的作品寫於德雷弗斯事件使得法國瀕臨內戰的年代，它成了二十世紀上半葉無數政治暴力妄想的藍圖：只要暴力是

❶ 黑格爾原本的說法是：「直到觀念的國度變成了革命，現實才會支撐不住。」見：*Hegel an Niethammer*, Stuttgart, 28. Oktober 1808, in: *Briefe von und an Hegel*, Hrsg. von Johannes Hoffmeister, Bd. 1, 1785-1812, Felix Meiner Verlag, Hamburg, 1952, S. 253。

[294]

[295]

創造性的，只要它是用於建設性的目標，一種能量的釋放，用以清洗社會並且使它維持永久的和平，那麼暴力就是好東西，就是合法的。所以說，軍人的德行也是正面的，勇氣和強悍，為了遠大的目標而戰並且犧牲奉獻——索黑爾認為這些德行在墮落的中產階級裡早就不見蹤影。

在總罷工之後的未來無產階級社會究竟是什麼模樣，如果革命大功告成，它的生命能量會如何開花結果，索黑爾並沒有告訴他的讀者。我們該怎麼想像一個由神話和暴力鍛接在一起的社會？如果再也沒有什麼東西要為它而鬥爭的，那麼我們要一個古老的戰鬥團隊做什麼？讓創造性的暴力放長假是什麼情況？索黑爾並沒有回答他自己挑起的問題，反而在《論暴力》不久之後立場搖擺不定。一九一〇年，他和以作家以及出版商墨哈斯（Charles Maurras, 1868-1952）為核心的圈子往來頻繁，他們的「法蘭西運動」（Action française）不僅是極右翼的、反閃族主義的，更是君主主義的——和總罷工是死對頭。

相反的，索黑爾多年來不屈不撓地夢想著社會主義者和民族主義者的大團結。可是反智論以及反議會主義成為他的強迫觀念，比政治方位更加重要。所以他也完全不諱言對於列寧以及俄羅斯的布爾什維克革命的熱中。在這位俄羅斯革命者眼裡，索黑爾是個「頭腦混亂的人」，可是他卻得到另一個陣營的讚許。一九二二年，在他辭世不久之前，法西斯主義者墨索里尼對於神話以及創造性暴力的觀念驚豔不已。在所有踵武索黑爾的人們當中——不管是左翼的盧卡奇、班雅明、柯爾施（Karl Korsch, 1886-1961）以及葛蘭西，或者是右翼的極端保守主義且反民主的公法學家施密特（Karl Schmitt, 1888-1985）——，他對於墨索里尼的影響可以說是最災難性的。因為左翼人士對於神話莫衷一是，而民族主義的神話——「人民」和「民族」——被索黑爾火上加油，變成了「群眾的生命能量」，而到處攻城掠地。

剩餘物和衍生物

對於「異質」社會的不安，對於民主的凝聚力量的極度懷疑，以及對於激情的暴力以及狂放不羈的權力意志的熱中——在二十世紀初期，索黑爾並沒有那麼形隻影單。當時歐洲許多人都是如此。索黑爾的若干看法和一個義大利人相當一致，他們只差一歲，而且兩人也相識。就像孔德、維根斯坦和穆齊爾一樣，帕雷托（Vilfredo Federico Pareto, 1848-1923）也屬於這個碩果纍纍的哲學工程範疇。他的父親是熱那亞（Genova）的農學家，一八九三年，時年四十五歲的他才從一個生意人變成了洛桑大學經濟學教授。這個走後門的人不久就聲名鵲起，並且建立了福利經濟學。帕雷托把國營和民營行為的福利收益和福利損失變成了數學公式。這位披著經濟學家外衣的工程師說明了「帕雷托分配函數」以及「帕雷托最優狀態」，為缺陷分析提出了「帕雷托圖」，建立了著名的「帕雷托法則」，也就是說，一般而言，百分之二十的變因會決定百分之八十的結果。

一八九八年，帕雷托踏入第三個職業，變成了社會學家。由孔德創立的社會學一直處於童年期，而沒有和哲學明確地劃分畛域。而帕雷托則是除了涂爾幹、齊美爾、滕尼斯和韋伯之外的另一個轉型期先驅。他們一方面探討傳統的以及新興的哲學主題，另一方面，他們也要讓社會學和哲學脫鉤。帕雷托說，他之所以成為社會學家，那是因為他以及他的實證主義和效益主義思考在現實生活裡遇到了瓶頸。如果說，身為經濟學家的他看到處處存在著理性法則，那麼到了十九世紀末，他則是漸漸懷疑社會歷程的演變是否真的可以用理性去解釋。例如說，他認為馬克思的辯證歷史演變的分析是錯誤的。在社會裡並不存在著一個邏輯或辯證法。馬克思和社會學家的價值不在於比別人更深入地洞察經濟、歷史和社會，而是因為他們抱持著一種為了全民福祉而燃燒自己的理想主義。義大利左翼分子說他是「中產階級的馬克思」，有點言過其實了。一方面，他在一九一六年出版的四大冊社會學鉅著《普通社會學》（*Trattato di sociologia generale*）直到死後才變成經典。❷另一方面，對他而言，社會學只是政治理想主義領域裡的一個變種而已。

由於對於社會行為的理性的強烈懷疑，使得帕雷托嚴厲批判社會科學以及社會解釋的確定性。「國家」到底是什麼東西，什麼是「民族」，什麼是「種族」？這些都只是抽象物，可是抽象物並沒有行為可言，它們根本沒有任何利益。而個人的利益則是應該置於民族、國家、文明的利益之後。但凡人以嚴謹的經驗性角度解剖世界，他眼裡就只會有個別事物，任何集體概念都會不見蹤影。帕雷托對於馬赫有所研究，馬赫認為只有經驗事實才是真實的。帕雷托也想要如此探究社會學。

以下也是個經驗事實，那就是邏輯和計算固然支配著數學理論，卻沒有支配人類的生活和社會生活。正如十八世紀初期經驗論之父休姆所說的，人類一般而言都會依據當時占優勢的感覺去作決定。如果不是感覺，我們也不知道怎麼解釋人類的本質。我們這位接受嚴格的理性思想教育的工程師，提出福利經濟學的精確科學理論的人，現在必須證明，他的理性思想也可以描述非理性事物。而帕雷托也真的草擬了一個社會歷程裡的「非邏輯行為」系統。他一開始就提出一個讓人咋舌的診斷：人類在日常生活裡固然都會以其利益的計算為取向，可是在社群和社會裡卻並非如此！社會行

❷ 義大利版的《普通社會學》（*Trattato di Sociologia Generale*）分成三卷；法文版（*Traité de Sociologie Générale*, 1917）則是兩卷；一九三五年的英文版（*The Mind and Society*）才是四卷；一九六三年英譯本又合訂為兩卷。

為並沒有那麼符合目的理性，而會摻雜了諸如「巫術行為」或者「習慣性行為」之類的元素。宗教、世界觀、神話和特定社會的意識形態，以及傳統和慣例——即使它們就目的理性而言都是不理性或者荒誕不經的。政治的決定往往導致了難以預料的結果，而行為人完全沒有意識到；考慮到這點，也就說明了那些使社會不斷犯錯的非理性短視行為。

帕雷托下筆寫作的時候，正值第一次世界大戰——二十世紀的第一場浩劫——山雨欲來之際。那正是被巫術行為和習慣性行為囚禁且驅策的社會非理性主義的最佳寫照。可是帕雷托不僅看到這種「前反思式」（präreflexiv）行為的危害，也看到了它的正面價值。到頭來使社會團結在一起的，難道不就是這些非理性的事物嗎？社會的黏著劑並不是源自理性的協議以及基於目的理性的制度，而是許多人都一樣的、支持社會秩序的「情感結構」。不同於半個多世紀以前的孔德，帕雷托並不會夢想一個完全符合目的的理性的國家。因為如果說世界上所有社會到處都充斥著非邏輯性的行為，那麼一定有它的道理在。我們要找出哪些跨文化的結構模式貫穿著這些非理性事物，往後才能夠更加理解它。

[299]

當德雷弗斯事件在法國野火燎原的時候，帕雷托人正在日內瓦湖畔風光明媚的塞利尼（Céligny）埋首閱讀民族學文獻，就像當時的涂爾幹和佛洛伊德一樣。他在《普通社會學》第二冊裡問說，關於巫術思考的起源，遠古的文化對我們透露了什麼？古代社會的那些非邏輯的行為模式，作為剩餘物或殘基（residui），是否一直存在於現代社會裡？帕雷多區分了六類的殘基❸：其

❸ 所謂的殘基或剩餘物，是指非邏輯行為除去邏輯的外衣剩餘的非邏輯核心，是介於情感和行為之間的東西而無法直接意識到。六類的殘基分別是：組建的本能（l'istinto delle combinazioni）、聚合體的持存（la persistenza degli aggregati）、以外在行為表現情感的需要（il bisogno di manifestare con atti esterni i sentimenti）、和社會有關的殘基（i residui in relazione con la società）、個人及其附屬物的完整性（l'integrità dell'individuo e delle sue dipendenze）、性的殘基（i residui sessuali）。

一是**人類學意義下**的殘基，可見於所有社會，例如創造性活動、宗教儀式以及理論的創意。接著則是用於社會的種種**組織形式**的殘基，例如家庭、親戚以及名譽的概念。第三類殘基是用以把內心體驗形式化以及社會性表現的種種**符號**。第四類殘基是指種種社會黏著劑，模仿、從眾、利他以及禁欲，用以鞏固社會的團結。接著則是第五類殘基，用以懲罰**脫軌以及違反規範的行為**。第六類是和性有關。可是不同於《圖騰與禁忌》的佛洛伊德，他不只是關注驅力結構。他想要知道社會如何以不同的形式定義性別問題以及相關的角色模型。

帕雷托所理解的「殘基」是前反思式的意義結構；它們以不同的類型出現在所有社會裡，組織並且鞏固社會。而正如他在第三冊裡所說的，在現代社會裡，它們以**衍論**（derivati）和**衍理**（derivazioni）的形式和我們相遇。衍論是人們挖空心思虛構出來的秩序系統，用以訂定道德和法律。相對的，衍理則是馬克思所揭露的「意識形態」：以偏概全地解釋什麼是民族、人民、統一的信仰、種族、階級等等。它們會形成某種「和情感一致」的事物（儘管很粗糙），據此提出非邏輯的種種「證明」，建力「權威」。❹正如殘基驅使個人和社會做出非理性的行為，在現代社會和國家裡的衍理也是如此。它為陰暗的世界觀覆蓋上一層「邏輯的透明層」，讓完全沒道理的東西變得有說服力。一般來說，強烈的政治信念以及非理性的世界觀都是如此形成的。

人們往往會感到困惑的是，帕雷托並不排斥他所揭露的這些到處「散播」的偽邏輯。相反的，

❹ 所謂的衍理和衍論，是指人們會以理論、說明和辯解來包裝非邏輯行為，為它披上邏輯的外衣。這個心智過程就叫作衍論或衍生物，但是與殘基不同的是，衍論是會隨著時代和環境而改變的。帕雷托區分四種衍論：一、肯定句；二、權威；三、和情感或原則一致；四、口頭證明。

[300] [301]

他在第四冊裡認為那是有必要的東西，因為如果沒有它們，就無法建立任何國家。所以說，菁英階級特別需要衍理，在他看來是理所當然的事，否則他們就沒辦法治理國家。就像桑塔耶納一樣，帕雷托也是菁英階級的擁護者。用以評斷一個社會是否弦歌不輟，既不是行為的合理性也不是道德概念，而是菁英階級的領導品質。帕雷托認為，若是沒有欺騙、詭詐和暴力，就沒有辦法執行權力。任何社會都需要菁英的治理，就算是社會主義政黨，他們的領袖也是群眾當中高掌遠蹠而指揮若定的人。不管任何形式的政府，君主政體或民主等等，它們其實都是「貴族政治」——由一群出類拔萃的人支配其他人。而他們無一例外地因為自己的墮落而垮台，接著就被另一個貴族政治取代，那是他們的宿命。就此而論，帕雷托和索黑爾的看法相當一致，而他們也的確熱烈地交換意見。儘管有形形色色的衍理，歷史不就是「貴族政治的墓園」嗎？可是不同於意欲克服貴族政治的兩難的索黑爾，帕雷托基於實用主義的立場而和它妥協。我們除了菁英政治以外別無選擇，因為群眾根本無法執政。

這位蝸居在日內瓦湖畔的社會工程師是個現代版的馬基維利嗎？無論如何，他認為菁英的品質要比他們所代表的政府形式重要得多。帕雷托也毫不諱言地認為義大利顢頇無能的代議民主太軟弱而沒有效率。而他對於定居的瑞士卻又讓人詫異地興趣缺缺。他的周遭瀰漫著反民主的風氣，即使是墨索里尼把帕雷托和索黑爾視為他的導師也無濟於事。而這位白髮蒼蒼的社會學家其實有一陣子是支持「領袖」（Duce）的，雖然在墨索里尼「進軍羅馬」（Marcia su Roma）之後，他們就漸行漸遠了。

帕雷托再也看不到義大利在法西斯統治下的演變了，七十五歲的他在一九二三年辭世。一九三〇年代，他在身後蜚聲國際。在哈佛大學出現了一個帕雷托學圈（Pareto Circle），派深思也是其中的成員，我們會在這部哲學史的最後一卷詳細談論他。儘管派深思認為他對於民主理論有許多正面貢獻，在其他人眼裡，他一直只是個夢想破滅的犬儒而已。他認為就算是代議式民主到頭來也只是貴族政治，以衍理遮掩他們的自私自利，對於自由主義的國家而言，這一直是個挑釁。直至今日，渴望一個有生氣的民主的理論家們也一再表達他們的疑慮。我們就以英國社會學家和政治學家科林．克勞奇（Colin Crouch, 1944-）為例，他以為若干西方國家的民主，尤其是美國，正在走向「後民主」。克勞奇認為，後民主只是假借公關策略上演一齣民主的戲劇，其實只是妝點得花枝招展的寡頭政治而已。[175]

心靈失落和大眾文化

相信顛覆的療效，是整個歐洲的共同現象。不管是第一次世界大戰前後，它賦予了從里斯本（Lissabon）到烏拉山脈（Ural）的思想家們許多靈感。他們都有個感覺：身處於一個時代，其地基被沖刷掉而且肯定要碎裂。至於他們相持不下的則是，如果說一直是主流的中產階級特權社會被掃除了，那麼要由什麼取而代之？巴斯克人烏納穆諾（Miguel de Unamuno, 1864-1936）於一八八〇年在馬德里攻讀語言學的時候，也提出了相同的問題。和比他大一歲的桑塔耶納一樣，烏納穆諾的父親也是殖民地官員。他在家鄉畢爾堡（Bilbao）的地下室裡經歷了政府軍隊猛烈砲火的狂轟濫炸。❺當時的戰爭事件、保守派意圖推翻自由派的君主政體、教會權力的式微，以及巴斯克人對抗馬德里政府軍的戰爭，構成了他的第一個政治時期。烏納穆諾是巴斯克事件的激情擁護者，他在一八四年以該事件為題獲得博士學位。❻至於他的第二個烙印則是童年的天主教，他一輩子都在探討這個問題。

可是在馬德里的世界和畢爾堡的世界判若雲泥。烏納穆諾也在那裡接觸到當時的哲學。他讀到了謝林以及無神論的叔本華，並且研究無神論的孔德的作品。為了閱讀原文作品，他一共學了十種語言，在文學以及哲學的造詣方面冠絕一時。一八九一年，他成為薩拉曼卡大學（Universidad de Salamanca）古希臘文教授。他娶了青梅竹馬的貢加（Concha），生了十個孩子，而且越來越支持馬克思主義而和自由主義漸行漸遠。一八九四年，他加入西班牙社會黨。當時西班牙的政治正值風雨飄搖。一八七三年，君主政體垮台，不過只有十一個月的時間，舊秩序就復辟了❼，可是整個國家由於工業化的萎靡不振而經濟凋敝。一八九八年，西班牙在美西戰爭當中失去了它最愛的殖民地。西班牙兩次入侵摩洛哥的戰爭的慘敗，更是雪上加霜。❽驕傲的西班牙人在政治版圖上再也不是列強之一了。

在這個動盪不安的局勢裡，許多知識份子、作家和哲學家，都在尋覓一個新天新地。而烏納穆諾則是後來所謂「九八世代」（Generación del 98）的成員，雖然他早在一八九五年就出版了一本

❺ 指第二次卡洛斯戰爭（1868-1874）。

❻ 博士論文題目是：《對於巴斯克的起源以及史前史的問題的批判》（*Crítica del problema sobre el origen y prehistoria de la raza vasca*）。

❼ 一八六八年西班牙光榮革命，荒淫無道的女王伊莎貝拉二世（Isabel II de Borbón, 1830-1904）被推翻而流亡法國，攝政團擁立阿瑪迪歐一世（Amadeo I, 1845-1890），一八七三年阿瑪迪歐退位，共和派建立了西班牙第一共和國。一八七四年，保皇派政變，擁立伊莎貝拉之子阿方索十二世（Alfonso XII, 1857-1885），波旁王朝於是復辟。

❽ 西摩戰爭自一八六〇年一直持續到一九三〇年代。

探討西班牙在西歐的角色的論文集《論純正性》（*En torno al casticismo*）而聲名大噪。他在那場著名的文學和藝術的叛變裡（畢卡索也在其中）其實沒有那麼活躍。他有一個孩子出生，卻因為患有殘疾而早夭，使得他有一段時間托庇於信仰。

在那個期間，烏納穆諾擔任西班牙語言史教授，並且當了一陣子薩拉曼卡大學校長，十五年後，他於一九一三年出版了他家喻戶曉的哲學作品：《生命的悲劇意識》（*Del sentimiento trágico de la vida en los hombres y en los pueblos*）。那是烏納穆諾對於人在現代世界裡的支離破碎的反應，也是第一次世界大戰前後許多知識份子的心聲。直覺的心靈世界以及現代理性科學的世界觀再也不同調。一方面，覺得自己是個自我、一個時空統一體的意識，盼望著不死和永恆，追求著真善美。另一方面則是科學家的知性，對於心靈覺得理所當然的任何事物，它都要加以懷疑。我們的心靈渴望身邊的世界可以整合為一個全體，尖銳而冷靜的知性則反之，它拒絕任何的統一。烏納穆諾的特別之處在於，在他的語言裡，哲學和詩被揉合在一起，因為心靈的語言既不是科學的也不是冷靜的。它是靈的「種族」或「血」，裡面灌注了他的美感的、靈的，也就是對於天主教的渴慕。天主教的尋求冥契的心靈，相對於冷靜而撕裂一切的知性——難怪烏納穆諾最成功的作品是一部小說，那是該隱和亞伯的現代版故事，《亞伯·桑奇斯：一個受難的故事》（*Abel Sánchez. Una historia de pasión*. 1917）。

如果說上述心靈的詩和行為的散文之間的衝突和他在小說裡描述的社會衝突是兩回事，那麼烏納穆諾就不是烏納穆諾了。早在一九〇八年，他就和其他知識份子加入抗議首相毛拉（Antonio Maura）的活動。[9]他們認為政府的改革腳步太慢了。烏納穆諾和他的戰友憧憬一個由自由主義和社會主義構成的綜合體，引領西班牙人民走向現代世界。這位薩拉曼卡大學的哲學家和他的同事投身對抗大地主的封建主義，並且鼓吹一種土地改革。衝突越演越烈。烏納穆諾失去了大學校長的職務，他的社會主義傾向也越來越鮮明，抨擊第一次世界大戰期間各國的民族沙文主義。一九二〇年，烏納穆諾因為一篇報紙的文章而被判十六年有期徒刑，在許多知名的知識份子的激烈抗議之下，他不久就獲得特赦。阿方索十三世（Alfonso XIII, 1886-1941）任命普里莫德里維拉將軍（Don Miguel Primo de Rivera y Orbaneja, 1870-1930）擔任首相，實施六年的軍事獨裁。烏納穆諾被流放到福衷特文都拉島（Fuerteventura），一九二四年，他從那裡逃亡到巴黎。在流亡到庇里牛斯山區緊鄰著西班牙邊界的昂代（Hendaye）期間，他寫作不輟以抗議獨裁政權。

普里莫德里維拉於一九三〇年被迫辭職下台之後，烏納穆諾回到了薩拉曼卡。一年後，我們這位哲學家見證了西班牙第二共和（Segunda República Española），並且以議會代表的身分提倡農業和軍隊改革，以及讓每個孩子都享有對應的教育機會的教育體系。值得注意的是，在宗教問題上，他一直支持保守派立場，他的天主教信仰和他的社會主義信念一樣堅定不移；烏納穆諾認為，如果沒有信仰，西班牙人民的心靈就會失根。一生為了現代聯邦民主而奔走的他，成為一個對抗獨裁的偶像人物，現在驀地懷疑西班牙其實是以極端的步伐走向一個不可知論的現代世界。他支持的亞歷山大·勒魯斯（Alejandro Lerroux Garica）擔任總理沒多久就從共和黨變成了保守派政府的領袖。烏納穆諾心裡有兩個靈魂在拉扯，使得他有一陣子居然支持佛朗哥將軍（Francisco Franco

❾ 一九〇八年，毛拉向議會提交一個反恐法案，讓政府得以查禁傳播無政府主義思想的刊物，遭到左派人士強烈抗議，認為該法案侵犯了一八七六年憲法裡的基本人權。

Bahamonde, 1892-1975），當然沒多久兩人就疏遠了。他大膽地對抗軍頭，使得他再次失去大學校長的職位。[10]一九三六年十二月，這位名重當時的西班牙哲學家，共和國的榮譽公民，在內戰期間死於薩拉曼卡。

在此半年前，烏納穆諾多年來在思想上的戰友簽署了一份聯合聲明，《知識份子的支持》（*Adhesiónes de intelectuales*），由國內許多重要的知識份子聯合強烈譴責佛朗哥的軍事政變。[11]我們談的就是奧德嘉．賈塞特（José Ortega y Gasset, 1883-1955）。當時他和烏納穆諾幾乎齊名，兩人並稱於世。而奧德嘉．賈塞特其實也是優游於哲學、政治和文學之間。他的父親是報社社長，母親的家族則是報業老闆，他在畢爾堡以及馬德里攻讀哲學。接著又到萊比錫、紐倫堡、科隆和柏林遊學了三年，又在新康德主義重鎮馬堡住了一陣子，柯亨以及納托普的講演課讓他獲益匪淺。一九一〇年，剛滿二十七歲的他成為馬德里大學形上學教授。奧德嘉也加入了抗議毛拉的保守派政府的活動，就像烏納穆諾一樣，他也憧憬一個社會自由主義。柯亨的「倫理社會主義」哲學和馬克思及其辯證唯物論大異其趣，它讓奧德嘉變成了一個堅定的資本主義批判者。和烏納穆諾一樣，他也認為有如脫韁野馬一般的資本主義會危害道德和心靈。

為了對抗它，奧德嘉提出他自己的哲學。正如胡賽爾以及同為西班牙人的桑塔耶納，他也在思考如何調停唯心論和唯物論之間的衝突。他也和狄爾泰以及齊美爾一樣，在生命哲學裡找到了新的綜合命題。奧德嘉以每個個人的直接體驗為起點，並且以出版於一九一四年的《關於唐吉訶德的沉

[10] 指佛朗哥的愛將荷西．米揚．阿斯特雷（José Millán-Astray y Terreros）。

[11] 一九三六年七月三十一日刊登於西班牙《ＡＢＣ日報》。

思》（*Meditaciones del Quijote*）裡的一句名言總結：「我是我以及我的環境。」（Yo soy yo y mi circunstancia）[12]——兩者是不可分的。[176]

這位西班牙人認為自笛卡兒以降的整個哲學傳統都是錯誤的。我並不是因為我思考才存在的。在我思考之前，我一直是活著的。如果說哲學家要找尋一個堅固的基礎，那麼他在存有學家們深入探測的存有層次上什麼也找不到。他在《關於唐吉訶德的沉思》裡問道：「我們什麼時候才會相信世界的存有既不是物質也不是心靈，不是什麼特定的東西，而只是視角而已。」[177]正如奧德嘉在一九二九年所寫的，哲學家不是要找尋究竟的根基，「他的哲學思考和理論建構是以一種生命行動和生命事實為形式，那是他的生活瑣事，難以預測的、歡欣和悲傷的、充滿著希望和恐懼的生活。」[178]

我們的知性不只是認知的工具，也是生活的工具，一種生命理性（rasón vital）。就像當時的桑塔耶納一樣，奧德嘉也以生命的直接經驗為起點，而他所謂的「生命理性」也很類似桑塔耶納的「動物信心」。從新康德主義到生命哲學的道路使得奧德嘉提出他的「理性生機論」（racio-vitalismo）的概念，那是一種因應生命的種種挑戰的實用主義知性。然而桑塔耶納是沿襲詹姆士的思考傳統，而奧德嘉則是強調尼采生機論式（vitalistisch）的衝動以及狄爾泰的看法，也就是主張任何生命經驗都是一個歷史性的生命經驗，以從前的經驗為背景的此時此地的經驗。

除了哲學研究以外，自一九一五年起，奧德嘉也是個產量驚人的新聞工作者。他創辦了兩份雜誌：《西班牙》（*España*, 1905）以及《西方評論》（*Revista de Occidente*, 1923），其中《西方評

[12] 整句話是：「我是我以及我的環境，如果我不拯救它，我就無法拯救我自己。」

論》更是當時的哲學、社會學和文學的核心雜誌。雜誌裡討論和翻譯的作家名單裡有胡賽爾、羅素、謝勒、齊美爾、韋伯、里爾克（Rainer Maria Rilke）和卡夫卡（Franz Kafka）。此外，奧德嘉也是自由派的《太陽報》（*El Sol*）的撰稿人。他也是在一九二〇年聲援烏納穆諾而使他獲赦的知識份子之一。他們兩人都想要重新調停社會主義和自由主義，可是就像烏納穆諾一樣，奧德嘉到頭來也心生懷疑。而不同於這位巴斯克人同事，奧德嘉並不是因為擔心失去信仰才心生疑慮。他的疑慮是來自於一種思想上的貴族主義。他當然也主張一個更平等的社會，全面分配國家財富，改善窮人的生活境況。但是一種以大眾消費為特徵的社會，那會是什麼樣子呢？奧德嘉的反省結果就是一九二六年刊登在《太陽報》的一系列文章，並且於一九二九年出版了《群眾的反叛》（*La rebelión de las masas*）。

如前所述，勒龐和佛洛伊德早在奧德嘉以前就已經指出，二十世紀是個屬於群眾的世紀。而克拉考爾也寫了《大眾裝飾》和這位西班牙人相呼應。奧德嘉關於群眾的分析的起點和桑塔耶納以及帕雷托相當類似。任何社會都只能由菁英階級來統治，群眾是沒辦法治理自己的。重點只是在於，正如桑塔耶納和帕雷托所說的，這個菁英階級其實是思想菁英，而不是世襲的上流階級、社會階級成員或者是特權階級。

然而這些菁英階級是從哪裡來的？現代世界摧毀了歐洲舊有的形上學傳統，也使得對於倫理、風俗、宗教和國家的確定性蕩然無存。不管是奧德嘉，或者是史賓格勒的《西方的沒落》以及其他許多文明的悲觀主義者，都是如此分析的。在二十世紀，大眾社會取代了有歷史和文明作為根柢的人類，更確切地說，是大眾消費社會以及「大眾人」，懶散、投機主義、庸俗而愛慕虛榮。凡事只會自己的利益著想，貪婪地渴望消費，冥頑不靈的群眾不但難以教化，反而被種種意識形態牽著鼻子走，例如法西斯主義和共產主義。儘管南歐和西歐的群眾沒有政治權力，卻同樣地左右了現在和未來。就像海德格的「世人」世界，奧德嘉也看到那不真實的生活如何挾著危險的社會後果到處攻城掠地。正如海德格所說的，如果沒有源自哲學的思想的引導，歐洲文明就會失去其開闊的視域。

憑著思想上的貴族的驕傲拯救自我，抗拒群眾裡的心靈貧窮化，奧德嘉讓雅斯培心有戚戚焉。雅斯培一讀完《群眾的反叛》，立即動筆寫了一篇文章〈當代的精神處境〉（*Die geistige Situation der Gegenwart*, 1931），他在文中說：「今日反對貴族或高貴氣質的最後運動正方興未艾。可是這種反對並不是在政治上和社會的層面上進行，它是在人內心的領域內進行的。……我們要怎樣才能好好照顧那不願自食其力的群眾人，這個問題的迫切性，在我們每個人內心現存的平民性格中，引起了對那由上帝（雖然是隱而不見的）所要求於我們自我的一種違抗。」[179][13]然而不同於排斥現實政治的雅斯培，奧德嘉心裡有相當具體的政治願望。如果要拯救心靈的失落以及冷漠，那就要超越民族國家鼠目寸光的褊狹視域，大膽倡議一個社會民主主義的、跨越國家界限的歐洲國家，讓其中的種種文明得以互相發明而齊頭並進。

[310]

《群眾的反叛》問世不久之後，普里莫德里維拉的軍事獨裁就垮台了。奧德嘉當選國會議員，並且擔任他共同創立的「共和國服務團」（La Agrupación al Servicio de la República）的負責人。可是現實政治的險惡並不是他的專長所及。心灰意冷的他不久就掛冠求去，接著就經歷了佛朗哥的奪

⓭ 引文中譯見：《當代的精神處境》，頁194，黃藿譯，三聯，1992。

權。他和烏納穆諾一樣簽署了知識份子譴責軍事獨裁的聯合聲明。西班牙內戰和第二次世界大戰期間，他客居法國、阿根廷和葡萄牙。他在戰後回到西班牙，成為國際知名的知識份子，西班牙最重要的思想家。特別是在德國，奧德嘉是個熠熠巨星。保守派對於《群眾的反叛》讚不絕口，認為那是針對共產黨的救世應許的永恆宣言。而自由主義者和社會主義者則是驚豔於他在晚年反覆提出的「歐洲合眾國」的願景，特別是在他的文集《沉思歐洲》（*Meditación de Europa*）裡。此外，戰後時期存在主義百家齊鳴也讓他獲益匪淺，存在主義和奧德嘉的生命哲學的核心定理有頗多相互輝映之處。奧德嘉．賈塞特於一九五五年在馬德里謝世的時候，在德國是和馬丁．布伯、漢娜．鄂蘭以及雅斯培同樣頌聲載道的當代哲學家。

以馬克思超越馬克思

第一次世界大戰之後，一大堆哲學家都意欲為未來的社會打造一個基礎，他們分成兩個陣營：「資產階級的」以及「非資產階級的」，或者說社會主義的以及共產主義的思想家。儘管和社會主義並肩作戰，但是烏納穆諾以及奧德嘉的思考還是以資產階級為起點。此外，我們也往往會忽略了，歐洲每個國家不管是支持或反對一個社會主義的社會，都有其歷史和文化的背景。尤其是極端落後的俄羅斯。二十世紀之交的沙皇國是個農業國家，剛剛經歷了第一次工業革命，而整個西歐已經投入第二次的工業革命了。當聖彼得堡的人們還在猶豫不決地思考工業化的問題時，美國以及歐洲整個地區的生產早就電氣化了，開啟了史無前例的工業產品的大量生產。

所以說，不同於烏納穆諾和奧德嘉，或者是另一方陣營的索黑爾，難怪俄羅斯的知識份子早就不再夢想什麼社會自由主義的社會甚或無產階級專政。他們關心的依舊是如何解放農民的那種傳統思維。十九世紀下半葉的民粹派（Narodniki），也就是由來自莫斯科和聖彼得堡的俄羅斯年輕知識階層（Intelligenzija）的代表人物，是主張顛覆社會的先鋒部隊。他們一再煽動輾轉溝壑的俄羅斯農民反抗沙皇而屢戰屢敗。灰心喪志的他們，當普列漢諾夫（Georgi Walentinowitsch Plechanow, 1856–1918）加入他們的時候，正在思考轉向針對政府官員的恐怖主義。他是大地主貴族世家子弟，有很長一段時間在攻讀工程科學。年僅二十歲的他就自詡為新社會的建築師。他對於恐怖主義的作法期期以為不可。沒多久他就從民粹主義者以及無政府主義巴枯寧（Michail Bakunin, 1814-1876）的信徒變成俄羅斯馬克思主義者的領袖。他於一八八〇年被流放，一八八三年在日內瓦成立第一個俄羅斯社會民主主義者的組織。幾十年來，他一直試圖說服家鄉的知識階層說，他們寄望於農民階級是完全錯誤的作法。馬克思不是言之有據地證明了唯有工業無產階級才有力量成為革命階級嗎？所以說，推翻沙皇統治的，難道不應該是勞動力嗎？

可是俄羅斯工業無產階級的規模並不像西歐那麼大。而我們也可以反推說，如果俄羅斯沒有飛速的工業化，那麼也就不會有革命或者農民解放。為了證明他的政治推論，普列漢諾夫埋首探索整個哲學史。他研究法國唯物論者，解剖黑格爾，從馬克思那裡豁然明白任何唯物論和辯證法都必須思考經濟關係。而他也激烈反對在二十世紀之交遍地開花的種族主義；那是一種虛假的「美感」，雲山霧罩而不著邊際：「大家都知道，任何種族，特別是在社會演化初期，都覺得自己是最美的，也特別重視不同於其他種族的那些特徵。」[180]所以說，「種族」的概念根本不適用於歷史歷程的分析：「把那些複雜得多的行為現象歸因於這些天生和遺傳的傾向，那是再省事不過的作法。」[181]

[312]

[313]

在流放期間，他以老嫗能解的文字概述馬克思的艱澀文本，使得這位革命家在瑞士、義大利、法國和英國成為家喻戶曉的人物。然而他在哲學方面的重要成就並不在此。他是第一個也是最擅長以馬克思主義的角度詮釋馬克思的人。普列漢諾夫認為馬克思指出了一個科學性的歷史思考最重要的結構。然而馬克思主義並不是什麼更高的或者顛撲不破的真理，而只是個歷史事件。馬克思的理論也是在特定的歷史時間點、基於特定時期裡的意識狀態而開展出來的。沉思未來的歷史哲學家不會是盲從者，不會是個「馬克思主義者」。相反的，他必須以馬克思的思考超越馬克思。

然而什麼是沉思者要找尋的符合歷史定律的正確道路呢？當時德國的社會主義者以及社會民主主義者也都在思考這個問題。由於一八九〇年代的德意志帝國沒有任何無產階級革命的跡象，社會民主主義先驅艾德華．伯恩斯坦（Eduard Bernstein, 1850-1932）建議他的黨內同志別再指望歷史會預示無產階級專政的道路。相反的，他和柯亨以及納托普一樣，都以一種奠基於康德的「倫理的社會主義」為取向，以種種改革漸進式地改善工人階級的處境。

普列漢諾夫懷著滿腔熱血加入論辯。他反對他們放棄辯證唯物論以及歷史預定論的作法。如果真的放棄了，那會使得社會主義失去了輪廓和定位，因而只是眾多改革運動之一而已。可是普列漢諾夫也心知肚明，伯恩斯坦其實有他的道理，而且馬克思也有不足之處。唯有時機成熟，社會變革的歷程才會依據定律而水到渠成。而決定什麼才是正確的時間點的，不只是經濟學的事，也要考慮到社會心理學。帕雷托看到種種殘基如何形構成社會衍理，而普列漢諾夫則是認識到，意識形態的必然性其實是源自人類的種種心理需求。經濟關係可能會堆積成種種無法弭平的矛盾——如果沒辦法大規模地改變意識，就不會有任何革命！他很識相地承認說：「心理的演變先於經濟的革命。」182

普列漢諾夫對於機械主義式的馬克思主義的批判，啟發了德國哲學家和法學家柯爾施（Karl Korsch, 1886-1961）。這位年輕的思想家出生於呂內堡石楠草原（Lüneburger Heide）的托斯提特（Tostedt），二十六歲發表他的第一篇論文，嚴詞抨擊「正統馬克思主義」[183]。因為我們根本無法從馬克思預言的廢除資本主義的生產模式看出來究竟有什麼東西可以取代它。柯爾施在一九二三年的主要作品《馬克思主義和哲學》（*Marxismus und Philosophie*）裡立場更加明確。一個正確理解下的馬克思主義並不是什麼固定的模板，而是在對於當下的社會關係的批判性分析裡必然的「精神活動」。在歷史記載裡的柯爾施往往不是個政治運動者或圖林根（Thüringen）的司法部長，而是布萊希特（Bertolt Brecht）的「老師」。在現實生活裡，他的思想演變漸漸趨向唯心論的馬克思主義，使得他的處境相當尷尬。資產階級罵他是個共產黨，而正統馬克思主義者則罵他是個「修正主義者」。

馬克思主義不應該指望歷史，而必須積極地形構歷史，而且要和它要造福的人群並肩作戰——就此而論，普列漢諾夫和柯爾施的觀點是一致的。可是普列漢諾夫親身見證了現實並非如此，就算沒有群眾的心理基礎，政治和經濟的革命還是照樣實現了。自從一九〇〇年就自稱為「列寧」的烏里揚諾夫（Wladimir Iljitsch Uljanow, 1870-1924），於一九〇三年率領他創立的布爾什維克，和俄羅斯社會民主工黨決裂。新政黨是個幹部型政黨而不是大眾型政黨。而他們的目標則是盡快在俄羅斯推動革命。一九一七年的十月革命在重重艱難下成功了，但是普列漢諾夫一點也不歡喜興奮，反而激烈批判它。在俄羅斯，工人階級專政的時機根本還沒有成熟。在十月革命的兩個月前，他的一段話讓列寧的信徒永生難忘：「它會導致什麼結果。除了內戰以外，什麼也沒有。而內戰會導致什麼結果？頂多就只是無產階級的勝利而已。而那意味著什麼？這點我們早就知道了：它意味著我們工人階級可能面臨的最大的浩劫……我們眼前不會是工人階級專政，而是一小撮人的專政。」[184]以前的戰友對他口誅筆伐，可是歷史卻證實他是對的。九個月之後，普列漢諾夫死於位於聖彼得堡西北方、當時屬於芬蘭的特里約奇（Terijoki, Zelenogorsk）。

實踐的哲學

俄羅斯革命撼動了整個歐洲。那是一個人類歷史新時代的開端嗎？如果說在俄羅斯，農民和無產階級奪走了貴族和大資產階級的權力，那麼到底為什麼只在那裡成功呢？歐洲各大都會都有自發性的暴動。而就連杜林（Turin）也宣布緊急狀態（Ausnahmezustand），那裡原本是個貿易中心，聚集了無數熱中於未來的工程師。義大利政府採取強硬措施，記者報導說，杜林抗爭造成了五十人死亡，兩百人受傷。

二十八歲的報社編輯葛蘭西（Antonio Gramsci, 1891-1937）也是當時的報導者之一。被時代潮流捲入的他，不假思索地加入了義大利社會黨的十二人委員會。以前他就讀於杜林大學，主修語言學、文學和哲學，一個天資聰穎卻囊空如洗的撒丁尼島人。現代化以及對於科技的熱中，是杜林的時代特徵，它也是帕雷托的研究對象。自從義大利作家馬里內蒂（Filippo Tommaso Marinetti, 1876-1944）於一九〇九年在巴黎發表了他的「未來主義宣言」（Manifesto del Futurismo），整個義大利北部的前衛派（Avantgarde）都在慶祝進入一個未來主義的時代、科技先驅的精神、勇敢地嘗試全新的起點、狂野而不顧一切、以摧陷廓清的暴力策略實現變革。日新月異的科技、鷹瞵鶚視的經濟、冷酷無情的現代世界，勾勒出藝術家、工程師、哲學家和企業主夢想中的新時代。在這個氛圍裡，閱歷豐富的帕雷托的馬基維利主義變成了顯學，而索黑爾陰沉的決心也在煽惑人心。葛蘭西對於這兩者都有所研究，此外他也讀了馬克思和黑格爾、義大利馬克思主義者拉布里奧拉（Antonio Labriola, 1843-1904），以及他們國家第一流的思想家、殫見洽聞的克羅齊（Benedetto Croce）。[317]

這個體弱多病而身材佝僂的年輕人求知若渴。他一輩子也不會忘記他出身的撒丁尼島的那種氣氛。他的父親是個小公務員，童年時父親坐了幾年冤獄，使得家中經濟極為拮据。他的哥哥吉納羅（Genaro）在他小時候就讓他讀了許多社會主義的書籍和雜誌。他的思想方向一開始就確定了：要怎麼改善義大利的農民、窮人和庶民的生活？為此我們需要什麼樣的變革和革命？尤其是：要怎麼實現？我們要怎麼讓它起作用並且持續下去？

第一次世界大戰之後，義大利的經濟一團混亂。國家債台高築，貨物和資源短短，通貨膨脹衝破屋頂。鉅變的時期到來了嗎？我們是否可以讓工人和貧窮的農民擺脫悲慘的生活，喚醒一個更公平正義的社會？一九一九年，義大利終於通過普選法——指的是所有成年男性。義大利社會黨以超過三十二%的選票成為第一大黨。這難道就是義大利自十九世紀中期國家統一（「義大利復興運動」〔Risorgimento〕）以來的突破，揮別特權階級的資產階級國家嗎？可是義大利社會黨內部嚴重分歧。就像整個西歐一樣，改革派和革命派互不相讓。「紅色年代」沒有維持多久。在它的陰影下出現了截然不同的潮流，一個由舊勢力以及新政府組成的新合成物：墨索里尼的法西斯黨。

無論如何，葛蘭西都不會置身事外。身為投身政治的記者，他報導並且評論時局。他支持工廠[318]

委員會主張接管企業的運動。一九二一年，他成為甫創立的義大利共產黨的領導成員之一。一九二二年五月，他在莫斯科住了一年半，以考察列寧的蘇維埃有什麼地方可以作為義大利的借鑑。接著他又在維也納住了半年。不顧許多朋友的勸阻，葛蘭西於一九二四年五月回到法西斯黨執政的義大利。身為國會議員，他深知義大利社會主義革命的夢想早就破滅了。北部的工廠工人以及「義大利南部」（Mezzogiorno）的小農沒辦法組成一個統一的「革命」階級，也不是眾口一詞的「無產階級」，更別說發動革命了。而法西斯政府也暢通無阻地變成了極權主義國家。一九二六年十一月，葛蘭西遭到逮捕。他們一開始把他囚禁在西西里北方的烏斯提卡島（Ustica）的監獄，接著又關到米蘭的監獄。一九二八年六月，他被判有期徒刑二十年八個月，一直到一九三三年，他都被關在阿普利亞區（Apulia）巴里（Bari）附近的杜里（Turi）。他的健康狀況急遽惡化，被移監到佛密亞（Formai）的監獄醫院，接著又到羅馬，四十六歲的他於一九三七年在那裡辭世。

十幾年的獄中歲月使得他從記者、社會運動者以及政治人物變成了一個思想家，在極其艱難的環境條件下思考政治的理論和實踐、個體心理學以及群眾心理學。人們依據獄方的報告，覺得他只是個無害的空想家而已，於是准許他在獄中寫作，完成了三十三本《獄中札記》（*Lettere dal carcere*）。這個受刑人信手捻來，思考各種不同的主題，成為一個「實踐哲學」的基礎。

馬克思一直是他的思考起點。就像普列漢諾夫和柯爾施一樣，可是更具批判性的，葛蘭西認為馬克思和馬克思主義是個歷史現象。對於這個義大利人而言，馬克思和恩格斯的歷史成就在於把德國觀念論、英國人的經濟學以及法國大革命的激進政治理論熔於一爐。德國人探究的是意識的「內在性」，英國人則是研究經濟的內在法則。黑格爾所謂的「精神」是個不可見的作用，一個自我開展的「趨勢」，而英國政治經濟學家李嘉圖（David Ricardo, 1772-1823）則是用來描述經濟周期：**特定趨勢**的內在作用，它使市場持續運作，並且支配或改變市場。葛蘭西以妙趣橫生的筆法，把馬克思的唯物主義歷史理論比喻為當時的一座動物園。自從法國博物學家居維葉（Georges Cuvier, 1769-1832）指出動物界裡解剖學和生理學構造看不見的交互作用以來，一直存在著一種思考上的區分：一方面是看得見的表面，在其底下則是擁有確定趨勢的看不見的作用。而葛蘭西認為馬克思也是如此思考的。他認為經濟才是真正的解剖學和生理學構造，而所有其他事物都只是看得見的社會表面現象：「社會的『經濟』構成了社會的『解剖學構造』，這種傳統說法是個簡單的譬喻，沿襲自關於自然科學以及動物物種的分類的討論，這種分類不久之前才成為一種『科學』，也就是說，我們以解剖學構造而不是其他的次性或偶性作為分類的依據。」[185]

依據葛蘭西的說法，把經濟視為所謂的「解剖學構造」，而有別於其他一切，諸如政治、藝術、文化和科學，那是個錯誤的區分。這個結構太僵化了。如果說馬克思認為經濟是「下層建築」，而在社會裡出現的所有其他事物都是「上層建築」，那麼他就是對於現實生活認識不清。因為在社會裡，不只是經濟會形成思考、世界觀以及支配工具，所有這一切也都會反過來影響經濟的驅力。葛蘭西不說「下層建築」和「上層建築」，而是說「下層結構」和「上層結構」。葛蘭西說，唯有擁有藝術的工具，才會產生種種藝術的流派。[186]可是一個樂團的樂器並不只是物質性的對象，也就是經濟的一部分。我們可以用葛蘭西的說法推論說，樂器也是音樂的特定改變的結果，一種特定的演出文化以及音樂家對應的願望。用現代的說法則是：一個社會的硬體和軟體不可以如此極端地劃分，以至於只有硬體決定軟體而已。

所以說，他重新思考了馬克思關於經濟和社會的靜態模型，使它更加符合現實生活。我們必須在靜態的社會動物學裡加入更多的社會心理學的現實主義。相較於馬克思和恩格斯在十九世紀中期看到的，社會裡有更多的「內在」運動和「趨勢」。而這就是葛蘭西和他的實踐哲學所要做的：大膽嘗試更多的現實主義，就向當時的柯爾施一樣，更深入地研究群眾的心理。他需要的不是墨守成規的馬克思主義信條，而是一個靈活的、生氣勃勃的馬克思主義，才能真正呼應義大利的人民、工廠工人、小農、職員的現實處境。一個可以設身處地為這些人的心靈著想的現實主義，認真對待他們，以教育使得他們能夠把命運掌握在自己手裡。馬克思的無產階級只是個棋子，冷酷的歷史依據定律規定他們踏上世界革命的征途；而葛蘭西所說的「屬下階層」（subalternidad），資本主義體系裡軟弱的輸家，則是個真實的人以及種種的需求和缺失、困惑和混亂。博愛是葛蘭西的動機；而馬克思應該會氣得全身顫抖吧。

他們對於國家的認知也有這樣的差異。對於馬克思而言，國家是一種組織形式，在共產主義裡，其未來的任務在於「管控全面性的生產」，正如恩格斯在《德意志意識形態》（*Deutsche Ideologie*）裡所說的，以創造「無階級的社會」。但是這還不夠具體。共產主義國家難道不需要種種機構、立法功能，它難道不必獎掖文化嗎？它可以豁免於輿論的批評和建議嗎？它不需要媒體嗎？它難道不應該成就葛蘭西所說的「文明社會」：盡可能地讓許多人積極參與社會的形塑？葛蘭西關於國家的想像相當「整全」。國家不是統治和分配的機器，而是盡可能全面性參與的論壇。葛蘭西認為，唯有我們現在所說的「草根民主」（basisdemokratisch）的國家，才能實現共產主義公平正義的承諾。而如果要實現這樣的國家，就需要「組織型的知識份子」（l'intelletuale organico）[14]，在人們的生活以及國家事務之間調停、啟蒙並且不斷思考社會。教育體系越是完備，越多庶民接受教育，組織型知識份子就越能實現這樣的功能。葛蘭西基本上相信，任何男人和女人都可以成為知識份子：「所有人都是知識份子……可是在社會裡，不是每個人都具備知識份子的功能（我們不會因為每個人都會煎兩顆蛋或是縫補外衣上的破洞，就說他們是廚師或裁縫）。」這是他經常被引用的句子。[187]正如他舉的例子，葛蘭西所謂的「知識份子」，並不是指勞心和勞力的區分。一個知識份子要具備專門知識，在思考和計畫時謹慎持重，不管做任何事，都要理解他的專業。

然而，一個不公不義的資產階級國家要怎麼樣才能變成一個公平正義的共產主義國家呢？就連馬克思自己對此也沒有定論。青年時期的他相信無產階級革命不久就要到來；可是到了倫敦時期，他漸漸轉而指望資本主義體系內部的崩潰，不管是因為巨大的經濟危機、產銷問題、工廠的完全自動化或者是獲利的衰退。相反的，葛蘭西認為體系的更替是群眾心理學的問題。經濟的變化當然也是撼動資本主義國家的體系建築的因素之一。可是它們本身並沒有馬克思和恩格斯一直在探究的那種宛如自然律的邏輯。唯有另一群人（不一定是個「階級」）有資格行使「霸權」（egemonia），權力的更替才有可能。也就是說，以前就已經是個主流而且越來越強大的觀念和力量，到了某個時期，會推動一個個新的聯盟，以取代舊有的霸權。葛蘭西在這裡心想的是資產階級如何在「義大利復興運動」當中奪得政權。而他也想到了墨索里尼以及法西斯黨，他們都變成了索黑爾所說的「歷史集團」，那是共產黨一直做不到的。

[322]

⓮ 一般譯為「有機知識份子」，顯然是誤譯。

霸權的概念是《獄中札記》最膾炙人口的部分。葛蘭西反覆提到這個概念。他強調說，「一個階級可能有兩種支配形式，也就是『領導』和『宰制』。它會領導同盟的階級，而宰制敵對的階級。所以說，一個階級在掌權之前就可能已經是『領導式的』（而且必定如此）：當它掌權了，它就變成了『宰制式的』，卻也會一直是『領導式的』。」[188] 霸權總是需要大眾的同意，因為唯有如此，權力的持存才會穩固。如果政府沒有或不再被視為「領導式的」，它就會喪失認同而無法長期「宰制」。所以說，列寧以及後來所有的現實社會主義（realsozialistisch）政權置若罔聞的東西，對於葛蘭西而言卻至關重要：宰制不僅僅奠基於不可避免的強制力，更要以不同的利益團體的廣泛認同為基礎，它們會組成「聯盟」，形成共同的意識形態。不同於馬克思和恩格斯，葛蘭西不認為「意識形態」是個貶義的概念。就像普列漢諾夫一樣，這位義大利人認為它並不是「妄想」，而是如帕雷托所說的「衍理」，現在我們則會說是一種「敘事」（Narrativ）：一種大家都同意的說法，一部讓人產生認同的影片，以確保社會接合劑的緊固。

[323]

福特主義的年代

其實葛蘭西真的看到一個可能支配著整個西方世界的未來的大敘事正要自天際浮現。讓人詫異的是，那並不是階級正義的社會，讓「屬下階層」分享國家，把命運掌握在自己手裡。那是美國在第二次工業革命之後興起的渦輪資本主義（turbokapitalistisch）的意識形態。使未來的社會團結在一起的，不是征服資本，而是「福特主義的」（fordistisch）經濟，生產線、批量生產、大眾消費社會以及小家庭的盛行。葛蘭西以引人入勝而明白曉暢的分析指出，所有這些現象都是關係密切的，

[324]

它們會改變整個世界：一個史無前例的時代精神、一個新的社會黏著劑、二十世紀的資本主義接合劑。

「福特主義」究竟是什麼東西？葛蘭西談到它的時候，他想到的是亨利・福特（Henry Ford）的汽車工廠的流水線生產。自一九一三年以來，他們就以新的方法和類型生產。工序被拆解成一個個片段，相當科學地追求效率——即所謂的「泰勒主義」（Taylorism）的原則，以美國工程師泰勒（Frederick Winslow Taylor）為名的理論。[15]葛蘭西說，高效率的生產顛覆了整個社會，一切都以效率為準則度。對於一個把馬克思奉為圭臬的思想家而言，這是不容小覷的挑戰；因為馬克思及其信徒所謂的無階級或階級正義的社會完全沒有「效率」可言；這個概念一點都不重要。

有效率的社會是對所有人而言最好的社會嗎？葛蘭西深入探究了福特主義的意識形態。他遇見了一個核心的概念：「進步」。人們總是喜新厭舊，卻忘了「舊事物」之所以存在，正是因為以前它被視為有價值的。福特主義一味追求新的事物。「一個創新者」要「摧毀所有既存的事物，而不在意任何後果，因為我們都知道，就形上學而言，每個破壞都是創造。唯有破壞，才能重建。這個浪漫主義的概念和一個『理性的』以及『啟蒙的』概念是一致的。人們認為所有既存的事物都是強者對付弱者、狡猾的人對付頭腦簡單的人設下的『陷阱』。」[189]葛蘭西認為「進步」的意識形態就是如此出現的，用現代的語言就是「破壞」（Disruption），至今在矽谷仍然相當流行。創造進步意味著破壞舊事物，不管對社會造成什麼影響，因為新事物就其本身而言就優於舊事物。

[15] 泰勒於一九一一年年出版《科學管理原則》（*Principles of Scientific Management*），提出四個科學管理原則：動作科學化原則、科學化工人選用原則、合作與和諧原則、分工效率最大化原則。

一個新的人性觀不僅符合「理性化」的理想，事實上它也改變了個人及其思考和行為。「在美國，理性化使他們必須構想出新的人類型態，以因應工作和生產流程的新型態：這個構想到目前為止都在初步階段，因而（看起來）悠閒愜意。」[190]葛蘭西認為，它之所以輕鬆寫意，那是因為福特主義會伴隨著更高的工資——不是因為博愛或者正義感，而是要更多的工人也可以成為消費者。社會的進度源自於資本主義的市場邏輯：唯有支付足夠的工資，工人才買得起他們製造出來的產品——如此才得以保障對於以八倍效率生產出來的「福特T型汽車」的需求量。

葛蘭西很清楚這些都和人本主義無關。「生產福特車型的美國企業主『清教徒式的』創業精神，」並不關心「工人直接遭到戕害的『人性』或『精神性』。在生產和勞動世界之外、在建設性的創造當中實現『人性』或『精神性』，那不是他們所要的；頂多只有在工匠那裡，在『工匠神』那裡，工人的個性才會反映在製造的對象裡，在那個時代裡，工藝和工作的關係仍然很緊密。可是新的工業主義正是要顛覆這種人本主義。」[191]而以人本主義出現的一切主張，從提高工資到禁酒令，都只是為了維持工人的「身心平衡」，才能有效地剝削他們。

葛蘭西認為性愛的問題也很重要。如果工人花了太多時間在「獵豔」上面，工作就不會有效率。美國的企業主關心他們的工人的性道德，不是平白無故的。他們訴諸一種「清教徒式的」女性形象，宣傳一種「新的女性人格」，支持建立小家庭。就連「性驅力」也要有「對應的管控」以及「合理化」[192]。小家庭集管教和消費於一身，比大家庭和宗族更加壓抑，而正如葛蘭西的遠見，它會成為二十世紀的指標。

儘管葛蘭西批評福特主義，他也注意到這種社會模式有多麼風行，而且成為整個二十世紀的可能藍圖。人們的生活顯然比從前更加方便舒適。那麼為什麼不在世界各地實現福特主義的時代，尤其是在落後而冥頑不靈的義大利，一個完全不合理的社會，它的前提和美國剛好相反：一個充斥著「寄生蟲」、充斥著抗拒任何效率的封建領主和腐敗的官僚的國家。葛蘭西於一九三七年在監獄醫院裡辭世的時候，這個問題在他的心裡還沒有答案。福特主義是否會支配整個社會，或者至少說，義大利人可以擺脫工作和生活世界的全面合理化，並且創造出另一個社會形式？

歷史會證明，在西方文明裡，任何走向「人性」的世界發展，都只有在資本主義內部才會成功，而不會在它外面的世界開花結果。資本主義的理性邏輯也會依據福特主義而不斷地催生種種變革。它會改善人類在工業社會裡的生活，延長他們的壽命，也讓人們有更多的時間去滿足他們對於消費和意義的需求（這兩者是焦孟不離的）。在大眾消費社會之後的，則是一九五七年以來所謂的「富裕社會」（affluent society）[16]以及現在所謂的「意義社會」（Sinngesellschaft）[17]。到了二十一世紀，幸福不再只是意味著消費，而是有更多的時間和開展的空間。

葛蘭西身為關於大眾消費社會的聰明分析家以及諸如「霸權」和「公民社會」之類的概念的創造者，一直沒有失去他的現實意義。相較於奧德嘉在《群眾的反叛》裡的文化悲觀主義，他的分析也無疑地更加公正、精確，也更有先見之明。可是他的作品卻沒有那麼為人津津樂道。他的《獄中札記》跟著他的隨身物品一起從獄中偷偷流出來，自第二次大戰以來再版多次，雖然不算是暢銷書，卻是形形色色的理論建築的基石。對於正統馬克思主義者而言，葛蘭西一直只是個配角，然而

[327]

⑯ 美國經濟學家高伯瑞（John Kenneth Galbraith）在其《富裕社會》（*The Affluent Society*, 1958）提出的概念。

⑰ 指德國大眾傳播學家諾伯特．波茲（Norbert Bolz）的《意義社會》（*Die Sinngesellschaft*, 1997）。

不管是結構主義（Struktualismus）、後結構主義（Poststruktualismus）或是文化研究（Cultural Studies）之類的哲學風格都會引用他的觀念。此外，以法國記者和哲學家伯努瓦（Alain de Benoist, 1943-）為核心的「新右派運動」也把這個義大利人視為後殖民主義者、女性主義者以及全球化批判者。這位在法西斯政權的監獄裡去世的人道思想家，其遺骨被埋葬在羅馬的非天主教徒公墓（Cimitero acattolico），從此再也無法抗爭了。

藝術和救贖

- 虛構出來的實在界
- 準確性和心靈
- 新時代的新藝術
- 猶未存有
- 微物的權利
- 靜止狀態的辯證
- 靈光的消失

虛構出來的實在界

在《獄中札記》裡，除了馬克思以外，葛蘭西最關心的是當時的一位義大利思想大師。儘管他 [328]們一起對抗墨索里尼，可是他們的命運卻有天壤之別。克羅齊（Benedetto Croce, 1866-1952）一輩子沒有任何牢獄之災，也沒有遭到慘無人道的迫害。克羅齊比那位來自撒丁尼島的革命家大二十五歲，卻在他謝世十五年之後才離開人間。他的父親是阿布魯佐區（Abruzzo）的望族，一輩子不愁衣食。他年輕的時候就繼承了一筆遺產，在羅馬以及那不勒斯攻讀了幾年法律，認識了拉布里奧拉 [329]並且成為至交，大學沒有畢業，一直以家產為業。

二十幾歲的克羅齊就對哲學產生興趣。他研究巴洛克時期的哲學家維科（Giambattista Vico, 1668-1744）以及啟蒙運動思想家費蘭傑里（Gaetano Filangieri, 1752-1788），接著又大量閱讀德國觀念論，特別是赫爾巴特（Johann Friedrich Herbart, 1776-1841）、謝林和黑格爾的作品，成為他的思考特徵。三十七歲的他，於一九〇二年出版了三大冊的《作為心靈科學的哲學》（*Filosofia come Scienza dello Spirito*）的第一冊❶，其中有個明確的目標。他要讓一個強大的對手心服口服：那就是在義大利也相當盛行的實證主義，一種以自然哲學為標竿的哲學。

在這個意義下，克羅齊之於義大利，正如布萊德利之於英國，卡西勒之於德國：他們都是鍥而

❶ 即《作為表現的科學以及普通語言學的美學》（*L'Estetica come scienza dell'espressione e linguistica generale*, 1902），是克羅齊第一部系統性美學著作，包括了美學原理和美學史。他的《作為心靈科學的哲學》第二冊和第三冊分別是：《純粹概念的邏輯和科學》（*Logica come scienza del concetto puro*, 1905）和《實用經濟學和倫理學的哲學》（*Filosofia della pratica, economica ed etica*, 1909）。

不捨的鬥士，探索一個完備性的知識概念，認為邏輯、合理性以及科學都只是眾多知識形式之一，也都不是真理的唯一捷徑。不管我們認識到什麼，都沒有直接看到自然的本來面目，而只是徘徊在以文明為中介的、擁有特定人性樣式的思考世界裡。到頭來，人類只會理解人類自己的產物，而無法認識自然自身。這個其實源自於維科的看法，決定了克羅齊的整個思考。而克羅齊也讓葛蘭西想到把這個認知應用到馬克思唯物論哲學上。經濟不是「下層建築」，而「階級」也不是什麼動物學的概念。人類所思考的一切，都是在時代裡思考的，如果我們抽掉了歷史的環境因素，那麼剩下的不會是什麼客觀真理，而只是種種說法而已。

《作為心靈科學的哲學》是個氣度恢弘的實驗，它要為了二十世紀而拯救黑格爾的觀念論，卻又不至於重蹈其災難性的覆轍。第一冊探討的是美的事物（美學和語言學），第二冊是要研究真的事物（邏輯），而第三冊則是和效益性的事物有關（經濟學和倫理學）。美感和邏輯是理論性的能力，而經濟和倫理則是實踐性的能力。此外，心靈的所有能力都是以二元系統操作的。美感能力會區分美醜，邏輯能力會判別真偽，經濟在意利弊得失，倫理則會明辨善惡。所有這些區分都只有在各自的領域裡才有意義，到了其他領域就只是無稽之談。所以說，倫理不管在藝術或經濟裡都沒有意義可言。而在邏輯裡也沒有美、效益和惡的問題。這種各自獨立的系統的圖式化造就了後來的盧曼（Niklas Luhmann）的系統理論，可是他的信徒們卻不知道其實是源自克羅齊。

克羅齊把不同的領域劃分畛域，使得他和研究多年的黑格爾以及馬克思反其道而行。這些領域不會像黑格爾所說的那樣以辯證的方式相互消融，而是相互獨立的。的確，心靈會取徑於種種「階段」不斷前進，卻不是從自然過渡到理念，再從理念過渡到精神。就算是精神大步向前進，美和藝

[330]

術還是會要求它們的固有權利。沒有任何東西會辯證性地「被揚棄」（aufgehoben），一切都會持存在它原本的領域裡。而克羅齊也批評馬克思賦予經濟的特權。人類精神的歷史並不是社會經濟關係的歷史，經濟一直只是四個領域之一，而它也不是人類精神發展的推動力。克羅齊眼裡的馬克思的魅力在於他引人入勝的假設，而不是任何永恆的真理。

克羅齊努力效法黑格爾以及馬克思的樂觀主義。人類無疑地一直在向上發展。「義大利復興運動」催生了義大利的統一，對他而言，那就是精神進步的確定證據。資產階級的時代優於封建時代，而且會持續發展得更完善。更美好的事物一再超越好的事物，因而使它變成不好的事物。在他的第一部作品《被歸於一般藝術概念之下的歷史》（*La storia ridotta sotto il concetto generale dell’arte*, 1893）早就提出的看法，也在第一次大戰期間於一九一五年出版的《作為心靈科學的哲學》的別冊《歷史理論與史學史》（*Teoria e storia della storiografia*）裡重複且擴充這個看法，使得他的讀者相當錯愕：歷史不是科學，所有歷史書寫都只是詩的一種別類，更確切地說，是詩的改寫。如果沒有闡明或諷喻的「內在動機」，那麼歷史就只是材料堆積的斷爛朝報而已。就算歷史學家忠於事實，不加以擦脂抹粉或者任意褒貶，他的工作依舊是想像的成果。唯有經由想像，歷史才會是「活的」歷史。而唯有在敘事當中，在爬羅剔抉、刪削取捨當中，在權衡和詮釋當中，歷史才會成為歷史。這是克羅齊的兩個重要見解之一，而他的見解也正在書寫著歷史。因為踵繼他的神學家和文化史家特洛爾奇（Ernst Troeltsch, 1865-1923）[193]、柯靈烏（Robin George Collingwood, 1889-1943）、克拉考爾[194]、傅柯（Michel Foucault）[195]以及美國歷史學家和文學學者懷特（Hayden White, 1928-2018）[196]，也都主張歷史主要是詩而不是科學。

[332] 克羅齊的第二個重要見解和第一個見解關係緊密。他從維科那裡認識到把人視為被鑲嵌在一個人類世界的人，即便人們以為他們可以像在自然科學裡一樣跨出那個世界。❷可是其實自然科學所謂的客觀世界也只是人類心靈在特定時間以特定語言和文化創造的產物。我們在以邏輯思考它或者以科學把它概括化以前，是以感覺去知覺它，由我們體驗到的殊相推論出我們所想像的共相。在這個意義下，所有知識都是個人的，而且正如克羅齊在《作為心靈科學的哲學》裡所說的，它們都是「殊相的」。我們的感官也只能認識到「殊相」，也就是個殊的、個別的東西，所有共相都是從那裡推論出來的。所以說，知識的重點在於它是感官的、形象的，是我們的想像的產物。而「直觀」則是我們人生的羅盤。早在概念和邏輯上場之前，它就會過濾和評估我們的經驗，把經驗染色成「表現」。早在成為科學家之前，每個人都是個表現的藝術家，以直觀建構一個世界。

克羅齊對於「直觀」的讚頌和柏格森很類似。想以哲學抗拒自然科學的人，都會說它們不是直接經驗，而把主觀的東西、直觀穿插在中間。以科學和理性理解世界，因而變成了次級的知識，只對某些人有用，而不是所有人。相較於反映直觀世界的藝術，科學甚至沒有那麼重要。可想而知的是，克羅齊也以藝術和文學批評著稱於世，那是個直觀的世界，在其中重現了人類所有的實存經驗。因為我們沒辦法精確地研究人是什麼，而只能闡釋——而人們在詩和藝術上的傑作就是最好的闡釋。

[333] 難怪克羅齊把語言也當作一種美感的成就。任何語言都是個人的，都以相當個人的方式表現。

❷ 克羅齊也在一九一一年出版了《維科的哲學》（*La filosofia di Giambattista Vico*）。

我們的語言是在翻譯我們對於世界的感官認知。所以說，語言學也被歸類在美學的領域裡。可是同樣主張唯心論的卡西勒卻對於這個說法相當不滿。[197]這位熟諳新康德主義的德國人和義大利人克羅齊持續魚雁往返，對他而言，語言是眾多的「符號形式」之一，就像藝術或科學一樣。把語言和藝術直接劃上等號，卡西勒認為太誇張了。他認為語言是個心靈活動，不可以歸類為美感活動。可是克羅齊堅持他的看法：「所謂的心靈的美感形式只是就單純的本性、就整個真理而言的，而就科學的範圍而視之，它就是語言。」[198]

如果克羅齊是對的，那麼對於實在界的觀念到頭來也都是主觀的、虛構的，而不只是歷史記載而已。理性知識並沒有優於美感知識，因為前者如果沒有後者就不可能存在。克羅齊一直沒有偏離這個早年的主張，直到晚期都一再重申它，即便他在一九三六年的《論詩：詩和文學的批評以及歷史導論》（*La poesia. Introduzione alla critica e storia della poesia e della letteratura*）裡承認有所謂的非美感表現，諸如簡單的心潮起伏，一個心境或是一個驚訝的表情。所有的詩都是直觀和表現，但不是每個直觀和表現都是詩。

克羅齊的美學對於當時的重要性不容小覷。每個人多少都會以美感的方式為自己形塑一個世界。可是偉大的藝術家會渴望以其精湛的技藝把它形容盡致，好讓別人了解他們並且在其中產生共鳴。這就是「詩」和「非詩」的區別。這個核心的定理也成為二十世紀美學史的基石。數十年來，它一直左右著義大利的藝術論述。經由羅曼語族語言學家佛斯勒（Karl Vossler, 1872-1949）的引介，它也傳到了德國，並且在許多哲學家身上留下了印跡，從漢斯・約拿斯（Hans Jonas）[199]到約瑟夫・博伊斯（Joseph Beuys, 1921-1986）❸的名言：「每個人都是個藝術家。」就方法論而言，克羅齊也影響了所有藝術和文學詮釋，也就是只著重於作品的直接表現：從英美世界的「新批評」（New Criticism）[200]一直到德語區的「作品內部詮釋」（werkimmanente Interpretation）。

如果說語言永遠是主觀的，任何重要的斷言都只能由歷史而非邏輯去證明——那麼這對於哲學的看法也會跟著改變。因為我們在本章談到的所有思想家的看法都和克羅齊一樣，到頭來都要溯源到謝林：對於人之所以為人至關重要的所有真理，都不是奠基於邏輯，而是以美感的方式開顯的。我們沒辦法直接證明真理，而只能經由對於那些間隙的詮釋推論出來。

對於當時人們而言，克羅齊不僅是以哲學家、文學批評家和歷史學家而聞名，他更是個政治家。他在一九一〇年成為國會議員，在那不勒斯推動自由派和天主教組成競選聯盟。一九二〇年，他擔任了一年教育部長。可是克羅齊在一九二〇年代盼到的不是公民力量的進步，而是墨索里尼的奪權。這位心思細膩的學者震驚不已，於是發動了「反法西斯知識份子的聯合聲明」，有一百多人聯署。這位前任議員儘管在政治上失勢，他的聲望卻持續不墜，使得法西斯政權投鼠忌器，不敢把他關押起來。由於克羅齊反對法西斯主義，使他和支持他於一九〇三年創辦雙月刊《批判》（*La critica*）的戰友詹提勒（Giovanni Gentile, 1875-1944）決裂。詹提勒和克羅齊一樣都受到黑格爾的影響，想當然耳地針對先驗自我的問題提出一個先驗社會理論，而他認為法西斯主義正在實現它。[201]相反的，克羅齊捍衛自由主義，在墨索里尼垮台以後，成為自由黨的共同創立者以及主席，並且於一九四六年拒絕了總統的職位。在他於一九五二年辭世之前，他把在腓洛馬里諾宮（Palazzo

❸ 德國行動藝術家。

Filomarino）藏書豐富的圖書館捐出來讓民眾使用——也就是現在那不勒斯的義大利歷史研究所（Istituto Italiano per gli Studi Storici）。

準確性和心靈

「大西洋上空有一個低壓槽；它向東移動，和籠罩在俄羅斯上空的高壓槽相會匯合，還看不出有向北移避開這個高壓槽的跡象。等溫線和等夏溫線對此負有責任。空氣溫度與年平均溫度，與最冷月份和最熱月份的溫度以及與周期不定的月氣溫變動處於一種有序的關係之中。太陽、月亮的升起和下落，月亮、金星和土星環的亮度變化以及許多別的重要現象都與天文年鑑裡的預言相吻合。空氣裡的水蒸氣達到最高膨脹力，空氣的溫度是最低的。有一句話頗能說明實際情況，儘管有一些不時髦：這是一九一三年八月裡的一個風和日麗的日子。汽車從狹窄、深邃的街道急速駛進明亮、平坦的場所。片片纖雲給步行者送來陰影。速度表上的指針有力地晃動，後來在經過不多幾次振盪後便又恢復其均勻的跳動。成百個聲音被纏繞成一個金屬絲般的噪音，個別極高的聲音從這個噪音裡突顯出來，沿著其勁頭十足的邊緣伸展出來並重新舒平，清晰的聲音從這個噪音分裂出來並漸漸消逝。雖然這個噪音的特徵難以描繪，但從這個噪音上，一個數年不在此地的人閉上了眼睛也能聽得出，他是置身在帝國首都維也納。城市和人一樣都可以從其步態上分辨出來。一睜開眼睛，他就會從街上運動行進的方式上看出這同樣的結果，遠比他通過某一個有特色的細節發現這一情況要早得多。如果他只不過是自以為有這個能力，這也沒什麼關係。對於人們置身於何地這個問題過度的重視，源出於原始部落時代，那時人們必須記住食物供應的地點。也許重要的是要知道為什麼人們碰上一個紅鼻子便籠籠統統地滿足於曉得這鼻子是紅的，而從不過問這鼻子有哪種特殊的紅色，雖然這完全可以用微毫米波長表達出來；而人們若遇到某些一如人們逗留於一座城市這樣錯綜複雜得多的事情，則總想完全精確地知道，這是哪座特殊的城市。這轉移了對更重要的事情的注意力。」202❹

這是一部小說藝術性極高的開場白，於一九二九年脫稿，一九三〇年出版。作者是奧地利的羅伯・穆齊爾（Robert Musil, 1880-1942）。這個場景相當耐人尋味：小說的主題是，人們再也不知道怎麼寫開場白。如果我們跟著流行，也像氣象報告那樣精確地描述，那麼就算再怎麼淋漓盡致地形容大氣現象，大家還是看不懂。以前人們一開頭就會提到一九一三年風和日麗的八月天，可是現在已經和他所描寫的世界完全是兩碼子事了：風馳電掣的現代世界，兩次工業革命之間、讓人目眩神馳的科技的年代。然而就算是這個科技，也不是文學可以烘雲托月地描寫的。我們應該採用當時盛行的藝術潮流，未來派、表現派和立體派嗎？那麼人們或許就明白了我們是在說維也納了嗎？而傳統的時空觀念在現代世界裡還是那麼重要嗎？

[337]

其實，在這裡，一切再也無法對應在一起了。準確性和心靈已經脫鉤了，正如克羅齊所說的，所有領域互不相屬。再也沒有什麼辯證性的全體了。穆齊爾不只是把一九二〇年代的場景轉移到一九一三年，那時候街道和廣場上幾乎沒有汽車呼嘯而過。小說是什麼，應該是什麼，這整個問題並沒有答案，而是變成了一個空曠的地平線。這位作家的一生也同樣看不到地平線：一八八〇年生於克拉根福（Klagenfurt），起初的職場生涯輾轉於艾森斯塔（Eisenstadt）、摩拉維亞的懷斯克興

❹ 引文中譯見：《沒有個性的人》，頁4-5，張榮昌譯，作家出版社，2000。

（Weißkirchen）以及維也納，在布呂恩（Brünn）讀機械工程，接著又到柏林在完形心理學家史頓普夫的指導下攻讀哲學。

穆齊爾寫了一部暢銷小說《學生特雷斯的迷惘》（*Verwirrungen des Zöglings Törleß*, 1906），幾部戲劇，也以寫作劇評為生。可是他的人生志向卻不在此。如果說，哲學真的如史頓普夫教導他的，漸漸變成了精確的科學，那麼它是否還能實現傳統的使命？賦予全面性的意義，揭露阡陌縱橫的相互關係，深入探索生命？它們單調乏味的解釋豈不是「宛若挖出了心臟」？如果說尼采和柏格森想方設法把哲學變成了文學，把沒辦法以語言理解的東西視覺化，如果說海德格的哲學是喃喃自語地游走於邊界，以燦若白晝的思考閃電衝破闇昧概念的國度，那麼我們也可以反其道而行：不是把哲學變成文學，而是為文學賦予哲學意味，藉此訴說作為科學的哲學難以描摹的東西。

同時表現準確性和心靈，訴說重要的哲學問題，以文學的形式把它搬上舞台，以散文的形式繞著它打轉——這個主張正是《沒有個性的人》（*Der Mann ohne Eigenschaften*）這部小說的靈感來源，穆齊爾自一九二〇年代開始創作，一直寫到他於一九四二年離開人間。它是德語區最偉大的文學成就之一，在當時卻乏人問津。讀者以為它是一部傳統小說，當然都大感失望。而哲學系的研討課也對這部小說隻字不提。就像是一處門可羅雀的巨大廢墟，這部未完成的小說佇立在文學地景裡，毀譽參半，評價很高卻沒有多少人讀過。

當小說第一個也是唯一完成的部分定稿時，哲學正值百家爭鳴的時期（也就是本書描述的時期）。那是正要啟航的哲學，是至今為止的哲學走到盡頭以後的哲學。人們開闢了許多振奮人心的新道路，闡述了許多宛若龐然怪物的體系，尋覓一個因應現代科技世界並且深入探討它的思考。那是卡西勒的《符號形式的哲學》、海德格的《存有與時間》、懷德海的《歷程與實在》、桑塔耶納的《存有之領域》、佛洛伊德的《一個幻覺的未來》、謝勒的《知識形式與社會》（*Die Wissenformen und die Gesellschaft*）、哈特曼的《倫理學》以及胡賽爾追求對於「生活世界」的真實認知的時代。體系和以心靈和意義的角度探究生命難道不是對立的嗎？《沒有個性的人》說：「哲學家是運用暴力的人，他們沒有軍隊可供自己使用，所以就將世界關進一個體系裡，以這樣的方式征服世界。」[203] ❺

穆齊爾於一九〇八年在史頓普夫的指導下以恩斯特·馬赫為題獲得博士學位，那是個工程浩大的工作，艱辛而堅定不移地檢驗這位物理學家和哲學家。[204] ❻如果真的如馬赫所說的，關於物理學裡的事實，哲學只能望塵莫及——那麼馬赫自己是否真的史無前例地大破大立，提出了一個堅固可靠的新起點？一個以科學的角度駁斥「自我」的存在、認為它「不可挽救」的哲學，是否真的可行？我們是否要像馬赫建議的，不說主體和客體，而只談「元素」？不說一個人，而只是說一束感覺？穆齊爾在批判馬赫的同時，也對整個哲學失去了信心。我們固然可以以科學的精確性對哲學除魅，卻找不到取代它的東西。穆齊爾不管研究哪個當代哲學家，尼采、柏格森、胡賽爾、謝勒、卡西勒、史賓格勒或是生命哲學家克拉格斯（Ludwig Klages），都再也不相信哲學是一條康莊大道。體系、合理性和精確性，都只是思考的其中一端。而穆齊爾在《沒有個性的人》裡所說的「心靈的滑翔邏輯」則不然，它是宗教乃至於藝術裡事物的種種組合。

❺ 引文中譯見：《沒有個性的人》，頁291-292。
❻ 博士論文題目為：《馬赫學說評論》（*Beitrag zur Beurteilung der Lehren Machs*）。

[339]

為了以美學的角度呈現並且讓人相信那些無法以科學形容至盡的事物，穆齊爾寫了這部氣勢磅礴的小說。他不只是要寫一部偉大的文學作品。作者想要「探討精神如何征服世界」，他想要「無法精確描寫的領域裡成就極致的嚴謹性」。[205]對於穆齊爾而言，風格是「對於一個思想準確的推敲琢磨……以我做得到的最優美的形式」。[206]而且就像尼采一樣，文學知識批評取代了冷靜的知識論。

《沒有個性的人》也意欲在第一次世界大戰爆發前夕診斷整個世界，那是一幅風俗畫，現代世界的表意文字。他夭矯不群的企圖正是要指出，整個思想的世界難以下咽的思考大雜燴如何以第一次世界大戰的災難收尾。為此，穆齊爾不僅僅是鋪陳一個故事而已；事實上，情節幾乎沒有任何進展，而很怪誕地一直原地踏步。就連小說裡的主角也不同於一般的類型。烏爾里希（Urlich）就是《沒有個性的人》所說的那個人，他是個控制和協調的介面，是個節點，種種觀念和作用、心境和世界觀在他身上犬牙交錯，宛若雜文一般地紛至沓來而引人深思。除了早期的法西斯主義、教育改革、傳統藝術和前衛藝術的分庭抗禮、全民運動的盛行、偉大工程成就的年代以及其他更多的現象之外，他也探討當代哲學的主題。胡賽爾在嚴謹的形式邏輯和超驗現象學的邏輯之間的搖擺不定，也反映在烏爾里希的要求一個「準確性和心靈的現世祕書處」❼。而卡西勒所說的符號形式和關係的生活，也在小說虛構的烏托邦裡再現，那是一個「精確生活的烏托邦」，一個「以藝術類型為依

[340]

❼「這時，烏爾里希做了一個荒唐的嘗試。『伯爵閣下，』他說：『平行行動只有唯一一項任務：為一次精神總盤點開一個頭！我們必須大致去做倘若世界末日降臨在一九一八年，舊的精神將結束、一種更崇高的將開始而不可避免要做的事。您以陛下的名義建立一個準確性和心靈的現世祕書處；其餘一切任務在這之前都無法完成或者都只是假任務！』」（《沒有個性的人》，頁690）

據的生活」或者是「雜文小品的烏托邦」。小說的讀者在烏爾里希對於一個「另類狀態」的追尋裡也可以窺見尼采和柏格森那種生命哲學式的種種渴望；渴望一個存在的直接經驗以及生活世界的強度——這正是柏格森所謂的「絕對自我的直覺」。而就像尼采和謝勒一樣，烏爾里希也對於救贖的想像興致勃勃，卻又嘲諷諸如克拉格斯或者法國暢銷作家梅特林克（Maurice Maeterlinck）廉價的救贖承諾。

人們時常把他和他的同胞赫曼・布若赫（Hermann Broch, 1886-1951）及其小說三部曲《夢遊者》（*Die Schlafwandler*）相提並論。布若赫也讀過哲學，也試圖以文學探究他的時代，甚至提出他自己的價值理論。可是不同於布若赫，諷刺成了穆齊爾在小說裡的主要修辭格。不管談到什麼，他總是以反話的方式談論世界，在風格上比布若赫更勝一籌。他以生動的敘事闡明了那個時代以及它的難題，那就是以諷刺以及暗喻把許多不同的視角都串在一起，讓它們正面交鋒，或者是以自出機杼的方式找到它們的關聯性。

穆齊爾並沒有完成這部小說。一方面外在環境使得這個龐大的計畫遷延時日。希特勒上台之後，我們這位作者離開柏林，回到維也納。十年來一直支持他的羅佛特出版社（der Rowohlt Verlag）漸感不耐，情不得已之下，穆齊爾又出版了小說的另外兩個部分。他的財務狀況越來越拮据，以前那部暢銷小說《學生特雷斯的迷惘》的作者早就被人遺忘了。另一方面，小說的拖稿也是因為計畫本身的關係。當穆齊爾還在沉浸於導致第一次世界大戰的思想情境時，第二次世界大戰已經山雨欲來。他在「山河破碎的時候兀自搭建自己的紙牌屋」，他在一九三九年十一月底的一封信裡如此寫道。[207] 兩年半之後，窮途潦倒的穆齊爾在日內瓦附近的一家療養院裡與世長辭。六十一歲

的運動迷在體育館的淋浴室裡因為中風而去世，

穆齊爾未出版的遺稿有幾千頁之多。即便一九五〇年代新版的《沒有個性的人》終於贏得了世人的尊敬，這部小說依舊是個出了名的祕境。熟諳湯瑪斯．曼的文學評論家拉尼基（Marcel Reich-Ranicki）不厭其煩地一再強調，穆齊爾的小說根本不是小說。而儘管《沒有個性的人》在思想和風格上咳唾成珠，它介於文學和哲學之間的特殊地位卻沒有形成任何新的藝術形式。直至今日，它的作者也只在文學和哲學八荒九垓的地方才受到世人的讚譽。

新時代的新藝術

「在滿布繁星的天空便是一張畫著四通八達道路的地圖的時代——在道路是由星光照亮的時代——人們是幸福的……因為如果不是那張原始的地圖，真正的哲學使命又是什麼呢？如果不是為每個自內心深處湧現的衝動賦予一個它不認識的、但是早就分配給它的、被包裹在解放它的符號之中的形式，那麼超越的場域問題又是什麼呢？」[208] ❽在一九一四年冬天提出這個問題的三十一歲男子，他知道也感受到哲學家們有多麼渴望一個振聾發聵的世界觀，即使不是製作原型的地圖，指出先驗場域的難題在哪裡；一個可以重新揭露且整理現代世界碎片化的生活的體系。可是不同於胡賽爾、卡西勒、賀尼斯瓦德、海德格或者是哈特曼。他和穆齊爾一樣都懷疑，康德的星空只會照亮「純粹知識的暗夜」，到了白天就再也沒辦法指引道路了。這位和克羅齊一樣熟諳黑格爾的思想家

❽ 見：《小說理論》，頁34，楊恆達譯，唐山，1997。

[343]

很確定我們再也沒辦法用概念去理解世界了。

那麼我們該怎麼辦？我們該從哪裡獲得知識、希望和人生目標呢？盧卡奇（György Lukács, 1885-1971）的父親是匈牙利布達佩斯的猶太裔銀行家，他試圖在一部論文集《小說理論》（*Die Theorie des Romans*）裡回答這個問題。它原本只是關於杜思妥也夫斯基（Fjodor Dostojewski）的一部鉅著的導論，盧卡奇要概述從塞萬提斯（Michel de Cervantes）到這位俄羅斯作家的小說演變。可是《小說理論》其實不是什麼文學研究，而是一個回顧和展望。在那個時候，比他大五歲的穆齊爾，在應召入伍到前線打仗之前就決定要當一個專業作家，而盧卡奇則是提出他的看法，認為唯有小說才有辦法應付當代世界的內在衝突。一九二〇年，《小說理論》出版，而穆齊爾也正要著手寫作《沒有個性的人》。

人們經常把盧卡奇和穆齊爾相提並論，儘管他們並不相識。[209]盧卡奇主張說，唯有在小說裡而非哲學，才能挖掘且建構生命的全體，而這正是穆齊爾的計畫。兩個人也都以散文的寫作找尋他們的知識，他們都在兜圈子而不是自白，都在諷刺而不是解說，都在詮釋而不是定義。他們也都是出類拔萃的文體家，他們的專業裡的大師。

當盧卡奇出版《小說理論》的時候，他已經回顧了一部讓人刮目相看的青年時期作品。他獲得政治學博士學位，在匈牙利商業部工作，他在柏林求學期間讓齊美爾對他印象深刻，這位偉大的社會學家說盧卡奇是他的「入室弟子」，寫了一部兩大冊的《現代戲劇發展史》（*A modern dráma fejl□désének története*）並且以此獲得博士學位，一九一一年，他到翡冷翠遊學。在此期間出版了他的論文集《心靈與形式》（*Die Seele und die Formen*）[9]，其中收錄了他以強烈的求知欲心領神會的成果：黑格爾的哲學、齊美爾的文化社會學以及狄爾泰的生命哲學。

憑著這個思想的軍火庫配備，盧卡奇批判日常生活裡的「明暗對照的無政府狀態」。人們唯有以形式表現他們的生命，才有辦法理解自己並且做自己。「形式」和「生命」是齊美爾的兩個核心概念，而盧卡奇則以類似存在主義的方式詮釋它們。我們唯有在形式的封閉界限裡才可以體驗到生命的意義。由此我們也觸及了藝術的意義。自我封閉而界限分明的藝術形式，特別是悲劇，它「喚醒了心靈」。它讓人親身感受到那些埋沒在日常生活裡的事物。因為唯有認識到生命的界限，才會使得生命顯得可貴，尤其是界限中的界限：死亡。早在海德格的《存有與時間》問世十六年前，盧卡奇就提出了「屬己性」的理論，也就是心靈在面對其侷限性時的自我意識。

這部作品讓人為之驚豔，盧卡奇也因而成為德語區哲學家的未來之星。可是他的野心並不就此滿足。他心裡有個曠世鉅著的念頭，在下一個居所海德堡，以新康德主義為基礎，著手寫作一部系統性的藝術哲學。盧卡奇在那裡遇到了另一位偉大的德國社會學家韋伯，此外他也認識了若干西南學派的新康德主義者，文德爾班（Wilhelm Windelband）、里克特（Heinrich Rickert）和拉斯克。他也沒有忘記對於文學的興趣，和柏林的詩人格奧爾格（Stefan George）相與為友，並且持續和以文學家及藝評家巴拉茲（Béla Balázs, 1884-1949）為核心的「星期日學圈」（Sonntagskreis）[10]魚雁

---

[9] 原本是以匈牙利文出版於一九〇八年，一九一一年才出版德文增訂版。

[10] 由巴拉茲（Béla Balázs）、弗列普（Lajos Fülep）、豪瑟（Arnold Hauser）、盧卡奇以及曼海姆（Károly (Karl) Mannheim）於一九一五年秋天在布達佩斯共同創立的社團。

往返。盧卡奇活躍在三個城市之間並且寫作不輟，「像一個嗎啡成癮者一樣廢寢忘食地工作，神經對於再強的毒藥都沒反應了」，根據他自己的說法，他的心智處於極度亢奮的狀態。[210]《小說理論》就是在這個不眠不休的生活和思考的時期裡誕生的。當盧卡奇控訴現代世界裡的心靈「超越性的無所歸屬」（transzendentale Oberdachlosigkeit）⓫，並且要求一部洋溢且形塑這個思想的小說，這個靈感正是來自於他自己的生活。然而對於當代小說而言，那是個務實的期盼嗎？會不會太苛求了？四十多年後，耄耋之年的盧卡奇寫道，《小說理論》期盼的「不是一個文學形式，而顯然是個『新世界』。」[211]

這個新世界是什麼模樣，不久就有了個輪廓。盧卡奇重讀黑格爾，並且推本窮源地研究馬克思。除了美學以外，現在他主要探究的是歷史理論。他為克羅齊的《歷史理論與史學史》寫了書評，並且指摘說，克羅齊只就個人的觀點而沒有就社會學的角度去探究那些推動歷史學家的「內在動機」。[212]決定每個時期的歷史學家的意識的，不只是個人的直觀和想像，更包括那個時期的存有境況。此外，第一次世界大戰也讓盧卡奇清楚認識到中產階級社會的道德已經破產了。「超越性的無所歸屬」指的不只是個人，也包括整個社會。資本主義使得這個社會腐朽、破碎，並且失去了靈魂，就像盧卡奇從齊美爾以及韋伯那裡認識到的，資本主義不斷地把世界合理化，直到人性被泯除。這位身材瘦削而有稜有角的思想家渴望的救贖是完全不同的事物，也就是找回失落的共同體。

讓他的朋友們相當錯愕的是，他一夜之間就找到了那個不同的事物。宛若閃電一般的轉變！盧

⓫ 見：《小說理論》，頁14。

卡奇在一天之內變成了共產主義者，差不多就像是海德格變成了國家社會主義者一樣。身為匈牙利共產黨的成員，三十三歲的他自一九一八年就成了政治鬥士和宣傳家。他原本計畫在海德堡撰寫教師授課資格論文，卻被學校拒絕。盧卡奇是「外國人」，而且他顯然再也無法融入中產階級社會。當時湯瑪斯．曼也在維也納認識了這個短小精悍的匈牙利人，一樣對他相當反感，於是在一九二四年的《魔山》裡穿插了一個不怎麼討喜的角色納卜達（Naphta）：「他渾身尖稜：鷹鉤鼻……細狹、噘凸的嘴，細框裡的厚厚斜面鏡片……連他保持的沉默也是尖的，那沉穩隱示他若打破沉默，言語必定勁利而邏輯。」[213][12]

齊美爾以及韋伯以前的得意門生，同儕之間讚不絕口的天才，現在回到了匈牙利。一九一九年初，他的時機似乎到了。記者貝拉．庫恩（Béla Kun, 1886-1938）在國內建立了匈牙利蘇維埃共和國。一九一九年三月，盧卡奇擔任教育人民委員會副委員，七月當上了委員。可是在位的時間非常短。政府在幾個月之後就瓦解，盧卡奇逃亡到維也納，在那裡被捕入獄。在知識圈的施壓之下，這位政治受難者於一九一九年底獲釋。在流亡期間，他鍥而不捨地為匈牙利共產黨奔走，建立了家庭，除了撰寫政治使用說明書以外，更深入鑽研一直困擾著他的哲學問題：在什麼意義下，共產主義在道德上更勝資本主義社會一籌，並且在未來可以拯救人性？對於盧卡奇而言，他必須克服兩個思想上的挑戰。第一：如果說所有知識都只是在一個歷史性的意識高度上、有其時代限制的知識，那麼歷史唯物論的永恆真理是什麼？共產主義憑什麼比資本主義社會更真實、更正確？這也是普列

[346] [347]

⑫ 引文中譯見：《魔山》，頁408，彭懷棟譯，遠景，1979。

漢諾夫的問題。無產階級怎樣才可以來到真正作為革命的文柱所需的意識高度？這則是葛蘭西的問題。

盧卡奇在兩篇論文裡回答了這些問題，收錄在一九二三年出版的《歷史與階級意識》（*Geschichte und Klassenbewusstsein. Studien über marxistische Dialektik*）裡。第一篇是他身為政治人物於一九一九年的演說：〈歷史唯物論的功能轉換〉（*Der Funktionswechsel des historischen Materialismus*）。[13]就像以前的普列漢諾夫一樣，他也在馬克思和恩格斯對於資本主義社會的分析裡看到：那是關於十九世紀資本主義社會的一張纖毫畢現的X光片，在其中，所有其他事物，宗教、藝術、科學、軍事等等，都是由經濟決定的。然而並不是所有社會都像十九世紀的資本主義社會那樣。它只有局部適用於資本主義之前的社會。而且它更加不適用於未來的社會主義社會——對於這位教育人民委員會委員而言，這點特別重要。盧卡奇預言說，在那個社會裡，黑格爾所謂的**絕對精神**（der absolute Geist），特別是藝術和科學方面，會重新擺脫經濟的物化。制度僵化的「客觀精神」會再度匯流到理念裡，使得社會主義的社會「人性化」，那正是以前資本主義使社會喪失的靈魂。

盧卡奇說，那是個早就啟動的歷程，他的這個願景簡直就是在和大多數共產黨的官方路線唱反調。他要把歷史唯物論去教條化（entdogmatisieren）。它不就只是一個用來解釋資產階級時期的科學方法而已嗎？歷史唯物論並不是大自然的鐵律。它也不是一個以社會主義經濟為優先的未來社會

[13] 見：《歷史與階級意識》，頁305-342，杜章智、任立、燕宏遠譯，商務印書館，1996。

[348] 建設藍圖。如果說共產主義在道德方面更勝資本主義一籌的話，那也是因為它使得在資本主義裡被撕碎的藝術和科學的「絕對精神」重新開展。唯有這樣的文明進步才能保證共產主義更人性化——而不是指望未來計畫經濟可以成功。

對於新生代的馬克思主義思想家而言，盧卡奇的演說猶如醍醐灌頂。它把馬克思主義變成了一個道德、文明甚至美感的問題，這樣的馬克思主義在馬克思那裡是看不見的，更不存在於當時在蘇聯以極其殘忍的手段奪取政權的史達林主義。讓人心得到救贖，讓主體性更加活潑，讓「絕對精神」回到它自身——它和史達林的政治及文化綱領尤其是背道而馳。

《歷史與階級意識》第二篇著名的論文〈物化和無產階級意識〉（*Die Verdinglichung und das Bewußtsein des Proletariats*）篇幅更長[14]，而且也和蘇聯的現實社會主義（Realsozialismus）形成同樣的對比。他首先探討物化（Verdinglichung）的問題，人自其生活的異化（Entfremdung），他在《心靈與形式》以及《小說理論》都提到這個問題，在齊美爾以及韋伯那裡也有類似的說法。至於其他許多文化保守主義的思想家，例如施密特或史賓格勒以及後來的海德格，也有相同的看法。世界一團混亂，心靈在其中無處可以棲息，使得所有內在的東西都變成表面的事物——這個診斷當然可以說是整個世代的經驗，他們還記得第二次工業革命之前的世界、電氣化、加速以及大量生產，卻在新世界裡找不到立足點。[349] 一九一六年，施密特談到「資本主義的、機械主義的、相對主義的」年代，「心靈既沒有祕密也沒有激情」，並且產生了一種人類類型，他們只不過是「瘸著腿去工作

⑭ 見：《歷史與階級意識》，頁143-304。

的影子」。214可是盧卡奇的批評比韋伯或施密特都更加尖銳，他為此控訴有如脫韁野馬的資本主義，使得人類和世界的關係虛妄不實。如果說一切都是商品，那麼心靈、真理就再也沒有開展的空間。所有東西都被物化，包括精神和心靈。

可是我們要怎麼走出來呢？盧卡奇的回答和他的社會主義養父們大相逕庭：那就是積極的體力勞動！這個弱不禁風的思想家吟詠著對於積極行動的讚歌。唯有以體力勞動的人，才可以在主體性和客體性之間的界限穿梭自如。製造事物意味著以主體性的方式形塑客體，並且據為己有。物化的反面就是透過身體的創造力把事物重新主體化（Re-Subjektivierung）。像康德這樣的中產階級思想家，可以坐在他的書房裡自問「物自身」到底是什麼，那個在他的心靈外面的世界，而無產階級則是日復一日地改造事物，以體力勞動把它變成新的實在物。於是，盧卡奇陡然推論說，唯有無產階級才被賦予實現世界歷史的使命，重建世界失落了的屬己性。

以世界革命作為心靈無所歸屬的知識份子的救贖想像：儘管此舉只是在自取其辱——尤其是正統馬克思主義的同志的訕笑——卻也讓當時以及後來的非正統馬克思主義思想家心馳神往。葛蘭西在他的囚房裡反覆沉思：盧卡奇所勾勒的「實踐哲學」是否真的可行而且有勝算？而對於「批判理論」（Kritische Theorie）的思想家而言，「物化」的主題則是變成了他們的「意識形態批判」的基礎，儘管他們再也不相信無產階級催生世界革命的創造力。

「物化」這個概念的原創者，在接下來的二十年間，主要是扮演職業革命的角色。在維也納、柏林或者莫斯科，他鼓吹共產主義的反抗活動，撰寫宣傳革命的文章，為報紙和雜誌寫社論，同時也在鑽研知識圈裡流行的新主題：當時和寫實主義唱反調的實驗文學。在這個論戰裡，他被德國文

[350]

學系的學生們貼上了守舊派的標籤——儘管對他可能是不公平的。我們會在下一卷回到這個問題。

猶未存有

「夠了。現在我們得開始了。生命被交到我們的手裡。眼前的事物可能不久就會被遺忘。只有一個空虛而恐怖的回憶飄盪在空中。誰要被保護？懶惰的人、可憐的人、放債的人會被保護。凡是年輕的都必倒下；但是可憐人得救了，坐在溫暖的房間裡。這是讓人窒息的負擔，是平庸的人施加的，也要由平庸的人承受。這是愚蠢的勝利，有憲兵在護衛，有知識份子的夾道歡呼，他們的腦袋甚至不足於捏造出任何說詞。」215

憤怒、失望卻沒有絕望，這位一頭濃密捲髮的三十二歲的哲學家對於時局如是蓋棺論定。第一次世界大戰在翻騰狂吼，數百萬人喪失性命，在提契諾邦（Tessin）的盧加諾蒙地（Locarno Monti），他在由一群藝術家和自由思想家組成的殖民地裡，眺望著沃瑞塔山（Monte Verità），在阢隉不安、棟折榱崩的文明裡，那是一座幸福而且充滿著新思維的島嶼。恩斯特·布洛赫（Ernst Bloch, 1885-1977）和盧卡奇同年，他的父親是路易港（Ludwigshafen）的一個猶太裔公務員。一九一〇年，布洛赫認識了這位匈牙利天才人物。這兩個頭角崢嶸的年輕人一見如故。他們年紀輕輕就加入以齊美爾為核心的學圈，成為其中嚴謹而自信的辯論者。他們也由柏林的齊美爾推薦到海德堡師事韋伯。在那裡則是由拉斯克所謂的「福音傳教士」主導話題。

他們兩人都懷有提出龐大體系的願景，盧卡奇夢想著他的偉大藝術體系，布洛赫則是想建構一個史無前例的科學理論體系，而和黑格爾的體系分庭抗禮。這個年輕人在路易港讀中學的時候就展現對於哲學的獨特天分。不管是海德堡的文德爾班或者是維也納的馬赫，只要是德語區的大哲學家，都會收到布洛赫的信，裡頭寫滿了他自己的見解。這位恃才傲物的學生在慕尼黑師事了李普斯（Theodor Lipps）一年的時間，一九〇六年又轉到烏茲堡找屈爾佩（Oswald Külpe）當他的指導教授，兩年後提交他的博士論文：《關於里克特以及現代知識論問題的批判性闡釋》（*Kritische Erörterungen über Rickert und das Problem der modernen Erkenntnistheorie*, 1908）。布洛赫把他的閱讀和思考洋洋灑灑地形諸文字。對於布洛赫而言，不管是里克特或是柯亨的新康德主義，雖然看起來高瞻遠矚，其實都只是空中樓閣。他們欠缺了像詹姆士或者杜里舒那樣和生物學的反思性交涉；也缺少了存在於此時此地的生命境況，那對於生命哲學極為重要，也都可見於尼采、柏格森和齊美爾。思考永遠是在現實生活裡的思考。而這個現實人生並不認識什麼超然物外的觀點，也沒有所謂理想的或邏輯的世界，它是「一團謎」，由前意識以及「猶未意識」（Noch-nicht Bewusste）的事物決定的，被保存在歷史裡，並且關涉到未知和烏托邦的事物。

所以說，一個新的體系是要讓思想乾冷的種種見解液態化且復甦，讓靜力學消融在被現實人生親吻的動力學裡。這兩位猶太裔的思想家，布洛赫和盧卡奇，他們的「彌賽亞」願望都很類似。當第一次世界大戰使得山河破碎，完全翻轉了整個時代氣氛，兩個人同樣感到沮喪和震驚。此外，看到齊美爾和韋伯隨著對於戰爭的全民狂熱而起舞，這兩位福音傳教士更是心灰意冷。布洛赫在嘲諷知識份子的「腦袋甚至不足於捏造出任何說詞」的時候，指的就是他們那兩個老師。相對的，布洛赫和盧卡奇早就對於戰爭的局勢演變憂心忡忡：那是二十世紀初期的一場根本浩劫。偉大體系的年代已經不再了；再也沒有秩序，不管是理論或生活方面，到處都找不到。盧卡奇寫作《小說理

[352]

論》，意欲以新的小說為新時代指路，布洛赫則是於一九一七年三月客居瑞士的沃瑞塔山。此前他和伴侶艾爾瑟（Else von Stritzky）從柏林搬到加密許（Garmisch），接著又到海德堡以及茵特拉肯（Interlaken），行李箱裡一直放著《烏托邦精神》（*Geist der Utopie*）的手稿。

一九一八年出版的《烏托邦精神》轟動一時。史賓格勒的《西方的沒落》第一卷也在同年問世，剛好和它大唱反調。兩人都極端懷疑理性的力量，也不相信人類會持續不斷地進步。第一次世界大戰的創傷太深了。史賓格勒沉痛地指出一千年來的西方文明就要熄滅了，而布洛赫卻歌頌戰爭的灰燼是新人類文明的生殖細胞。當然，它至今都還只是個「猶未意識」的東西，一直是個謎樣的東西，特別是在當代藝術作品裡，在表現派以及音樂裡。四百多頁的作品是由無數引文堆疊起來的：哲學論證和批判，許多宗教性的希望，詳盡的音樂理論反思，以及對於社會主義的執念。它不是由理性建構起來的哲學體系，而是一種表現主義式的哲學家藝術作品，漏洞百出，思考凌亂，東拉西扯卻又相互呼應。他的感傷風格貫穿整部作品，一部關於全知的診斷和預測的沉重手稿。這位福音傳教士一直忠於自我。彌賽亞主義的基調以及宣教是他的主題，一部分是基督教色彩，一部分是猶太教的：「這裡開始新生活。」（Incipit vita nova）盧卡奇所說的「超越性的無所歸屬」並不是那麼無望，它只是「經驗瞬間的黑暗」，不管是個人或社會。

正如布洛赫從齊克果那裡認識到的，沒有任何人或時代可以了解他們的當下境況。可是他們可以一直心懷著烏托邦的意識。讓人保持清醒的，正是這個「盈溢」（Überschuss）。我們四周不是到處潛伏著這個「猶未存有」（Noch-nicht Sein）以及對於救贖的盼望嗎？布洛赫和盧卡奇的「實踐哲學」所期望的，不就是充滿了「社會主義思想」的「醒夢」或「白日夢」嗎？就像盧卡奇一

[353]

樣，布洛赫也夢想著主體和客體的融合，在其中，內心世界和外在世界也得以和解。可是不同於他的朋友，布洛赫不需要從事勞動的無產階級為大家實現這個和解。這樣的和解是透過在音樂裡的「遇見自己」實現的，那是絕對的「內在烏托邦的藝術」。音樂是「內心深處溫暖的、哥特式的小房間，那是一片闃暗當中唯一有光的地方，它會摧毀且炸碎整個混亂的局面以及一無所有的存有者的軟弱無力。」[216]

然而，透過主體和客體的融合而實現的和解，並不僅限於烏托邦的向度。正如三十多年後的海德格以天地在其中合而為一的陶罐意象為例，布洛赫早在第一次世界大戰期間就使用陶罐這個意象，它是一個擁有「意義光暈」（Bedeutungshof，意義域）的對象，因而也是主體和客體的融合的實用介質。我設身處地地思考陶罐，把自己想像為「一塊褐色的東西，長相奇特的北歐風格的雙耳瓶」，陶罐便融入並且形塑自己的個性，「使得我這一方更加豐富而臨現，在這個屬於我的形象裡，我漸漸學會做我自己。」[217]

對於事物的感知更加敏銳，是對著所有可以思考的事物敞開自己的關鍵。唯有在這塊感覺敏銳的心靈沃土上，所有「明天會更好」的烏托邦期望才有辦法滋長繁盛，不管是基督教或猶太教的密契主義，尤其是卡巴拉教派（Kabbala）以及靈魂轉世的教義，都是這麼說的。馬克思預言的沒有異化和剝削的世界如果要實現，也必須以它為前提。對於馬克思而言，無階級的社會是歷史歷程不可避免的結局；對於布洛赫而言，它則是希望的果實，是渴慕以及數百萬次對自己作工的賞報。相對於馬克思沒有心靈可言的、在經濟和歷史哲學框架裡的世界歷程的規定性，年輕的布洛赫提出「信、望、愛這三個重大的倫理範疇」[218]，那是一種馬克思主義的人文主義，直覺到「善的存

[354]

在」，其中瀰漫著柯亨的「倫理社會主義」的形上學意味，而和味如嚼蠟的馬克思無關。對於布洛赫而言，社會主義和共產主義是人文主義想像的人性「盈溢」翹首盼望的結局；對於馬克思而言，那只是經濟裡的生產條件改變的結果。

布洛赫在撰寫《烏托邦精神》期間深入研究馬克思，那並不是偶然的事。他不斷地和盧卡奇討論，不想深陷於馬克思主義而無法自拔。這個精神應該和德意志帝國的瓦解有關。布洛赫在瑞士寫了一百多篇報紙文章，指摘普魯士的軍國主義，聲援敵方的協約國。他聽到俄羅斯沙皇政權的垮台，一開始是感到歡欣鼓舞的。可是對於列寧的熱情並沒有持續多久。和普列漢諾夫一樣，這位流亡瑞士的德國人很清楚「紅色沙皇」的執政並不是什麼好事。「如果沒有先前的資產階級革命，就不可能有真正社會主義革命。」俄羅斯並沒有推行布洛赫主張的直接民主，而是一個「威權主義的政權」。[219]事實上，布爾什維克的俄羅斯和《烏托邦精神》天差地遠，和布洛赫於一九二一年的《革命神學家閔策》（*Thomas Münzer als Theologe der Revolution*）裡高唱的宗教和人文主義意義下的人類解放也完全是兩回事。

接下來的幾年，布洛赫居無定所。一會兒在柏林，接著又到慕尼黑，然後又回到柏林，不久又到德國南部，此後又客居法國和義大利，在巴黎順便和克拉考爾以及班雅明見面，和班雅明一起到蔚藍海岸（Côte d'Azur）旅行，接著搭船到突尼西亞。回到柏林之後，他和詩人布萊希特（Bertolt Brecht）、作曲家寇特・威爾（Kurt Weill, 1900-1950）以及漢斯・艾斯勒（Hanns Eisler, 1898-1962）、指揮家奧托・克倫佩勒（Otto Klemperer）年輕的阿多諾（Theodor W. Adorno）來往。只要有這位沒有教職而且天真又自負的哲學家在場，就很難讓人不注意到他，一九二一年，他的第一任

[355]

妻子去世，此後他的生活就一直依賴第二任妻子的財產。自他的重要作品《烏托邦精神》問世以來，匆匆十年過去，四十多歲的布洛赫已經不是年輕小夥子了。一九二三年由卡爾梅出版社（Kar-May-Fan）出版的《穿越曠野》（*Durch die Wüste. Kritische Essays*），其實也就是兩篇文章而已。他還欠缺一部作品，以奠定哲學家的使命感，證明他的自我評價。

一九三〇年，布洛赫出版他的《蹤跡》（*Spuren*），由許多故事構成的散文集，每一則故事的標題也一樣琳瑯滿目，〈此外：瘋人酒館〉（Daneben: Wirtshaus der Irren）、〈花與非花〉（Blume und Anti-Blume）、〈事物的背面〉（Der Rücken des Dinge）。就像穆齊爾、克拉考爾和班雅明一樣，這部作品也不屬於任何文類，而是蜿蜒穿梭在哲學和文學之間人煙罕至的地方或是市集。在「經驗瞬間的黑暗」裡被壓得喘不過氣的人們慌不擇路，再也認不得他們的世界。合理的行為步驟支離破碎，意義的模型千瘡百孔，種種權力的使命比個人的使命更加強大。可是不同於卡夫卡（Franz Kafka, 1883-1924）或是正在撰寫第一部小說《墨菲》（*Murphy*, 1938）的貝克特（Samuel Beckett, 1906-1989），這個人覺得還有一線希望之光。就算人生命途多舛，在沒有靈魂的資本主義現代世界裡遍體鱗傷——只要有宣告一個更美好的存有的「蹤跡」，人就沒有失去一切。

布洛赫在寫作《蹤跡》期間，德國的政治局勢波譎雲詭，國社黨在轉瞬間崛起，導致了完全不同於布洛赫所描寫的蹤跡。他在一九二八年離婚，和第三任伴侶卡蘿拉（Karola Piotrkowska）住在一起，兩人都強烈支持共產主義者，他們是國家社會主義的死對頭。國社黨「奪權」之後，布洛赫一家人從柏林逃亡到蘇黎世。幾個月後，他們因為共產黨的身分而被驅逐出境。卡蘿拉到波蘭的羅茲（Łódź），布洛赫則是避居在義大利的科莫湖畔（Comer See）。一九三四年秋天，他們在維也

[356]

納重逢。一九三五年，《這個時代的遺產》（*Erbschaft dieser Ziet*）在維也納問世，布洛赫試圖解釋法西斯主義的崛起以及左派政黨的式微。他的詮釋主要是依據在《烏托邦精神》裡就出現的「不同步」（Ungleichzeitigkeit）的概念。當時許多人的意識狀態都和時代不同步，不是走在時代前面，就是落後他所處的時代。而後者往往處境堪慮。跟不上現代世界以及社會變遷的人，往往會抗拒社會的進步，而產生踧踖不安以及防衛心態的反應。如果諸如國社黨這類的運動可以迎合人們的反叛心理，並且把他們的種種渴望引導到它自己的軌道上，那麼就沒有什麼東西可以阻擋它的崛起了。布洛赫關於被壓迫的意識以及「不同步」的分析，提出一個恆久不變的模板，說明了為什麼社會的快速進步總是會招致激烈的反抗，為什麼革命總是伴隨著負隅頑抗和復辟。

宛如是要從布洛赫所診斷的左派錯誤裡記取教訓似的——那是對於人類的現實意識視若無睹的進步信條——一九三五年五月在巴黎舉行了一場規模最大的左派示威活動。社會主義者、共產主義者以及左派自由思想家，真的並肩齊步，而不再相互詆毀、相互毀滅。一個月之後，布洛赫來到法國首都。許多德國流亡者湊熱鬧加入「國際作家保衛文化大會」（Congrès international des écrivains pour la défense de la culture），布洛赫當然也沒有缺席。一九三七年，由流亡者組成的「德國人民陣線」正式成立，可是我們這位居無定所的哲學家又跑到別的地方去了，這次是布拉格。他在那裡要寫一本書，清除附著在唯物論上的所有不可動搖以及靜態的東西，為作為馬克思主義哲學基礎的唯物論注入清新空氣。事物的「猶未存有」、凝聚狀態的動力以及事物世界的不斷變化，也都屬於現實的、物質性的存有。所以說，像馬克思主義這樣一個真正的唯物論哲學，也必須是動態的、有機的、可變的，既要對於未來的、烏托邦的事物感覺敏銳，也要清楚洞察現存的、當下的事物。於是

[357] [358]

布洛赫把存有的概念動態化，那是以前柏格森已經想到的，也是海德格在《存有與時間》裡的計畫，更是貫穿了懷德海的歷程哲學。只不過，對於布洛赫而言，動態性同時也是馬克思主義的辯證法，也就是在未知的新事物以及絕對更美好的事物裡不斷地揚棄舊事物。

布洛赫生前沒辦法出版他的《唯物論的問題，它的歷史和實質》（*Das Materialismusproblem, seine Geschichte und Substanz*），它一直到一九七二年才問世。一個至今沒有存在的東西來到世界了。一九三七年，五十二歲的布洛赫第一次當爸爸。一年後，就在德軍入侵捷克的前夕，布洛赫一家人搭乘一艘波蘭籍的蒸汽船到紐約避難。在惡劣的經濟情況下——由霍克海默（Max Horkheimer）創立的「社會研究院」（Institut für Sozialforschung）接濟了許多德國左派知識份子，卻讓同情史達林的布洛赫碰了釘子——布洛赫不屈不撓地埋首於一部曠世鉅著，而它也使他在戰後聲名大噪：那就是《希望原則》（*Das Prinzip Hoffnung*）。

微物的權利

當布洛赫在一九二〇年代末期尋覓那讓人驚愕而又使人渴慕的「蹤跡」，在法蘭克福則有一部小說問世，不久就變成了茶餘飯後的話題，而布洛赫也不例外。班雅明為之「欣喜若狂」，這位「文學界的卓別林」讓作家約瑟夫·羅特（Joseph Roth）心醉神馳，他的同事赫曼·科斯頓（Hermann Kesten）熱情洋溢地談論這位「層疊繁複的、醍醐灌頂的、間接迂迴的譬喻的製造者」。記者奧西茨基（Carl von Ossietzky）則是對他「致敬」並且引頸企盼「更多的續作」。而最大的讚美則是來自布洛赫：「這個表面上靜止的無聊真是奇特；它會放大且讓人困惑，使絕望的境況變成歡悅，尤其是：它是對於真實、具體、當時的現實事件的認知工具。」[220]

小說《金斯特》（*Ginster*）出版於一九二八年，作者一直不知何許人；扉頁上寫著，那是小說裡的主角金斯特的自述。小說「探討」的是戰爭，第一次世界大戰——如果可以說是「探討」的話。其實小說只是描寫金斯特這個人以及他對於世界的看法。而班雅明、羅特、克斯頓和布洛赫也都知道這個金斯特是誰：他是他們的朋友、同事、目光如炬的批評家克拉考爾（Siegfried Kracauer, 1889-1966）。

克拉考爾在感謝布洛赫對於他還沒有完稿的作品的「出色分析」時，也提到這部小說強烈的自傳性格。他「只是忠實的複述，完全符合事實」。[221]布洛赫對於主角的「植物性」（Pflanzenhaftigkeit）的分析讓他特別開心：「我打算讓主角在倒數第二章（在奧斯納布呂克〔Osnabrück〕）看到盛開的金雀花（Ginster），並且讓他親自說，他很想在鐵軌的路堤上盛開。您挑出了我最愛的句子。」[222]

晚年的克拉考爾於一九六三年出版了增訂本，那時候已經七十四歲了，這部自傳式的小說成了他最重要的成就——儘管在民眾眼裡，他一直以流亡到美國的德國猶太裔電影理論家聞名於世。作家韋勞赫（Wolfgang Weyrauch）要為德國年輕讀者介紹克拉考爾的時候，他還懇求韋勞赫不要說他是「電影人」，「而是文化哲學家或是社會學家，此外也是個詩人」。[223]

齊格飛．克拉考爾——他是個詩人？如果有人要找尋克拉考爾在德國文學史裡的地位，答案應該會是：根本找不到。他只寫過兩部小說，都是自傳式的，而且成績不算很好。相反的，他的散文寫作讓人應接不暇。他同時是個社會學家、哲學家、文化批評家、影評人——可是這些頭銜其實都和他不相襯。他的書和文章是由種種矛盾構成的閱兵場：一個不想闡釋論證而只會疊床架屋的哲學家；一個認為無法以理論描述知識是什麼的知識論者；一個依據由各種氛圍構成的地形開展其倫理學的道德學家；一個不需要測量和計算的參數的經驗論者，因為他知道在那裡找不到任何結論或滿足；一個偷渡了唯心論的馬克思的左派馬克思主義者；一個愛作夢的唯心論者，看到每一條幽靜而荒涼的思想小徑，都想要試看看大卡車是否可以通行。

一個有這麼多矛盾和顧慮的人，在歷史裡找不到任何人生角色、自我形象或是確定的地位，更不用說是哲學史了。可是克拉考爾離奇荒誕而艱難辛苦的一生，其實不是他咎由自取，而是環境使然。他是西里西亞猶太裔行商阿道夫・克拉考爾（Adolf Kracauer）和妻子蘿賽特（Rosette）的獨子，一八八九年，他出生於法蘭克福的歐本罕（Oppenheim），齊格飛・克拉考爾小名「菲德」（Friedel），由叔叔伊西多・克拉考爾（Isidor Kracauer）撫養長大。叔叔是個名人，不是因為他是一家猶太孤兒院的院長，而是因為他是個地方文史家。他的兩大冊的《法蘭克福猶太人史》（*Geschichte der Juden in Frankfurt a. M. [1150-1824]*）是一部經典作品。

菲德是個體弱多病的孩子，在班上身材是最矮小的；因為口吃而成為班上的笑柄，那是他一生的傷痕。他是達姆城（Darmstadt）、慕尼黑和柏林大學建築系學生，寫了一些濫情而笨拙的中短篇小說，主題都是他孤獨的創傷。實習期間，他「一邊粉刷牆壁」，一邊讀康德，從此矢志研究哲學，而不想投身建築。二十三歲的他早期的哲學思考就展現了特有的方向：他要探討「如何把基本上由康德確立的知識論放在範圍更大的基礎上，以及我們是否有可能認識心理歷程」的問題。[224] 在建築系裡，克拉考爾對於一個小題目特別感興趣：裝飾；他的論文題目是：《十七世紀到十九世紀初期柏林、波茨坦和若干邊陲城市的鍛造藝術》（*Entwicklung der Schmiedekunst in Berlin, Potsdam und einigen Städten der Mark vom 17. Jahrhundert bis zum Beginn des 19. Jahrhunderts*, 1915）

克拉考爾一點也不想當個建築師。因為經濟拮据，他只好在一家建築師事務所工作，既沒有什麼野心也沒有目標。他半推半就地參加一個軍人公墓的競圖案——結果他的設計圖贏了。不久之後，克拉考爾就辭掉工作，埋首研讀謝勒和齊美爾，寫了關於齊美爾的專論，可是一直都沒有出版。他和布洛赫（「一個有趣的自然現象」）、勒文塔（Leo Löwenthal, 1900-1993）、布伯、羅森茨威格一樣，都在找尋一個「整全的、以更高的意義為取向的生命形態」[225]。不管是布洛赫的烏托邦式的馬克思主義，或者是布伯和羅森茨威格的猶太末世論（「宗教薔薇」），他都嚴詞批評。可是三十歲的他遇到了比他小十四歲的中學生阿多諾，開始了極為熱情卻又齟齬不斷的友誼。

享有盛譽的《法蘭克福報》（*Frankfurter Zeitung*）相當欣賞克拉考爾一針見血而有主見的分析，以及他字字珠璣的散文，於一九二一年聘任他為副刊主編。他在柏林街頭閒逛，另闢蹊徑地撰寫具有跨時代意義的機智觀察。他也獨自在思想叢林裡披荊斬棘，那是一個無神論的馬克思主義者對於馬克思的人性論的未竟研究——當時的盧卡奇和葛蘭西也都在探討這個問題。

在擔任副刊主編的同時，克拉考爾也在反思當代可以有一個什麼樣的知識論。在社會學的偉大成就之後，尤其是齊美爾，我們還可以推動一個傳統的、系統性的知識論嗎？胡賽爾、卡西勒、哈特曼以及海德格都認為答案是肯定的，而克拉考爾卻不以為然。他在《作為科學的社會學》（*Soziologie als Wissenschaft*, 1922）裡推論說，人無法從個別的觀察演繹出思考體系。所以說，胡賽爾那種現象學一開始就沒有切中題旨。胡賽爾所說的「純粹意識」到底是什麼東西？所有認知和思考總是被日常生活中的某些事物擋住和夾住而無法擺脫。可是如果思考的概念不是源自產生它的對象，又會源自哪裡呢？每個東西、事物以及對於它們的每個觀察，都是不可分割的。在現象後面沒有任何性質可尋，因此永遠也找不到，要找尋的性質就存在於事物之中。

在這個意義下，胡賽爾就像是克拉考爾一九二五年的《偵探小說的形上學》（*Metaphysik des Detektivromans*, 1925）裡所嘲諷的那個理想的偵探形象。這個文類引人入勝的地方不就是在於妄想可以由偵探理性的抽絲剝繭揭露真相嗎？然而現實世界其實不同於數學題目，沒辦法以理性去探究或規劃。不管是哲學家或是販夫走卒的理性都被過度高估了。當時方興未艾的電影尤其是建立在神話的基礎上。正如克拉考爾在《大眾裝飾》（*Das Ornament der Masse*, 1927）裡所說的，現代科技不是為了啟蒙，而是要讓人迷惑和狂喜，為低等的本能和群眾瘋狂鋪路。

但是如果一個人看到現象學、社會學和馬克思主義的確有它們的道理，卻又不相信理性知識的力量，那麼他該寫些什麼東西呢？而這正是克拉考爾於一九二五年創作作為戰時回憶的小說《金斯特》的初衷。布洛赫的主張在金斯特那裡都實現了：就像心靈的烏托邦主義者設想自己是陶罐一樣，他也夢想著自己是一處灌木叢，他一再和擁有自己的美好生活的事物融合在一起。當一個律師的臉看起來像是「拙劣的兒童素描」，那麼只要提到那個律師時，就會談到那張素描；他在文學裡完全變成了他在想像裡的模樣。如果說克拉考爾在許多文章顛覆了胡賽爾和謝勒，那麼現在他則是又翻轉回來：次要的事物才是重點！因為生活裡的種種因果關係不是那麼容易看得清楚，現在他在小說裡把它們都顛倒過來，把它們的每個側面都旋轉和轉向：「由於國王再也不承認任何黨派，所

[363]

以他只能譴責外國。金斯特認為，因為戰爭才組成同盟，那是沒有意義的事。」[226]在扭轉因果關係當中，歷史戲劇所遮掩的辛酸痛苦都浮現出來。

小說裡的因果關係的嘉年華會實現了哲學家做不到的事：以同時反駁自己的方式談論世界。就此而言，克拉考爾和穆齊爾很類似。然而克拉考爾並沒有要規劃一個偉大的時代藍圖，就像布洛赫的《蹤跡》一樣，他在每個地方都特別重視不起眼的事物。藝術性的隱喻世界在小說裡有自己枝繁葉茂的生命，這在德國文學裡是絕無僅有的。《金斯特》或許是一本沒有情節、沒有戲劇結構的書，作為一個故事，甚至說不上一部小說——但是在風格上卻擁有自己的鮮明輪廓。克拉考爾後來提出的所有理論都可以在這部作品裡看到影子；尤其是「觀念和存在」之間的巧妙平衡，對於《金斯特》相當驚豔的阿多諾後來說，那正是他這位朋友的人生課題。[227]

在這部小說之後，我們再也無法想像一個直率的理論家，或是一個冷靜的科學家。在克拉考爾的思考裡，不起眼的東西早就取得了主導權，但它們並不是意圖掌握唯一詮釋權的普遍意志。另一方面，環境主導了克拉考爾自己的生活，那並不是他願意的。《法蘭克福報》陷入財務危機的漩渦裡，於一九二九年至三〇年間易主，接著就整個右傾。現在這位左派的主編成了不受歡迎人物，就算克拉考爾出版了有口皆碑的社會氛圍研究《雇員們》（*Die Angestellten*, 1930），也沒辦法改變他在報社的尷尬地位。

由於兩個新婚夫婦的收入銳減——克拉考爾於一九二五至二六年間認識了甫成立的法蘭克福社會研究院的圖書館員莉莉·艾倫萊希（Lili Ehrenreich, 1893-1971），並且於一九三〇年結婚——現在他轉到柏林的編輯部。在一九三三年二月的國會大廈縱火案之後（der Reichstagsbrand），他跑到巴黎去，想要在那裡謀得通訊記者的職位，八月，他接到了解聘通知。對於時局感到震驚、也失去了工作的他，完成了第二部自傳式的小說《格奧爾格》（*Georg*），影射他在法蘭克福擔任副刊主編的日子——一部夢想破滅的小說，關於格奧爾格和世界之間既可笑又可怕的衝突。

作家的生涯並沒有使克拉考爾賺到什麼錢。儘管《金斯特》獲得許多好評，在馬勒侯（André Malraux, 1901-1976）的策劃下出版了法文譯本，卻還是無濟於事。到處碰壁的職業作家心裡很清楚，他再也寫不出任何一部小說了。「因為我們必須生活，」他在《奧芬巴哈以及當時的巴黎》（*Jacques Offenbach und das Paris seiner Zeit*）開頭寫道，他期望這部作品「或許有揚名海外的機會」[228]。坎坷不遇的他放棄了文學，一輩子再也沒有回頭。他終究沒有把他接下來顛沛流離的人生寫成另一部小說，關於他在法國的窮途潦倒，戰爭爆發後如何被拘留在法國的軍營裡，以及如何逃亡到馬賽。

莉莉和克拉考爾只有一條路可以走：越過庇里牛斯山，穿過法西斯主義的西班牙到里斯本。他們也一度考慮自戕。他們一路經過了波城（Pau）、薩拉戈撒（Saragossa）、馬德里和瓦倫西亞（Valencia de Alcántara），流亡到了葡萄牙。接下來的幾個禮拜則是為了美國入境簽證而到處奔波。一九四一年四月，克拉考爾夫婦終於到了紐約。

不同於布洛赫，克拉考爾在紐約獲得了霍克海默的社會研究院的支持。五十二歲的他一生的作品只是個大雜燴，可想而知難以申請任何工作，更不用說教授職位了。可是在獎助金的支持下，他找到了一個在現代藝術博物館的電影圖書館的工作。他以前是《法蘭克福報》的電影部門主管，身為電影專家，他很容易就獲得了這個工作。克拉考爾以微薄的工資埋首研究「德國電影史」期間，

[365]

他在德國的母親和阿姨從養老院被押解到德瑞莎城（Theresienstadt），並且在那裡遇害。

克拉考爾的電影論著，《從卡里加利到希特勒：德國電影心理史》（*From Caligari to Hitler: A* [366] *Psychological History of the German Film*, 1947）以及《電影理論：心理世界的救贖》（*Theory of Film: The Redemption of Physical Reality*, 1960）奠定了他在國際間電影理論家的名聲。尤其是第二部作品，他認為那與其說是電影理論，不如說是一個文化哲學思考的機會。他在寫給他的朋友勒文塔的信裡說：「藝術是要盡可能地具體傳達歷史和哲學的看法，讓讀者根本沒有注意到它的普遍性。唉，我討厭那些普遍性的東西。」229

殊相比共相更重要——克羅齊早就提出這個看法，克拉考爾則是在其「馬賽克式的」寫作裡形容至盡，這個見解使得他一直擁有現代意義，就連當代的哈佛哲學家卡維爾（Stanley Cavell, 1926-2018）都受到他的影響。而那也是他的歷史哲學的根本思想。他到了晚年才決定要寫一部作品，概述在對於世界歷程的詮釋以及個人對於世界的理解之間的矛盾。克拉考爾於一九六六年十一月在紐約因肺炎去世，這部「對他而言意義重大」的作品一直沒有完成。一九六九年，在他謝世三年後，克里斯特勒（Paul Oscar Kristeller）和莉莉・克拉考爾整理其遺稿，出版了《歷史：終結之前的最終事》（*History: The Last Things Before the Last*）[15]，它是克拉考爾最重要的理論建樹。「觀念史是個充滿了誤解的歷史。」「社會的一致意見對於文化進程的影響相當模糊。」世上並沒有克羅齊所說的那種觀念史，也沒有歷史連續性或進步——克拉考爾比傅柯（Michell Foucault）早一步提出

[15] 中譯本見：《歷史：終結之前的最終事》，杜玉生、盧華國譯，上海人民出版社，2022。

了對於史學言之有物的「沉思」。克拉考爾所說的歷史並不落入任何系統，也無法有任何終極的解釋。他比懷特（Hayden White）早二十年指出歷史是個美感現象，而相較於克羅齊的看法，他認為歷史更接近文學作品。

[367]

一九六三年，在他離開人世的三年前，研究團體「詩學與詮釋學」（Poetik und Hermeneutik）在基森（Gießen）召開第一屆研討會，克拉考爾唯一一次總結他的思想說：「每當在微觀分析裡得到的細節傳輸到宏觀的向度裡，它們總是很容易在那上面受到損害。」[230]而在《歷史：終結之前的最終事》後記裡也有一句話，可以作為克拉考爾所有作品（不管是小說或理論）的註腳：「把埋藏在教條化的世界信仰體系的間隙裡的『真實事物』置於焦點，建立一個由種種失落的歷程構成的傳統；為至今沒有名字的事物命名。」[231]那是一個人的人生計畫，他在間隙裡斷梗流萍地生活和思考，卻堅持不懈地描寫生命。他的作品全集有十六冊之多。對於一個因為害怕成為某物而想要什麼也不是的幽靈而言，這個數量已經不算少了，而他不管在小說或生命裡唯一想像得到的幸福的存在形式——就是在鐵軌路堤上盛開著。

靜止狀態的辯證

有一段很短的時間，他們齊聚一地。一九二六年到二七年間，克拉考爾頻頻造訪巴黎，順道看看布洛赫，作家和散文家海瑟爾（Franz Hessel, 1880-1941）也多次往來此間。他和另一個來自柏林猶太裔知識圈的朋友共同翻譯了普魯斯特（Marcel Proust）的劃時代小說《追憶似水年華》（*À la recherche des temps perdu*）的一部分，這個朋友就是班雅明（Walter Benjamin, 1892-1940），圈子裡

[368]

年紀最小的。他的父親是猶太裔的古董商和畫商，他在弗來堡、柏林、慕尼黑以及伯恩攻讀哲學以及德國文學，並且加入當地學生的青年運動。這個身材瘦小的孩子天性多愁善感、有強烈的憂鬱傾向，一頭濃密的捲髮，厚片眼鏡後面是一對深邃的眼睛，熱中於所有狂暴而極端的事物。他興奮地閱讀索黑爾，因而有了寫作《暴力的批判》（*Zur Kritik der Gewalt*, 1921）的靈感。就像年輕的盧卡奇和布洛赫一樣，他也盼望著一次變革以及價值的重估，而就像大他三歲的海德格一樣，他也夢想著一個新的形上學。如果說新康德主義把知識對象變成了意識內容，那麼班雅明的任務就只剩下讓認識的主體擺脫它的侷限性。他於一九一七年在生前未出版的《未來哲學綱要》（*Programm einer kommenden Philosophie*）裡寫道，所有認知都是一條存在的巨流，一個「自主的、獨特而切身的領域」，那是主體和客體之類的概念完全無法形容的。[232]

如果說瘋子、病患或者是泛靈信仰的原始民族對於世界的體驗不同於一般歐洲人，那麼作為數百年來的哲學預設的笛卡兒的主體客體二元論，或許不是唯一正確的方式，而只是體驗的眾多方式之一。海德格在《存有與時間》裡也極力反對主體和客體之間涇渭分明的區隔，因為人一直是處身在事物當中，而不是和世界對立的，而班雅明其實早就提出這個觀點了。班雅明在前衛藝術裡找到了他的哲學計畫的知音，尤其是巴爾（Hugo Ball, 1886-1927）以及達達運動，此外也包括了他在一九一九年在伯恩大學的博士論文《德國浪漫主義的藝術批評概念》（*Der Begriff der Kunstkritik in der deutschen Romantik*）裡探討的早期浪漫主義者。班雅明在博士論文裡顯然很輕率地把早期浪漫主義的綱領和二十世紀初期的前衛派混為一談。此外，他也找到完全屬於自己的表現風格，屬辭比事本身就是一種美感，可是在推論上同時也相當威權。他和布洛赫一樣，博學多聞的他並不在意語

[369]

言學的細節，正如《烏托邦精神》的作者也不在意音樂學的細節，他既是學者也是個先知。

一九二五年，班雅明以《德意志哀悼劇的起源》（*Ursprung des deutschen Trauerspiels*）在法蘭克福大學申請教師授課資格失敗，這才沉痛地理解到憑著他這副德行在德國大學是找不到工作的。作品探討的是十七世紀的哀悼劇以及巴洛克時期的歷史哲學。班雅明區分哀悼劇（Trauerspiel）和希臘悲劇（Tragödie）的不同，並且探究一種特別的文體，也就是寓言。到此為止都是語言學的範圍。可是他對於巴洛克時期的寓言的詮釋不只是在描述那個時期的意義多樣性。就像尼采所描寫的戴奧尼索斯精神和阿波羅精神一樣，它也是跨越時代的存在性相。不管是談到「土星特質」、「荒誕的憂鬱症患者」或者是遭到命運捉弄的國王等等——作者都是針對著普遍的、永恆的、柏拉圖式的人性理型。法蘭克福大學有幾位教授對此傷透腦筋，他們都肯定班雅明的學識和勤奮，卻對於他的語言以及和學術慣例扞格不入的表現方式相當絕望。如果一個人在教師授課資格論文裡描寫他在咖啡廳裡如何枯坐冥想，就算是現在也會申請失敗的。如果有人在二十一世紀也像班雅明一樣提交關於哀悼劇的論文，他的下場應該也會很悲慘。

大學的學術要求和班雅明對於心靈交流甚或真理的想像天差地遠。如果有人要深入解釋此有，並且不想把主體和客體拆開來思考，那麼他對於值得思考的研究工作的概念，應該會和語言學系以及哲學系大相逕庭。相較於十九世紀下半葉尼采的《悲劇的誕生》（*Die Geburt der Tragödie aus dem Geiste der Musik*），班雅明以哲學思考朝向一個新的實存形上學奮力挺進，和大學當權派的哲學更加南轅北轍。

以前一直接受家裡接濟的班雅明，現在不得不自力更生。由於生活拮据，除了出版普魯斯特、巴爾札克（Honoré de Balzac）以及波特萊爾（Charles Baudelaire）的德文譯本以外，他也在一九二八年出版了一本篇幅很短的作品《單行道》（*Einbahnstraße*）。靈感是來自他在巴黎的時期，班雅明反思在街上注意到的所有事物，特別是眼前不重要的東西、被忽視的東西、小東西、怪誕的東西。《單行道》和克拉考爾的《金斯特》以及布洛赫的《蹤跡》差不多同時間出版，作為思想三部曲的第三部，正如班雅明的一貫作風，它歌頌的是不起眼的形式的美學，而不是什麼偉大而激情的形式。

正如前衛藝術把日常生活以及低俗的東西變成了美感的對象，它們在這裡也變成了哲學反思的對象。「幸福的意思就是在自我理解時不會感到驚嚇，」書裡這麼說，而我們也可以想像班雅明在寫作時是幸福的。這個古董商的兒子可以沉浸在夢境或者想像裡關於種種破爛玩意兒的意象、關於年集上的射擊攤位、天文館裡遙不可及的事物、一個擺滿武器的主管辦公室、居家擺設或者是郵票。[17]紀念性的郵票套票，在上面的國王們只是「數字的傭兵」，像「低等動物」一樣，即使「斷肢了也可以生存下去」[18]；由十九世紀的「沒有靈魂的奢華裝潢」，他推論說：「姨媽在這沙發上也只好被謀殺了。」[233] [19]在這個源泉不絕的細膩觀察裡只有一個向度，它們往往匯流到同一條單行道——死亡。死亡的恆久在場為所有生命的單行道鋪底，和後來華勒士（Foster Wallace, 1962-2008）的小說及雜文如出一轍。相對的，布洛赫的《蹤跡》則是讓人在荒謬中有個盼望和救贖的理

[17] 另見：《單行道》，頁 10、104-5、114-5、120、148，王才勇譯，江蘇人民，2005。

[18] 另見：《單行道》，頁 120-127。

[19] 「這樣的室內擺設只有屍體才住得下，『姨媽在沙發上也只好被謀殺了。』只有在屍體面前，沒有靈魂的奢華裝潢才會讓人感到愜意。」另見：《單行道》，頁 10。

由，而克拉考爾溫柔蘊藉的觀察並不需要死亡或盼望——它們只是佇立在那裡，自顧自地開花。

對於班雅明而言，《單行道》只是牛刀小試。他在寫作的時候，心裡就已經有個更大的計畫，是的，一個碩大無朋的計畫。那是個盛大的場面，一部文學和哲學的作品，大抵上可以把他在十年前草擬的《未來哲學綱領》溶解到一個此有的美學裡。他在札記裡說：「研究的方法：文學的蒙太奇。我沒有什麼要說的。我只是指出來。我不會把任何有價值的東西偷樑換柱，也不會妙語如珠。至於碎布和殘渣：我不會把它們列入清單，而是讓它們有個唯一的申訴機會：我會使用它們。」[234] 所有真理都只是轉瞬間的真理，相反的，「永恆」只是衣服的鑲邊，而不是一個「理念」。[235] 他的思考和當時海德格、哈特曼以及懷德海的存有學判若雲泥，他要探討的不是什麼巨大的全體、永恆的或跨越時代的真理，而是瞬間的明證性，就像克拉考爾一樣，可是他的主張更加激情。班雅明所要寫的，都是形上學的重要問題。

他的語言既不是描述性的也不是證明，而是「表現」和指引：具體的觀察讓普遍的事物閃現，正如普遍的事物重新碎裂成個別事物的塵埃。在所有巨大事物裡都存在著微不足道的東西，在所有永恆的事物裡都存在著倏忽生滅的東西，在所有美麗裡都有醜惡，在所有個體裡都有社會性的事物，而且反之亦然。唯一無法反轉而重複的，只有瞬間。

讓這個美學和文學的蒙太奇來回擺盪的動機，是在十九世紀初期和中期在巴黎出現的拱廊街，對於一九二〇年代的班雅明而言，那已經是個遺跡，一個激情而嶄新的時代的遺跡，而巴黎則是「十九世紀的首都」。班雅明要讓光影傾瀉到拱廊街裡，那是他自己的時代的光影。「探討巴洛克時期的作品，經由當代使得十七世紀沖洗成像，同樣地，現在也要讓十九世紀曝光得更清楚。」[236]

班雅明的主張不僅是文學性的，更是高度哲學性的。如果說黑格爾的邏輯學是要指出邏輯對象的具體歷史境況，那麼《拱廊街計畫》（*Das Passagen-Werk*）的作者也要一起思考他對於對象的**興趣**的具體歷史處境。[237]那是雙重曝光，第一次是以拱廊街照射的歷史性的成像燈光，第二次則是班雅明自己投射在那個情境上的燈光，讓拱廊街的世紀展現它的本來面貌：那是一個充滿希望的年代、個體性的覺醒、一個對於救贖的渴望、一個夢境。作者要呈現的是「集體無意識」，讓湮沒在年久失修的拱廊街裡的集體無意識復甦。班雅明也要指出，那條玻璃頂蓋、大理石外牆的拱廊街並不是什麼集體的夢，而是可鄙的物質性：資本主義剝削邏輯的陳腐意象。

班雅明的偉大作品的靈感是來自阿拉貢（Louis Aragon, 1897-1982）於一九二六年出版的超現實主義小說《巴黎的鄉下人》（*Le paysan de Paris*），他在第一部裡描寫於一九二五年拆除的歌劇院拱廊街（Le Passage de l'Opéra）。可是班雅明不只是要寫一部小說，他要讓表現和反思在「意象」裡合而為一。他的語言意象要「讓現實世界漸漸濃縮（整合）」，「在其中，所有往昔的事物（就他的年代而言）都可以被保存在一個相較於眼前的存在更高的現實性程度裡。至於如何把它表現為更高的現實性程度，則只有意象才做得到，也必須在意象裡理解它。而對於往昔情境的辯證性探究以及重現，則是對於當下行為真理性的試金石。」[238]班雅明認為，在意象裡，不同的年代會相互匯入：「在意象裡，往昔和現在的事物會在電光石火之際排成一列。換言之：意象是靜止狀態的辯證。」[239]

對於班雅明而言，「靜止狀態的辯證」正是歷史的連續性以及它悄悄地流動要退場的時候，歷史對象在思考中變成了一個個瞬間。思考靜止下來，就像柏格森所說的那種引人發噱的凍結動作。

在柏格森那裡，靜止的動作變得滑稽，到了班雅明那裡，卻會因為對象的「爆裂」而凝聚成無止盡的意義。在商店拱廊街裡，原本的市場商品變成了櫥窗的陳列品，而班雅明便以此指出上述的現象。它們從有交易價值的消費品，變成了自己的樣品，美感知覺的對象，因而遮蓋了它們原本的功能。商品再也不想被認知為商品——如果班雅明走進一家「Apple Store」，行動裝置的展銷聖殿，一定會覺得自己所言不虛。事物儀式的上演越是純粹主義，就使對象越加擺脫在使用方面的平庸性。

靈光的消失

班雅明極為個人的馬克思主義詮釋，混雜了馬克思關於資本主義剝削邏輯的分析以及關於歷史經驗的奇特哲學。儘管偶爾會熱中於蘇聯的共產主義，就像布洛赫、盧卡奇以及他的作家朋友布萊希特一樣，可是這位敏感的生命觀察者覺得自己是左派的局外人。因為儘管班雅明相信辯證唯物論，而且《拱廊街計畫》也是以它為基礎，班雅明在其一生摯友休倫（Gershom Scholem, 1897-1982）的鼓舞下，反覆研究猶太教神學，尤其是彌賽亞主義（Messianismus）以及宗教的救贖想像。當班雅明認為辯證並不是邏輯的中介，而是在靜止狀態裡生動鮮明地「觀照」真理，我們在其中明顯看到了宗教的痕跡。就連所有進步想像的基礎，其實也不在於辯證唯物論，而在於神祕主義的救贖希望。在這個觀察敏銳的唯美主義者眼裡，無產階級專政既不是救贖也不是什麼洪水猛獸，儘管他在莫斯科愛上了拉脫維亞的共產主義者艾莎·拉西斯（Asja Lācis, 1891-1979）。

班雅明的救贖觀念完全是美學性質的，也是相當個人的。所以說，儘管他偶爾會有熱情澎湃的計畫，想要移民到以色列並且在那裡教神學，卻一直流於空談。在班雅明心裡不斷拉扯的種種力量相持不下。一方面是來自艾莎、布萊希特、以霍克海默（Max Horkheimer）為核心的「批判理論」代表人物以及阿多諾，另一方面則是休倫的猶太教神祕主義以及卡巴拉教派。此外更以大麻以及麥斯卡林（mescaline）的致幻劑做實驗，這位存在哲學家想要以此揚棄主體和客體的二元論，突破心靈的界限。但是那並沒有形成任何心靈的故鄉或是世界觀。班雅明一直是個懷疑論者，懷疑者、批評者，也是個空想家。

[375]

無條件的主觀主義有兩種，一種是不斷在追尋的人，而另一種思想家固然也強調美感事物深不可測的主觀性，卻認為可以用理論客觀地解釋它。班雅明以文學把靜止的思考圈限在美學的默觀裡，而美國最重要的哲學家杜威（John Dewey, 1859-1952）則是以清晰的語言描述它。他把一九三一年在哈佛大學的藝術哲學講座整理成書，於一九三四年以《作為經驗的藝術》（*Art as Experience*）為題出版。班雅明的思考拒絕任何「框架」，而杜威則是以實用主義為其框架。他認為美感經驗是人類體驗相當自然的基本元素。我們不會只是知覺到事物和結構，也會置身於由種種節奏和模型構成的經驗流。不管是宗教或藝術，也是由此獲得其意義。它們著重於經驗裡不可或缺的非理性部分，它的範圍至少和理性部分一樣大。班雅明和杜威都認為資本主義是個共犯，因為它把藝術當作一個獨立的子系統，而使它脫離了日常生活的美感經驗。在為植物仔細澆水以及欣賞《蒙娜麗莎的微笑》時產生的美感體驗，被資本主義的合理性封存在藝術的保留區裡。就像所有神祕事物一樣，所有美感事物都被逐出日常生活。然而美感經驗其實是日常生活的一部分，它們的經驗性質可以使我們擺脫例行事物的桎梏，而感受到更深層的體驗。

[376]

班雅明和杜威並不互相認識。這也難怪，因為班雅明的作品沒有任何英譯本。他在德國主要是以文學批評家聞名。他為權威報紙寫文章，也經常上廣播電台。可是他的經濟狀況卻也越來越差，而時局也詭譎多變。一九三二年夏天，班雅明就寫了訣別信，也立了遺囑。國社黨於一九三三年一月奪權，他在兩個月後就流亡到伊比薩島（Ibisa）。一年後到巴黎。一九三五年，他的那篇文章〈機械複製時代的藝術作品〉（*Das Kunstwerk im Zeitalter seiner technischen Reproduzierbarkeit*）誕生了，到了一九三六年才有法文的節譯本。班雅明描寫當代藝術如何越來越機械化，而且是在許多層面上。它也因而失去了「靈光」（Aura），那是「由時間和空間構成的特殊織物，一個來自遠方的獨特現象，雖然它可能近在眼前」[20]，就像他在〈攝影小史〉（*Kleine Geschichte der Photographie*, 1931）裡的定義一樣。[240]可是班雅明認為在早期攝影還會出現的靈光的「被破壞」並不完全是負面的。儘管那意味著魔法和獨特事物的消失。可是清醒的感官的勝利也是一件好事：它會為世界清除意識形態的灰渣，使得政治論述更加實事求是。在班雅明寫下這段話的那個時期，在德國的希特勒以及蘇聯的史達林的極權主義政府底下，攝影這個媒介被大量使用在意識形態方面，形成了這個世界前所未見的新的「靈光」。可是對於越來越多清醒的思想家而言，那當然不是什麼經驗性的斷言，而更像是在自我治療，想要擺脫它自己鄉愁的想像世界，也就是在靈光裡尋找救贖。

而剩下來的就只有機械性的東西了。而班雅明也不想對抗這個在他眼裡無法阻擋的演變。他在〈機械複製時代的藝術作品〉裡詳盡解釋的靈光的消失，既不必惋惜也不必抵抗，而只要理解它、

[377]

⑳ 中譯另見：《機械複製時代的藝術作品》，頁182，莊仲黎譯，商周出版，2019。

描寫它就好。班雅明認為，在偉大的藝術時期之後，接著會是一個新的時期，也就是後藝術時期，任何作品都再也不會有靈光。未來的作品再也不會讓觀眾心醉神馳，它們再也沒有光芒，也不會觸動心弦。原本讓人敬畏的距離，現在變成了零距離，而且可以全方位地使用：「人們透過持有周遭事物的影像——尤其是描摹原物的照片和圖片——來掌握這些事物本身，已成為他們每天必須被滿足的需求。」241 如果唱片的音樂或者是畫冊裡的畫觸手可及，那麼對象就會「被剝除」它們的外殼。新的知覺敏銳地「感受到世間事物之間的類似性，所以會使用複製的方法而在事物的唯一性之外，找到了它們之間的類似性。」242 ㉑奧德嘉．賈塞特的《群眾的反叛》的德文譯本出版三年之後，班雅明認為藝術的「大眾化」是「對文化遺產的傳統價值的清算」。243 ㉒我們也聯想到葛蘭西在一九三〇年代初期在《獄中札記》裡所診斷的「福特主義時代」的「精神性」的喪失。在一個可攜式電子超級電腦以及數十億次既不費力又不花腦筋的串流服務的年代裡，誰會反對它呢？班雅明所描述的「原版的貶值」早就存在於新的電影形式裡。新的大眾媒體使社會「破除神話」（entmythologisiert），同時也解放了它。

班雅明的朋友們並不喜歡他的看法，對此他也只能接受。布萊希特並沒有被說服，班雅明認為布萊希特的「史詩劇場」是超越藝術的一大步。但是布萊希特並不喜歡「靈光」這個概念。阿多諾也很失望。後藝術時期難道會有什麼好事？對於阿多諾而言，在新時代裡只有分心而沒有沉思，只有消費而沒有鑒賞可言。可是〈機械複製時代的藝術作品〉引致的轉向是沒辦法回頭的。從現在

㉑ 引文中譯見：《機械複製時代的藝術作品》，頁33。
㉒ 見：《機械複製時代的藝術作品》，頁32。

[378]

起，以前構成《拱廊街計畫》的那個鑒賞、移情和閒逛的世界已經枯死了。只剩下辯證唯物論的冰冷眼神。班雅明在流亡巴黎期間重新撰寫他的鉅著時，清除了其中任何的中產階級浪漫主義。閒逛者（flaneur）再也不是探究「瞬間」的實存哲學家，而根本就是「市場觀察者。他的情報很接近關於景氣的神祕科學。他是資本家派遣到消費者國度裡的偵察兵。」[244]

班雅明在對於波特萊爾以及「發達資本主義」的研究也同樣的淡泊超然，當時他主要都是在法國國家圖書館（Bibliothèque nationale de France）裡寫作的。第二次世界大戰的引爆使得這個冷靜沉思的觀察戛然而止。就像大多數德國流亡者一樣，班雅明也被拘留了一陣子，而且就在距離巴黎南方兩百公里的瓦雷內渥澤（Varennes-Vauzelles）廢棄的威努施堡（Château de Vernuche）。回到首都之後，他自一九四〇年開始寫作《歷史的概念》（*Über den Begriff der Geschichte*）的十八個論題。㉓史達林和希特勒的協議讓他驀地醒覺到，史達林的共產主義和希特勒的國家社會主義一樣是極權主義。就脫序的世界歷史而言，黑格爾的歷史哲學的進步思想已經蕩然無存。在這裡，不管是中產階級的唯心論，或是社會民主主義者以及馬克思主義者，他們都搞錯了。就連「無階級的社會也不是歷史進步的終極目標，而是進步的落空以及到頭來導致的中斷。」[245]拋開了每個高掌遠蹠的進步希望，剩下的只有「遭到背叛、壓迫和遺忘」的東西，「不合時宜的、沉痛的、擦肩而過的」[246]。夢想就這麼破滅了。然而如果這個心靈故鄉被連根拔起、思想的庇護被截斷的人，沒有持續堅守那些支撐他的事物，那麼他就不是班雅明了：漸漸流於空談的階級鬥爭的口號，以及一再被惡意

㉓ 見：《說故事的人》，頁125-140，林志明譯，台灣攝影，1998；另見：《機械複製時代的藝術作品》，頁213-230。

剝削的、沉默的救贖希望。就算歷史的連續性是個資產階級的錯誤，但是對於班雅明而言，彌賽亞主義的「碎片」依然存在著。

一九四〇年六月中旬，我們這位詩人哲學家搭乘巴黎最後一班南下列車，躲避大舉進駐巴黎的德軍。他經過盧德（Lourdes），於八月一路抵達馬賽。他在途中心臟病發，舟車勞頓讓他苦不堪言。他獲得了美國、西班牙以及葡萄牙的入境簽證，卻沒有法國的出境許可證。四十八歲的他徒步到達庇里牛斯山腳下的旺德港（Port-Vendres）。在協助他逃亡的女性眼裡，他已經是個風燭殘年的老人了。他們一小群人於九月底精疲力竭地到達西班牙邊境，卻發現關口已經封鎖了。九月二十六日，油盡燈枯的班雅明以嗎啡自盡。

他留下了三十六卷遺稿，包括了《拱廊街計畫》的札記、引文以及摘錄。班雅明的好友，圖書館管理員巴塔耶（Georges Bataille, 1897-1962）（我們在下一卷會提到他），小心翼翼地把遺稿藏在法國國家圖書館裡。阿多諾於一九四七年取得稿件，卻也沒有在生前整理出版。一九八一年，圖書館發現了更多的遺稿，在作者死後四十二年，《拱廊街計畫》總算在一九八二年問世，就任何方面而言，它都應該是未竟的片簡而已。

和語言搏鬥

• 一個實用的邏輯技術
• 自然主義的謬誤
• 把思想趕出意識
• 思考的邏輯
• 覺醒的年代

一個實用的邏輯技術

我們回想一下一九〇〇年八月一日到五日因為巴黎萬國博覽會而舉辦的第一屆國際哲學會議。[381] 緊接著還有另一場會議，那就是規模更大的第二屆數學家國際會議。超過兩百五十位數學家來到巴黎，其中有不少數學家也趁著這個機會報名國際哲學會議。難怪「邏輯和科學史」的場次人氣特別旺。義大利數學家皮亞諾（Giuseppe Peano, 1858-1932）後來也出席第二屆大會。[382] 他自信滿滿地對開幕致詞人德國數學家希爾伯特（David Hilbert, 1862-1943）保證說，在二十世紀二十三個沒有解答的數學題目裡，他至少解答了一題，而且就是算術基本原理的問題。

提出「皮亞諾公理」（Assiomi di Peano）❶、時年四十二歲的他讓全場人士如癡如醉，其中包括一個二十八歲的英國人。皮亞諾信心十足地提出他的論證，支配整個哲學討論，使他相當印象深刻。在英國年輕人眼裡，這位義大利人的「邏輯技術」實在太厲害了。皮亞諾以他的五條公理找到了把數學和邏輯問題形式化的新的方式。現在我們可以用基礎的概念明確定義「數」。而整個數學也一下子變成了由一步步的推論構成的系統。可是如果對於「數」而言是可行的，那麼不就可以也用在思想世界裡其他至今不確定的事件上嗎？

這個英國人就是羅素（Bertrand Russell, 1872-1970）。他的家世顯赫，出身於一個貴族家

❶ 皮亞諾公理如下：一、0是自然數；二、每一個確定的自然數a，都有一個確定的後繼數a'，a'也是自然數；三、對於每個自然數b、c，b＝c若且唯若b的後繼數＝c的後繼數；四、0不是任何自然數的後繼數；五、任意關於自然數的命題，如果證明：它對自然數0是真的，且假定它對自然數a為真時，可以證明對a'也為真。那麼，命題對所有自然數都為真。

庭——祖父兩度出任英國首相，而大名鼎鼎的彌爾（John Stuart Mill, 1806-1873）則是羅素的教父——在倫敦南區的里奇蒙公園（Richmond Park）度過寂寞的童年。他的父母早逝，年輕的羅素自青少年時期就立志要在數學領域裡成就一番事業，那是「至高喜悅的來源」。[247]❷他一直跟著家庭教師上課，一八九〇年十月，這個好學深思的十八歲年輕人到劍橋的三一學院（Trinity College）主修數學，後來他說那個地方是他唯一的家鄉。在志同道合而天才橫溢的朋友之間，這個年輕人相當活躍。他成為劍橋使徒（Cambridge Apostles）社團成員之一。哲學家麥塔格也是其中之一。他於一八九七年擔任大學講師。此外，懷德海也是另一位亦師亦友的「使徒」，而我們以後也會提到的第三位則是年輕的凱因斯（John Maynard Keynes, 1883-1946），他在學校攻讀經濟學、數學和哲學，日後成為當時最著名的經濟學家。❸由於會員的身分，羅素於畢業後得以在他的「心靈故鄉」多待了六年。他寫了幾篇關於幾何學的論文，一九〇〇年又寫了篇幅更長的論文，那是關於萊布尼茲（Gottfried Wilhelm Leibniz），羅素相當佩服他的數學，對於他的形上學則很不以為然。

於是，羅素的哲學路線早就預定了。他要為哲學除魅，滌除任何經不起嚴格的邏輯檢驗的東西。其中也包括他的朋友麥塔格，羅素認為麥塔格最愛的黑格爾相當可疑。❹「我在（劍橋）大學裡學的哲學，」正如他在後來總結說：「後來我認為大部分是錯的。以後我花費許多年逐步去掉我

[383]

❷「十一歲的時候，我開始學習歐幾里得幾何學，哥哥做我的老師，這是我生活中的一件大事，就像初戀一樣令人陶醉。我從來沒有想像到世界上還有如此美妙的東西。……從那時候起直到我三十八歲，懷德海和我完成了《數學原理》，數學是我的主要興趣所在，也是我幸福的主要源泉。」（《羅素自傳‧第一卷》，頁33，胡作玄、趙慧琪譯，北京商務印書館，2012）

❸見：《羅素自傳‧第一卷》，頁83-89。

❹見：《羅素自傳‧第一卷》，頁75。

在大學時養成的思考習慣。」[248]❺有什麼東西比皮亞諾在巴黎如此精湛地掌握和演示的「邏輯技術」更有用呢？羅素回到劍橋的家裡便重新沉溺在那位義大利人的思考世界裡。所有數學問題真的有可能用邏輯加以形式化嗎？

羅素同時聽說有另一個人不久前也嘗試了這個方法，那就是數學家弗列格（Gottlob Frege, 1848-1925）。❻這位耶拿的數學天才是個被褐懷玉的隱士，弗列格自己也不知道在劍橋有人認識他。生性內向的弗列格出生於維斯瑪（Wismar），在耶拿只是個兼任教授，一八七九年，沒沒無聞的他出版了《概念文字》（*Begriffsschrift, eine der arithmetischen nachgebildete Formelsprache des reinen Denkens*），在其中，弗列格大膽地以邏輯概念取代了語法概念。其實他是要為數學找到更堅實的基本原理。為此，他必須研究語法。因為任何基本原理都必須使用精確的語言。可是「這些研究，」他在後來回憶說：「會因為語言的不完備性而困難重重。」[249]

他別出心裁的「概念文字」的好處在於讓語言擺脫所有歧義性，而且可以盡可能清晰明確地執行複雜的推論。原本是「主詞」和「謂詞」，現在變成了「論證」和「函數」。而新的邏輯也因為基於公理天衣無縫的推論以及思考步驟的完全透明而引人入勝。

弗列格的「邏輯主義」（Logizismus），他的一種公理邏輯的新系統，也意在成為一種普遍文字（characteristica universalis），那是萊布尼茲早就提出的。如果語言滿足這個要求——那也是讓羅素相當神往的——那麼哲學家就擁有了一個全新的基奠，所有哲學問題都可以一覽無遺、分門別

❺引文中譯見：《羅素自傳·第一卷》，頁91。
❻見：《羅素自傳·第一卷》，頁83。

類並且以邏輯的方法窮究思考。邏輯主義儼然變成了一根魔法棒。兩千五百年歷史裡困擾著哲學的種種難題，現在總算慧日破諸暗了。

弗列格幾乎把述詞邏輯（Prädikatenlogik）完全形式化，因而導致了整個革命，並且朝向現代數理邏輯跨出重要的一大步。而羅素也讀了弗列格接下來的《算術基礎》（*Die Grundlagen der Arithmetik*, 1884），更詳讀了《算術基本法則》（*Grundgesetze der Arithmetik*, 1893）。在第一本書裡，弗列格試圖證明「數」到底是什麼，讓人意外的是，數學家一直都無法定義它。此外他也主張，「數」既不是物質的也不是心理的東西，而是第三種存在。❼它屬於純粹邏輯性的存有者領域。我們不由得想到胡賽爾在不久之前，於一八八七年，也試圖解釋我們的意識為了數以及算術而產生的思考活動。正如我們在談到胡賽爾的那一章裡所說的，弗列格認為這種作法完全是誤導的。對他而言，「數」不僅是非物質性的，更是超越心理世界的。它既不是對象的屬性，而經驗在對於它的定義上也完全派不上用場。算術徹頭徹尾是邏輯的東西。「人們從本書將能夠看出，」弗列格寫道：「甚至像從n到n＋1這樣一條表現上專屬於數學的推理，也是基於普遍的邏輯規律。」[250] ❽

關鍵在於人類世界（以及數）裡的所有意義不只是在一個語言**脈絡**裡推斷出來的。「數」是「數的概念」，因而是語言的抽象物。而且正如我們可以把概念劃歸在邏輯的「類」（class）裡，

[385]

❼「對於在做出數字判斷之前的內心事件的描寫再怎麼確切，也沒辦法取代真正的概念定義。它們永遠沒辦法用來證明一個算術命題；我們也無法據此認識到數的任何性質。因為數既不是像北海那樣的東西，也不是心理對象或者心理事件的結果。」（G. Frege, *Die Grundlagen der Arithmetik. Eine logisch mathematische Untersuchung über den Begriff der Zahl*, S. 34, Verlag von Wilhelm Koebner, 1884）另見：《算術基礎》，頁41，王路譯，北京商務印書館，1998。

❽ 引文中譯見：《算術基礎》，頁41。

「數的概念」也可以。「數」的意義不是自其自身推斷出來的，而是依據和其他「數的概念」的集合關係決定的。一個「數」的定義重點不在於其專屬的特徵，而在於它和其他「數的概念」的同異之處。所以說，弗列格完全是就外延（extensional）方面去定義他的數的系統：數是**大小不同的概念範圍**，因而是完全以量決定的「對象」。[9]於是，這位耶拿的邏輯學家開展了一個集合論的公理系統，它以0為起點——「與自身不相等的」[10]概念——而一直往下推論。

羅素一字一句地詳讀弗列格，找到了系統裡的一個重大缺陷。這位德國人把他的「數的概念」劃歸到若干「類」裡，也就是「自身屬於其中」以及「自身不屬於其中」的類。「由全部湯匙構成的類，」羅素說：「當然不是湯匙。」就此而論，主張有些類是「自身不屬於其中的」，這個命題是可想而知的。可是所有由自身屬於其中的元素構成的類，它們則又構成了一個類，也就是**全部**那些自身不屬於其中的類。可是現在有點棘手了：「如果我們假設說，（所有類的類）自身作為元素而包含於其中，那麼依據這個『類』的定義，它自己當然不可作為元素而包含於其中。如果我們假設說，它自身沒有作為元素而包含於其中，那麼根據既有的定義，也就是說它屬於那種自身不作為元素而包含於其中的類，那麼它就應該作為元素而包含於其中。由這兩個假設都會推論出原本假設的反面，我們再怎麼翻來覆去，都沒辦法脫離這個矛盾。」[251]一九〇二年，羅素寫了一封信給弗列格，信裡就提到了他所謂的「羅素悖論」（Russell's paradox）。

這個言之成理的批評使得一臉錯愕的弗列格感到相當挫折；他的系統眼看著就要土崩瓦解了。

[9] 見：《算術基礎》，頁84-86。
[10] 見：《算術基礎》，頁92-95。

現在羅素要以皮亞諾、弗列格以及哈勒（Halle）數學家康托爾（Georg Cantor, 1845-1918）為基礎，著手打造一個更有說服力的系統。三十歲的他正值巔峰狀態，體驗到在思想方面真正渾然忘我的境界。種種新的問題和答案在他心裡紛至沓來，他每個晚上都和懷德海討論它們。如果說他的系統真的可以催生一種邏輯的普遍語言——羅素自己也認為時候到了——那麼他就不只是二十世紀最偉大的數學家，更是最偉大的哲學家。他在晚年的自傳裡也回憶起這個抱負：「在發現這些答案的過程中，我引入一個新的數學技術，通過這個技術，以前留給哲學家任其曖昧不明的思想去發揮的領域都可以由精確的公式來征服。從智力上來說，一九〇〇年九月是我一生中的頂峰。」[252][11]

羅素找到了解答。他以一種「類型論」（Theory of Types）取代了弗列格的「類」系統。據此，一個類大於其元素的總和，因為它構成一個更高的類型。一個「包含其自身的類」在定義上就不存在。至於羅素的提議為什麼沒有導致期望中的突破，則要另當別論。他在一九〇三年出版的《數學原理》（*The Principles of Mathematics*）倒是一如預期地大獲好評。正如羅素在後來寫到，他自以為擁有了「邏輯技術」，可以使他「對於某些問題得出明確的答案，這種答案與其說有哲學的性質，不如說有科學的性質」。而且對他而言，「只要可能有哲學知識，哲學知識非靠這樣的方法來探求不可」，而羅素也毫不懷疑說，「藉這種方法，許多古來的問題是完全可以解決的。」[253][12]

挾著幾年來有增無減的巨大自信，由於「當時在思想上渾然忘我的境界，」羅素在其自傳裡寫

⓫ 引文中譯見：《羅素自傳·第一卷》，頁211。

⓬ 引文中譯見：羅素，《西方哲學史·下卷》（*A History of Western Philosophy and Its Connection with Political and Social Circumstances from the Earliest Times to the Present Day*），頁395，馬元德譯，北京商務印書館，1982。

道：「感覺就像是在濃霧裡登山，到了山頂的時候，突然間煙消霧散，極目望去，四十英里外的村莊都清晰可見。」[254] [13]那是一個新思考的誕生時刻，它的凱旋隊伍一路席捲英美哲學，也漸漸顛覆了歐陸哲學：那就是分析哲學（analytic philosophy）；由羅素所創——但不只是他一個人。另一個思想的創建者是羅素在學術上的密友，羅素在遇到他的第一天就驚豔於他的天才[14]：比他小一歲半的謨爾（George Edward Moore, 1873-1958）。

自然主義的謬誤

謨爾就讀劍橋大學時，羅素已經是大學三年級了。這個來自倫敦的年輕哲學系學生原本是麥塔格的忠實門徒。可是從他最早的三篇論文看得出來他很快就要揮別了他的教授的唯心論。一八九七年，他在一篇論文〈如果有過去和未來，它們是在什麼意義下存在的？〉（In What Sense, If Any, Do Past and Future Time Exist?）裡為麥塔格所主張的時間經驗的非實在性辯護。他認為當下是唯一實在的時間經驗，可是它只有一瞬間，就定義而言是沒辦法延伸到任何一個實在性的。相對的，過去和未來也只是我們想像力的投射而已。

這是相當唯心論的說法。在一八九九年的《判斷的本性》（*The Nature of Judgement*, 1899）裡，謨爾探討牛津大學的唯心論哲學家布萊德利，當時的他和羅素一樣，都獲得六年的獎學金補助。這位心高氣傲的劍橋大學自然哲學家和羅素一樣，也都區分心理觀念以及邏輯觀念的不同，並

[13] 另見：《羅素自傳．第一卷》，頁211。
[14] 見：《羅素自傳．第一卷》，頁77。

[388]

且強調這個邏輯觀念自身特有的性格。然而如果這種觀念既非心理也不是物質的，它們到底是什麼狀態？就連弗列格和胡賽爾也在鑽研這個時代的難題。謨爾說邏輯觀念是「共相」。但凡諸如邏輯觀念那樣可以被一致地思考的事物，都應該擁有作為存有者的正當實在性。可是這個說法到底有什麼幫助，當然是有疑問的。把一致性等同於存在，其實只會製造更多新的難題，並沒有解決邏輯在世界裡的位置問題。

到了第三篇論文〈駁斥唯心論〉（*The Refutation of Idealism*, 1903），他就澈底揮別了唯心論。所有唯心論哲學最大的共同點在於它們都以知覺和思考的意識為起點去建構世界。我們對於世界的任何認知，都只是意識的產物。如果主張說它不僅僅如此，那就必須加以證明。這個做法整合了布萊德利以及麥塔格的新黑格爾主義（Neohegelianismus）以及柯亨、納托普、里克特、卡西勒、尼爾森或者是賀尼斯瓦德的新康德主義。自此以後，這個作法引起了哲學界的許多不安和矛盾。早於謨爾幾十年前，尼采就憤而反抗它，而桑塔耶納、懷德海、哈特曼以及海德格，也同樣起身反對唯心論。

謨爾的分析如下：當我認識到一個東西是藍色的，那麼其中有兩個組成元件。我的意識以及藍色的對象。唯物論排除了意識的部分，素樸地認為事物是「在己」存在的，而唯心論則是高估了意識的意義。謨爾說，他們認為藍色只是個意識的產物。唯心論者把意識**裡面**的東西和**經由**意識產生的東西混為一談。於是，唯心論哲學對於外在世界視而不見，把它排除在體系之外。

我們不難想像一個康德主義者對於這種批評根本不屑一顧。因為唯心論並不是主張說不存在外在世界，沒有在己存有的實在界，而是說我們關於它的所有認識都是來自我們的意識——感覺、思

[389]

考活動以及判斷——以至於我們只能主張說這個世界「在己地」存在，而沒辦法確定地認識它。有趣的是，現在謨爾把感覺扯進來。就像桑塔耶納在《理性的生命》裡所說的，他認為感覺本身就足以證明有個獨立於意識存在的、完全實在的外在世界。我們接收到的感官刺激日復一日地在告訴我們這個實在界的實在性。

那當然不是什麼成功的證明。首先，兩個組成元件的理論不怎麼有說服力。因為如果我們把意識和被感覺到的、被知覺到的東西一分為二，那麼這個被掏空的意識到底是什麼東西？這個元件變得出奇地貧乏而顯得不實在。其次，就算有接收外在刺激的事實，也不足以保證它的實在性。它可能只是模擬出來的，就像現在流行的想像一樣，我們的大腦有可能只是浸泡在液體培養基裡，它的整個外在世界都是一場騙局，就像許多科幻小說和電影的情節一樣。二十世紀下半葉的心靈哲學都在反覆探討這個問題。

可想而知，晚年的謨爾不再想要重提他早期對於唯心論的批評。回頭看來，那只是為了他日後的重量級作品而牛刀小試而已。那就是一九〇三年的《倫理學原理》（*Principia ethica*）。當時謨爾才三十歲，年輕氣盛的他一開頭就指摘說整個西方道德哲學都是失敗的。證據很明顯：兩千多年來，人們始終爭辯不休而莫衷一是。[15]關於行為的正當性的問題，可以有許多不同的視角，而這並不意味著「問題」就沒辦法解決——謨爾自己並不懷疑這點。

⓯ 見：《倫理學原理》，頁13，蔡坤鴻譯，聯經，1978：「就我個人看來，倫理學就像所有其他哲學性的學科一樣，其歷史上所堆積的理論所以會充滿著困難和爭辯，主要乃由於哲學家們在問題還沒有釐清前，就拚命找答案，以至於答非所問；困難、爭辯於焉產生。」

他的新穎而有趣的批評是由「善」這個字點燃的。每個道德哲學家都必定會區分善與惡。可是「善」到底是什麼意思呢？「善」有時候是涉及一個高尚的動機，有時候是指一個成功的行為。有時候「善」會被等同於值得追求的事物，儘管對於某個人而言值得追求的事物不一定對所有人都是「善」的。有時候人們說善就是快樂，然而不是所有的快樂必然都是善的。此外，不管是實用性、神的意旨，或者其他被等同於善的種種意義，也都是如此。

以一個邏輯學家的工具加以分析，他認為善根本沒辦法定義。因為不管再怎麼嘗試定義，依舊會有一個問題開放著。太多草率的意義顯然相互矛盾，使得人們推論說，「善」始終是個判斷的問題，而不是事物或行為的屬性。用邏輯的說法則是：我們不能把特定部分組合起來，接著就定義善是什麼，儘管我可以說：「一匹馬是一個有四隻腿、一顆頭，一條尾巴的東西」，直到所有混淆都排除為止。[16]

可是我們可以從這個不可定義性推論出什麼呢？第一，但凡人把善等同於任何感官上已知的事物，諸如宜人的、讓人快樂的事物，他就犯了一個錯誤，謨爾在這裡談到一種「自然主義的謬誤」（naturalistic fallacy）。第二，「善」不是自然的性質，也就是說，它不是實質上包含於世界上的事物之內的。那不是個充分的**描述**，而只是個**評價**，它不存在於事物裡面，而是以特定關係把若干

⓰「當我說『馬』時，我的意思是指『四條腿、一個頭、一顆心，活生生的動物等等，以及所有這些部分彼此間以某種確定的關係組成一整體。』這乃是實質性的定義。我所謂善不能被定義，即是就這種意義的定義來說的。在這種實質性的定義下，我們可以用各部分以及彼此間的確定關係，來代替整體。在這種定義方式之下，我們能夠區別馬和驢，即使區別的工作相當困難，但原則上我們能夠做得到。然而，我們不能藉善的各部分以及彼此間的確定關係，來代替這個性質；因為善是單純的概念，它不是複合的性質。」《倫理學原理》，頁二。

部分組合在一起的。

現在，謨爾對於幾乎所有道德哲學的批評，都是奠基於一個強烈的假設，而他自己並沒有意識到：那是就唯有可見於自然裡的事物才實際存在。例如說，觀念就沒有真正的實在性。如此一來，就可能導致放棄整個倫理學，人也必須承認自己是沒有道德的，因為那是唯一在科學上站得住腳的立場。這當然不是謨爾想要的結論。他和羅素一樣極為重視道德問題。這位陶醉在其思想的種種可能性裡的邏輯學家，或許想要擺脫宗教以及整個哲學唯心論的桎梏，但是他不想因此就蘭艾同焚。

如果有人想要完全捨棄唯心論，現在謨爾有個獨特的解答。事物不僅有自然的性質，也有「非自然的性質」⓱。它們是只能由直覺去把握的性質。唯心論者滿口原則、道德法則或者觀念，而謨爾則是以幾乎同樣的意義去談論倫理直覺。這種直覺其實不是什麼別出心裁的事物，英國經驗論者的思考裡早就有這個東西了。哈契森（Francis Hutcheson, 1694-1746）、休姆和亞當・斯密都認為道德是奠基於一種道德情感。用現代的說法來說，人是社會的動物，他的道德感是演化的產物，撇開文化解釋的差異不談，在世界各地大抵上是相同的。對於善的觀念，對於高尚、崇高、優美、正直、憐憫、忠誠等等的敬重，在幾乎每個宗教和文化裡都大同小異。現代的道德心理學認為這種直覺式的道德基本配備是我們的道德能力無可置疑的基礎，行為經濟學也是這麼認為的。[255] 而謝勒和哈特曼的價值倫理學的社會學基石也就在這裡，他們在謨爾的《倫理學原理》出版二十年後才提出各自的理論。

[392]

[393]

⓱ 見：《倫理學原理》，頁 57-58。

當然，謨爾所說的「非自然的性質」相當曖昧不清。我們為什麼要把它當作事物的間接屬性，而不是意向，也就是意識的純粹主觀性產物？謨爾自己以其「自然主義的謬誤」的激烈批評把那條路完全堵死了。因為所有把「善」這個謂詞等同於其他事物的作法都犯了那個謬誤。「但凡我經由演化形成的直覺認為對於社會而言合宜的、可行的或是有好處的，都是『善的』。」這個命題也是一種自然主義。於是謨爾只剩下一個相當複雜的解答，那就是認為「善」是事物的「非自然的性質」。

謨爾所說的「**自然主義的謬誤**」是把自一七三八年以來以「休姆規則」著稱的哲學法則極端化的結果。休姆證明了我們沒辦法由事實的認定得出任何道德的推論。從描述性命題到規範性命題之間，沒有任何合乎邏輯的道路。[18]我們沒辦法從「老虎是稀有動物」這個事實推論出「我們應該保護老虎」這個道德命令句，儘管保護老虎是很自然而且正確的事。可是邏輯沒辦法證明它，我們只是因為以下的事實而覺得值得那麼做，那就是許多人認為老虎是珍貴的動物，因為它很稀少而且很美麗。而依據休姆的觀點，我們不能因為邏輯沒辦法推論出這個價值判斷就認為它是錯誤的。相對的，謨爾在相同的問題上更加不妥協。不同於休姆，他不承認在「實然」世界與「應然」世界之間有任何「橋律」（bridge law）[19]的跳板。因為如果說自然主義的謬誤正是在於不當地把謂詞「善」轉換成諸如老虎的「稀有」和「美麗」之類的其他謂詞，用以作為主張應該保護老虎的理

[18] 另見：《認識自己：西洋哲學史卷二》，頁 301-302。

[19] 由美國科學哲學家內格爾（Ernest Nagel, 1901-1985）提出的，又叫做「bridge principles」，指被化約的理論的謂詞和化約的理論的謂詞之間的對應關係。

由，那麼任何間接通往「善的」（因而應該被保護的）老虎的橋樑也都應該中斷。就邏輯而言，「稀有」和「美麗」並不是「善」。

如果謨爾現在必須把直覺植入他的體系裡，才能提出關於道德的實證命題，那麼他所謂的直覺就不是嚴格意義下的道德直覺。對於唯心論者而言至為重要的主觀面向就應該被褫奪權力。相反的，謨爾談到人類有能力辨認事物所擁有的非自然性質「善」。然而那是怎麼進行的，又是如何被檢驗的，如果沒有一個「倫理的數學」的話？謨爾想到的方法相當類似於日後胡賽爾的現象學還原。我們不斷地把一個對象的性質和所有非必要的性質做區分。用形上學的說法就是，一個對象的核心被孤立起來。訓練有素的觀察者——如果是個合適的對象——就會在對象那裡知覺到快樂（pleasure），也就是我們一般所說的「善」。

我們不難反駁謨爾的直覺倫理學。其實那是個相當怪異的美感主義（Ästhetizismus）。在戰爭中、在瘟疫期間或是在一場家庭衝突裡，行為是不是「善」的，當然不是以原子論的方式孤立出一個本質核心就可以決定的。如果我忽略了決定一個現實行為的整個複雜社會結構，就很難找到一個可以實踐的道德。此外人們也會問究竟有沒有一個這樣的本質核心。道德直覺到頭來會不會太主觀了，而且因特定文化而異，而沒辦法普遍有效地定義「非自然性質」是什麼？在這個意義下，芬蘭人威斯特馬克（Edvard Westermarck）在一九〇六年寫下了劃時代的《道德觀念的起源和發展》（*The Origin and Development of the Moral Ideas*）——那是一部讓謨爾相當不以為然的相對主義觀點的作品。[256]

[395]

更讓人咋舌的是《倫理學原理》對於其他哲學家的驚人影響。相較於其中許多的不一致，更重要的是謨爾的早期作品催生了一個新的學科：後設倫理學（Metaethik）。因為以謂詞「善」的意義作為倫理學研究的起點，無疑是個有趣的新開端。在謨爾以前，沒有任何思想家的道德哲學是從**語意學**下手的（研究語言符號以及符號串的學科）。自此以後，道德問題有了一個全新的談論方式，也就探討倫理學的工具箱。種種倫理設準的隱含預設是什麼？我們可以討論一個問題，「善」這個謂詞是否讓人**認識**到什麼（「非自然的性質」之類的事物），或者只是一種**讚許**？我們可以像謝勒和哈特曼一樣談論客觀價值這種東西嗎？我們如何證明這個客觀性呢？道德命題是否有個真值可言，如果有的話，它的「鑄真者」（Wahrmacher, truthmaker）[20]又是什麼？我們可以列出就相互主體性而言有效的規範嗎？或者這個主張必定要失敗？追求普遍的倫理規則是有意義的事嗎？如果根本沒有普遍的倫理規則這種東西，那麼我們為什麼要恪守道德呢？

謨爾的解剖刀把倫理學變成一種和邏輯等值的東西——使我們得以把邏輯和語意學的工具應用到規範的世界上。而除了學院派的哲學以外，這部作品也影響了其他人。「布倫斯貝里團體」（Bloomsbury Group）是由重要的知識份子和藝術家組成的鬆散組織，其中包括凱因斯、作家維吉尼亞·伍爾芙（Virginia Woolf, 1882-1941）以及她的姊夫，藝評家貝爾（Clive Bell, 1881-1964），他們都認為《倫理學原理》是個大有可為的倫理學新起點。他們也讚美說謨爾使英國的道德哲學擺脫了當時流行的效益主義（utilitarianism）。在一個沒有預定的尺度和意義的世界裡找尋真正的道德，成了他們的藝術綱領。然而，對於謨爾而言，他的作品的出版意味著揮別了三一學院。由於研

[396]

⑳ 一個命題的「鑄真者」是使命題為真的實質部分。

究員任期屆滿，他於一九〇四年到一九一一年轉任愛丁堡大學的講師。從現在起，劍橋大學的舞台就是專屬於懷德海和羅素的了。

把思想趕出意識

使分析哲學有別於所有其他哲學的計畫有什麼別出心裁的地方嗎？簡單說，那就是以邏輯作為堅固的立足點；它比自聖多瑪斯以來的所有其他哲學家所能想像的都還要堅固。就像自一九〇三年起的謨爾一樣，羅素也反對任何由意識建構世界的唯心論，此外，分析哲學有兩個假想敵。其一是心理主義，野心勃勃的實驗心理學。如前所述，當時許多唯心論者、新康德主義者、新黑格爾主義者以及以胡賽爾為首的現象學家，他們都反對心理主義。如果說所有關於世界的經驗都是心理學的東西，那麼除了經驗世界以外就沒有任何客觀真理了。那麼邏輯也就只是「心理邏輯」（Psycho-Logik）而已。一切都是心理的、因而是主觀的經驗，而哲學也變得多餘了。在這點上，那兩個陶醉在自己的冷靜思考的劍橋狂人倒是和當時慮周藻密的唯心論者一個鼻孔出氣。

儘管如此，唯心論還是成了這兩位邏輯學家的假想敵。沒有形上學就沒有唯心論，他們相信有不以經驗為條件的真理，並且以經驗沒辦法證明的原理和法則去表述那些真理。在這個意義下，唯心論者從第一個設定到整個世界觀，一路演繹出他們的體系。其實這兩位劍橋的邏輯學家也有相同的抱負：以一組理由充足的、無法再窮究的設定為起點的哲學。然而對他們而言，這些設定並不是什麼原理、判斷、思考活動或是理念，而是純粹的邏輯演算。

當懷德海和羅素於一九一〇年左右共同寫作《數學原理》（*Principia Mathematica*），他們要探討的不只是數學。如果他們可以用一組公理和推論規則建構起所有數學真理——這是羅素自巴黎的國際哲學大會以來的雄心壯志——那麼哲學也就會有個嶄新的基奠。到那個時候，我們就會有一體適用的確定性判準。《數學原理》的前三冊分別於一九一〇年和一九一三年出版，關於幾何學基礎的第四冊則一直沒有完成。它一如預期地大獲好評。一直到一九三〇年初期，《數學原理》實至名歸的成為二十世紀數學和哲學的基礎作品。直到一九三一年，年輕的奧地利數學家哥德爾（Kurt Gödel, 1906-1978）才發現其中的弱點。哥德爾在其《論數學原理及其相關系統在形式上不可判定的命題》（*Über formal unentscheidbare Sätze der Principia Mathematica und verwandter Systeme*）證明了，懷德海和羅素沒有矛盾的公理系統裡可以構作許多既無法證明也無法否證的命題（哥德爾第一不完備定理〔erster Gödelscher Unvollständigkeitssatz〕）。所以說，我們無法自公理系統本身證明系統的無矛盾性（哥德爾第二不完備定理〔zweiter Gödelscher Unvollständigkeitssatz〕）。兩位作者在那個時候當然再也沒辦法捍衛其系統而不被動搖。懷德海在那個期間埋首於他的歷程哲學，而羅素也早就不相信數學是普遍哲學的基礎科學。到頭來他甚至說，數學只是一種藝術，以自己的方式表現世界的平庸性。[257]

羅素在一九一二年出版了一部深入淺出的作品《哲學問題》（*The Problems of Philosophy*），試圖證明「邏輯原子論」（logical atomism）——一個以邏輯對象的假設為基礎的哲學——為什麼是當代哲學思考的最佳基礎。不同於他所看到的哲學，羅素認為實體、物質和對象既不是客觀實在物，也不是人類意識的產物。不管是正統的存有學家或者是唯心論者，他們都走錯路了。物理學新的世界觀動搖了前者的基礎，而後者則是一直在一個想像世界裡躊躇不定。如果說，在精確的自然科學的年代裡，哲學可以有個顛撲不破的基礎，那麼它就只會是邏輯的世界。如此，羅素期望的存有學，也就是關於事物的存有的學說，就可以和當代科學理論重新結合在一起。

在羅素所想像的這種現代邏輯裡，不同於黑格爾的「一元論」邏輯，一切再也不會聚集成一個不可分的巨大全體。相反的，它讓許多不同的事物如其所是地存在：「原子論式的」，因而是真正沒有關聯的，正如羅素在一九一一年第一次提到的。實在界是個集合，而不是意義的複合體。那是原子論式的分析，而不是一元論的綜合：羅素和謨爾堅持不懈而極端的新起點，正好呼應了畢卡索的「分析立體派」時期，而在巴黎南方四百公里外的布拉克（Georges Braque）則是打破了知覺習慣，把畫作拆解成許多小方塊。[21]在英吉利海峽兩端的大破大立者，他們放誕任氣的自信完全不分軒輊。

現在要兌現應許的時候了。關於世界，邏輯原子論者如何提出在方法上比傳統哲學更勝一籌的權威命題呢？一九〇五年，羅素就發表了一篇論文〈論指謂〉（*On Denoting*）。他在文中區分兩種語詞範疇，摹狀詞（description，描述詞）（「《威弗萊》的作者」）和專名（proper name）（「司各特」）[22]。摹狀詞本身沒有意義，相反的，專名本身則有意義。摹狀詞和實在物的關係只是間接的，而專名則是直接的而沒有中介的。某物是否有意義，完全取決於它是否和實在物直接相關。如此一來，就只會剩下一組固定的元素，讓哲學家有把握地操作它們。

[21] 一九一一年，布拉克和畢卡索一起在塞雷（Céret）創作，風格極其相似而難以分辨。兩人的合作一直持續到一九一四年第一次世界大戰，布拉克應召入伍。

[22] 《威弗萊》（*Waverly*, 1813）是蘇格蘭小說家司各特（Sir Walter Scott, 1771-1832）的歷史小說，由於這部小說太有名了，後來在司各特的其他作品都會註明「《威弗萊》作者著」。

然而它也未免太簡化了。當弗列格的研究漸漸從數學轉向語言，應該會撫膺長嘆這個任務有多麼艱鉅。語言不僅僅可以指稱事物，它也可以欺騙我們，讓我們以正確的文法表述無意義的事物，就像有意義的事物一樣。於是，弗列格於一八九二年合理地區分了「意義」（Sinn）和「指涉」（Bedeutung）。他對於「指涉」的定義和羅素很類似。可是他並沒有清楚說明他對於語詞的理解。同樣重要的是「專名」是如何**使用的**，因為這決定了它的「意義」。讓任何邏輯學家來探討語言的問題，那都會是個巨大的工程。一九〇六年，弗列格寫信給胡賽爾說：「邏輯學家的主要任務就在於解放語言。」[258]可惜他未竟其功。在他接下來的〈思想〉（*Der Gedanke*, 1918）和〈否定〉（*Die Verneinung*, 1919）裡，固然澄清了許多觀點，但是沒有為精確語言建立任何基礎。弗列格在去世不久以前，於一九二五年寫了〈知識起源〉（*Erkenntnisquelle*），重述了他一生研究的課題：「哲學家大部分的工作……都是在和語言搏鬥。」[259]

羅素的計畫比他原本預期的更加龐大。和弗列格一樣，他也夢想著一個精確的邏輯語言，在其中，一個句子裡的語詞對應於事實的組成部分，並且加上了邏輯運算子，例如連接詞（「and」、「or」）、否定詞或語氣詞（「not」）以及從屬連接詞（「if, then」），固然產生了一個極為簡約的原子論式的、分析的語言——但是那到底有什麼用？它真的可以幫助我們解決所有哲學問題，或者定義哪些問題是無法解決的嗎？

我們看到了，相較於其他許多傳統哲學的倫理學家，謨爾的語言分析方法並沒有推論出基礎更堅固的倫理學。我們同樣也會懷疑，羅素傳誦一時的闡述是否真的可以藉由新的分析方法澄清或解決《哲學問題》裡的哲學基本問題。對於感官可知覺的殊相的描述並不足以解釋世界，我們還必須

[400]

假設「共相」的存在，這是自柏拉圖以來的課題。這個問題引爆了中世紀的「共相之爭」，不只是理性主義者如萊布尼茲，就連洛克和休姆之類的經驗論者也都承認這個問題，至少對於數學世界是如此。可是我們不能因此就證明原子論的邏輯真的可以作為哲學的基礎學科。我們想到胡賽爾在思考如何整合個殊的思考活動以及普遍有效的邏輯時一直是有疑慮的。此外，胡賽爾也相當謹慎地區分了**行動**（Aktion）及其**有效性**（Geltung）。對於這位未來的現象學家而言，邏輯是超越時間和空間的一個「觀念對象」。雖說思考活動是現實的物質和心理世界的一部分，胡賽爾還是把思考活動的**內容**從這個世界釋放出來，把它轉交給「純粹邏輯」。

弗列格也預想到了這點。我們的感覺和想像是心理的東西，可是我們的思想不是！如果說它也只是心理的東西，那麼我們就沒辦法檢驗它的真偽，而邏輯在世界裡也完全沒有屬於自己的地位。正如牛津大學邏輯教授譚美特（Michael Dummett, 1923-2011）一針見血地指出的，「把思想趕出意識」（the extrusion of thoughts from the mind）正是以這個看法為起點的。[260]在這點上，不管是弗列格、胡賽爾、譚爾或者是羅素，他們的看法倒是大抵上一致。可是和羅素正好相反，胡賽爾並沒有基於這個看法而提出新的思考進路或者是哲學方法。不同於羅素，胡賽爾並不認為邏輯是奠基的學科。因為那只會看到事物的一面，捨棄了行動而只看到有效性。然而羅素排除了胡賽爾一生都在探究的思考行動，認為那是無關緊要的；這位劍橋驕矜自負的假革命家和耶拿沒沒無聞的弗列格一樣，都認為思考行動對於真理的探究不但是不必要的，甚至是個阻礙。

羅素馬不停蹄地又寫了另一本書。他要證明他的主張相較於自古至今的所有哲學，邏輯原子論對於世界的解釋都要更勝一籌：《我們關於外在世界的知識》（*Our Knowledge of the External World*

[402]

as a Field for Scientific Method in Philosophy）於一九一四年問世。羅素的主張不外乎：第一，我們的感官有能力充分認識實在事物；第二，所有經驗的感覺與料都可以完全合乎邏輯地轉換。如此一來，許多重要的哲學問題都可以迎刃而解，例如說關於「無限性」概念的解釋，就可以擺脫既可能又不可能的自相矛盾。或者是既重要又棘手的自由意志的問題。關於這部作品，如果要吹毛求疵的話，那就是它太成功了。而它的貢獻則是在於它畢竟激勵了許多思想家，使他們都想要重新建構這個分析哲學早期作品不成熟的思想。有一點要補充的是，羅素自己早在一九二一年的《心的分析》（*The Analysis of Mind*）裡就不再相信我們的感官真的是認識實在界的精確工具。

魯莽而草率地主張我們可以從感官經驗取徑邏輯而獲致真理，不久就被證明是一條讓人頭暈目眩而充滿荊棘的小徑。而堅持走下去的人要不是誤入歧途，就是在思考上陷入乾涸。剩下來的就只有堅持哲學必須是一個嚴格**科學**的主張。正如本書以及上一卷哲學史反覆說明的，這個主張絕對不是那麼不證自明的。自齊克果以降，也開啟了另一種截然不同的自明性：哲學思考的起點並不是普遍事物，而只能從個體開始。不管是早期浪漫主義者，或者是叔本華以及尼采，他們都是取徑於藝術而不是科學。狄爾泰也區分了「理解」的技巧以及「解釋」的專業，而把理解提升到科學的地位。對於克羅齊而言，所有意義都是在歷史法庭面前的證實或是證偽，而不是什麼天衣無縫的論證。而相信猶太教彌賽亞主義的思想家，例如布伯、布洛赫、盧卡奇和班雅明，對他們而言，認為哲學是一種科學的主張實在太可笑了。哲學為什麼要如此輕賤自己呢？

[403]

在羅素眼裡，這些思想家都不是什麼重要的哲學家。在他於一九四五年出版的《西方哲學史》裡，他甚至對於齊克果以及狄爾泰隻字不提，對於前述的那些當代人物也置若罔聞。他的注意力的探照燈只照到分析哲學一片漆黑的羊腸小徑。就連康德，羅素一開頭就這麼介紹說：「康德一般認為是近代哲學家當中最偉大的。我個人不能同意這種評價。」261[23]根據上面所說，難怪羅素會認為康德太思辨性了。可是，主張唯有以邏輯為基礎並且成為一種科學的哲學才是有效的，我們至少會懷疑這個決定本身其實也是沒有任何根據的無稽之談。他假設說——同樣極為思辨性地——邏輯是人類的思考和行為的萬用鑰匙。可是歷來的哲學不就是在探討這些問題嗎？

話說回來，邏輯原子論的大膽行徑還是有其碩果纍纍的一面：它讓人注意到語言對於哲學而言一直被低估的意義。在一九一八到一九一九年間，羅素讀了胡賽爾的《邏輯研究》，也出版了《邏輯原子論哲學》（*The Philosophy of Logical Atomism*）。它的立場比《我們關於外在世界的知識》更加激進，是一本關於語言的作品。其中的章節探討謂詞和關係、原子命題和分子命題、命題以及不只一個動詞的事實、摹狀詞以及不完全符號。原本相當貧瘠的邏輯原子論現在變得更加複雜而多采多姿。這並不是偶然的。因為在那個期間，羅素認識了一個年輕人，對他的評價更勝於謨爾。而這個年輕人對於分析哲學的進展和演變的影響力的確也讓這兩位創建者望塵莫及。

思考的邏輯

羅素在一九二二年三月二十二日寫道，認識維根斯坦「是我一生中的大事——不管日後如何的演變……我愛他，而且覺得他會解答那些我因為太老了而無法解答的問題——在我的作品裡提到的

[23] 引文中譯見：羅素，《西方哲學史・下卷》，頁247。

所有重要問題，只有一個生氣勃勃的心智以及年輕的活力才有辦法解答它們。他就是我們可以冀望的那個年輕人。」[262]

維根斯坦於一八八九年在維也納出生，那也是佛洛伊德、馬赫和穆齊爾出生的城市。他是九個孩子當中的老么，父親是大企業家卡爾・維根斯坦（Karl Wittgenstein），是當時的鋼鐵大亨。維根斯坦的母親是個鋼琴家，這個兼具財閥以及音樂家的感性家庭，讓人不禁想起湯瑪斯・曼的《布頓柏魯克世家》（*Buddenbrooks: Verfall einer Familie*）。相較於布頓柏魯克家族裡的托馬斯（Thomas）、克利斯提安（Christian）和冬妮（Toni），維根斯坦家庭的九個孩子的一生當然太平凡了。一個兒子成為知名鋼琴家，可是接下來有三個孩子自盡身亡。維根斯坦自己的性格也相當神經緊張，有時候不安而且極度憂鬱，有時候卻又傲慢而固執己見。就像家裡的其他孩子一樣，他也是在家自學，直到十四歲才上學校。他勉強才通過高中會考，進入大學主修機械工程。就像穆齊爾一樣，維根斯坦相當熱中於科技和機器，在一個汽車、飛機、電梯、摩天大樓以及電話的工程師改變人們生活並且敲鐘宣布現代世界到來的時代裡，那並不是什麼不尋常的事。一九〇六年，十七歲的他進入柏林夏洛騰堡工學院（Technische Hochschule in Berlin-Charlottenburg）。一九〇八年，他轉到曼徹斯特維多利亞大學（Victoria University of Manchester）攻讀博士，磕磕絆絆地研究飛機引擎和推動器。

一九一一年，維根斯坦到耶拿，那是一趟意義重大的旅程。他那時候就聽說有弗列格這個人，二十二歲學生想要親炙這位六十三歲的數學家。弗列格對於維根斯坦的敏銳思考相當驚豔。我們這位數學家以及機械工程系的學生都認為，為了更精確地表述思想，他們必須使用不同於傳統語言的工具。於是維根斯坦立定志向，他不想當個飛行員，而想做個哲學家。弗列格推薦這個歧嶷不群的年輕人到劍橋去找懷德海和羅素。

一九一一年秋天，維根斯坦到三一學院主修哲學。可是在剛到劍橋擔任一年講師的羅素眼裡，這個過度亢奮的年輕工程師只是個討厭鬼：「課後我的這位脾氣火爆的德國人跑來找我抬槓。他對於任何理性的論證都不屑一顧。跟他講話根本是在浪費時間。」[263]可是羅素的印象很快就改觀了。不到幾個星期，他就認為維根斯坦是個天才，其思考遠勝於他自己。他讓維根斯坦批評且糾正他的《數學原理》，並且誠心就教於這個比他小十六歲的奧地利人。[24]維根斯坦立即狂熱地投入工作，期間也到處旅行，尤其是到挪威，他在舒根（Skjolden）村外的松恩峽灣旁蓋了一間小木屋，和劍橋的一個朋友展開一段同性戀。然而他不只是要糾正羅素的邏輯而已。他要寫一部「一錘定音」的作品：《邏輯哲學論叢》（*Tractatus Logico-Philosophicus, Logisch-philosophischen Abhandlung*）。

第一次世界大戰打亂了原本的整個計畫。維根斯坦自願從軍，被派到波蘭加利西亞（Galizien）的前線。一九一四年秋天，他搭著巡邏艇航行於維斯瓦河（Weichsel, Vistula），看到了雜誌上的一篇文章，立刻被它吸引，渾然不覺周遭草木皆兵的狀況。那是一則關於法院釐清一起交通事故的報導。事故發生在一年前，當時歐洲大城市複雜的汽車交通事故仍屬罕見。為了確實地重建事

[24] 「戰前我在劍橋認識維根斯坦。……他也許是我所知道的如傳統所說的天才的一個最完滿的實例，易動感情，思想深沉，性情激烈，卓爾不群。他有一種純真，就我所知，除了謨爾，是無人堪與倫比的。我記得有一次帶他去參加亞里斯多德學會的一個會議，在場的具有不同癖好的人，我都禮貌相待。當我們離開時，他竟暴跳如雷，斥責我沒有對這些人說他們是一些什麼蠢貨，是道德的墮落。……他常常每晚夜半時分來找我，像一頭野獸在我的房間裡踱來踱去，踱上三個鐘頭，煩躁不安，一言不發。」（《羅素自傳．第二卷》，頁 151-152。）

故的來龍去脈，法院還用袖珍模型模擬整個事故。上頭擺著玩具屋、玩具貨車、玩具人偶、以及一輛袖珍嬰兒車並且不斷移動。我們這位工程師看得相當入迷。我們如何建造一個模型以模擬實在界呢？首先，模型必須纖毫不爽地對應於實在對象。其次，模型之間的相互關係也必須和實在對象之間的關係完全吻合。然而如果說我們可以用模型來模擬實在界，那麼為什麼不能以思考的模型——語詞——來模擬它呢？「在語句裡，」維根斯坦在日記裡寫道：「世界被試驗性地組建起來。（就像在法院以玩偶之類的東西表現一起汽車事故一樣。）」[264]

就像弗列格和羅素一樣，維根斯坦也想要找到我們思考的基礎法則。這個法則不會是屬於個人心理的，而是純粹的語法。維根斯坦也同意他們所說的「把思想超出意識」，思想必須以邏輯的國度為家。現在維根斯坦確定了，我們固然可以用語言「理解」對象，卻無法理解它們的關係。正如弗列格和羅素所說的，專有名詞盡可能直接地代表著世界裡的實體。在維根斯坦的語彙裡，它們是摹本（Abbilder），會產生自己的語言圖像（Sprachbild）：「在圖像中，圖像的元素代表對象。」[265]那是因為它們忠實地描繪了實在界的**形式**：「為了能夠——正確或不正確地——依它（圖像）所具有的方式去描繪實在，圖像必須與實在有共同之處，這就是它（圖像）的描繪形式。」[266]㉕

就像在法院裡一樣，如此一來，在描繪的語句裡就產生了一個實在的**模型**。法院以三度空間的模型模擬事故，語言則是使用它特有的模型化方式。它沒有一個模型或是圖畫的感官向度，而必須以純粹語言的方式產生「邏輯形式」。此外，這個把圖像排列起來的邏輯形式，可能忠於事態也可

㉕ 引文中譯見：《哲學邏輯論叢》，頁7，陳榮波譯，收錄於：《哲學論集》第十二期（一九七九年三月），頁1-74。

能不會，也就是說，可能真或偽。而由於邏輯形式本身並不是摹本，它的真偽並不是感官的，而只能以邏輯去檢驗。耐人尋味的問題是：怎麼檢驗。

維根斯坦是在戰俘期間寫下他的思考並且加以整理。一九一八年，他在卡西諾山區（Montecassino）的一處軍官俘虜營被關押了十個月。㉖就在這裡誕生了哲學史裡直至今日都晦澀難懂的巨石像：《邏輯哲學論叢》。一九一九年五月，維根斯坦把打字稿寄給羅素。羅素一眼就看出來這不僅僅是一部探討語言邏輯的作品。在大戰期間，這位沉浸在哲學思考的工程師就在日記裡寫道：「是啊，我的研究就要從邏輯的基礎延伸到世界的本質。」[267]維根斯坦開展出他自己的邏輯原子論的形式，而他的抱負也足以和當時出版《邏輯原子論哲學》的羅素分庭抗禮。一九二一年，維根斯坦的《邏輯哲學論叢》刊行於《自然哲學年報》（*Annalen der Naturphilosophie*）。一年後則出版了德英對照的作者授權版，也首度以拉丁文「*Tractatus Logico-Philosophicus*」為題，那是謨爾出的主意。

《邏輯哲學論叢》的風格和羅素以及謨爾優雅雋永的文字天差地遠。維根斯坦不只是在思考上像個邏輯原子論者，在寫作上也是如此。整部作品不到一百頁，就像聖經經文一樣，每個句子和段落都以數字加以編號。就連導論也是集謙虛和狂妄自大於一身：「也許，只有已經具備了本書內容所表達之思想——或者至少是類似思想——的人，才能了解這本書。所以，它不是一本教科

㉖「第一次世界大戰爆發，維根斯坦志願加入奧地利軍隊，雖然他原本因為脫腸而不必服役。起初在維斯拉和的軍艦上服役，接著被調到克拉科（Cracow）的砲兵工廠，然後又前往東線作戰。一九一六年，他被調到摩拉維亞的奧洛摩茲（Olomouc, Olmutz）接受軍官訓練。一九一八年被派到南線。由於奧匈聯軍十月戰敗，他被義大利所俘。直到翌年八月才得以返回奧地利。」見：《維根斯坦傳》，頁 17-18，施智璋譯，國家出版社，1976。

書。——如果這本書能帶給了解此書的人快樂，它的目的便達成了。這本書所處理的是哲學問題，而且顯示——我相信——這些問題之所以提出的理由是我們語言的邏輯遭遇到誤解。我可以用下列的話，總結這本書的整個意含：能夠說的東西，要清楚地說出來；不能夠說的東西，我們應該保持緘默。」[268][27]

維根斯坦比羅素更澈底地檢驗語言。如果我們沒有充分地探究據以把邏輯形式化的語言，那要怎麼分析人類經驗以及人類知識裡的邏輯呢？對於維根斯坦而言，所有哲學都是語言批判。[28]就此而言，羅素在《論指謂》裡的闡述太貧乏了。而維根斯坦的圖像理論和模型理論就在這裡上場。不同於他不屑一顧的唯心論傳統，維根斯坦完全不在意我們的意識是怎麼如實認識世界的。《邏輯哲學論叢》開頭第一句話就說：「世界是實況（Fall）的全部。……所謂實況——事實（Tatsache）——就是諸事況（Sachverhalt）的存在。」[269]。[29]而一個事況就是「對象（事物、東西）連結」[270]。

世界**存在**，並且**由無數個別事物組成**，維根斯坦認為那是無法再追根究柢的預設。在這點上，他和羅素並沒有差別。他若是懷疑任何其中一個預設，語言就無法確切描繪實在，而他的模型理論也會變成空中樓閣。唯有以這兩個假設為基礎，才可以獲致他想要的清晰性，而且是要適當地使用適當的語言，就世界的邏輯結構去描繪世界。維根斯坦也很清楚，這個語言不會是特定的現實語

[27] 引文中譯見：《哲學邏輯論叢》，頁2。
[28] 《哲學邏輯論叢》，頁17。
[29] 《哲學邏輯論叢》，頁3。

言，它既不是德文，也不是英文或中文。我們思想的邏輯語言是唯一適當的語言，也就是「有意義的語言」。[271]在演化歷程中產生的語言完全派不上用場，那是眾所周知的事。那種語言是因為日常溝通的環境壓力而產生的，而不是為了嚴格地專注於真理。難怪這些自然語言算不上什麼精確的工具。自然語言會「偽裝（verkleidet）思想。事實上，從衣著（das Kleid）的外形不能推論出內部所隱藏的思想形式。」[272][30]

所以說，上述的那種語言一點也不可靠，正如弗列格和羅素一樣，維根斯坦的靈感也是得自相同的觀念，若要確切地描繪世界，就必須有個普遍有效的邏輯語言；它不是表面的語言，而是深不可測的思考底層的語言。根據維根斯坦的說法，語言分成四種陳述類型。第一種是**名稱**，它只是為**對象**命名。接著有基要命題（Elementarsätze），它斷言一個單純的**事況**的存在。第三個範疇則是真的命題，它與事實對應，也就是正確表述事況的命題。至於第四個範疇，則是**所有真的基要命題的總和**。它相當於所有事實的總和，而「說出一切真的基要命題即是完全地描述世界」。[273][31]

要能夠「完全地描述世界」——有哪個哲學膽敢夢想提出這種主張？然而維根斯坦想要比羅素更上層樓。維根斯坦也像弗列格一樣區分「指謂」和「意含」，儘管在詮釋上有些不同。唯有名稱才會有個指謂（正如弗列格和羅素所說的），它們直接代表一個實在對象。可是一個基要命題可以把出現在其中的對象組合成事況，而沒有對應到任何實在對象。儘管如此，它還是有個意含。「指謂」意味著有某物存在，而「意含」則是說某物符合邏輯，但是並不因此就一定存在。

㉚ 引文中譯見：《哲學邏輯論叢》，頁16。

㉛ 引文中譯見：《哲學邏輯論叢》，頁29。

為了讓語言的鏡子也可以真實地反映實在，我們必須盡可能改進日常使用當中的語言。所有無意含（sinnlos）以及非意含（unsinnig）的命題都必須排除。㉜無意含的命題是指那些不必證諸實在物就可以檢驗其真偽，例如說：「綠色是綠的。」而非意含的命題則是完全無法檢驗真偽的命題，因為它在實在界裡根本找不到對應，例如說：「我現在所說的命題為偽。」此外，維根斯坦也堅持把所有道德陳述句都排除在語言之外，因為就像謨爾所說的，「善」與「惡」根本不是在描繪實在界裡的事物。所以說，道德只能由一種記號語言（Zeichensprache）、手勢或眼神負責表達。

維根斯坦的緊身胸衣使得許多哲學問題以及看法都喘不過氣來。我們這位工程師驕傲地說：「我們在哲學著作中所見到的大多數命題和問題不是假的，而是非意含的。因此，一般而言，我們不能對此類問題給予任何答案，只是確認它們為非意含的。哲學家的大多數命題和問題是因我們不能瞭解語言的邏輯而引起的。」274㉝這個說法是否有意義，當然取決於我們所理解的哲學是什麼。羅素認為邏輯原子論是數學思考的基礎，因而很接近所有注重數學的科學（自然科學）的思考。維根斯坦言之鑿鑿地說，哲學不是自然科學。他在《邏輯哲學論叢》裡的定義是否正確，我們沒辦法以經驗證明。對他來說，（嚴格邏輯的）哲學是關於人類存在的問題（其中大部分被標記為非意含的）奠基性的提問和檢驗技術：「哲學的目的不是『哲學命題』，而是在澄清命題。哲學應該使思

[411]

㉜「恆真句和矛盾句都是無意含的。（它們有如兩個箭頭彼此指向相反方向。）（例如：當我知道天正在下雨或不下雨，我對天氣是一無所知的。）恆真句和矛盾句不是非意含的：它們是符號系統的一部分，而且正如符號『0』為算術符號系統的一部分一樣。」（4.461, 4.4611）「例如，『1是一個數目』、『只有一個0』以及一切類似的表式都算是非意含的。」（4.1272）

㉝引文中譯見：《哲學邏輯論叢》，頁16-17。

想清晰並給予明確的界限，否則的話，思想就變為模糊不清了。」[275][34]

真的要這麼做嗎？我們當然可以接受維根斯坦的定義，但是這個定義的缺點就是：它本身沒有被定義！它憑什麼是哲學唯一的正確定義，而不是眾多可能的定義之一而已？我們想到了卡西勒，他認為人類的思考只能表述**關係**而沒辦法表述**實在界**。對於我們所體驗的一切，我們要做的是意義的建構和意義的理解，而邏輯只是眾多意義建構的形式之一而已。或者我們也會回頭想起布洛赫、年輕的盧卡奇、克拉考爾以及班雅明之類的思想家，他們剛好都認為真理和事實性不能以敘述句表述。如果我們讓思想褪去所有的聯想和共鳴，那就只剩下了指謂（denotation），所有意涵（connotation）都會消失。然而對他們而言，那並不是什麼康莊大道，而是所有哲學思考的墳墓。除了布洛赫痛罵的那些「對於事實阿諛奉承的人」以外，誰會想要那麼做呢？[276]在布洛赫的理解裡，關於真理，我們只能暗示、兜圈子，讓它在思考的圖像裡顯現。真理需要感性事物以及偽裝才能顯現，瞻之在前，忽焉在後，而所有直線式的主張都是大煞風景。

[412]

維根斯坦的立場正好相反。因為他相信只有他的道路才有辦法讓哲學擺脫兩千五百年來的哲學的顛倒妄想以及人類日常生活當中的困惑。他在《邏輯哲學論叢》第一版的導言末了自信滿滿地說：「這裡所傳達的思想之真理，在我看來是無法抗拒的與明確的。因此，我認為這些問題實質上已有決定性的解決。」接著則是一段令人費解的話：「而且，如果我在這裡沒有錯誤的話，則這本書的第二個價值就在於顯示當這些問題都已解決了，它的成就是多麼微小。」[277][35]

---

[34] 引文中譯見：《哲學邏輯論叢》，頁22。

[35] 引文中譯見：《哲學邏輯論叢》，頁3。

驕矜自大以及接踵而至的自我懷疑——這種對待自己的方式正是維根斯坦在所有人生境況裡的寫照。而他也一直感到悒憤不逞，尤其是因為他那「一錘定音的」作品毀譽參半。弗列格承認他不怎麼喜歡《邏輯哲學論叢》。羅素在第一個英文版的導論裡的評語更是尖酸刻薄，他說這部作品無可救藥地前後不一。儘管如此，它依舊是「哲學世界的大事」。[278]有鑑於它多方面的接受史，那應該是毋庸置疑的。關於《邏輯哲學論叢》的精闢詮釋層見疊出，其中包括美國哲學家寇拉・戴蒙（Cora Diamond, 1937-）引起許多討論的看法，她認為維根斯坦在《邏輯哲學論叢》裡證明了他自己的事業的非意含性。[279]他在結語裡暗示說：「我的命題在於向任何瞭解我的人闡述如下：當他以它們為階梯，爬過它們之後，終究會認識到它們是非意含的。」[280]㊱這句話證明了維根斯坦也意識到他的進路的界限。正因為如此，他敞開大門，走向那無法言說而只能「指明」的事物。

[413]

覺醒的年代

《邏輯哲學論叢》出版之後的年代意味著一個斷裂。原本人們朝向讓人心醉神馳的實事求是勇往直前，現在已經煙消雲散了。維根斯坦是否讓哲學走到盡頭了，或者是使它變成多餘的？而羅素對於哲學的興趣漸漸消褪，更是讓人驚愕。一方面是由於第一次世界大戰的駭人聽聞以及重大轉折，另一方面則是《邏輯哲學論叢》所謂的死胡同——現在羅素追求的不再是更好的哲學，而是像當時的盧卡奇和布洛赫一樣，他要追求一個更好的世界。他一直熱中於政治，是個反戰主義者，而

㊱引文中譯見：《哲學邏輯論叢》，頁70。

且他的內心是左傾的。戰爭期間的一張傳單使他丟掉了劍橋的講師工作，一篇報紙的文章使他坐了六個月的牢。[37]戰後羅素認為時機成熟了，他要把搖搖欲墜的大不列顛改造成一個在倫理意義下的社會主義國家。一九二〇年，他到蘇聯和列寧見面，對於布爾什維克主義相當失望。[38]一九二〇年上學期，這個在英國被開除的邏輯學家到北京大學擔任客座教授。[39]羅素在大不列顛僅僅以基本收入為業，致力於教育改革。他和第二任妻子多拉·布雷克（Dora Black, 1894-1986）為了他們的孩子創辦了一所小學。他在這個時期的作品都是寫給一般大眾的。羅素也多次到美國講學。他要讓讀者們認識到他的教育觀點，而不是他在自然科學和哲學方面的見解。他在一九六〇年代出版了一九二七年的一次演講內容，變成了國際暢銷書：《我為什麼不是基督徒》（*Why I Am Not a Christian*）。

就連維根斯坦也離開了劍橋，但不是大學要他走的。就他的自我理解而言，他已經在哲學裡成就了他的任務。他不想當個大學教授，而只想當個小學老師。他把一大筆遺產贈與家人並且資助年輕的藝術家。他在下奧地利邦（Niederösterreich）的幾個學校任教了六年，那是一場悲劇性的誤會，這位野心勃勃的怪才在教育方面水土不服。他為學校編著的一部辭典是他在這段期間唯一的成就[40]。在和學生有關的一起不幸事件之後[41]，在下一段旅程之前，維根斯坦到維也納附近的休特多夫（Hütteldorf）的一家修道院當園丁助手。他和一位建築師共同為他在維也納的姐姐設計一座功

[37] 見：《羅素自傳·第二卷》，頁13-37。
[38] 見：《羅素自傳·第二卷》，頁168。
[39] 見：《羅素自傳·第二卷》，頁196-203。
[40] 即《國民學校辭典》（*Wörterbuch für Volksschulen*, 1925）。
[41] 即「海德鮑爾事件」（Der Vorfall Haidbauer），維根斯坦因為體罰學生而離職。

能完備的住宅，我們這位哲學家主要是負責簡約風格的室內設計。淡泊、明亮而不花俏，是他從設計到建造的藝術藍圖基調。

羅素和維根斯坦在劍橋留下的空缺，現在要由摩爾補上。他自一九一一年就已經是三一學院的講師，而當維根斯坦來到劍橋時，兩人很快就成為莫逆之交。一九二一年，四十八歲的他擔任《心智》（*Mind*）的主編，那是由拜恩（Alexander Bain, 1818-1903）創辦的，是英國最重要的哲學期刊。四年後，摩爾總算獲得企盼已久的哲學系教席。同年，他發表了重量級的論文《為常識辯護》（*A Defense of Common Sense*, 1925），延續了摩爾早期反對唯心論的作品裡的進路，他批評說唯心論者的哲學是反直觀的，他們只會要求讀者接受種種違反其常識的看法。

而摩爾和羅素都以現代自然科學世界觀的辯護人自居，使得他的這個說法更加突兀。事實上，以量子理論和相對論為基礎的物理學的世界觀，就完全違反了人類的常識。不管人們怎麼思考邏輯原子論，都沒辦法就直觀性的立場去支持它的正確性。然而在摩爾眼裡，《倫理學原理》以及《為常識辯護》卻是他的體系的重要基石。一個以嚴謹的邏輯演繹且排除所有語言誤解的倫理學，到頭來卻托庇於這位倫理學家所能想到的最不符合邏輯的東西：自然的直觀。當然，就摩爾的說法而言，它與其說是「自然的」，不如說是男性的、英國人的，而且有一種知識貴族的、以傳統為傲的風格。這個新的進路看起來既激進又保守。此外，不管是摩爾或者羅素，都和英美世界裡擁護直觀確定性的著名哲學家桑塔耶納老死不相往，對於這點我們也一點都不意外。摩爾從來都沒有把他放在眼裡，而桑塔耶納也不把劍橋的那群邏輯學家當一回事。桑塔耶納說，羅素的哲學（桑塔耶納用羅素關於萊布尼茲的話來反駁他）只有在遠離人類生活的時候才說得通。[281]

[415]

[416]

謨爾在一九〇七年談到桑塔耶納的《理性的生命》時，固然讚賞這位哈佛教授的寫作風格引人入勝，卻也指摘說它混亂不堪而且「百無一用」，可是到了一九二五年，他卻歸結出和他以前百般嘲諷的對手相同的結論：如果倫理裡面沒有倫理直覺，那麼人們應該會無所措手足。282他說《為常識辯護》的這些觀點是「綜合判斷」，它們是由經驗組成的，而且沒辦法以邏輯學家的工具去解剖。而且謨爾接著就羅列了一整個直觀確定性的清單，它們都是以「動物信心」為基礎，儘管他想當然耳不會用這個語詞，而是談起了「常識」。就像在《倫理學原理》一樣，他也沿著十八世紀英國經驗論者的航道推進。此外他也滿足於一個對於邏輯學家而言匪夷所思的真理判準：證據就埋藏在過去裡！「我們都遇過這種奇怪的情況，我們知道許多事物，也都知道以前我們應該都有關於它們的證據，卻不知道我們是怎麼知道的，也就是說，我們不知道證據在哪裡。」283特別奇怪的是，他在這裡使用「證據」（evidence）這個概念，認為人類的直觀確定性可以用邏輯去討論而不受演化或文化的影響，但是他卻不必證明或辯論這個說法。

謨爾在退休之前又出版了最後一部著名的論文《一個外在世界的證明》（*Proof of an External World*）。他相信自己在論文裡令人信服地證明了存在著一個獨立於人類意識的外在世界。他要怎

[417]

麼證明呢？「我只要舉起雙手，用右手做一個手勢說：『這裡有一隻手。』再用左手做一個手勢說：『這裡還有一隻手。』我這麼做的時候，事實上就已經證明了外在世界的存在，你們大家都看得出來，我還有許多其他的證明方式。」284

我們一眼就看出來那是個循環論證。他先是主張說有雙手存在，然後用雙手證明這個主張。一個極端的懷疑論者會懷疑雙手根本不存在，一切可能都是夢境或幻覺。所以維根斯坦合理地指出，

他的朋友謨爾沒有提出一個決定性的問題，那就是他到底怎麼知道那是他的雙手。而一個貫徹始終的唯心論者，例如愛爾蘭人柏克萊（George Berkeley, 1685-1753），他就會反駁說，謨爾的雙手加上觀眾等等，都是他的意識內容。根本無法證明在其意識之外有一雙手存在。就連觀眾也不能反駁這點，因為他們也是他的意識的一部分。沒有任何事物可以逃脫意識的內在性，狂野的手勢當然也不行。

關於一個普遍邏輯的夢想，冀望它可以解決所有哲學難題，為倫理指引正確的道路，這個夢想暫時以陳腔濫調作收。一開頭大張旗鼓地航向新事物，到頭來還是屈服於個別事物的荒漠。羅素自以為是地從一個主題跳躍到另一個主題，卻看不出來和他起初高唱入雲的邏輯原子論有什麼關聯性。維根斯坦暫時走下舞台。而謨爾的哲學極度的前後不一，也完全悖離了原本追求嚴謹性以及清晰性的初衷。是時候讓別人接手了。而且也真的山雨欲來……

玻璃杯裡的蒼蠅

- 「統一科學」的夢想
- 維根斯坦的陰影
- 真理的本質
- 問題和解答
- 知識考古學
- 左彎右拐的巷弄
- 管他心裡在想什麼！

「統一科學」的夢想

「在科學的世界觀裡，沒有任何謎題是解不開的。只要澄清了傳統哲學的難題，有一部分的難 [418] 題就會被揭露為假問題，而另一部分則會轉換成經驗性的難題，交由經驗科學去判斷。哲學思考的任務就在於澄清種種難題和命題，而不是提出自己的『哲學』命題。」[285]

這個高睨大談的人有許多頭銜：經濟學家、科學理論家、社會政策學家、博物館研究員、統計 [419] 學家，只是其中一二，現在則要加上一個「哲學家」的稱號。諾伊拉特（Otto Neurath, 1882-1945）在維也納以及柏林分別攻讀數學、經濟學、歷史和哲學。一九〇六年，他在施莫勒（Gustav von Schmoller, 1838-1917）的指導下完成關於經濟史的博士論文❶，施莫勒是柏林「社會政策學會」（Verein für Socialpolitik）相當權威的主席。接著諾伊拉特到海德堡大學在韋伯的指導下提出教師授課資格論文，韋伯和施莫勒在「價值判斷論戰」（Werturteilsstreit）裡是死對頭❷，尤其是在政治經濟學方面。惟恐天下不亂的諾伊拉特也到處湊熱鬧。一九一九年，身材魁梧壯碩的他參與了慕尼黑蘇維埃共和國（Münchner Räterepublik）的成立❸，期間也當上了中央經濟委員會的主席。一九二〇年，諾伊拉特回到維也納，當上了「奧地利住區及花園事務協會」的祕書長。身為「奧地利

❶ 論文題目為：《古代對於貿易、工藝和農業的看法》（*Zur Anschauung der Antike über Handel, Gewerbe und Landwirtschaft*）。

❷ 又稱「方法學論戰」（Methodenstreit），論戰的焦點在於社會科學是否為規範性的、有約束力的論述，是否可以應用在政策上，它的方法是否可以由科學加以驗證。「奧地利學派」和「歷史學派」是論戰的兩個陣營。

❸ 又稱巴伐利亞蘇維埃共和國（Bayerische Räterepublik），是德國十一月革命（Novemberrevolution）期間於一九一九年在巴伐利亞成立的國家，為期不到一個月就被剿滅。

馬克思主義者」（Austromarxist），他尤其關心國民教育。國家要如何推廣全民教育？一九二四年，行動派的他在維也納成立了一座博物館，後來擴大為「維也納社會及經濟博物館」（Gesellschafts- und Wirtschaftsmuseum Wien）。他在任職博物館期間最重要的成就是和版畫家安茨（Gerd Arntz）共同研發出「象形文字」（Piktogramm）。為了和社會各個階層對話，對他們傳播知識，諾伊拉特更推動一個計畫，「維也納圖像統計方法」（Wiener Methode der Bildstatistik）❹，旨在以圖像表述複雜的事態。

我們一開頭引用的段落是他於一九二九年和兩位志同道合的朋友共同撰寫的，數學家以及哥德爾的指導教授漢恩（Hans Hahn, 1879-1934）以及哲學家卡納普（Rudolf Carnap, 1891-1970）。他們共同草擬維也納學圈的宣言：《科學的世界觀：維也納學圈》（*Wissenschaftliche Weltauffassung. Der Wiener Kreis*）。他們的計畫是以科學的方法探討且澄清所有哲學問題。在他們提到的先驅當中，也包括了當時蜚聲國際的羅素和懷德海。286維也納學圈尤其自詡是偉大的物理學家和哲學家馬赫的接班人。十九世紀末，馬赫在維也納大學擔任「歸納法科學的哲學」教授。接任馬赫教席的波茨曼（Ludwig Boltzmann, 1844-1906）❺和馬赫一樣是個物理學家和哲學家，他也鼓勵這個團體深入探究自然科學的邏輯基礎。相較於羅素、謨爾和維根斯坦的抱負，他們的野心也不遑多讓；他們致力於邏輯的革新，並且澄清自然科學裡的知識論基礎，此外還有個重要任務：以邏輯分析為基

❹ 後來稱為國際文字圖像教育系統（Isotype, International System of Typographic Picture Education, Internationales System bildhafter Erziehung）。

❺ 波茨曼和馬赫兩人是死對頭。

礎，建立一個「統一科學」（Einheitswissenschaft）。

早在一九〇七年，諾伊拉特和漢恩就和幾個朋友組成了第一個研討團體。在五年期間，他們闡述了類似於羅素以及懷德海的基本問題，幾乎所有思想家都試圖以各種方式討論如何澈底革新哲學。其中不只是馬赫和波茨曼提出的相關問題，更延伸到布倫塔諾和胡賽爾、佛洛伊德的心理分析，甚至是列寧對於馬赫的「經驗批判主義」的全面性批評❻。他們的研究方向很明確：如果可以解決所有的混淆，使種種障翳撥雲見日，哲學到頭來就可以揭露世界的真正本性。如此一來，哲學和科學就再也不分家，而只有一個關於世界的明確知識。接著則可以一步步地建立所有科學，包括邏輯、基礎物理以及自然科學，乃至於社會科學。屆時就不再有數百種林林總總的學派、思考方式和世界觀，而只剩下一個可驗證的、合乎邏輯的科學。

這個計畫差不多和整個哲學史一樣古老，也有數不清的先驅。我們可以說，亞里斯多德的學說就是試圖建立一個涵攝一切的存有學。到了十九世紀，自學成功的史賓塞也大膽致力於相同的事業。他的《綜合哲學體系》（*System of Synthetic Philosophy*）❼建造了一棟房屋，一層一層的，從「第一哲學」、生物學以及心理學、一直到社會學和倫理學。我在《做你自己：西洋哲學史第三卷》裡稱之為「大樓管理員的夢想」：搭電梯從地下室一路暢通無阻地到達頂樓。對於史賓塞而言，達爾文的演化論是所有事物的鑰匙，現在則是由湯姆生原子模型取代❽：也就是想像世界分解

❻ 即列寧的《唯物論和經驗批判主義》（*Materializm i empiriokrititsizm*, 1909）。
❼ 另見：《做你自己：西洋哲學史卷三》，頁 223-224。
❽ 由湯姆生（Joseph John Thomson, 1856-1940）提出的原子結構假設，認為原子是球體形狀，原子核有帶正電的質子，帶負電的電子則形成外圈。

成極小的單位，接著以邏輯的形式排列。

在第一次世界大戰之後，哲學家石里克（Moritz Schlick, 1882-1936）於一九二二年從羅斯托克（Rostock）轉到維也納大學，統一科學的夢又多了另一個推手。石里克先後在海德堡、洛桑以及柏林攻讀自然科學和數學，一九〇四年在普朗克（Max Planck, 1858-1947）的指導下獲得博士學位。只要聽說哪裡有引人入勝的新理論，就可以看到這個天生叛逆的年輕人的蹤影：哥廷根、海德堡以及柏林。他也在蘇黎世讀了兩個學期的心理學。一九一〇年，博學多聞的他在羅斯托克大學哲學系以《依據現代邏輯的真理本質》（*Das Wesen der Wahrheit nach der modernen Logik*）為題提出教師授課資格論文。石里克在論文裡檢驗了當時最有名的若干真理理論，並且批評胡賽爾把真理視為「觀念物」的看法，以及詹姆士把真理和實用性綁在一起的實用主義。

石里克的計畫工程相當浩大。身為普朗克的入室弟子，他對於自一九〇五年由愛因斯坦的狹義相對論揭竿而起的科學革命如數家珍。這位年輕哲學家和比他大三歲的物理學家愛因斯坦一直往來頻繁，也很想親身請教他在自然科學方面的獨到見解。一個知識論上的實在論是否已經時機成熟了？

石里克在擔任羅斯托克大學講師期間，於一九一八年出版了他的重要作品：《普通認識論》（*Allgemeine Erkenntnislehre*）。就像他的博士論文一樣，他想要讓知識論擺脫所有思辨以及形上學的元素，認為只有**可以用經驗證明的**才是有效的，不管是在日常經驗裡無法反駁的，或者是由自然科學推論出來的。從現在起，哲學家的工作和自然科學家沒有兩樣。他手上的知識工具越少越好，而且僅僅使用少數的概念。石里克相當推崇的阿芬那留斯以及馬赫把它叫作「思考的經濟原則」

（Denkökonomie）。❾

此外，石里克也小心翼翼地區分了「體驗」（Erleben）以及「認知」（Erkennen）這兩個概念。在「體驗」時，重點在於和一個對象的關係，而在「認知」當中則會產生一個和許多對象的關係結構。人們會把經驗到的東西加以比較和分類，置於另一個概念之下。體驗的角色會撤退到概念的共相後面。此外，真理的判準也和維根斯坦所說的並無二致：一個判斷為真，若認識對象之間的關係是依據它們**事實上**的情況而產生的，也就是對應於客觀實在界。見多識廣的石里克心裡很清楚，任何哲學唯心論者看到這裡都會立刻提出反駁。因為根據唯心論的看法，我們根本不曾離開我們的意識房間。某物是否對應於客觀實在界，也只是內在於意識的主張而無法驗證。然而石里克卻不作此想。他認為唯心論把體驗和認知混為一談。就體驗而言，我們永遠不會來到獨立於意識的實在界領域。相反的，權衡評斷的認知程序則會在事物「自身」之間建造橋樑。即使我們無法直接體驗它，也可以經由比較、歸類和概念的定義認知到它。石里克批評說，不只是康德，就連胡賽爾也沒有認識到這點，因為胡賽爾認為所有認識都自經驗流蒸餾出來的。胡賽爾只想要**直觀**事物的「本質」，而不想藉由分析性的比較去**解釋**它。

就一個唯心論者的觀點而言，那座也不會到達客觀的實在界，而只會一直在意識裡原地打轉，對此石里克和維根斯坦同樣不以為然。拋開這個意識事實，是《邏輯哲學論叢》以及石里克的「邏輯經驗論」的重要起點，他們不可能放棄這點。此外，石里克也是極為自負的人。因為這個計畫正

❾ 另見：《做你自己：西洋哲學史卷三》，頁 376-377。

好引起許多從事哲學思考的數學家和物理學家的共鳴，他們以前都在尋找一個「統一科學」，自一九二二年起，也都不約而同地到維也納來拜訪這位熠熠新星。石里克嚴格區分邏輯和心理的事物，他只承認演繹法是唯一具有體系化作用的方法，而不只僅僅依賴於歸納法的驗證，他更認為世界構成一個事實上可以充分解釋的「整體」——所有這些都讓新的討論圈相當著迷。此外，石里克的經驗論也和羅素以及謨爾的邏輯原子論截然不同。對於羅素而言，世界是由無數極小單位構成的混合體；石里克則認為有一種世界建築；一切都是相依相恃的。

自一九二四年上學期起，討論圈每星期四在維也納波茨曼街的數學研究所裡聚會，也吸引了許多不同科系的科學家加入討論。自一九二六年起，卡納普也成為成員之一。卡納普出生於烏波塔（Wuppertal），在弗來堡攻讀數學、物理學和哲學，也是弗列格的學生之一。他在第一次世界大戰期間入伍從軍，後來到了耶拿大學，在新康德主義者鮑赫（Bruno Bauch, 1877-1942）的指導下，以《空間》（*der Raum*）為題獲得博士學位。由於石里克的推薦，卡納普得以在維也納準備他的教師授課資格論文。一九二九，由諾伊拉特、卡納普和漢恩共同草擬《維也納學圈宣言》，而其實該團體在一九二八年就由馬赫命名為「維也納學圈」（Wienerkreis）了。既然都宣告了，那就應該開始行動：建立一個由邏輯和經驗分析構成的「統一科學」。然而事實並非如此。

維根斯坦的陰影

有個人不在維也納學圈裡，卻在那個空間裡無所不在，那就是維根斯坦。《邏輯哲學論叢》出版不久之後，漢恩於一九二二年就開了研討課討論它，自此之後，學圈裡的討論就沒有中輟。卡納普於一九二六年提出教師授課資格論文，維根斯坦對於以邏輯思考構成的精確語言的堅持，一直是他心目中的典範。他的教師授課資格論文《世界的邏輯結構》（*Der logische Aufbau der Welt*）於一九二八年出版時，那其實就是一個宣言：那是第一次企圖全面性地把《數學原理》的關係邏輯（Relationenlogik, relational logic）轉換成公理性的概念系統。他要把羅素的邏輯原子論翻譯成一個新的概念語言，以符合維根斯坦的精確語言的理念。如果真的成功的話，那麼數理邏輯和自然科學的命題之間的橋樑或者是未來的「統一科學」就再也沒有任何障礙。

卡納普想要實現那個一直只是個宣告的東西。羅素還欠一個新的概念語言，就連維根斯坦也只是以反證法（ex negativo）證明的。他只是把一切都限縮到可以說清楚的事物。然而那並不是充分的證明。怎麼辦呢？要從哪裡下手？卡納普的研究不是以邏輯物開端，而是數學。他的起點是「基本體驗」（Elementarerlebnis，又譯為「原初經驗」）。每個人在其經驗流裡都會以完全主觀的方法和方式去體驗世界。這個直接的知覺，類似於石里克所說的「體驗」，會被拿來和其他體驗比較，就像石里克所說的「認知」一樣。依據卡納普的說法，這個比較是經由相似性的發現以及相似性的記憶進行的。我覺得某個東西有點眼熟，也不時想起它以前出現時的情況。如此一來，我們就在我們的基本體驗之間建立了關係。

接下來，卡納普提出了一種概念的集合論，就像弗列格和羅素關於「數」的作法一樣。實在界的每個基本體驗都被指派一個意義明確的基本概念。唯有邏輯以及數學本身是例外，這個做法對它們行不通。即使沒有經驗的一致性，它們仍然可以為真。卡納普認為，如果哲學家想要獲致清晰性，那麼他就必須分析在日常語言使用當中被捲入無限多的關係以及語言組合的語句，乾淨俐落地

[425]

抽離出基本概念。因為唯有其中包含著基本概念的語句，我們才可以檢驗其實在性及其所屬的「層次」，檢視它是——拾級而上而越來越講究——看看它是涉及「自心的」（Eigenpsychisches）、「物理性的」、「他心的」（Fremdpsychisches）或者是「思想的」事物。到頭來就會建立一個概念的「語系樹」（Stammbaum），在其中，低階的構成類別會包含於高階的構成類別，使得所有概念事物都得以鉅細靡遺地分門別類。如此一來，所有概念都只是由概念化的事物構成的。

卡納普很快就心知肚明，這個聽起來簡單明瞭的系統有兩個難以跨越的難題，第一個難題是，他的集合論省略了弗列格以及維根斯坦所謂的「意義」（意含）的概念。就像羅素一樣，在卡納普眼裡只有「指涉」（指謂）這種東西。可是這樣會把關於世界的語句限縮到不符合現實的最小量，幾乎把一般的語言變成了一種漫畫：用一部太複雜的照相機來拍攝現實世界。其次是卡納普和石里克都遭遇到的難題：我怎麼知道我在自己心裡體驗到的東西真的反映現實世界，而使我得以藉由相似性和比較推論出種種認知？物理學家試圖找尋一個在物理層面上顛撲不破的起點。然而即使是這些毋庸置疑的東西，也只有在人類思考裡才會被意識到，所以它看起來也只能以心理事物為起點了。可是如此一來，又會出現若干嚴重的難題。因為主觀的基本體驗是「世界的邏輯結構」極為尷尬的起點。我們真的有辦法走出心理的獨我論（Solipsismus）嗎？對於一個種族主義者而言，他在自己心裡體驗到的種族主義總是會和其他的種族主義傾向扯在一起，因而形成一個由種種偏見構成的自我封閉的認知世界。卡納普不久就明白了，它欠缺了關於意義的確定的**驗證判準**。因為如果沒有這些驗證判準，整個理論就難以為繼。

無論如何，卡納普的教師授課資格論文還是足以和石里克的《普通認識論》相互輝映。這部作

[426]

[427]

品在維也納學圈裡被熱烈討論。其中他們特別重視維根斯坦的評論。石里克一直和他往來頻繁。一九二七年夏天，他和他的學生懷斯曼（Friedrich Waismann, 1896-1959）、費格爾（Herbert Feigl, 1902-1988）以及卡納普多次拜訪讓人驚豔的《邏輯哲學論叢》的作者。可是他們找不到公開討論的機會。維根斯坦忙著他的建築設計，對於哲學意興闌珊。有時候他會背對著聽眾朗誦他的詩。尷尬的是他對於任何批評都會極為敏感而反應激烈。他們唯一共同研究的哲學主題，是維根斯坦在劍橋才華橫溢的朋友蘭姆西（Frank Plumpton Ramsey, 1903-1930）的講座《數學基礎》（*The Foundation of Mathematics*）。

這些對談人最感到錯愕的是，他們敬重的大師出人意料地並不認同他們打算超越形上學的計畫。這難道不是他們共同致力的事業嗎？讓哲學擺脫所有「無意含」以及「非意含」的命題，以及關於世界的無法驗證的陳述？然而維根斯坦在其《邏輯哲學論叢》結尾也暗示了他的大膽行徑的非意含性，他並沒有想要激烈地拋棄所有的形上學。卡納普在回憶錄裡說：「有時候我有個印象，對於科學家刻意表現出來的那種理性和無動於衷，維根斯坦是相當反感的。」[287]維根斯坦對於他們的宣言《科學的世界觀》也極為排斥，證明了他的看法是對的。維根斯坦讀了宣言以後就寫信給懷斯曼說，不要使得當時在加州擔任客座教授的石里克（那個宣言證是獻給他的）因為他們「出於好意」的放言高論而遭眾人訕笑。「我說的『放言高論』是指所有自鳴得意的自我投射。『挑戰形上學』！擺出一副他們說的都是新東西似的。維也納學圈有什麼成就，他們只能加以**證明**，而不是夸夸其談……作品應該是要用來顯揚大師的。」[288]

[428]

於是，維根斯坦和他所說的「圓桌武士」（Tafelrunde）[10]漸行漸遠。那並不令人意外。維也納學圈汲汲於打造一個由明確命題構成的科學性哲學，而維根斯坦卻不再相信有可能建立一個如此普遍的精確科學。他不只認為那是「自吹自擂」，甚至漸漸認為是個錯誤，更確切地說：那是對於語言乃至於思考的本質的根本誤解！懷斯曼原本計畫彙整維根斯坦前後期的思想，出版《邏輯、語言和哲學》（*Logik, Sprache, Philosophie*），卻因為維根斯坦的反對而作罷。他也只有和石里克保持聯絡。對於學圈的領袖而言，維根斯坦是他們的靈感來源。可是就這個大計畫而言，他對石里克或者是學圈真的有幫助嗎？

真理的本質

一九三〇年六月，維根斯坦在和卡納普、石里克及其學生們對話時說：「一個數學概念的意指就在於它的使用方式，而一個數學命題的意含則是它的驗證方法。」[289]石里克以及卡納普應該早就知道他們只注重**指涉**（所謂的和實在一致）是不充分的。基本上，在《邏輯哲學論叢》早就提示說：「了解一個命題，意思是說，如果此命題為真，我們就知道實況是什麼。」[290] ⓫一個未來精確語言的系統不能沒有**意義**（使一個命題為真或為偽的東西）的向度。如果我們沒有加上任何判準，那麼該怎麼證明某個指涉的正確性呢？所以說，邏輯學家需要一個邏輯的意義判準。布倫塔諾、胡賽爾都以「明證性」為判準，就連海德格也暗地裡以它為基礎，而對於一個邏輯學家而言，那則是不體面的東西，這個明證性包含了心理的或是形上學的確定性，那是邏輯學家無論如何都要滌除的

❿ 維根斯坦說的不是石里克的整個圈子，而是指卡納普、費格爾、費格爾的太太（他把她叫做「女丑」）以及懷斯曼。

⓫ 引文中譯見：《哲學邏輯論叢》，頁19。

東西。而這就是邏輯計畫的核心。

如果有人像維也納學圈一樣，也認為形上學的命題是無意義的而想要排除它們，那麼就需要用以判斷真偽的種種確定判準。如果只是暗示說，關於神的本性的命題是無意義的，因為它們沒辦法檢驗，這樣是不足夠的。因為邏輯和數學的命題也無法驗證其實在性。為了不讓它們也被邊緣化而自掘墳墓，卡納普把邏輯和數學命題（就像康德一樣）定義為**分析性真理**。

卡納普在論文集《以語言的邏輯分析超克形上學》（*Überwindung der Metaphysik durch logische Analyse der Sprache*），認為自己找到了確定地定義真偽的鑰匙。依據他的說法，有三種判準可以判定一個命題的真偽：第一個判準是經驗可驗證性以及／或者它在語法（Syntax）裡的正確性。牴觸語法而東拼西湊的命題恆為偽，不是在文法上為偽，就是邏輯上為偽。例如說，「我是誰，如果有我的話，有幾個我？」（Wer bin ich und wenn ja, wie viele?）[12]是個文法正確的命題，可是在邏輯上為偽。或者用卡納普的說法，是一種「領域混淆」（Sphärenvermengung）的謬誤。[13]配備了這些檢驗工具的卡納普，相當冷血地修理了海德格一頓，他認為海德格獨樹一格的名言，例如「虛無虛無化」（das Nichts nichts）[14]，是沒有意義的，應該自哲學裡剔除。[15]這個命題既無法以經驗

---

[12] 是本書作者暢銷書《我是誰》（啟示，2010）的德文書名。

[13] 見：《世界的邏輯構造》，頁56-57，陳啟偉譯，上海譯文，1999。「一般地說，僅用一個詞來表示這些不同的概念並無害處，因而是適當的和合理的。只是在對概念作比較細微的區別時，我們才必須注意這種意義含糊性，而概念的細微區別對於認識論問題以至形而上問題才有重要意義。忽視領域相異的概念的區別，我們稱為『領域混淆』。」

[14] 語出海德格的《形上學是什麼？》（Was ist Metaphysik?）。「das Nichts nichtet」，無無化、虛無虛無化；「das Nichts selbst nichtet」，無自無，虛無始自虛無化。

[15] 見：Rudolf Carnap, *Überwindung der Metaphysik durch logische Analyse der Sprache*, 1931, S. 229-232。

檢驗，在邏輯上也不具有明證性。

卡納普此舉證明了什麼呢？證明海德格的哲學是由許多無意義的命題構成的嗎？抑或是證明了邏輯工具箱沒有多大用處？卡納普大可以也用同樣的說教口吻把黑格爾、齊克果、尼采、布洛赫和班雅明都說成哲學半吊子。如果有人要當起語言警察，清除使現實世界變得臃腫不堪的脂肪結構，到頭來會什麼也不剩。如前所述，海德格刻意要擴大語言的使用界限，布洛赫和班雅明也是如此；他們不是不熟諳邏輯，而是因為看到了邏輯在哲學裡的侷限性。如果說卡納普的對手們有什麼共同點的話，那就是一個信條：用定理是沒辦法從事哲學思考的！

然而，卡納普對於所有形上學家的否定判斷相當明確：「形上學家是沒有音樂天賦的音樂家！」[291]閱讀他們的作品的時候，總會讓人熱血沸騰，沉醉在虛構的概念世界裡。可是在卡納普眼裡並沒有所謂的藝術真理，他認為基於哲學的意圖而霸佔美感這種東西根本是個障眼法：形上學家把科學清晰的概念世界和藝術對於表現的渴望攪成一鍋粥，「創造出對於知識論一無是處、而對於生活感受而言也不知所云的結構。」[292]

或許有人會反駁說，卡納普以長篇大論鄙視形上學只是在偷樑換柱，因為他自己的哲學也是從形上學的深淵裡浮出水面的。誰會定義說所有東拼西湊的真理一定都是邏輯真理呢？我們可以檢驗它的實在性嗎？當然不行。卡納普的驗證判準顯得捉襟見肘。它們既無法以經驗檢驗，也不是分析性的真理，而是自身經不起檢驗的設定。此外，我們絕大部分的語言陳述其實既無法以經驗檢驗也沒有檢驗的必要性。「我覺得不舒服」這句話可能「為真」，就算沒有任何醫生找得出原因。可是無論如何，這句話並不是無意義的。

[430]

所有哲學都是**科學性的**哲學，這個說法只是個規範性的設定，相較於其他設定，它並沒有任何真理優勢。而他汲汲於消滅形上學，此舉至少會讓每個數學家都驚疑不定吧？因為數學作為沒有必要在物質世界裡加以檢驗的分析性真理，也是不折不扣的形上學事物。難怪在哲學裡對於邏輯經驗論的熱中並沒有宛如野火燎原一般擴散開來。卡納普的方法若是真的奏效，那麼我們至今認識到的哲學也會灰飛煙滅。柏拉圖、斯賓諾莎、齊克果、康德、黑格爾和尼采的作品，都成了低劣的音樂，而取代過去的整個世界結構的，就只會是邏輯分析的羅盤盒——它不是什麼系統，而只是個**方法**，它往往足夠以鋒利的剃刀把哲學押送到它應該去的終點。

[431]

在一九三〇年代初期，哲學還沒有真正走到盡頭。因為光是整個分析應該以什麼東西為基礎的問題，就在圓桌武士之間吵個沒完。哲學的種種自我稱謂也同樣地指不勝屈：除了邏輯原子論以外，還有邏輯實證論以及邏輯經驗論，而人們也搞不清楚它們到底有什麼差別。而到底以什麼東西為起點，則一直是最重要也最莫衷一是的問題。是要以羅素所建議的**感覺與料**為起點嗎？然而這種原子化的極微知覺必須先以分析的方法自經驗流蒸餾出來，因此沒辦法作為起點。或者是卡納普於一九二八年提出的**基本體驗**？可是有人說得上來那是什麼玩意兒嗎？我們如何為一個「基本體驗」的單位劃定界限？而且如上所述，他們如何從主觀體驗的領域跨足到念茲在茲的、不可或缺的客觀性呢？

[432]

幾乎所有問題都懸而未決。一九三二年，諾伊拉特建議說乾脆自己創造一種新語言算了。因為「由乾淨的原子命題建構起來的理想語言的妄想，就像拉普拉斯幽靈[16]的妄想一樣，也是形上學的東西。」[293]這個「拉普拉斯幽靈」或許相當於掌握了數學和物理世界的公式的知識，直到二十世紀都還沒有人可以完全掌握，就算是維也納學圈也沒辦法。因此諾伊拉特提議一個更具教育意義的方法。他和卡納普一樣，都想要為一個澈頭澈尾的邏輯性的世界觀找尋一個實用的語言。當卡納普明白了「基本體驗」不是個好的起點，便轉而以對於基本體驗的**觀察**為起點。科學家的基本觀察，也就是「記錄句」（Protokollsätze），才是真正的開端。卡納普所理解的「記錄句」，是指「包含了一個物理學家或心理學家的原始記錄的語句。我們想像整個程序都公式化了，宛如我們所有的體驗、知覺以及感覺、思想等等，不管是在科學或是生活裡，它們首先都用文字記錄下來，於是接下來的所有加工處理都是以這個記錄為起點。」[294]

諾伊拉特相當懷疑這點。相較於其他命題，「記錄句」究竟有什麼真理優勢可言？我們同樣必須先檢驗它們的正確性。它們是可修正的，因而不適合作為公理起點。他認為我們沒辦法以知覺為中介，觀察實在世界的元素，接著基於這些觀察規規矩矩地推論出種種概念。為了驗證一個觀察，我必須先比較其他的觀察。記錄句（或者是維根斯坦所說的「基要命題」）並不是彼此獨立的，因而不是適當的公理起點。

諾伊拉特的對策實用多了。語言首先必須適用於它的任務。他心裡想的是一個「滌清了形上學的萬用俚語（Universalslang）」，並且「一開始就教導孩子使用」[295]。「我們可以『訓練』每個孩子，讓他從簡單化的萬用俚語開始，接著循序漸進地使用成人的萬用俚語。」[296]到頭來就可以誕生一個「經驗語句」的「沒有矛盾的系統」，它是由科學以及日常生活組合而成的。根據他的想法，

⑯ 指十八世紀法國天文學家和數學家拉普拉斯的主張，他認為只要有個幽靈或魔鬼知道宇宙裡每個原子的位置和動量，就可以用牛頓定律描述整個宇宙事件，包括過去和未來。

這個語言的萬用鑰匙符合所有現實世界的鑰匙孔而且可以打開它們。而任何新的科學記錄裡的主張，也都要依據沒有矛盾的系統加以校準才可以融入系統。

一個懷疑論者居然會和穆齊爾一樣，想出一個以精確的語言、思考和生活的烏托邦，讓人聞之不覺莞爾。而穆齊爾其實也和諾伊拉特有一面之緣，對於這個充滿使命感的魁梧大漢慷慨激昂的言論，他只是微笑不語。[297]然而諾伊拉特為了「精確性」而必須犧牲「心靈」，不只有穆齊爾注意到這點。我們不敢想像如何以一種標準語言虐待數百萬個孩子；此外，那是一種完全欠缺詩的語言，它不得不把所有個人體驗到的心理現象都轉換成物理現象，就像自二十世紀初期以來諸如華生（John B. Watson, 1878-1958）之流的「行為主義者」的作法。一旦被定義且標準化，所有心理現象都會被解釋為刺激和反應的機制，人也變成了心理機器，而極為個人的體驗也變成了「某某情況」。然而自十九世紀中葉以來，哲學就出現了我們在討論柏格森時提到的「感質論戰」（Qualia-Debatte）。百年之後，內格爾（Thomas Nagel, 1937-）更在其著名論文〈身為一隻蝙蝠的感覺會是怎樣？〉（*What it is like to be a bat?*）言簡意賅地闡明了這個問題。[298]美國哲學家內格爾認為，沒有人知道身為一隻蝙蝠會是什麼感覺。就算他想像身為蝙蝠的感覺，那也不同於蝙蝠身為蝙蝠的感覺。重點相當清楚：體驗是心理學和哲學無法探測的東西，就連科學也束手無策。心理概念沒辦法一一對應地轉換成物理概念——諾伊拉特的「經驗語言」也一直只是虛構的事物。

他自己應該不知道他歷久不衰的成就在哪裡。那就是他對於卡納普的批評，把我們的陳述和對於實在界的觀察相互校正，那並沒有辦法獲致真理，我們只能以關於同一個事物的其他陳述加以檢驗。這個真理判準完全改觀了。他的真理理論從實在物的「符應」（Korrespondenz）變成了和其他觀點的「融貫」（Kohärenz）。這個融貫理論是皮爾斯於十九世紀下半葉率先提出的。[17]蘭姆西則是在他的《真理與或然率》（*Truth and Probability*, 1918）裡為劍橋的邏輯學家介紹這個理論。至於歐洲哲學，校正的方法以及比較性的證偽（Falsifikation）則源自維也納學圈，一直到卡爾·波普（Karl Popper, 1902-1994）的證偽理論，我們在哲學史最後一卷還會探討這個理論。

他們在哲學裡找尋的精確性因而越來越模糊。顯然並不存在著什麼經驗論的意義判準。也就是說，自然不會呈現任何可以確切辨識真偽的東西。維也納學圈在追尋維根斯坦所謂的「事實」之前，就誤解了事實是什麼——他們認為事實在對象身上可以證明和語言思考一致的東西。職是之故，圓桌武士們認為有待解決的問題——找尋相符的概念——其實完全無解，因為他們關於「事實」的觀念就已經不符現實了。接任賀尼斯瓦德在布萊斯勞的教席的齊格飛·馬克（Siegfried Marck, 1889-1957）指出，「實證主義並不了解事實的問題，因而沒辦法處理問題的問題。」[299]

這個自我誤解其實相當嚴重。我們用以精確重現經驗世界的邏輯和分析性的概念，究竟是源自何處？所有概念難道不是經驗性的，也就是約定俗成的，其豐富的意義是由它們自傳統以來的用法構成的？維也納學圈開會的時間越久，就越加遠離原本以為就在眼前的目標。經驗論者執拗的世界觀，也就是認為我們必須以實在性去驗證真理，現在變得很易碎。一個通用語言顯然是不可能存在的，或者是必須犧牲現存的語言。心理現象不能完全以物理概念去解釋而不損及其體驗的性質。希望、埋怨、悲傷、信仰和愛，它們的物理對應物是什麼呢？它們說似一物即不中，任何物理概念都

⑰ 另見：《做你自己：西洋哲學史卷三》，頁424-425。

派不上用場，然而它們卻又是實實在在的感覺。在這個前提之下，諾伊拉特尤其重視的統一科學更不用談了。自然科學根本沒辦法為哲學指出任何正確的道路。它們的概念漫不經心地飛掠心理的地形地物，然而那正是人類世界及其無窮意義的第一個模型。

所以說，早在政治時局使得維也納學圈分崩離析之前，它就已經宣告失敗了。卡納普於一九三一年轉到布拉格大學，於一九三六年移民美國，先後任教於芝加哥大學、普林斯頓大學以及加州大學洛杉磯分校，主要研究領域為行為主義、語言哲學以及機率理論。儘管他排斥任何形式的規範性道德理論，到了晚年卻投身民權運動以及反越戰運動，回到他年輕時的左派信念。

至於漢恩以及石里克的下場就悲慘多了。一九三四年，五十四歲的漢恩在癌症手術之後不幸辭世。一九三六年，五十四歲的石里克以前的學生因為個人和世界觀因素而槍殺了他。由於奧地利被「第三帝國」「併吞」（Anschluss），使得學圈許多成員移民國外。就像諾伊拉特一樣，更多人選擇流亡到英國。對於邏輯學家和經驗論者單調乏味的哲學而言，美國和英國的土壤特別肥沃，於是他們在那裡滿懷未來的憧憬努力耕耘，使得原本的德奧哲學變成了澈頭澈尾的英美哲學，以**分析哲學**（analytical philosophy）自居而和**歐陸哲學**（continental philosophy）劃清界限。許多分析哲學家集腋成裘，佔據了英美世界的大學教席，也陸續成立了相關的研究機構和研究所。汲汲忙忙的諾伊拉特於一九三九年主編《國際統一科學百科全書》（International Encyclopedia of Unified Science），當時著名的杜威也是其中的作者之一，儘管他的「實用主義」和邏輯主義者以及經驗論者扞格不入。因為對於一個實用主義者而言，事物的真理只有越辯越明，而不是在邏輯或是經驗裡覓得。所以杜威還是投稿了二十卷當中的第一卷，和其他作者以極為不同的觀點探討知識的問題。[18]

然而統一科學終究沒有誕生，雖然自然科學家們至今一直相當扼腕。英國著名的演化生物學家愛德華・威爾遜（Edward O. Wilson, 1929-2021）於一九九八年出版了他的《知識大融通》（*Consilience. The Unity of Knowledge*），很驚訝於至今沒有一個哲學的精確語言，而維也納學圈的工作也沒有堅持到底。他認為唯一的問題在於邏輯實證論者「對於腦部功能一無所知」。300 如果他們擁有這方面的知識，就應該會放棄那些主觀的概念，而以物理的角度去描述心理現象。關於從心理現象到物理現象的概念轉換的根本難題，關於語言的功能以及操作方式，關於邏輯的有效範圍，關於無法直截了當地定義的哲學任務，自然科學家如果要闡明這些問題，那會是一個永無盡頭的課題。

問題和解答

早期分析哲學家的根本錯誤在哪裡，他們應該早就心知肚明了。只要從劍橋和維也納看看牛津就足夠了。一九二四年，三十五歲的柯靈烏（Robin George Collingwood, 1889-1943）出版了《心智之鏡》（*Speculum Mentis, or, The Map of Knowledge*）。柯靈烏出身於一個藝術家庭，父親是雕塑家以及考古學家，母親是畫家和鋼琴家。在父母親的薰陶之下，他很早就接觸到世界。他從小就學鋼

[18]《國際統一科學百科全書》（*International Encyclopedia of Unified Science*）是探討統一科學的一系列出版物。自一九三八年起陸續在美國出版。杜威在其中發表了一篇論文："Unity of Science as a Social Problem," in: *International Encyclopedia of United Science*, vol. 1, Nos. 1-5, 1938, pp. 29-38。

[437]

琴和小提琴，拉丁文和希臘文，和父親特別熱中於在英格蘭出土的羅馬遺址。柯靈烏在自傳裡說，八歲的神童就讀過了康德的《道德形上學的基本原理》（*Grundlegung zur Metaphysik der Sitten*）。[19]

第一次世界大戰期間，他到牛津攻讀哲學。當時披著邏輯原子論外衣的早期分析哲學嘲笑唯心論哲學是荒謬的形上學，尤其是當地的英雄布萊德利（Francis Herbert Bradley, 1846-1924）。柯靈烏越來越厭惡這種批評。[20]他注意到分析哲學家對於他們漫不經心而草率地想要拆毀的傳統一無所知。他也看到了他們並沒有深入探討他們自己不假思索的前提。他把克羅齊的《維科的哲學》（*La filosofia di Giambattista Vico*）譯為英文，於一九一六年撰文探討宗教和哲學的關係[21]，接著就以《心智之鏡》和羅素以及謨爾打對台。他依據黑格爾的學說，認為哲學是個巨大的全體，在其中，有五種經驗形式穿梭交錯：美感經驗、宗教經驗、自然科學的知識、歷史經驗，最後是哲學的經驗命題本身。

在柯靈烏眼裡，沒有任何知識可以脫離這個多重向度的經驗世界。但凡有人這麼做，他就以西塞羅（Cicero, 106 BC-43 BC）和柏克萊所說的「繁瑣哲學家」（minute philosophers）一詞嘲諷他

[19] 見：《柯靈烏自傳》，頁19，陳明福譯，故鄉出版，1985。「我父親有大量的藏書，他准許我隨便翻閱。其中許多是他在牛津念書時所使用的古典文學、上古史和哲學方面的書籍，但我一直都沒有去碰它們；直到八歲的某一天，由於好奇心使然，我抽去了一本黑色的小書，書背上寫著『康德的倫理學理論』，此書乃是康德《道德形上學之基本原理》的英譯本，譯者是亞伯特。當我開始讀這本書的時候，我那瘦小的身軀就夾在書架與書桌之間，但有一陣陣奇妙的情愫襲上心頭。我感覺作者正以無比的說服力在訴說無比重要的事情：是我無論如何都得弄懂的事情。」

[20] 見：《柯靈烏自傳》，頁29-42。

[21] *Religion and Philosophy*, 1916。

們，也就是一個自誇其知識源自實在界而沒有任何預設的思想家。或許自然科學家基於方法論的理由而不得不虛構出這種永恆知識。可是如果有人以自然科學的觀點為哲學唯一的尺度（就像他沒有指名道姓的羅素以及不久之後的維也納學圈），那麼他就是小看了人類複雜而實在的經驗。在經驗世界裡，我們不會像在實驗室裡那樣疏遠而被動地面對對象。我們關於對象的任何認知，都只是就我們自己的角度，我們的文化、興趣、意圖和心情。人並不是如他自己想像的那樣生活在實驗室的條件下。我們的語言就是生活中的文化，一個和其他人共享的概念網，而不是用來蒸餾出真理的精確工具。所有認知對象都取決於語言、文化和歷史的認知行為。

柯靈烏說語言是文化的概念網，這個看法正是十年後為分析哲學指出一個新方向的一個重要推力。然而，一九二四年牛津的批評者認為那只是討人厭的荒唐說法。[301]從事哲學思考的數學家和物理學家，他們的世界和我們這位思想家的世界天懸地隔，他以自身的經驗世界為起點，把知識形容成一個考古學家的工作，而不是自然科學家的工作。一個考古學家會以種種遺跡建構起他假設的真理，而他的詮釋也不是中立的，而是以豐富的基本知識為基礎，知識的演進層層相疊，唯有確實認識舊有的知識，才可以理解新知識。正如柯靈烏後來所寫的，認知是一種「實踐」，就像實用主義或者是葛蘭西的「實踐的哲學」一樣。沒有實踐的行為就沒有新的見解，而沒有豐富的基礎理解也就不會有知識。所以說，基本的「感覺與料」、「基本體驗」以及「基要命題」，它們都屬於虛構的領域。在人類的經驗裡，一睜開眼睛就沒有什麼東西是基本的。

在接下來的幾年裡，柯靈烏只要一有機會，就會闡述早期分析哲學在他看來脫離現實的祕教性格。如果有人對於研究者的研究活動隻字不提而認為他的知識是客觀的，他會難以解釋為什麼已經成立的理論還會有修正的空間。而且他還有個更大的難題。像謨爾這樣的哲學家，不管他怎麼論述道德，都和現實無關。誠如謨爾所強調的，我們沒辦法以經驗事實檢驗道德。然而由於早期分析哲學家認為只有經驗事實以及邏輯確定性才是真實的，因而順理成章地把所有道德都掃到桌子底下。反之，謨爾求助於「常識」，則顯然造成了系統的損害。對於分析哲學家而言，常識既不是在經驗上真實的，也不是在邏輯上為真的，他們為什麼要理會這種東西呢？

柯靈烏要證明的是：沒有任何真理或現實不是處於一個歷史傳統脈絡之中的！[22]可是早期分析哲學家根本沒辦法思考或掌握歷史的向度。物理事實以及邏輯確定性按照定義是非歷史性的。它們總是在當下即為現實且為真的，而這個現實性和真理也不憑恃任何關係和指涉。反之，人類的認知行為不是在一個宛若無時間性的當下進行的。而人類的確定性、價值和信念，也正是在於他們不僅僅是處於當下。他們的意義和指涉取決於由從前的意義和指涉構成的歷史共鳴空間，而分析哲學對此卻視而不見。

他們都犯了**方法上的錯誤**——這是柯靈烏最重要的批評。在他一九三三年的《哲學方法論》（*An Essay on Philosophical Method*）裡，他批評當時的分析哲學了無新意，因為他們要找尋的都是已知的事物：一個邏輯和經驗性的基礎。然而柯靈烏建議他們換一個方法：「在哲學研究裡，我們並不是試圖發現至今未知的事物，而是要更加認識我們在某個意義下已知的事物；不是要認識更多關於它的東西，而是要知道**有沒有更好的理解方式**——現實的（actual）而非潛態的（potential）、

[440]

㉒ 見：《柯靈烏自傳》，頁84-93。

外顯的（explicit）而不是內隱的（implicit）——不管知識論用什麼語詞來表示這個區分。」[302] [23] 柯靈烏依據這個「蘇格拉底原則」，懷疑哲學裡任何形式的實在論；早期分析哲學的圖像理論或者是柯靈烏以前在牛津的老師威爾生（John Cook Wilson, 1849-1915）的「實在論」。[24] 就連心理學及其自然科學的主張，柯靈烏也嗤之以鼻；心理學家並不是如他們自詡的在觀察和發現「事實」，而只是翻來覆去的解析，而根本沒有任何真理方法。反之，「蘇格拉底原則」主張說：所有哲學思考並不是關於世界的思考，而是關於思考的思考！

[441]

可是我們如何以哲學反思思考呢？如果說這一切到頭來並沒有任何世界觀可言，而只有一個新的視角以作為賞報，那麼它有什麼價值呢？一九三四年上學期，柯靈烏在牛津開了一堂講演課，探討自然科學的知識視角問題。那就是他後來的《自然的理念》（*The Idea of Nature*, 1945）的基礎。他在其中以例證說明自然科學的思考只是關於自然的許多思考方式之一。這個自然科學的思考也不是從天上掉下來的，而是奠基於許多歷史前提，它們催生了這個思考，也一直是它的憑恃。「如果人們不知道歷史是什麼，」那麼「沒有人可以回答自然是什麼的問題」。[303] 同樣不注重歷史的宇宙論者亞歷山大以及懷德海也有這個缺點，他們從來沒有反省自己以自然科學定義的思考前提。我們不難猜想，如果柯靈烏知道維也納學圈是在做什麼的，他對他們會做何感想。

一直熱中於考古學挖掘的柯靈烏，自一九三五年就一直在牛津大學擔任形上學教授。現在他說的話更有份量了。接下來他要著手寫一本代表作品。一九三八年十月，他搭船花了半年的時間航行

[442]

㉓ 見：R. G. Collingwood, *An Essay on Philosophical Method*, Clarendon Press, Oxford, 1933, p. 11。

㉔ 見：《柯靈烏自傳》，頁 32-33。

印尼大半個地區，儘管病痛纏身，他還是冒險忍受舟車勞頓，在旅途中埋首於他的哲學手稿。此外，他也重拾學生時期就形成的最早觀念。他強烈懷疑在命題邏輯的架構（也就是越來越精確的指謂）裡可以有什麼思想上的進步。相對的，他認為所有進步都是**問題與答案**的結果。㉕

在考古學裡，幾乎所有的發現都先會有個問題，促使他到那個地方找尋特定的東西。反之，只知道要找尋精確的命題或基本命題的人，他們都忽略了那些命題大部分是沒有說出來的問題的答案。唯有就問題的角度去看，它們才有意義。一個命題的真值也是依據先前的問題去評斷的。舉一個現代的例子：「阿姆斯壯是一九六〇年代美國太空人。」這句話有意義且為真，如果隱含的問題是：為什麼阿姆斯壯是第一個登陸月球的人？可是，「阿姆斯壯已婚」這個命題在同一個上下文裡是無意義的，即便它符合事實。在我們提到的上下文裡，它並沒有任何真值，因為它根本沒有回答所提的問題。構成一個用以決定命題的真值的完備框架的，不是邏輯，也不在於是否符合事實，而是**上下文**。而一個命題是否有意義或者是不值一哂，則是取決於它是否滿足一個**恰當回答**的功能。

柯靈烏對於命題邏輯的封閉空間的批評，不自覺地為語言科學裡的語用學（pragmatics）指出一條道路。可是早期劍橋語言邏輯學家們的這位對手的意圖不止於此。他想要探究科學家和哲學家在找尋答案的問題關鍵在哪裡。柯靈烏認定這些問題並不是如一般人以為的永恆的或跨時代的。相反的，問題會不斷以不同的或至少易變的形式處於歷史情境當中。它們以瞬息萬變的歷史系列事件

㉕「關於命題邏輯，我打算以我所謂的問題與答案的邏輯來取代它。依我看來，真理如果指身為哲學家或歷史學家的我在日常研究工作中慣於追尋的那種東西（一套哲學理論或歷史敘述被稱為真的意義下所指的真理，對我而言，似乎才是該辭最恰當的意義），那麼，它並不屬於任何單一的命題，甚至也不像主張融貫說者所認為的一個由命題所構成的複合體；而是屬於一個由問題與答案所構成的複合體。」（《柯靈烏自傳》，頁50。）

以及經驗背景為其條件，此外更包括約定俗成的語言用法。於是，柯靈烏並不像維根斯坦和維也納學圈那樣認為語言是或鈍或利的精確工具，而是人類表現其感覺、想像、信仰和思考的媒介。對他而言，所有這一切都是不可分割的。因為語言用法的根本在於使用的慣例，而不在於真理的追尋。

知識考古學

一九四〇年，柯靈烏以讓人詫異的《形上學論》（*An Essay on Metaphysics*）為題公開他的思想。因為正如前言所說的，這本書不是要闡述他自己或是別人的形上學理念。它要談的是形上學究竟是什麼，「為什麼它對於知識的福祉以及進展是必要的，以及我們如何繼續追求它。我試圖，」柯靈烏接著說：「打破若干誤解，它們（即使是真的，也是其來有自的）都歸結說形上學是思考的死胡同，數百年來，那些騙子和小丑引誘人類的知性陷入這個困局，而意圖摧毀它。」304 然而其實形上學和人類是不可須臾分離的，而且是以一**種無意識的預設形式作為我們所有的思考基礎**。《形上學論》的目標就是要闡明這點。[26]

柯靈烏區分絕對預設和相對預設的不同。如果我們觀察一下科學的思考，就會注意到有三種絕對的預設，沒有了它們，科學家就沒辦法從事任何研究。他首先必須假設說，理性以及依據理性的行為可以探究自然及其規律性，也可以符合邏輯地描述它。其次，他要假設自然是由能量和物質組成的，而且可以劃分為極小的存在單位（實體）。第三，我們可以由不同的個別元素的組合去解釋

㉖ 見：R. G. Collingwood, *An Essay on Metaphysics*, Clarendon Press, Oxford, 1940, p. xii。

複雜結構的出現。所有複雜結構都奠基於簡單結構的相互關係。

這些都是現代自然科學研究毋庸置疑的預設。在它們的襯托之下，我們才得以提出有意義的問題，並且尋找有意義的答案。耐人尋味的是，這些概念性的假設基本上是會改變的。那當然不是因為以它們為基礎的有意義的問題可能質疑它們。而是因為人有一種內在動力，在如此得到的答案無法滿足他的時候，就會質疑原本已經相當確定的信念。「突現」（Emergenz）的現象就是一個現代的例子，我們會在該現象裡觀察到由簡單實體的相互關係無法充分解釋的特定性質。例如說，「生命」的若干屬性是完全不同於它的化學組成部分，也就是新陳代謝、生殖、遺傳、應激或者生長。「意識」現象也是如此，它也擁有不同於伴隨產生的電化學過程、神經元和突觸的性質。所有這些都說明了自然科學的第三個假設不全然有誤，卻也留下了一個大問號而必須追根究柢地思考。

柯靈烏認為，自然科學如此，人類其他經驗領域亦復如是，例如道德的問題。我們和他人的關係是以我們的好惡臧否為基礎，而以關於道德的是非對錯的絕對預設為準繩。然而正如柯靈烏以及許多其他道德哲學家所說的，我們所相信的絕對預設其實比我們想像的更加相對。我們在監獄裡對於重刑犯的態度當然不同於「正常的」環境。此外我們也相當依賴我們所處的團體的道德，每個人都要適應它而無一例外，那是相當正常的機制。唯有如此才能解釋為什麼在一九三〇年代有那麼多德國人支持國家社會主義，而到了第二次世界大戰之後卻又和它劃清界限。

相較於絕對的預設，相對的預設對於行為的支配就沒有那麼強勢。它們都是和我們所處的時代環境有關的潛在信念。它們也比絕對預設更容易改變。其共同點在於它們構成了形上學的領域——在柯靈烏的定義裡，那是由我們重視的行為準則構成的世界，儘管我們沒辦法以邏輯或經驗證明它

[445]

們；種種傳統和信念，陳陳相因的或是自出機杼的，我們的信仰、意識、感受以及理性的洞見，都匯流到那個世界裡。這個形上學就是我們一輩子在找尋答案的那些問題的領域！而且它們都屬於人類世界而不可分割，因為如果沒有它們，我們的所作所為，不管是行住坐臥或是科學研究，都沒有任何意義。答案不會從天上掉下來。但凡人們想要理解他的行為、他的文化和社會，他就必須埋首研究形上學。而且他也必須把所有形上學放到一個歷史脈絡底下——那是唯一有可能理解它們的脈絡。

[446]

柯靈烏所定義的形上學是人類在其歷史演變當中的表意文字。於是我們明白了為什麼他對於早期的分析哲學那麼不以為然。他們的命題邏輯——試圖拆解且分析語言——牴觸了一個事實，那就是所有語言都是流動不居的，不斷在改變，必須在各自的時代背景之下去理解其源泉不竭的意義。分析哲學對於歷史置若罔聞，它挖掘出文物，卻不把它當作歷史遺跡，而視為無時間性的東西。反之，知識的考古學把語言視為文化的一部分，它研究使語言誕生並且被語言支配的不同體系和前提。如果有人想理解語言，他就必須問：某某命題是哪一個問題的答案？以及在各自不同的歷史脈絡下，是由哪些前提決定其真偽？

形上學作為一種表意文字，藝術是它的重要組成部分之一。柯靈烏分別在一九二四年和一九三八年寫了兩部探討藝術的作品：《藝術哲學大綱》（*Outlines of a Philosophy of Art*）以及《藝術原理》（*The Principles of Art*）。柯靈烏受到克羅齊以及維科的影響很深，認為藝術作品在於讓讀者或觀眾產生強烈的情感；而這個情感則會喚起一種複雜的意義遊戲。這個情感和藝術家自身的情感環環相扣。他的寫作、作曲和繪畫，都是他的情感世界的直接表現。經由作品的中介，受眾可以主

[447]

動地領悟這一切，也就是說，他在心裡激起一連串複雜的情感漣漪，若是沒有藝術家以及藝術作品的幫助，是沒辦法撥弄心弦的。柯靈烏關於美感經驗的思考最為別出心裁的地方，在於他強調讀者、觀眾以及聽眾的主動性。在康德的傳統裡，美感經驗被視為「沒有利害關係的愉悅」（interesseloses Wohlgefallen），想像力和知性在其中來回振盪（oszillieren），而柯靈烏更進一步，認為藝術接受（Kunstrezeption）的活動，也就是藝術的處理程序，是個相當複雜而意義深遠的行為，而且是一種「更新」。一九七〇年代，姚斯（Hans Robert Jauß, 1921-1997）和伊瑟爾（Wolfgang Iser, 1926-2007）的「接受」（Rezeption）和「作用」（Wirkung）的美學不自覺地建立在柯靈烏的理論之上，足見德語區哲學家有多麼孤陋寡聞。305

而歷史學的研究則是另一種「更新」的工作。人們若是要淺顯易懂地講述歷史，就必須「重演」（Reenactment）歷史——在馳騁想像當中重現往昔。[27]柯靈烏的《歷史的理念》（*The Idea of History*）是在一九四五年出版的未完成的作品，卻成了他在國際上最暢銷的書。柯靈烏踵繼克羅齊的思想，巡禮了在歷史裡不同的歷史思想。正如哲學是關於思考的思考，對於柯靈烏而言，歷史書寫則是對於所思的思考。我們也可以把這個計畫叫作歷史的接受美學：歷史學家設身處地地理解往昔所思，而且不可避免地把它置於當下的脈絡。因為不管我們今天怎麼思考往昔，這個「今天」會一直如影隨形。當代的理解構成一個視域，讓往昔的「重演」得到它的輪廓。此外，諸如事實和理

[27] 見：《歷史的理念》，頁 222, 284-302，黃宣範譯，聯經，1981。「所謂『歷史知識』就是了解人類心智過去的作為，同時把過去行為重演在現在。因此歷史知識的對象並不只是物體，心智之外的物體；它的對象是思想的活動；思想的活動必須透過心智的重演才能加以認知。歷史學家研究人類活動的歷史，但並不把活動當作觀賞的景象而已，而是要在自己心中重新體驗過去的經驗，這些人類的活動是客觀的，可知的，乃是由於這些活動也是史家個人體驗過的主觀活動。」

[448]

論、哲學和歷史的分野也漸漸模糊。它們在歷史學家眼前形成了一個由等值的事物構成的關係網路，再加上種種推論以及可想而知的臆測。所以說，歷史書寫並不是文獻彙編，儘管它也要忠於事實。相反的，它也是歷史學家自我檢驗的行為，他要更新史料，正如藝術的受眾更新藝術作品一樣。

正如自然科學家提出若干關於自然的問題以探究它，歷史學家也會提出若干問題，至於什麼才是讓人滿意的，則是取決於問題的樣式。[28]就此而論，柯靈烏認為，歷史學家就像是阿嘉莎．克莉絲蒂（Agatha Christie）小說裡的偵探赫丘里．白羅（Hercule Poirot）一樣，他提出的問題總是不同於他人，而且也總是瞄準其他人還在黑暗中摸索的「證據」。柯靈烏對於歷史書寫的考察汪洋浩瀚，原本計畫叫作《歷史原理》（*The Principles of History*），《歷史的理念》只是其中一部分。第二次世界大戰爆發使他不得不停筆。在他每個時期的思考和創作裡，他一直相當關心政治。捍衛自由主義的基本信念而對抗所有的危害，則是他一生的志業。正因為如此，他也大加撻伐分析哲學。對他而言，一個只以邏輯和經驗為基礎的思考，勢必對於歷史以及政治的向度視若無睹，也因而失去了現實生活的相關性。因為我們根本無法從邏輯定理推論出任何政治信念。以蘇格拉底哲學為開端的「我們應該如何生活？」這個大哉問也會跟著銷聲匿跡。就算羅素出版了他在政治以及世界觀方面的想法，也和他的邏輯原子論八竿子打不著。柯靈烏在學生時期就認識到的問題，其實不是什麼枝末小節。因為隨著分析哲學的所向披靡，不管是在英美世界，或者是一九八〇年代以後的德

[28] 見：《歷史的理念》，頁271-283。

國，許多哲學系對於政治越來越冷漠。如果說這個演變是大學政策想要的，那麼至少可以說明這五十年來的分析哲學為什麼在學術圈裡如此呼風喚雨。

柯靈烏的政治信念是屬於「社會自由主義」的；他捍衛自由主義，但不是主張自由放任政策的自由主義。一九三〇年，在客居西班牙期間，柯靈烏認識了烏納穆諾，也相當嘆服烏納穆諾捍衛民主對抗軍事獨裁的一生行誼。對於柯靈烏而言，哲學家的思考和行動是不可一分為二的，哲學就是生活裡的實踐。而認識自我也不是單純理論性的事，而是體現在有洞見的行為當中。他在第一次世界大戰初期就著手寫一本書，旨在捍衛自由主義，對抗法西斯主義的威脅：《新巨獸》（*The New Leviathan or Man, Society, Civilization, and Barbarism*, 1942）。對於柯靈烏而言，自由主義主要是自我文明化的歷程，因而也是生活中的倫理學。他越是深入研究歷史，就越加重視人類福祉和權利的道德問題。就此而論，自由的文化是一部精神的學習歷程的記錄——柯靈烏在這裡沿襲了黑格爾的《法哲學原理》——而這個歷程體現就在自由和民主的體制裡。

柯靈烏的政治哲學的現代意義在於他特別強調**公民素養**（civility）。自由主義挺拔不群的地方，就在於它的禮貌文化。它的倫理學是一種謹小慎微的倫理學，而不是什麼絕對的道德基本法則的倫理學，例如正義、義務、德行或是公平之類的。柯靈烏的自由主義和美國自一九八〇年代以來所謂的社群主義（Kommunitarianismus）極其類似——倫理的基本法則植基於具體而現實的社群生活。自由主義原本是和社群主義對立的，然而柯靈烏卻讓兩者有機地融合在一起。對他而言，唯有直接實踐的法則才是法則，相反的，所謂的普遍原則的價值和風俗習慣沒有多大差別。

柯靈烏還有機會看到《新巨獸》於一九四二年的出版。柯靈烏多年來病勢尪羸，因而辭去教席，兩年後，五十三歲的他於一九四三年一月辭世。接任他在牛津的教席的，偏偏就是萊爾（Gilbert Ryle, 1900-1976），分析哲學新生代的熠熠明星，因為柯靈烏在哲學裡的地位是一場災難。他既沒有接班人也沒有叱吒風雲的學生，很快就被世人遺忘，在大多數的哲學史裡都看不到他的名字；在德語區國家則又特別明顯，這位早期分析哲學的死對頭，一直到一九九〇年代，都是個沒沒無聞的人。一九九四年，隨著「柯靈烏學會」的成立，若干重量級人物才重新發現他，例如英國史學家和政治學家昆丁・史金納（Quentin Skinner, 1940-）以及蘇格蘭裔美國哲學家麥金泰爾（Alasdair MacIntyre, 1929-），他也是社群主義的創建者之一。現在我們才明白傅柯（Michel Foucault, 1926-1984）如何拾人牙慧，亦步亦趨地跟隨著柯靈烏的足跡，不管是一九六六年對於自然觀的重構，也就是《詞與物》（*Le mots et les choses*, 1966），或者是一九六九年的《知識考古學》（*L'archéologie du savoir*）的計畫。就連分析哲學也要求助於把它批評得體無完膚的人，接任柯靈烏在牛津的形上學教席的史卓生（Peter Frederick Strawson, 1919-2006）即為一例。史卓生把他的形上學預設重新詮釋為**語意學**預設（semantic presupposition），如果沒有這個預設，命題邏輯就無法成立。在任何語言行動裡都必須確定人們是在相同的意義下談論相同的事物，如此才有辦法溝通。當然，柯靈烏的歷史預設以及無意識的預設，都被史卓生化約為語言行動的功能。至於它如何以為什麼產生，則超出了他的理論範圍。柯靈烏的形上學提到了**無意識的**歷史和文化預設，而史卓生的「描述形上學」則只是探討我們關於世界的思考的**有意識的**語言結構。

如果有人堅持認為語言不是世界的適當表徵，那麼他們還有許多不同的道路：諸如柯靈烏從形上學到語言的功能，或者是史卓生從語言的功能到形上學。而維根斯坦早在史卓生之前就走上這條路了。

左彎右拐的巷弄

正如羅素在《西方哲學史》裡所說的，哲學家大多只有一個真正重要的新思想。維根斯坦則有兩個。一九二九年，他回到劍橋，起初只是為了訪友，接著就越待越久。在羅素的奔走之下，大學總算接受《邏輯哲學論叢》作為博士論文，在謨爾的指導下，早就是出類拔萃的哲學家的維根斯坦獲得了博士學位。由於他散盡了家產，此後也只能以研究員的職位為生。他持續講學並且埋首於寫作。然而不管是他的《哲學評論》（*Philosophische Bemerkungen*, 1929）和《哲學文法》（*die Philosophische Grammatik*, 1931），或者是他的《藍皮書》（*Das Blaue Buch*, ca. 1933）和《褐皮書》（*Das Braune Buch*, 1934），都沒有在他生前出版。

相較於維也納學圈，三十歲出頭的維根斯坦的想法可以說大異其趣。他和為《邏輯哲學論叢》撰寫相當圓滑的書評的蘭姆西多次討論，使得他在二十多歲的時候就熟諳皮爾斯的哲學。這位美國的傳奇人物在當時的歐洲仍然是滄海遺珠，他率先提出了一個實用主義的記號學。[29]根據他的「實用主義定理」，他就記號（說話、語詞和句子）特有的**使用脈絡**解釋它們的所有用法。這種記號學不必回溯到基本體驗或者是記錄句——它完全是**描述性的**，而不是推論性的。某物**是**什麼，僅僅由源自其**用法**的意義結構去定義。

[452]

㉙ 另見：《做你自己：西洋哲學史卷三》，頁 426-428。

對於維根斯坦而言，他所認識到的這個見解有劃時代的意義，也使得他揮別了《邏輯哲學論叢》的研究方向以及維也納的那些圓桌武士的成就。在劍橋浴火重生的他在思考語言的時候認識到，我們只能就語言的應用去描述和解釋它。他和經濟學家史拉法（Piero Sraffa, 1898-1983）的多次談話更充實了他的彈藥庫。這個義大利人在凱因斯（Keynes）的推薦下來到劍橋，是葛蘭西的好友和支持者，也從葛蘭西那裡認識到了「實踐的哲學」。他很喜歡和維根斯坦抬槓，指出邏輯以及邏輯思考的侷限性。「有一天（我想是它們乘坐火車時），」維根斯坦的朋友，美國哲學家馬爾坎（Norman Malcolm, 1911-1990）描寫說：「當維根斯坦堅稱一個命題與其所描述的事物必定具有相同的『邏輯形式』，具有相同的『邏輯複合性』，史拉法做了一個那不勒斯人用以表示嫌惡或輕蔑的姿態，他用手上五指朝外拂過下巴。然後他問道：『這有什麼邏輯形式？』史拉法的例子使得維根斯坦認為堅持命題與其所描述的事物具有相同『形式』是荒誕的。這使他推翻了命題必須嚴格地是其描述事實的一種『圖像』這個概念。」[306] [30]

卡納普的「基本體驗」以及類似的「記錄句」因而也就此無疾而終了。在我們看來擁有意義和指涉的事物，並不是和實在界有什麼明確而清楚的對應，而是對應於和一個和其他人共享的（記號）世界。維也納學圈的邏輯現在變成了「人類邏輯」（Anthropo-Logik，人類學）。以前人們就很驚訝為什麼多瑙河的聖杯騎士們會認為德語宛如量身訂做一般，剛剛就好是唯一合適的經驗語言而不是其他語言。也有人嘲諷黨同伐異的維也納學圈，把他們比擬為中世紀的「唯實論者」，在共

[453]

㉚ 引文中譯見：《當代哲學巨擘——維根斯坦傳》，頁79-80，施智璋譯，國家出版社，1974。

相之爭裡主張上帝用話語創造世界，而且就是用拉丁文。然而維根斯坦認識到，我們最底層的私有經驗是一種**相互主體性的**經驗。我們所要理解的每個語詞、姿勢、聯想，都源自一個共同的、文化的語言世界，唯有在這個世界裡才擁有其意義。首先，自身的認知被相對化，變成了特定文化裡的認知。其次，重點的問題不在於「私有經驗如何變成客觀確定的知識？」而是「如果所有經驗和思考其實都是相互主體性的，因而是因文化而異的、非個人的，那麼私有經驗如何可能？」

這個看法也真的導致了哲學裡所謂的**語言學轉向**（linguistic turn）。弗列格、羅素和維也納學圈固然也以語言作為哲學思考的核心，卻也只是把它當作和世界直接相關的邏輯性知識工具來研究。然而維根斯坦在一九三〇年代就認識到，儘管語言是我們唯一的知識工具，它卻不是邏輯性的。它的基準點並不是世界，而是他人的世界。康德在其《實用觀點的人類學》（*Anthropologie in pragmatischer Hinsicht*, 1798）裡寫道，從那「造就人的曲木」，無法造出完全直的東西[31]。而維根斯坦則是認識到，以「曲木」構成的語言，造不出直的東西，無法變成經驗的或精確的語言。但凡人要理解語言，那就再也不能像《邏輯哲學論叢》一樣思考它的「圖像」功能。他必須理解語言的脈絡和用法，也就是維根斯坦在一九三四年所說的「語言遊戲」（Sprachspiele）。

現在他和維也納學圈的距離天懸地隔。維根斯坦在《邏輯哲學論叢》裡主張說：「真命題的總和是自然科學的全部。」[307]——圓桌武士很喜歡這句話。可是現在維根斯坦再也不相信用以解釋世界的邏輯定理，也不相信完全依據邏輯建構起來的實用語言。正如他在和其中一位圓桌武士的對話

[454]

㉛ 作者誤植出處；應該是《在世界公民觀點下的普遍歷史之理念》（*Idee zu einer allgemeinen Geschichte der Menschheit in weltbürgerlicher Absicht*, 1784）的第六定律。引文中譯見：《康德歷史哲學論文集》，頁13，李明輝譯，聯經出版，2013。

裡談到的，這一切都是「獨斷論」，是個危險的錯誤。「邏輯分析的任務」不是要「找尋基要命題」。[308]

對於維根斯坦而言，現在相較於其他命題，科學命題基本上再也沒有任何優勢。如果說所有意義都源自用法以及使用的目的，那麼科學語言並沒有比一般的日常語言更加真實。它們只是功能不同而已。維根斯坦在《邏輯哲學論叢》就已經承認說，科學的命題「根本沒有觸及生活的問題」，而且「它的成就極為渺小」。[309]於是，我們這位哲學家放棄了對於精確科學的要求。他再也不解釋，而只能描述：「我們必須棄絕一切解釋，只能用描述取代。」[310]㉜

哲學思考，一種特殊的語詞遊戲，對於維根斯坦而言，並不是對於世界的遠眺，而是一種**活動**。史拉法以及葛蘭西的靈感，使得他現在把哲學家的工作描述為一種特殊的主動作為，也就是一種特殊的語言遊戲的操演。一個人之所以成為哲學家，那是因為他從事哲學思考，而不是因為他把世界想像成漠不相關的研究對象，更不是從特定的「學系」畢業。（而接受維根斯坦洗禮的分析哲學，偏偏以刊登在「專業」期刊的論文數量來衡量哲學教授的意義，那又是另一個故事了。）

生起大疑情的維根斯坦尋尋覓覓，試圖勾勒一個新起點，而對於另一個人而言卻一點問題也沒有。艾爾（Alfred Jules Ayer, 1910-1989）是唯一加入維也納學圈的對話的英國人。他年紀輕輕就在牛津大學擔任講師，一九三六年出版了《語言、真理和邏輯》（*Language, Truth and Logic*），在書中若無其事地跨越了維也納學圈沒有解決的所有難題，把邏輯經驗論說成前所未有的、完全一致的

[455]

㉜ 引文中譯見：《哲學探討》，頁57，張新方譯，海國書局，1978。

[456] 哲學。他漫不經心地指摘所有形上學是沒有意義的東西，以語言學的立場猛烈抨擊基督宗教，認為它沒有任何具備真假值的命題。艾爾在前言裡提及維根斯坦的說法，在那個時間點已經有點不合時宜了。然而那並不影響人們對於這本書的好評。艾爾的作品使得邏輯經驗論走出學者的象牙塔，在社會裡傳誦一時——在那個時候，維也納學圈正好解散，而維根斯坦也斷然揮別了邏輯經驗論者。

對於他的新哲學，他並不躁進妄為。《邏輯哲學論叢》當時的出版極為匆促草率，現在四十多歲的他在劍橋則是好整以暇。維根斯坦和他的年輕伴侶法蘭西斯·史金納（Francis Skinner）於一九三五年相偕到蘇聯旅行，也有移民到那裡的念頭，從事技師之類的工作。然而就像十五年前的羅素一樣，蘇聯的現實世界使得他的夢想破滅。維根斯坦和史金納多次前往位於挪威松恩峽灣的木屋。他也有當個醫師抑或是心理師的念頭。一九三六年仲夏，他總算完稿，於一九五三年出版了《哲學探討》（*Philosophische Untersuchungen*）。他在作品裡喜歡以想像的對話的形式書寫。現在看起來，我們似乎只能以對話的方式從事關於語言的哲學思考吧。一個獨斷論者和一個懷疑主義者的對話。而到頭來的結論並不是什麼定義明確的命題，而是維根斯坦所說的「在漫長蜿蜒的旅程中」留下來的思想的「素描風景」。[311][33]

[457] 但是在另一個點上，他依舊相當忠於自己。他的哲學是要澄清語言的使用。因為對於維根斯坦而言，所有哲學難題都要歸結到語言的誤用。此外，現在重點不再是經驗科學的那種真偽問題，而是要解開語言和思想的死結。每個哲學問題都是一個語言和思想的不確定性：一個「我不知道自己

㉝ 引文中譯見：《哲學探討》，頁15。

置身何處」[312]的那種不確定性。「在瞭解上失敗的一個主要來源是，我們對字詞之使用並不要求一個清晰的視野。——我們的文法缺乏這種明晰。一個明晰的呈現所產生的瞭解，正是一種基於『看出關聯性』的瞭解。」[313][34]或者正如維根斯坦措辭更強烈的說法，我們的語言「毒蠱」了我們的理解。[314]

「你在哲學裡的目標是什麼？——指引蒼蠅飛出蒼蠅瓶的路，」一九三八年，他在劍橋對一個學生如是解釋。[315][35]就像在陷阱裡因為燈光太炫目而找不到出去的路的蒼蠅一樣，人們也在追求讓他心醉神馳的種種想像和概念，然而它們對人們一無是處，只會像燈光之於蒼蠅一樣誤導人們。相反的，哲學家的任務是掀開瓶蓋，移除誤導人的光源，幫助人們找到正確的道路。於是，未能如願成為醫師或心理師的他，認為哲學是解開惱人的「死結」的藝術，或者如他經常說的，是一種醫術：「哲學家處理問題，就像治療一種疾病。」[316][36]維根斯坦要治療或預防「由於抬頭撞上語言的界限而造成的知性瘀傷」[317]。他的某些說法也相當類似於心理分析師的工作：「哲學的工作是為了特定的目的而蒐集種種回憶。」[318]正如佛洛伊德在找尋潛藏在意識底下的無意識，我們這位語言分析師也自詡為探究平庸性底下的樓層的科學家：「由於事物本身的簡單性和熟習性，對我們而言，事物最重要的面向是隱藏的。（一個人不能注意到某個事物——因為它總是在他眼前。）」[319]可是不同於佛洛伊德，維根斯坦「不想提出任何理論。在我們的考察裡也不應該有任何假設性的東

[34] 引文中譯見：《哲學探討》，頁60。
[35] 引文中譯見：《哲學探討》，頁127。
[36] 引文中譯見：《哲學探討》，頁112。

西……問題之所以得到解決，不是在於提出新的經驗，而是整理我們早已知道的東西。」[320]

我們可以在《哲學探討》裡看到他屢屢和其他學科做比較。維根斯坦時或把他的方法形容為「民族學的考察方式」[321]。就像牛津的同儕柯靈烏的考古學方法一樣，他把語言遊戲視為一種溝通系統，我們必須同時知道它所處的「生活形式」，它的意義才有辦法呈現。沒有任何語言行動是不證自明的，而這類的語言行動也不勝枚舉：「下達命令，及遵行命令——描述物體的外形，或其度量衡——依照描述（圖樣）構造一個物體——報導一個事件——冥想一個事件——構作並檢驗一個假說——在圖表中呈現實驗的結果——編寫故事；閱讀它——演戲——唱歌——猜謎——開玩笑；說笑話——解決一個應用算術的問題——將一種語言譯成另外一種語言——詢問、道謝、咒罵、問候、禱告。」[322][37]

我們只能從語言的「使用」以及它的實用性、文化和歷史的脈絡去理解它。在這點上，維根斯坦和羅素以及他自己的早期作品可以說壁壘分明，而不自覺地靠向柯靈烏。「只有在生命之流裡，語詞才有其意義。」[323]《邏輯哲學論叢》以讓人坐立難安的直率，顯露有如法典一般的魅力，而在《哲學探討》裡，維根斯坦則是喜歡優美的文字風格。其中有一段美麗如畫的話後來讓詩人巴赫曼（Ingeborg Bachmann, 1926-1973）驚豔不已：「我們的語言可以看作歷有年歲的古老城市：迷宮似的小街道和廣場，老屋與新房，和不同時期擴建的建築，而以上這些則被新的城郊社區包圍著，這些新社區有直坦的街道和整齊的房屋。」[324][38]

[37] 引文中譯見：《哲學探討》，頁14。

[38] 引文中譯見：《哲學探討》，頁9。另見：《當代哲學巨擘——維根斯坦傳》，頁111-112。

語言的真理理論變成了社會溝通理論。因為我們唯有反省到，心智的收納工具，也就是思考和語言，它們不是在整理實在物「自身」，而是種種模型，才能依據不同的溝通遊戲規則去解釋世界。精確的定義在實務上很少用得到，有時候甚至會造成干擾。人在知覺不同的事物時都會有不同的體驗。而當人有不同的體驗時，他也就會有不同的思考。當人有不同的思考時，他就會使用不同的語言。不同的人會使用不同的思考和語言方式，這個現象在人類身上表現得比其他動物更加明顯。感官知覺的界限以及語言的界限，也就是我們的世界的界限。因為我們思考的語詞外衣的種種選項，是來自人類物種一目瞭然的衣櫥。維根斯坦有一句名言，他說：「就算獅子會說話，我們也聽不懂牠在說什麼。」[325]

「管他心裡在想什麼！」

維根斯坦寫下這句話的時候，已經是個文化明星、一個隱士、一個導師以及一個「領袖」，就像他的一個學生回憶說；他也是個小說主角，從家財萬貫到家徒四壁，他在生前就已經是個傳奇人物。

一九三九年，他總算當上了正式教授。在這段期間，除了關於數學、藝術以及倫理學的獨創見解以外，他更提出關於心靈現象別出心裁的看法。他的立場得自於兩個截然不同的進路。其一是自布倫塔諾以及胡賽爾以降的意識哲學傳統及其現代特色。每個人類意識深處都存在著一個心靈空間，諸如體驗、思考和理解之類的心靈事件都在那裡上演。實驗心理學家根據可見的心靈活動，或即特定的行為模式，自外部去詮釋這個空間；而現象學則是經由對於自己的心理世界觀察入微的內省，自內部闡明它。另一個進路則不怎麼重視這個心靈空間。以華生為核心的行為主義者，就像我們在探討羅素時提到的，認為意識是一只黑盒子，裡頭只有完全機械性的事件。所有行為都服從於刺激和反應的機制，因而完全可以由自然科學的角度去解釋。

維根斯坦在研究意識的時候，行為主義正方興未艾。心理學家赫爾（Clark L. Hull, 1884-1952）自一九二九年以來一直是耶魯大學教授，他建立了「新行為主義」（Neo-behaviorism），一種動機理論，也是以自然科學的方法描述和解釋複雜的心理事件。然而，維根斯坦拒絕關於意識的這兩種解釋方式，不管是現象學家自己的心靈空間，或者是行為主義者的刺激和反應機制。他的挑釁主張是：思考和理解並不是什麼**事件**！在他生前出版的《哲學文法》裡，他就提到說，「理解」並不同義於特定的思考活動。因為不管我們理解或是誤解——不管是內省或者實驗的方法——在我們的意識裡上演的，也就是說我們知覺到的，都是同樣的東西。維根斯坦指出，決定理解的**判準**，不同於用來判斷一個有機體裡是否有思考活動的判準。思考活動根本不會表述任何它在性質方面的特徵。

「判準」（Kriterium）的概念對於維根斯坦特別重要。他可以據此區分哲學的沉思和自然科學的研究。自然科學所發現的，一直都是個**表徵**（Symptom），一個普遍律則的個例。當我們認識了足夠的表徵，就可以形成一個判準，用以判定個別的事件會在什麼情況下出現。相反的，在對於人類行為的哲學考察裡並沒有什麼表徵，也沒有任何行為可以證明和一個事實性的心理狀態一致。儘管如此，我們依舊使用種種判準。當我們感到搔癢難耐，我們就會抓癢，所以我們會傾向於規律性地推論說：人會抓癢，必定是有哪裡覺得癢。可是不同於行為主義的說法，覺得癢和抓癢兩者之間並沒有不可分的關係。人不是每次覺得癢都會抓癢，人會抓癢也不一定是因為覺得癢。自然科學的判準和哲學的判準不會是一樣的。當我們想要理解「理解」是什麼的時候，我們不會尋找種種表徵，也不會尋找可以證明的因果關係。

所以說，行為主義沒辦法解決意識的問題。然而意識哲學就可以嗎？維根斯坦極為厭惡所謂內心狀態的研究：「管他心裡在想什麼，」他在筆記裡這麼寫道：「把思考比擬為一個隱藏的事件，在哲學裡是個誤導。」[326]為什麼哲學家總是要徒勞無功地執著於內心事件呢？「如果一切都按部就班地進行，沒有人會在意說話的時候伴隨著什麼內心事件。」[327]而且「就算一個人說了一大堆，我們還是無法理解『他心裡在想什麼』。」[328]人們之所以執著於內心事件，那都是因為一個錯誤的觀念，以為我們可以找到一個恆常的東西，一個「自我」或「自體」。可是，維根斯坦模仿馬赫的名言說，這個「自我」是一場誤會。自我既不是對象，也不是內心事件所在的空間。自我就只是我的身心活動，這個活動是看不到自己的。誠如維根斯坦在《邏輯哲學論叢》裡所寫的，「我是我的世界。」[329]

不管是自然科學的心理學，或者哲學的內省，都不會是用以理解人類行為的框架。我們沒辦法以心靈的東西解釋行為，也無法以行為解釋心靈的東西。而依據維根斯坦的說法，以大腦的活動解釋心靈的東西（就像現在腦神經科學家在嘗試的）更是誤入歧途。我們不能僅僅因為大腦使思考**成為可能**，就以為可以用它來**解釋**思考。無意識地工作的大腦不會是有意義的行為的肇因者。對於意圖解釋思考、理解以及（語言）行為的哲學家而言，那是不得其法的。

按照維根斯坦的說法，方法只有一個。我們必須描述語言遊戲，才能真正貼切地描述人類的思考和行為。他關於希望的闡述是個相當簡明扼要的例子：「想看看有個人說：『那個人希望……』

[462]

我們該怎麼描述這個普遍的自然史現象？——我們或許會觀察一個孩子，等到有一天他說出他的希望；到那時候，我們會說：『他今天第一次希望……』可是聽起來太奇怪了！如果我們說：『他今天第一次說「我希望……」』聽起來就自然多了。可是為什麼奇怪？——我們不會說一個嬰孩他希望……不希望……可是我們會這麼說成人。——因為生命會漸漸讓希望有個位置。」[330]維根斯坦想說的是，希望不是像走路的能力那種天生的設計，自然而然地在人類心裡出現。「希望」最初是孩子偶爾聽到的一個語詞，在某個發展階段當中發現使用它會有特定的效果。我們也可以接著說，就算到了現在，我們也沒辦法憑藉著核磁共振成像在大腦裡找到一個「希望」的不變模型。對於維根斯坦而言，希望根本不是一個特定的「內心事件」。這真是太荒謬了。我們怎麼知道別人到底在說什麼？」[331]唯有知道「希望」這個語詞的人才可以談到希望。也沒有一個內心的聲音在對人們所處的、獨立於語言用法的世界低聲訴說它的希望。

對於維根斯坦而言，布倫塔諾和胡賽爾以及「超驗還原」所要尋覓的，就其純粹形式而言，根本不存在。「事物本身」不是主觀的，而只能經由語言以相互主觀性的方式作為事物而存在。在心理學眼裡，這種思考方式無異於宣判死刑，因為他們研究的對象根本是看不見摸不著的。難怪心理學一直把維根斯坦拒於門外，也沒有多少人研究他的學說。此外，我們也難免會問，為了相互主體性而完全貶低心理事物，到底有什麼根據。在人們觀察之下的語言遊戲或許可以證明某種規則的獨立性，不管是科學術語、宣道或者在脫口秀裡的唇槍舌戰。可是這一切並不是偶然出現的，也不是自顧自地在操作。它是奠基於**意圖**！而意圖無疑是個心理產物，是每個語言行為的本質要素。所以說，維根斯坦在分析哲學裡的一些後起之秀不遺餘力地要把一直被忽略的「意向性」整合到語言遊

[463] [464]

戲和語言行為的系統裡，而不至於再度落入意識哲學的立場。後來的美國語言學家杭士基（Noam Chomsky, 1928-）（我們在《西洋哲學史》第五卷會提到他）也提出類似的批評，他假設了一個天生的語言本能，作為一種內在語法，在孩子發展的過程當中開展出來。維根斯坦挖空心思要把語言趕出心理的領域，現在語言又被植入到它裡面。

儘管我們這位劍橋的思想家對於蘊含在意識裡的、使每個正常人得以使用複雜語言的普遍語法視而不見，他倒是承認每個語言遊戲裡都必須預設的另一個一般概念。在他的札記《論確定性》（*Über Gewißheit*）裡，他反覆探索一個問題，謨爾認為外在世界的存在是不容置疑的，但是他所預設的這個確定認知是打哪裡來的？不只是謨爾要預設這個認知，對於每個正常人而言也是必須的。如果孩子懷疑世界是否早就存在，那麼維根斯坦會說我們會覺得他很可笑。人們天生喜歡追根究柢，但是對於成年人而言，有些事物是自明的，這時候提出懷疑，聽起來就會很荒謬或滑稽。我們當然也承認說，這些確定性會因不同的文化和歷史而異，尤其是宗教上的確定性，它們會在特定的時期以及文化裡以不容質疑的姿態出現。然而整個來說，有許多確定性是毋庸置疑的，任何懷疑都算是越界；維根斯坦說，它們構成了「世界圖像」，那是所有文化的基礎。

語言遊戲劃定了人類的意義視域，人的生活形式為那些視域設定了框架，而世界圖像則框限了我們的生活形式。而我們的真理概念也取決於那些框架。凡是和我們的世界圖像一致的，即證實為真。「我之所以有個世界圖像，並不是因為我說服自己是正確的，也不是因為我被說服說它是正確的。而是因為那是陳陳相因的背景，而我就是據此判別真偽的。」[332]可是由於構成我們的世界圖像的終極確定性並不是經由經驗、證明或洞見獲致的，所以到頭來所有真理都是相對的。在維根斯坦

[465]

眼裡，確定性的存在是因為我對於許多事物大抵上都感到「滿足」。

維根斯坦關於「世界圖像」的思考或許比柯靈烏那種隱含的預設的形上學更加完備，這個形上學決定了我們的問題是什麼。可是儘管他們的起點是對立的，卻得到相同的結論：正如穆齊爾所說的，真理不是口袋裡的水晶，我們若要找尋真理，就必須在無盡的長河裡泅游，而我們一跳下去就再也無法浮出水面。

維根斯坦在一九三〇年代末期以及一九四〇年的筆記，並沒有彙集成任何完整的作品。對此他似乎也不以為意，即使只是筆記簿和字條的形式。正如第一次世界大戰一樣，到了第二次世界大戰，他也志願入伍，這次當然是在英國的陣營裡。他在醫院裡擔任助理，他航空工程方面的經驗總算派得上用場，也研發出許多實驗室的設備和器材，以測量脈搏、血壓、呼吸頻率以及呼吸量。戰後他又在劍橋任教了四年，在五十八歲提早退休。接著他在愛爾蘭以及牛津度過晚年。一九五一年，他因罹患癌症而辭世。他的臨終遺言是要人轉告他的朋友們說：「告訴他們，我有一段美妙的生命。」[333]

如果說，維根斯坦的《邏輯哲學論叢》是一條碩果纍纍的死胡同，那麼對於哲學以及新興的語言學而言，《哲學探討》就是碩果纍纍的刺激產生器。就維根斯坦的方法而言，我們必須把哲學問題理解為語言表述的問題而加以分析。因為人類經驗世界的方式一直都是取決於他們的語言。所以說，並沒有任何沒有被什麼（語言）思考障翳的「純粹的」感官經驗，可是同樣也沒有什麼清晰的意義，因為語言永遠是多義的。在語言知覺、語言、說話行動以及語言脈絡犬牙交錯的原始叢林裡，分析哲學要披荊斬棘地踏上它的林間小徑。

以公共知識份子著稱於世的羅素，儘管自一九三〇年代以來著作不斷，卻對於哲學幾乎沒什麼貢獻，而謨爾也沒有任何新的學說，相反的，維根斯坦晚年作品顛覆了整個思想世界。語言科學擷取他的「語言遊戲」理論，從說話者的意義轉而關注說話當下的脈絡。英國人奧斯丁（John Langshaw Austin, 1911-1960）以及美國人瑟爾（John Rogers Searle, 1932-）據此於一九五〇到一九六〇年代提出了他們著名的「言語行動」（speech acts）理論。奧斯丁沿襲維根斯坦的主張，認為說話就是一種行動。在理解命題時的重要問題不在於真偽，而在於我們是否了解對方想要表達的意思。我們在《西洋哲學史》第五卷會討論這個問題。

附錄

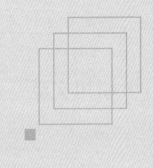

引用文獻

1. Robert Musil: *Der Mann ohne Eigenschaften*, Rowohlt 1981, S. 248。
2. Ernst Bloch: *Geist der Utopie*；見其封面介紹：https://www.suhrkamp.de/buch/ernst-bloch-geist-der-utopie-t-9783518587225。
3. 引自：André Malraux: *Das Haupt aus Obsidian. Über Picasso und die Macht der Kunst*, Fischer 1975, S. 17-19。
4. Daniel-Henry Kahnweiler: Meine Maler - meine Galerien, DuMont 1961, S. 31。
5. 關於這段晚年回憶的可疑性，見：Warncke (1997), S. 203 ff。
6. Kahnweiler (1961), S. 31。
7. 引自：Daix, Boudaille und Rosselet (1988), S. 148。
8. 費南蒂・奧利弗甚至說，馬諦斯威脅要「毀掉」畢卡索，讓他到街上當乞丐。見：*Picasso und seine Freunde* (1933), Diogenes 1982, S. 73。
9. André Salmon: „Histoire anecdotique du cubisme“, in: ders.: *La jeune peinture française*, Société des Trente 1912, S. 43-51。
10. 引自：Gertrude Stein: *Picasso. Erinnerungen* (1938), Insel 1986, S. 23。
11. 另見：Josep Palau i Fabre (1998), S. 45。
12. Jules de Gaultier: *De Kant à Nietzsche*, Mercure de France, Januar 1900, S. 104。
13. Pablo Picasso: *Wort und Bekenntnis*, Arche 1954, S. 9。
14. Vauxelles in *Gil Blas*, November 1908; https://gallica.bnf.fr/ark:/12148/bpt6k7521008s/f2.item。
15. 另見：Antliff (1999); Dittmann (2008); Cronan (2014)。

16. 另見：Antliff (1988)。
17. 另見：Rubin (1990), S. 10。
18. André Salmon: „Histoire anecdotique du cubisme“, in: *La jeune peinture française*, S. 44。
19. https://www.moma.org/collection/about/conservation/demoiselles/analysis_2_c.html。
20. Bergson: *Das Lachen* (2014), S. 13。
21. 同前揭：S. 15。
22. 同前揭。
23. 同前揭：S. 97 f.。
24. Bergson (2016), S. 97。
25. 另見：Kołakowski (1985)。
26. Bergson (2016), S. 5 f.。
27. Bergson: *L'énergie spirituelle. Essais et conférences*, Alcan 1919, S. 38。
28. Bergson (2017), S. 1。
29. 同前揭：S. 305。
30. 另見：Bergson: *Essais et conférences*, S. 36; *Materie und Gedächtnis* (2017), S. 6。
31. Bergson (2017), S. 9。
32. 同前揭：S. 87。
33. https://www.gleichsatz.de/b-u-t/begin/bewu/ehering_gedaechtnis.html。
34. Bergson (2014), S. 113。
35. 引自：Zanfi (2018), S. 161。
36. 見：Bergson (2014), S. 235。
37. 同前揭：S. 222。

38. 同前揭：S. 272.
39. 引自：Gunn (2019), S. 21。
40. Bergson: *Écrits et paroles*, Bd. 2, S. 365。
41. http://www.odysseetheater.org/ftp/bibliothek/Psychologie/Sigmund_Freud/Sigmund_Freud_Vorlesungen_zur_Einfuehrung_in_die_Psychoanalyse.pdf.
42. Freud *GW*, Nachtragsband, S. 48。
43. Freud: *GW* X, S. 47。
44. Freud: GW I, S. 426 f。
45. Freud: *Briefe an Wilhelm Fließ 1887-1904*, S. 438。
46. Freud: *GW* XIV, S. 86。
47. 認為佛洛伊德可信的，見：Alt (2016), S. 201 f.。極度懷疑的，見：Renate Schlesier: „`Umwertung als psychischen Werte`. Freud als Leser von Nietzsche“, in: Christoph Jamme (Hrsg.): *Grundlinien der Vernunftkritik*, Suhrkamp 1997, S. 243-276。
48. Freud: *GW* I, S. 433。
49. Freud: *GW* II/III, S. 617 f.。
50. Freud: *Briefe an Wilhelm Fließ 1887-1904*, S. 453。
51. Freud: *Briefe 1873-1939*, S. 249 f。
52. 引自：Theodor Reik: *Arthur Schnitzler als Psychologe*, Fischer 1993, S. 12。
53. Karl Kraus in: *Die Fackel* 13 (1911), Nr. 333, S. 7。
54. Karl Kraus in: *Die Fackel* 15 (1913), Nr. 376-377, S. 21。
55. Freud: *Briefe an Oskar Pfister 1909-1939*, S. 47。
56. Freud: *Briefe an Ludwig Binswanger. Briefwechsel 1908-1938,* S. 95。
57. Freud: *Studienausgabe*, Bd. 9., S. 362。
58. Freud: *GW* XI, S. 204。

59. Freud: *GW* X, S. 350。
60. Freud: *GW* XIII, S. 286 f.。
61. Eric Kandel: *Auf der Suche nach dem Gedächtnis*, Siedler 2006, S. 69 ff.。
62. Freud: *GW* XVI, S. 32。
63. Freud: *Studienausgabe*, Bd. 9, S. 186。
64. https://www.projekt-gutenberg.org/freud/unbehag/chap008.htm.
65. 一九九〇年代，人們開始熱中於研究佛洛伊德的《摩西與一神教》。Yosef Hayim Yerushalmi: *Freuds Moses. Endliches und unendliches Judentum*, Wagenbach 1993; Jan Assmann, *Moses der Ägypter. Entzifferung einer Gedächtnisspur*, Hanser 1998。他認為以色列的一神教源自埃及。
66. https://www.projekt-gutenberg.org/freud/jenseits/chap007.html.
67. Jean Héring: „La phénoménologie il y a trente ans", in: *Revue Internationale de Philosophie*, 1. Bd. (1939), S. 368。
68. *Hua* XVIII, S. 77。
69. *Hua* XIX/1, S. 10。
70. *Hua* XIX/1, S. 242。
71. *Hua* XVIII, S. 8。
72. Karl Schuhmann: *Husserl-Chronik*, Springer 1977, S. 131。
73. 同前揭：S. 191 f。
74. 另見：Max Scheler: Metaphysik und Psychoanalyse, in ders.: *GW* XII, *Schriften aus dem Nachlass*, Bd. III, *Philosophische Anthropologie*, Bouvier 1990, S. 58。
75. 另見：António R. Damásio: *Descartes' Irrtum. Fühlen, Denken und das menschliche Gehirn*, List 1994。
76. *Hua* XI, S. 121。

77. 另見：Damásio: *Ich fühle, also bin ich. Die Entschlüsselung des Bewusstseins*, List 2000, S. 155-156。
78. 另見：Christoph Antweiler: *Heimat Mensch. Was uns alle verbindet*, Murmann 2009。
79. Husserl: *Briefwechsel*, Bd. VI, Springer 1994, S. 457。
80. *Hua* XXVIII, S. 142。
81. Husserl: *Die Krisis der europäischen Wissenschaften*, Meiner 1996, S. 4。
82. Kant: *Akademie-Ausgabe*, Bd. IV, S. 421。
83. 關於「工具超越目的增生定律」，見：Stephen Jay Gould und Richard Lewontin: "The Spandrels of San Marco and the Panglossian Paradigm: A Critique of the Adaptionist Programme", in: *Proceedings of the Royal Society of London*, Series B, Bd. 205, Nr. 1161 (1979), S. 581-598。 https://faculty.washington.edu/lynnhank/GouldLewontin.pdf.
84. Vaihinger: Wie die Philosophie des Als-Ob entstand, https://www.gleichsatz.de/b-ut/trad/vaih1.html.
85. 同前揭。
86. https://homepages.uni-tuebingen.de/gerd.simon/chrvai.pdf.
87. 關於「彷彿的生物學」的說法，見：Vaihinger: *Wie die Philosophie des Als-Ob entstand*; https://www.gleichsatz.de/b-u-t/trad/vaih1.html.
88. Vaihinger: *Die Philosophie des Als Ob*, Meiner 1918, 3. Aufl., S. XV。
89. Cassirer (1976), S. 371。
90. 引自：John Michael Krois: „Problematik, Eigenart und Aktualität der Cassirerschen Philosophie der symbolischen Formen", in: Braun, Holzhey und Orth (2016), S. 15-44, S. 17。
91. Cassirer (1995): Bd. 4, S. 26。

92. Cassirer (1953): Bd. 1, S. 11。
93. Cassirer (1956), S. 175。
94. 另見：Cassirer (1953), Bd. 3, S. 231。
95. Cassirer (1996), S. 345。
96. Karlfried Gründer: *Cassirer und Heidegger in Davos 1929*, in: Braun, Holzhey, Orth (2016), S. 290-302, S. 294。
97. 同前揭：S. 299 f.。
98. 另見：Tomasz Kubalica: *The polemic between Leonard Nelson and Ernst Cassirer on the critical method in the philosophy*, https://philarchive.org/archive/KUBTPB.
99. Nelson: *Die Reformation der Philosophie*, Neue Geist Verlag 1918, S. 36。
100. Cassirer: *Der kritische Idealismus und die Philosophie des „gesunden Menschenverstandes"*, https://www.gleichsatz.de/b-u-t/begin/nelson/casselson1.html.
101. Nelson: „Die Unmöglichkeit der Erkenntnistheorie". Vortrag gehalten am 11. April 1911 auf dem 4. internationalen Kongress für Philosophie in Bologna, in: ders. (Hrsg): *Abhandlungen der Fries'Schen Schule.* Neue Folge 3 (1912), S. 583-617。
102. Nelson: *GS* IV, S. 499。
103. Nelson: *GS* IV, S. 133。
104. Nelson: *GS* VI, S. 44。
105. 另見：Hönigswald: „Prinzipien der Denkpsychologie". Vortrag gehalten auf der Generalversammlung der Kantgesellschaft, Halle an der Saale am 20. April 1913, https://www.gleichsatz.de/b-u-t/begin/hoenig/swald_denkpsy1.html.
106. 引自：Claudia Schorcht: *Philosophie an den bayerischen Universitäten 1933-*

1945, Harald Fischer 1990, S. 161。

107. Heidegger: *Denkerfahrungen*, Klostermann 1983, S. 3。

108. *GA* 16, S. 8。

109. *GA* 1, S. 410。

110. 引自：Ott (1988), S. 104。

111. 另見：胡賽爾在致信密施（Georg Misch）時提到他對於史坦茵的教師授課資格審查的擔憂。信中也說到「猶太裔學講師的比例太高」以及「女性教師授課資格審查通過的困難度」。見：Edmund Husserl: *Briefwechsel, Hua* VI, S. 271.

112. Martin Heidegger und Elisabeth Blochmann: *Briefwechsel 1918-1969*, Deutsche Schillergesellschaft Marbach 1989, S. 12。

113. *GA* 56/57, S. 72。

114. 同前揭：, S. 88。

115. *GA* 62, S. 368。

116. *GA* 62, S. 350。

117. 「『事實性』是我們的、自己的此有的存有性格的名稱。更確切地說是：此有的當下（『當下性』的現象；另外有『停駐』、『不離棄』、『在場』、『此有』），只要其存有性格是『此有的』。依據存有的此有的意思是：絕對不作為直觀以及直觀規定、對它單純的認知和領悟的對象，所謂的此有是它自身的存有的方式。」（GA 63, S. 7）。

118. 引自：Safranski (2001), S. 166。

119. Karl Jaspers: *Allgemeine Psychopathologie*; https://link.springer.com/chapter/10.1007/978-3-662-11111-6_2.

120. *GA* 63, S. 15。

121. *Brief an Jaspers*, 14. Juli 1923, in: Martin Heidegger und Karl Jaspers:

Briefwechsel 1920-1963, Klostermann 1990。
122. 同前揭。
123. *GA* 56/57, S. 88。
124. 同前揭：S. 59。
125. 同前揭：S. 91。
126. Heidegger (2006): § 15。
127. 同前揭：§ 26。
128. 同前揭：§ § 39-44。
129. *GA* 24, S. 388。
130. 引自：Christoph Jamme: Martin Heideggers Neubegründung der Phänomenologie, S. 8; https://pub-data.leuphana.de/frontdoor/deliver/index/docId/191/file/heidegger.pdf.
131. 同前揭。
132. Heidegger (2006), S. 134。
133. Scheler: *Mensch und Geschichte*, in: ders.: *GW*, Bd. IX, S. 120。
134. 另見：Gerhard Ehrl: Heideggers Stellung zu Simmel in der Vorlesung von 1919/20, in: *Heidegger Studies*, Bd. 23 (2007), S. 71-93。
135. Martin Heidegger und Elisabeth Blochmann, S. 30。
136. *GA* 29/30, S. 29。
137. 同前揭：S. 255。
138. *GA* 9, S. 326。
139. *GA* 12, S. 103。
140. *GA* 34, S. 324。
141. Heidegger (1983): S. 19 und S. 13。
142. *GA* 5, S. 87。

143. https://homepage.univie.ac.at/christian.sitte/PAkrems/zerbs/volkswirtschaft_I/beispiele/wio_b01.html.
144. *GA* 5, S. 372。
145. 關於這個思想對於人工智慧的討論的啟發，見：Hubert L. Dreyfus: *Was Computer nicht können. Die Grenzen künstlicher Intelligenz*. Athenäum 1985; ders.: *What Computers Still Can't Do: A Critique of Artificial Reason*, MIT Press 1992; ders. mit Stuart E. Dreyfus: *Künstliche Intelligenz. Von den Grenzen der Denkmaschine und dem Wert der Intuition.* Rowohlt 1987; Richard David Precht: *Künstliche Intelligenz und der Sinn des Lebens*, Goldmann 2020, S. 29 ff.
146. *GA* 7, S. 16。
147. *GA* 5, S. 19。
148. *GA* 65, S. 239。
149. 雅斯培的審查報告引自：Ott (1988), S. 315-317。
150. *GA* 9, S. 342。
151. *GA* 7, S. 184。
152. *GA* 7, S. 173。
153. 同前揭。
154. Santayana (2019), S. V。
155. 另見：Elena Fell und Ioanna Kopsiafti: *The Cognitive Basis of Aesthetics: Cassirer, Crowther, and the Future,* Routledge 2016, S. 91 ff.。
156. Santayana: *Reason in Society*, Scribner 1905, S. 239。
157. Santayana: *Three Philosophical Poets: Lucretius, Dante, and Goethe* (1910), Barnes & Noble 2009, S. 6。
158. Francis Herbert Bradley: *Appearance and Reality*, Alan & Unwin 1893, S. 28。

159. Whitehead (1987), S. 269。
160. 同前揭：S. 270。
161. Sarah Daw: "There is no out there: Trans-corporeality and process philosophy in Muriel Rukeyser's 'The Speed of Darkness'", in: *Feminist Modernist Studies*, Bd. 3, Heft 2, 2020, S. 217-233; https://www.researchgate.net/publication/343979173_There_is_no_out_there_transcorporeality_and_process_philosophy_in_Muriel_Rukeyser%27s_The_Speed_of_Darkness.
162. Whitehead (1987), S. 186。
163. 同前揭：S. 614。
164. 有個例外，見：Martin Hähnel: "The priority of process. Hartmann, Whitehead and Aristotle on the phenomena of generation and corruption", in: *Horizon*, Bd. 8/1 (2019), S. 123-139. DOI:10.21638/2226-5260-2019-8-1-123-139; https://www.proquest.com/openview/dd37062c642b473731ea8064e69900a6/1?pqorigsite=gscholar&cbl=2046034.
165. Hartmann: „Kant und die Philosophie unserer Tage", in: ders.: *Kleinere Schriften*, Bd. 3, De Gruyter 1958, S. 339-345。
166. Hartmann: *Grundzüge einer Metaphysik der Erkenntnis*, De Gruyter 1949, 4. Aufl, S. 229。
167. Hartmann: *Philosophie der Natur*, De Gruyter 1950, S. 262。
168. Ursus Wehrli: *Kunst aufräumen*, Kein & Aber 2004, 26. Aufl.。
169. Konrad Lorenz: *Die Rückseite des Spiegels*, Piper 1973, S. 57 ff.。
170. Karol Wojtyła: *Über die Möglichkeiten eine christliche Ethik in Anlehnung an Max Scheler zu schaffen* (verfasst 1953, publiziert 1960), dt. Seewald 1980。
171. Ferdinand Ebner: „Glossen zum Introitus des Johannes-Evangeliums", in: *Der Brenner*, VI, Heft 8 (1921), S. 563-589, S. 567。

172. Sorel (1969), S. 126。

173. 另見：Henri Bergson an G. Maire, veröffentlicht in: *L'lndependance*, Nr. 39-40, November 1912, S. 167, und Bergson an Le Bon, Juli 1909, zit. in: Robert A. Nye: "Two Paths to a Psychology of Social Action: Gustave Le Bon and Georges Sorel", in: *Journal of modern History* 450, 1973, S. l32 f.。

174. Sorel (1969), S. 160。

175. Colin Crouch: *Postdemokratie revisted*, Suhrkamp 2008。

176. Ortega y Gasset: *Meditationen über „Don Quijote"*, DVA 1959, S. 53。

177. 同前揭：S. 51。

178. Ortega y Gasset: *Was ist Philosophie?*, dtv 1967, S. 204。

179. Jaspers (1998), S. 177。

180. Plechanow: *Über materialistische Geschichtsauffassung*; https://www.marxists.org/deutsch/archiv/plechanow/1898/geschicht/06.htm,

181. 同前揭。

182. Plechanow: *Zur Frage der Entwicklung der monistischen Geschichtsauffassung*; https://sites.google.com/site/sozialistischeklassiker2punkt0/plechanow/plechanow-zur-frage-derentwicklung-der-monistischen-geschichtsauffassung/fuenfteskapitel?tmpl=%2Fsystem%2Fapp%2Ftemplates%2Fprint%2F&showPrintDialog=1.

183. Karl Korsch: Die sozialistische Formel für die Organisation der Volkswirtschaft", in: *Die Tat*, 1912。

184. 引自：https://www.deutschlandfunk.de/vom-lehrer-lenins-zum-verraeter-100.html.

185. Gramsci: Heft 11, § 50, GH: 1462。

186. Gramsci: Heft 4, § 12, GH: 471。

187. Gramsci: Heft 12, § 1, GH 1500。

188. Gramsci: Heft 1, § 44, GH 101。
189. Gramsci: Heft 14, § 67, GH 1690。
190. Gramsci: Heft 22, § 2, GH 2069。
191. Gramsci: Heft 22, § 11, GH 2087。
192. Gramsci: Heft 22, § 3, GH 2073。
193. Ernst Troeltsch: *Der Historismus und seine Probleme*, Mohr 1922。
194. Siegfried Kracauer: *History. The Last Things Before the Last*, Oxford University Press 1969。
195. Michel Foucault: *Die Archäologie des Wissens*, Suhrkamp 1973。
196. Hayden White: *Metahistory. The Historical Imagination in 19th-Century Europe,* Johns Hopkins University Press 1973。
197. 另見：Sarah Dessi Schmid: *Ernst Cassirer und Benedetto Croce, die Wiederkehr des Geistes. Ein Vergleich ihrer Sprachtheorien*, Francke 2005。
198. Benedetto Croce: *Aesthetik als Wissenschaft vom Ausdruck und allgemeine Sprachwissenschaft. Theorie und Geschichte*, Mohr 1930, S. LIV。
199. Hans Jonas: „Homo pictor. Von der Freiheit des Bildens", in: ders.: *Organismus und Freiheit. Ansätze zu einer philosophischen Biologie*, Vandenhoeck & Ruprecht 1973, S. 226-257。
200. John Crowe Ransom: *The New Criticism*, New Directions 1941。
201. Giovanni Gentile: *Genesi e struttura della società*, Sansoni 1946; https://ia600502.us.archive.org/12/items/genesiestruttura00gent/genesiestruttura00gent.pdf.
202. Musil (2014), S. 9。
203. Musil (2014), S. 253。
204. 另見穆齊爾的博士論文：*Beitrag zur Beurteilung der Lehren Machs und Studien*

zur Technik und Psychotechnik (1908), Rowohlt 1980。

205. "Was arbeiten Sie?" Oskar Maurus Fontana im Gespräch mit Robert Musil, 30. April 1926, in: *Die Literarische Welt* Nr. 18 (1926), S. 1; https://cenex.net/was-arbeiten-sie/.

206. 同前揭。

207. Musil: *Briefe 1901-1942*, Rowohlt 1981, S. 1117。

208. Lukács: *Die Theorie des Romans*, Aisthesis 2009, S. 21。

209. 另見：Niklaus Largier: *Zeit der Möglichkeit. Robert Musil, Georg Lukács und die Kunst des Essays*, Wehrhahn 2016。

210. Georg Lukács: *Tagebuch 1910/1911*, Brinkmann & Bose 1991, S. 48。

211. Lukács: *Die Theorie des Romans* (2009), S. 15。

212. 關於盧卡奇和克羅齊，見：Georg Lukács: „Benedetto Croce. Zur Theorie und Geschichte der Historiographie", in: Dannemann und Honneth (Hrsg.): *Ästhetik, Marxismus, Ontologie*, S. 148-157。另見：János Kelemen: "Lukács and Fülep. Two Hungarian Critics of Benedetto Croce", in: ders.: *The Rationalism of Georg Lukács. Political Philosophy and Public Purpose*, Palgrave Pivot 2014; https://doi.org/10.1057/9781137370259_6.

213. Thomas Mann: *Der Zauberberg*, S. 512。

214. Carl Schmitt: *Theodor Däublers „Nordlicht". Drei Studien über die Elemente, den Geist und die Aktualität des Werkes*, G. Müller 1916, S. 59。

215. Bloch: *Geist der Utopie*, GA 3, S. 9。

216. 同前揭：S. 234。

217. 同前揭：S. 14。

218. 同前揭：S. 358。

219. Bloch: *Kampf, nicht Krieg. Politische Schriften 1917-1919*, Suhrkamp 1985, S.

196。

220. 引自：Belke und Renz (1988), S. 47。

221. 同前揭。

222. 同前揭。

223. 同前揭：S. 118。

224. 同前揭：S. 17。

225. 同前揭：S. 34。

226. Kracauer: Ginster, in: ders.: *Werke* 7, S. 42。

227. Theodor W. Adorno: „Ein wunderlicher Realist. Über Siegfried Kracauer", in: ders.: *Gesammelte Schriften*, Bd. XI, Suhrkamp 1997, S. 388-408。

228. Belke und Renz S. 79。

229. 同前揭：S. 116。

230. Wolfgang Iser (Hrsg.): *Immanente Ästhetik-ästhetische Reflexion, Poetik und Hermeneutik*, Bd. 2, Fink 1966, S. 412。

231. Kracauer: *Geschichte - Vor den letzten Dingen*, Suhrkamp 1973, S. 247。

232. GS II, S. 163。

233. GS IV, S. 89 und S. 135。

234. GS V, S. 574。

235. 同前揭：S. 578。

236. 同前揭：S. 573。

237. 同前揭：S. 494。

238. 同前揭：S. 495。

239. 同前揭：S. 576 f.。

240. GS II, S. 378。

241. GS I, S. 440。

242. 同前揭。
243. 同前揭：S. 439。
244. 同前揭：S. 537。
245. 同前揭：S. 1231。
246. 同前揭。
247. Russell (1972), 1. Bd., S. 57。
248. 同前揭：S. 88 f.。
249. Frege: *Nachgelassene Schriften,* Meiner 1969, S. 273。
250. Frege: *Die Grundlagen der Arithmetik, Wissenschaftliche Buchgesellschaft* 1961, S. XVI。
251. 引自：Clark (1984), S. 62。
252. 同前揭：S. 223。
253. Russell (2012), S. 841。
254. Russell (1972), 1. Bd., S. 147。
255. 另見：Jonathan Haidt: "The Emotional Dog and Its Rational Tail: A Social Intuitionist Approach to Moral Judgment", in: *Psychological Review* 108, (2001) S. 814-834; Herbert Gintis, Samuel Bowles, Ernst Fehr und Robert Boyd (Hrsg.): *Moral Sentiments and Material Interests The Foundations of Cooperation in Economic Life*, MIT Press 2007。
256. G. E. Moore: *Philosophical Studies*, Routledge and Kegan Paul 1922, S. 332-335。
257. Russell (1972) 3. Bd., S. 346。
258. Frege: *Wissenschaftlicher Briefwechsel*, Meiner 1976, S. 102 f.。
259. Frege: *Nachgelassene Schriften*, S. 289。
260. Michel Dummett: *Ursprünge der analytischen Philosophie*, Suhrkamp 1988, S.

32 ff.。

261. Russell (2012), S. 713。

262. 引自：Monk (2022), S. 54。

263. 同前揭：, S. 53。

264. WA 1, S. 94 f.。

265. *Tractatus* 2.131。

266. *Tractatus* 2.17。

267. WA 1, S. 174。

268. Wittgenstein: *Tractatus*, Anaconda 2022, S. 5。

269. *Tractatus* 1 und 2。

270. *Tractatus* 2.01。

271. *Tractatus* 4。

272. *Tractatus* 4.002。

273. *Tractatus* 4.26。

274. *Tractatus* 4.003。

275. *Tractatus* 4.112。

276. 引自：https://www.gleichsatz.de/kago/lea/erkennt.html.

277. *Tractatus*, Einleitung, S. 10。

278. 「維根斯坦先生的《邏輯哲學論叢》，不管是否證明為它所探討的主題的究竟真理，就其廣度、視野和深度，都值得被視為哲學世界的重大事件。」https://people.umass.edu/klement/tlp/tlp.pdf.

279. Cora Diamond: “Throwing Away the Ladder”, in: *Philosophy* 63 (1988); dies. und James Conant: *On Reading the Tractatus Resolutely: Reply to Meredith Williams and Peter Sullivan*, in: Max Kölbel und Bernhard Weiss (Hrsg.): *Wittgenstein's Lasting Significance*, Routledge 2004。

280. *Tractatus* 6.54。

281. Santayana: “Russell‘s Philosophical Essays”, in: *The Journal of Philosophy, Psychology and Scientific Methods*, Bd. 8, Nr. 3 (1911), S. 57-63; https://www.jstor.org/stable/pdf/2013327.pdf.

282. G. E. Moore über Santayana: “The Life of Reason”, in: *Ethics* 17, Nr. 2 (1907); https://www.journals.uchicago.edu/doi/abs/10.1086/intejethi.17.2.2375850.

283. Moore: „Eine Verteidigung des Commen Sense“, in: Harald Delius (Hrsg.): *Eine Verteidigung des Common Sense. Fünf Aufsätze aus den Jahren 190-1941*, Suhrkamp 1969, S. 130。

284. G. E. Moore: „Beweis einer Außenwelt“, in: Delius (1969), S. 178。

285. “Wissenschaftliche Weltauffassung. Die Programmatik des Wiener Kreises”, in: Damböck (2013), S. 15。

286. 同前揭：S. 8。

287. Carnap: *Mein Weg in die Philosophie*, Stuttgart 1999, S. 41。

288. Wittgenstein: *Werkausgabe*, Bd. 3, S. 18。

289. 同前揭：S. 20。

290. *Tractatus* 4.024。

291. Carnap: “Überwindung der Metaphysik”, in: Damböck (2013), S. 71。

292. 同前揭。

293. Neurath: “Protokollsätze”, in: Damböck (2013), S. 73-105. hier S. 73。

294. Carnap: “Die physikalische Sprache als Universalsprache der Wissenschaft”, in: Stöltzner und Uebel (2006), S. 321。

295. Neurath: “Protokollsätze”, in: Damböck (2013), S. 75。

296. 同前揭：S. 76。

297. 「諾伊拉特：講台上滔滔雄辯的種馬。可是帶有一種爆炸性的能量。」in:

Robert Musil: *Tagebücher* I, Rowohlt 1983, S. 429。

298. 另見：Thomas Nagel: *What Is It Like to Be a Bat? / Wie ist es, eine Fledermaus zu sein?*, Reclam 2018。
299. 引自：https://www.gleichsatz.de/b-u-t/can/wk_.html.
300. Edward O. Wilson: *Die Einheit des Wissens*, Siedler 1998, S. 87。
301. 艾爾對於柯靈烏的批評，見：Ayer: *Philosophy of the Twentieth Century*, Weidenfeld und Nicolson 1982, Kap. VII。
302. Collingwood: *An Essay on Philosophical Method*, Oxford University Press 2005, S. 11。
303. 同前揭：S. 213。
304. https://archive.org/details/in.ernet.dli.2015.187414/page/n5/mode/2up.
305. 姚斯曾經引用《歷史的理念》裡的「歷史是過去的思想在史家心裡的重現」這句話，但是他顯然不知道柯靈烏關於藝術的著作。見：Hans Robert Jauß: *Literaturgeschichte als Provokation*, Suhrkamp 1970, S. 171。
306. Malcolm (1987), S. 94。
307. *Tractatus* 4.11。
308. B. F. McGuiness (Hrsg.): *Wittgenstein und der Wiener Kreis,* WA 3, S. 182。
309. *Tractatus* 6.52 und *Tractatus* Vorwort。
310. PU 109。
311. PU Vorwort。
312. PU 123。
313. PU 121。
314. PU 109。
315. PU 309。關於引文的出處和上下文，見：Volker Munz und Bernhard Ritter: *Wittgenstein's Whewell's Court Lectures*: Cambridge 1938-1941, Wiley 2017。

316. PU 250。

317. PU 119。

318. PU 127。

319. PU 128。

320. PU 109。

321. WA 8, S. 502。

322. PU 23。

323. WA 7, S. 468。

324. PU 18。

325. PU II, S. 568。

326. WA 7, S. 114。

327. WA 7, S. 368。

328. WA 7, S. 378。

329. Tractatus 5.63。

330. WA 8, S. 383。

331. 同前揭。

332. WA 8, S. 139。

333. 引自：https://majawicki.ch/archive/1161.

參考書目

這個書單包含了哲學史各章引用的正文。至於諸如胡賽爾、海德格、維根斯坦、阿多諾等等大哲學家，淺顯易懂的導論和文獻應該就足夠了。進一步的書目則可以用來深入研究個別的面向。.

亞維農的少女

關於畢卡索以及《亞維儂的少女們》，見：Pierre Daix und Joan Rosselet: Picasso: *The Cubist Years 1907-1916*, Thames and Hudson 1979; dies. und Georges Boudaille (Hrsg.): *Picasso 1900-1906. Catalogue raisonné de l'oeuvre peint*, Edition Ides et Calendes 1988; Marie-Laure Bernadac und Paul du Bouchet: *Picasso. Abenteuer Geschichte*. Gallimard 1986; William Rubin: Picasso und Braque. *Die Geburt des Kubismus*, Prestel 1990; Klaus Herding: *Pablo Picasso: Les Demoiselles d'Avignon. Die Herausforderung der Avantgarde*, S. Fischer 1992; Carsten-Peter Warncke: Picassos „Les Demoiselles d´Avignon". Konstruktion einer Legende, in: Karl Möseneder (Hrsg.): *Streit um Bilder. Von Byzanz bis Duchamp*, Reimer 1997, S. 201-220; Josep Palau i Fabre: *Picasso-der Kubismus 1907-1917*, Könemann 1998; Siegfried Gohr: *Ich suche nicht, ich finde. Pablo Picasso. Leben und Werk*, DuMont 2006; Carsten-Peter Warncke und Ingo F. Walther (Hrsg.): *Pablo Picasso*, Taschen 2007, 2 Bde.。關於柏格森以及立體派，見：George Beck: „Movement an Reality. Bergson and Cubism", in: *The Structurist* 15 (1975), S. 109-121; Robert Mark Antliff: "Bergson and Cubism: A Reassessment", in: *Art Journal* 47/4 (1988), S. 341-349; ders.: *Inventing Bergson: Cultural Politics and the Parisian Avant-Garde*, Princeton University Press 1993。關於馬諦斯和柏格森，見：Mark Antliff: *The Rhythms of Duration: Bergson and the Art of Matisse*, Manchester University Press 1999; Lorenz Dittmann: *Matisse begegnet Bergson. Reflexionen zu Kunst und Philosophie*, Böhlau 2008; Todd Cronan: *Against Affective Formalism: Matisse, Bergson, Modernism,* University of Minnesota Press 2014；奧德嘉・賈塞特關於前衛派的論文，見：ders.: *Die Vertreibung des Menschen aus der Kunst*, dtv 1964。

時間和生命衝力

柏格森的作品，見：ders.: *Écrits et paroles*, 3 Bde., PUF, 1957-1959. Auf Deutsch als ders.: *Zeit und Freiheit. Versuch über das dem Bewußtsein unmittelbar Gegebene*, Meiner 2016; ders.: *Materie und Gedächtnis. Eine Abhandlung über die Beziehung zwischen Körper und Geist*, e-artnow 2017; ders.: *Das Lachen*, Marixverlag 2014; ders.: *Schöpferische Evolution*, Meiner 2014。其選集見：Gilles Deleuze (Hrsg.): *Philosophie der Dauer*, Meiner 2015。關於柏格森的生平，見：Jean Guitton: L*a Vocation de Bergson*, Gallimard 1960; Philippe Soulez und Frédéric Worms: *Bergson. Biografie*. PUF 2002。關於柏格森的哲學，見：John Alexander Gunn: *Bergson and His Philosophy*, Nachdruck Good Press 2019; Vladimir Jankélévitch: *Henri Bergson* (1959), Suhrkamp 2022; ders.: *Bergson lesen*, Turia + Kant 2004; Michael Barlow: *Henri Bergson*, Éditions universitaires 1966; Gilles Deleuze: *Henri Bergson. Zur Einführung* (1966), 4. Aufl. Junius 2007; Leszek Kołakowski: *Henri Bergson: Ein Dichterphilosoph*, Piper 1985; Karl Albert: *Lebensphilosophie* (1995), Neuausgabe Karl Alber 2017, hier S. 70-93; Mirjana Vrhunc: *Bild und Wirklichkeit. Zur Philosophie Henri Bergsons*, Fink 1999; Henri Hude: *Bergson*, 2 Bde., 2. Aufl., Archives Karéline 2009; Suzanne Guerlac: *Thinking in Time: An Introduction to Henri Bergson*, Cornell University Press 2006; Matthias Vollet: *Die Wurzel unserer Wirklichkeit. Problem und Begriff des Möglichen bei Henri*

Bergson, Karl Alber 2007。關於普羅丁對於柏格森的影響，見：Rose-Marie Mossé-Bastide: *Bergson et Plotin*, Presses universitaires 1959; Curtis L. Hancock: "The Influence of Plotinus on Bergson's Critique of Empirical Science", in: R. Baine Harris (Hrsg.): *Neoplatonism and Contemporary Thought,* State University of New York Press 1995, S. 139 ff.; Wayne J. Hankey: "Neoplatonism and Contemporary French Philosophy", in: *Dionysus* 23 (2005), S. 161-190。關於柏格森的接受史和作用史，見：Antony Edward Pilkington: *Bergson and His Influence: A Reassessment*, Cambridge University Press 1976; Robert C. Grogin: *The Bergsonian Controversy in France 1900-1914*, University of Calgary Press 1988; Caterina Zanfi: *Bergson und die deutsche Philosophie* 1907-1932, Karl Alber 2018.

巨大的拆除假象

佛洛伊德的完整作品，見：Anna Freud (Hrsg.): *Sigmund Freud. Gesammelte Werke. Chronologisch geordnet*, 17 Bde., dazu ein Registerband (Bd. 18) und ein Band mit Nachträgen (Bd. 19), S. Fischer 1999. *Eine hervorragende Auswahl liefert die Studienausgabe*, 10 Bde., und ein Ergänzungsband 1969-1975。和榮格的往來書信，見：ders.: *Briefwechsel*, S. Fischer 1974; ders.: *Briefe an Wilhelm Fließ 1887-1904*, S. Fischer 1986; ders.: *Briefe an Oskar Pfitzer 1909-1939*, Fischer 1983; ders.: *Briefe 1873-1939*, S. Fischer 1980, 3. Aufl.; Sigmund Freud und Ludwig Binswanger: *Briefwechsel 1908-1938*, S. Fischer 1992。關於佛洛伊德的生平和作品，見：Alfred Ernest Jones: *Sigmund Freud. Leben und Werk*, 3 Bde., dtv 1984; Hans-Martin Lohmann: *Sigmund Freud*, Rowohlt 2006; Peter-André Alt: *Sigmund Freud. Der Arzt der Moderne. Eine Biographie*, C. H. Beck 2016; Andreas Mayer: *Sigmund Freud. Zur Einführung*, Junius 2017; Joel Whitebook: *Freud. Sein Leben und Denken*, Klett-Cotta 2018。其他關於佛洛伊德的作品，見：Max Schur: *Sigmund Freud. Leben und*

Sterben, Suhrkamp 1973; Wilhelm Salber: *Entwicklungen der Psychologie Sigmund Freuds*, 3 Bde., Bouvier 1973/1974; Paul Roazen: *Sigmund Freud und sein Kreis. Eine biografische Geschichte der Psychoanalyse*, Lübbe 1976; Samuel M. Weber: *Freud-Legende. Vier Studien zum psychoanalytischen Denken,* Walter 1979; Albrecht Hirschmüller: *Freuds Begegnung mit der Psychiatrie. Von der Hirnmythologie zur Neurosenlehre*, Edition Diskord 1991; Lydia Flem: *Der Mann Freud*, Campus 1993; Jürg Koller: *Der kranke Freud*, Klett-Cotta 2001; Eli Zaretsky: *Freuds Jahrhundert. Die Geschichte der Psychoanalyse,* Zsolnay 2006; Micha Brumlik: *Sigmund Freud. Der Denker des 20. Jahrhunderts*, Beltz 2006; Hans-Martin Lohmann und Joachim Pfeiffer (Hrsg.): *Freud-Handbuch. Leben - Werk - Wirkung*, Metzler. 2006; Anton Leitner und Hilarion G. Petzold (Hrsg.): *Sigmund Freud heute. Der Vater der Psychoanalyse im Blick der Wissenschaft und der psychotherapeutischen Schulen*, Krammer 2009; Frederick Crews: *Freud: The Making of an Illusion*, Metropolitan Books 2017.

回到事物本身

胡賽爾的作品，見：„Husserliana“: *Edmund Husserl. Gesammelte Werke* (bisher 42 Bde.), Nijhoff/Springer 1950/2008 ff. Verena Mayer (Hrsg.): *Edmund Husserl. Logische Untersuchungen*, Akademie Verlag 2008。關於胡賽爾的生平和早期作品，見：Karl Schuhmann: *Husserl-Chronik*, Number I in *Husserliana Dokumente.* Nijhoff 1977。關於胡賽爾的其他作品，見：Alwin Diemer: *Edmund Husserl. Versuch einer systematischen Darstellung seiner Philosophie*, Hain 1965, 2. Auf.; Karl Schuhmann: *Husserl -Chronik. Denkund Lebensweg Edmund Husserls*, Nijhoff 1977; Elisabeth Ströker: *Husserls transzendentale Phänomenologie*, Klostermann 1987; Hans Rainer Sepp (Hrsg.): *Edmund Husserl und die phänomenologische Bewegung. Zeugnisse in Text und Bild*, Alber 1988; Rudolf Bernet, Iso Kern und Eduard Marbach: *Edmund*

Husserl. Darstellung seines Denkens, Meiner 1989; David Bell: *Husserl*, Routledge 1990; Julia Iribarne: *Husserls Theorie der Intersubjektivität*, Alber 1994; Barry Smith und David Woodruff Smith (Hrsg.): *The Cambridge Companion to Husserl*, Cambridge University Press 1995; Dan Zahavi: *Husserl und die transzendentale Intersubjektivität,* Kluwer 1996; ders.: *Husserls Phänomenologie*, UTB 2009; Karl Mertens: *Zwischen Letztbegründung und Skepsis. Kritische Untersuchungen zum Selbstverständnis der transzendentalen Phänomenologie Edmund Husserls*, Alber 1996; Leonardo Scarfò: *Philosophie als Wissenschaft reiner Idealitäten. Zur Spätphilosophie Husserls in besonderer Berücksichtigung der Beilage III zur Krisis-Schrift*, Herbert Utz 2006; David Woodruff Smith: *Husserl*, Abingdon 2007; Peter Prechtl: *Edmund Husserl zur Einführung*, Junius 2012, 5. Aufl.; Verena Mayer: *Edmund Husserl,* C. H. Beck 2009; Hans-Helmuth Gander (Hrsg.): *Husserl-Lexikon*, Wissenschaftliche Buchgesellschaft 2009; Javier Yusef Álvarez-Vázquez: *Frühentwicklungsgeschichte der phänomenologischen Reduktion. Untersuchungen zur erkenntnistheoretischen Phänomenologie Edmund Husserls*, FreiDok 2010; Christian Beyer u. a. (Hrsg.): *Husserl's Phenomenology of Intersubjectivity*, Routledge 2020。

謝勒的作品，見：ders.: *Gesammelte Werke*, 16 Bde., Bouvier 1954-1998。關於謝勒的生平和作品，見：Wilhelm Mader: *Max Scheler. In Selbstzeugnissen und Bilddokumenten*, Rowohlt 1995, 2. Aufl.; Jan H. Nota: *Max Scheler. Der Mensch und seine Philosophie*, Börsig 1995; Wolfhart Henckmann: *Max Scheler*, C. H. Beck 1998; Paul Good: *Max Scheler. Eine Einführung*, Parerga 1998; Angelika Sander: *Max Scheler zur Einführung*, Junius 2001。關於謝勒的其他作品，見：Ernst Wolfgang Orth und Gerhard Pfafferott (Hrsg.): *Studien zur Philosophie von Max Scheler*, Alber 1994; Gerhard Pfafferott (Hrsg.): *Vom Umsturz der Werte in der modernen Gesellschaft. II. Internationales Kolloquium der Max Scheler Gesellschaft,* Bouvier 1997; Gérard Raulet

(Hrsg.), Max Scheler. *L'anthropologie philosophique en Allemagne dans l'entre-deux-guerres*. Philosophische Anthropologie in der Zwischenkriegszeit, Éditions de la Maison des sciences de l'homme 2001; Christian Bermes, Wolfhart Henckmann und Heinz Leonardy (Hrsg.): *Denken des Ursprungs - Ursprung des Denkens. Schelers Philosophie und ihre Anfänge in Jena*, Königshausen & Neumann 1998; dies.: *Person und Wert. Schelers „Formalismus" - Perspektiven und Wirkungen*, Alber 2000; dies.: *Vernunft und Gefühl. Schelers Phänomenologie des emotionalen Lebens,* Königshausen & Neumann, 2003; dies.: *Solidarität. Person und soziale Welt*, Königshausen & Neumann 2005.

創造符號的動物

Hans Vaihinger: *Die Philosophie des Als Ob*: https://archive.org/details/DiePhilosophieDesAlsOb; *Wie die Philosophie des Als Ob*

Entstand: https://www.gleichsatz.de/b-u-t/trad/vaih.html.。關於懷興格，見：August Seidel (Hrsg.): *Die Philosophie des Als Ob und das Leben. Festschrift zu Hans Vaihingers 80. Geburtstag,* Reuther & Reichard 1932; Stephanie Willrodt: *Semifiktionen und Vollfiktionen in Vaihingers Philosophie des Als Ob*, Hirzel 1934; Klaus Ceynowa: *Zwischen Pragmatismus und Fiktionalismus. Hans Vaihingers „Philosophie des Als Ob"*, Königshausen & Neumann, 1993; Andrea Wels: *Die Fiktion des Begreifens und das Begreifen der Fiktion. Dimensionen und Defizite der Theorie der Fiktionen in Hans Vaihingers Philosophie des Als Ob*, Lang 1997; Matthias Neuber (Hrsg.): *Fiktion und Fiktionalismus. Beiträge zu Hans Vaihingers "Philosophie des Als Ob"*, Königshausen & Neumann 2014。

卡西勒的作品，見：Brigit Recki (Hrsg): *Ernst Cassirer. Gesammelte Werke*, 25 Bde. und Registerband, Meiner 1998-2009。單行本，見：Ernst Cassirer:

Substanzbegriff und Funktionsbegriff, Wissenschaftliche Buchgesellschaft 1976; ders.: *Das Erkenntnisproblem in der Philosophie und Wissenschaft der neueren Zeit,* 4 Bde., Wissenschaftliche Buchgesellschaft 1995; ders.: *Wesen und Wirkung des Symbolbegriffs*, Wissenschaftliche Buchgesellschaft 1956; ders.: *Die Philosophie der symbolischen Formen*, 4 Bde., Wissenschaftliche Buchgesellschaft 1953; ders. *Versuch über den Menschen*, Meiner 1996。關於卡西勒在漢堡的生平和作品，見：Susanne Wittek: *„So muss ich fortan das Band als gelöst ansehen". Ernst Cassirers Hamburger Jahre 1919-1933*, Wallstein 2019。關於卡西勒的其他作品，見：John Michael Krois: *Cassirer: Symbolic Forms and History*, Yale University Press 1987; Hans-Jürg Braun, Helmut Holzhey und Ernst Wolfgang Orth (Hrsg.): *Über Ernst Cassirers Philosophie der symbolischen Formen*, Suhrkamp 2016, 2. Aufl.; Heinz Paetzold: *Ernst Cassirer. Von Marburg nach New York. Eine philosophische Biographie*, Wissenschaftliche Buchgesellschaft 1995; ders.: *Ernst Cassirer. Zur Einführung*, Junius 2002, 2. Aufl.; Oswald Schwemmer: *Ernst Cassirer. Ein Philosoph der europäischen Moderne*, Akademie Verlag 1997; Birgit Recki: *Kultur als Praxis. Eine Einführung in Ernst Cassirers Philosophie der symbolischen Formen*, Akademie Verlag 2003; Thomas Meyer: *Ernst Cassirer,* Ellert & Richter 2007, 2. Aufl., Massimo Ferrari: *Ernst Cassirer. Stationen einer philosophischen Biographie. Von der Marburger Schule zur Kulturphilosophie,* Meiner 2003。

尼爾森的作品，見：*Gesammelte Schriften in neun Bänden,* Meiner 1970-1977。關於尼爾森的研究，見：Grete Henry-Hermann: *Die Überwindung des Zufalls. Kritische Betrachtungen zu Leonard Nelsons Begründung der Ethik als Wissenschaft,* Meiner 1985; Udo Vorholt: *Die politische Theorie Leonard Nelsons. Eine Fallstudie zum Verhältnis von philosophisch-politischer Theorie und konkret-politischer Praxis*, Nomos 1998; Dragan Jakovljevic: *Leonard Nelsons Rechtfertigung metaphysischer Grundsätze der theoretischen Realwissenschaft,* Lang 1989; Andreas Brandt: *Ethischer Kritizismus. Untersuchungen zu Leonard Nelsons 'Kritik der praktischen Vernunft' und ihren philosophischen Kontexten*, Vandenhoeck & Ruprecht 2002; Armin Berger, Gisela Raupach-Strey und Jörg Schroth (Hg.): *Leonard Nelson - ein früher Denker der Analytischen Philosophie? Ein Symposion zum 80. Todestag des Göttinger Philosophen*, LIT 2011。關於尼爾森以及卡西勒，見：Tomasz Kubalica: "The Polemic Between Leonard Nelson und Ernst Cassirer on the Critical Method in the Philosophy", in: *Folia Philosophica*, Bd. 35 (2016), S. 53-69; https://philarchive.org/archive/KUBTPB.

賀尼斯瓦德的作品，見：ders.: *Die Grundlagen der Denkpsychologie* (1921) 2. umgearb. Aufl. 1925, Nachdruck Wissenschaftliche Buchgesellschaft 1965; ders.: *Grundfragen der Erkenntnistheorie* (1931), Neudruck Meiner 1997 (enthält die *Systematische Selbstdarstellung* (1931); ders.: *Philosophie und Sprache. Problemkritik und System* (1937), Nachdruck Wissenschaftliche Buchgesellschaft 1970; ders.: *Die Grundlagen der allgemeinen Methodenlehre*, Bd. 1-2, Bouvier 1969/1970; ders.: *Die Systematik der Philosophie aus individueller Problemgestaltung entwickelt*, Bd. 1-2, Bouvier 1976/1977。關於賀尼斯瓦德的研究，見：Gerd Wolandt: *Gegenständlichkeit und Gliederung. Untersuchungen zur Prinzipientheorie Richard Hönigswalds mit besonderer Rücksicht auf das Problem der Monadologie*, Kölner Universitätsverlag 1964; Manuel Schneider: *Das Urteil und die Sinne. Transzendentalphilosophische und ästhesiologische Untersuchungen im Anschluß an Richard Hönigswald und Helmuth Plessner*, Janus 1989; Gerd Wolandt: „R. Hönigswald: Philosophie als Theorie der Bestimmtheit", in: Josef Speck (Hrsg.): *Grundprobleme der großen Philosophen.* (*Philosophie der Gegenwart* II), Vandenhoeck & Ruprecht (UTB) 1991, 3. Aufl., S. 43-101; Reinhold Breil: *Hönigswald und Kant.*

Transzendentalphilosophische Untersuchungen zur Letztbegründung und Gegenstandskonstitution, Bouvier 1991; Ernst Wolfgang Orth: „Die anthropologische Wende im Neukantianismus. Ernst Cassirer und Richard Hönigswald", in: *Il cannocchiale. Rivista di studi filosofici*, Nr. ½ (1991), S. 261-287; Kurt Walter Zeidler: *Kritische Dialektik und Transzendentalontologie. Der Ausgang des Neukantianismus und die postneukantianische Systematik R. Hönigswalds*, W. Cramers, B. Bauchs, H. Wagners, R. Reinigers und E. Heintels, Bouvier 1995, S. 75-138; Ernst Wolfgang Orth und Dariusz Aleksandrowicz (Hrsg.): *Studien zur Philosophie Richard Hönigwalds*, Königshausen & Neumann 1996; Wolfdietrich Schmied-Kowarzik (Hrsg.): *Erkennen - Monas - Sprache. Internationales Richard-Hönigswald-Symposion Kassel 1995*, Königshausen & Neumann 1997; Roswitha Grassl und Peter Richart-Willmes: *Denker in seiner Zeit. Ein Personenglossar zum Umfeld Richard Hönigwalds*, Königshausen & Neumann 1997; Roswitha Grassl: *Der junge Richard Hönigswald. Eine biographisch fundierte Kontextualisierung in historischer Absicht*, Königshausen & Neumann, 1998; Christian Swertz, Norbert Meder, Stephan Nachtsheim, Wolfdietrich Schmied-Kowarzik und Kurt Walter Zeidler (Hrsg.): *Heimkehr des Logos. Beiträge anlässlich der 70. Wiederkehr des Todestages von Richard Hönigswald am 11. Juni 1947*, Janus 2019。克拉默的作品，見：Wolfgang Cramer: *Die Monade. Das philosophische Problem vom Ursprung*, Kohlhammer 1954; ders.: *Grundlegung einer Theorie des Geistes* (1957), Klostermann 1999, 4. Aufl.。關於克拉默的研究，見：Hans Radermacher und Peter Reisinger (Hrsg.): *Rationale Metaphysik. Die Philosophie von Wolfgang Cramer*, 2 Bde., Klett-Cotta 1987 und 1990。

存在的奧祕

一共101卷的海德格全集（Martin-Heidegger-Gesamtausgabe）自1975年由克

羅斯特曼出版社（Verlag Klostermann）出版。關於編輯計畫見維基百科「Heidegger (Gesamtausgabe)」詞條。海德格的作品見：ders.: *Frühe Schriften,* Klostermann 1972; ders.: *Phänomenologische Interpretationen zu Aristoteles. Einführung in die phänomenologische Forschung*, Klostermann 1994, 2. durchges. Aufl.; ders.: *Die Grundprobleme der Phänomenologie*, Klostermann 2005; ders.: *Sein und Zeit*, Niemeyer 2006, 19. Aufl.; ders.: *Die Grundbegriffe der Metaphysik. Welt -Endlichkeit - Einsamkeit*, Klostermann 2004, 3. Aufl.; ders.: *Kant und das Problem der Metaphysik*, Klostermann 1998, 6. Aufl.。校長演說見：ders.: *Die Selbstbehauptung der deutschen Universität. Das Rektorat*, Klostermann 1983。關於海德格的生平和作品，見：Karl Löwith: *Heidegger. Denker in dürftiger Zeit* (1953), S. Fischer 1960, 2. erw. Aufl.; Otto Pöggeler: *Der Denkweg Martin Heideggers* (1963), Klett-Cotta 1994; Walter Biemel: *Martin Heidegger mit Selbstzeugnissen und Bilddokumenten* (1973), Rowohlt 2002, 16. Aufl.; Hans Köchler: *Skepsis und Gesellschaftskritik im Denken Martin Heideggers*, Anton Hain 1978; Hugo Ott: *Martin Heidegger. Unterwegs zu seiner Biographie*, Campus 1988; Thomas Rentsch: *Martin Heidegger. Das Sein und der Tod. Eine kritische Einführung*, Piper 1989; Günter Figal: *Martin Heidegger. Phänomenologie der Freiheit*, Anton Hain 1991; Günter Figal: *Martin Heidegger zur Einführung* (1992), Junius 2020, 8. Aufl.; Charles B. Guignon (Hrsg.): *The Cambridge Companion to Heidegger,* Cambridge University Press 1993。關於海德格的導論，見：Rüdiger Safranski: *Ein Meister aus Deutschland. Heidegger und seine Zeit,* Hanser 1994 (S. Fischer 2001)。其他關於海德格的作品見：Michael Inwood: *Heidegger*. Herder 1999; ders.: *A Heidegger Dictionary*, Blackwell 1999; Dieter Thomä (Hrsg.): *Heidegger Handbuch. Leben - Werk - Wirkung,* Metzler 2003; Peter Trawny: *Martin Heidegger. Einführung*, Campus 2003; Willem van Reijen: *Martin Heidegger*, Fink 2009; Oliver Jahraus: *Martin Heidegger. Eine Einführung,* Reclam 2004: Manfred

Geier: *Martin Heidegger*, Rowohlt 2005; Helmuth Vetter: *Grundriss Heidegger. Ein Handbuch zu Leben und Werk,* Meiner 2013; Thomas Rohkrämer: *Martin Heidegger. Eine politische Biographie,* Schöningh 2020; Oliver Precht: Heidegger. *Zur Selbst- und Fremdbestimmung seiner Philosophie,* Meiner 2020; Lorenz Jäger: *Heidegger. Ein Deutsches Leben*, Rowohlt Berlin 2021。

雅斯培戰前作品見：ders.: *Allgemeine Psychopathologie. Ein Leitfaden für Studierende, Ärzte und Psychologen* (1913), Springer 1973, 8. Aufl.; ders.: *Psychologie der Weltanschauungen* (1919), Springer 1971, 6. Aufl.; auch Legare Street Press 2022; ders.: *Die geistige Situation der Zeit* (1931), De Gruyter 1998, 9. Aufl.; ders.: *Philosophie* (1932) 3 Bde. (I: *Philosophische Weltorientierung*; II: *Existenzerhellung*; III: *Metaphysik*), Springer 1973, 4. Aufl.。關於雅斯培的生平及作品，見：Klaus Piper (Hrsg.): Karl Jaspers. *Werk und Wirkung. Festschrift zum 80. Geburtstag*, Piper 1963; Hans Saner: *Karl Jaspers. Mit Selbstzeugnissen und Bilddokumenten*, Rowohlt 2005, 12. Aufl.; Jeanne Hersch (Hrsg.): *Karl Jaspers. Philosoph, Arzt, politischer Denker. Symposium zum 100. Geburtstag in Basel und Heidelberg*, Piper 1986; Alan M. Olson (Hrsg.): *Heidegger and Jaspers*, Temple University Press 1993; Werner Schüßler: *Karl Jaspers zur Einführung*, Junius 1995; Chris Thornhill: *Karl Jaspers: Politics and Metaphysics*, Routledge 2002; Brea Gerson: *Wahrheit in Kommunikation. Zum Ursprung der Existenzphilosophie bei Karl Jaspers*, Ergon 2004; Kurt Salamun: *Karl Jaspers,* Königshausen & Neumann 2006, 2. Aufl.; Knut Eming und Thomas Fuchs: *Karl Jaspers. Philosophie und Psychopathologie,* Winter 2007。普列斯納的作品，見：ders.: *Gesammelte Schriften*, 10 Bde., Suhrkamp 2003。關於普列斯納的生平及作品，見：Stephan Pietrowicz: *Helmuth Plessner. Genese und System seines philosophischanthropologischen Denkens,* Alber 1992; Hans Redeker: *Helmuth Plessner oder Die verkörperte Philosophie,* Duncker & Humblot 1993; Kai Haucke:

Plessner zur Einführung, Junius 2000; Kersten Schüßler: Helmuth Plessner. *Eine intellektuelle Biographie,* Philo 2000; Carola Dietze: *Nachgeholtes Leben. Helmuth Plessner 1892-1985,* Wallstein 2006; Olivia Mitscherlich: *Natur und Geschichte. Helmuth Plessners in sich gebrochene Lebensphilosophie*, Akademie Verlag 2007; Wolfgang Bialas: *Politischer Humanismus und „Verspätete Nation". Helmuth Plessners Auseinandersetzung mit Deutschland und dem Nationalsozialismus*, Vandenhoeck & Ruprecht 2011; Jos de Mul (Hrsg.): *Plessner's Philosophical Anthropology: Perspectives and Prospects*, Amsterdam University Press 2014; Joachim Fischer: *Exzentrische Positionalität. Studien zu Helmuth Plessner*, Velbrück 2016。

事實的土壤

桑塔亞納全集英文「Kindle」版本，見：ders.: *The Complete Works of George Santayana*, Shrine of Knowledge 2020。其重要著作，見：ders.: *Scepticism and Animal Faith,* Martino Fine Books 2019。德文譯本，見：ders.: *Der letzte Puritaner. Die Geschichte eines tragischen Lebens*, Manesse 1990, ders.: *Die Spanne meines Lebens*, Claassen 1950; ders.: *Die Christusidee in den Evangelien. Ein kritischer Essay*, C. H. Beck 1951。關於桑塔亞納的傳記，見：John McCormick: *George Santayana: A Biography*, Alfred A. Knopf 1987。關於桑塔亞納的思想，見：Paul Arthur Schilpp: *The Philosophy of George Santayana* (1940), Tudor Publishing 1951; Willard Eugene Arnett: *Santayana and the Sense of Beauty* (1955), P. Smith 1969; Corliss Lamont: *Dialogue on George Santayana*, Horizon Press 1959; Henry Tompkins Kirby-Smith: *A Philosophical Novelist: George Santayana and the Last Puritan*, Southern Illinois University Press 1997; Irving Singer: *George Santayana: Literary Philosopher,* Yale University Press 2000; John Lachs: *On Santayana*, Wadsworth 2006; Ricardo Miguel Alfonso (Hrsg): *La estética de George Santayana*, Verbum 2010; Giuseppe

Patella: Belleza, Arte y Vida. *La estética mediterránea de George Santayana*, PUV 2010; Hartmut Sommer: „Der katholische Atheist. Das letzte Refugium des George Santayana in Rom", in: ders.: *Revolte und Waldgang. Die Dichterphilosophen des 20. Jahrhunderts,* Lambert Schneider 2011; Daniel Moreno: *Santayana the Philosopher: Philosophy as a Form of Life,* Bucknell University Press 2015. Guido Karl Tamponi: *George Santayana. Eine materialistische Philosophie der Vita contemplativa*, Königshausen & Neumann 2021。

懷德海的作品德文版見：ders.: *Der Begriff der Natur*, wiley vch 1990; ders.: *Wissenschaft und moderne Welt*, Suhrkamp 1988; ders.: *Wie entsteht Religion?*, Suhrkamp 1985; ders.: *Kulturelle Symbolisierung*, Suhrkamp 2000; ders.: *Prozeß und Realität. Entwurf einer Kosmologie*, Suhrkamp 1987; ders.: *Die Funktion der Vernunft*, Reclam 1974; ders.: *Abenteuer der Ideen*, Suhrkamp 2000; ders.: *Denkweisen*, Suhrkamp 2001。關於懷德海的生平及作品，見：Victor Lowe: *Understanding Whitehead*, Johns Hopkins University Press 1962; ders.: *Alfred North Whitehead: The Man and His Work*, 2 Bde., Johns Hopkins University Press 1985/1990; Michael Hauskeller: *Alfred North Whitehead zur Einführung*, Junius 1994; Michael Hampe: *Alfred North Whitehead*, C. H. Beck 1998。其他關於懷德海的哲學的作品，見：Charles Hartshorne: *Whitehead's Philosophy: Selected Essays 1935-1970,* University of Nebraska Press 1972; Ernest Wolf-Gazo (Hrsg.): *Whitehead. Einführung in seine Kosmologie*, Alber 1980; Reto Luzius Fetz: *Whitehead: Prozeßdenken und Substanzmetaphysik*, Alber 1981; Harald Holz und Ernest Wolf-Gazo (Hrsg.): *Whitehead und der Prozeßbegriff. Beiträge zur Philosophie Alfred North Whiteheads auf dem Ersten Internationalen Whitehead-Symposion 1981*, Alber 1984; Lewis S. Ford: *The Emergence of Whitehead's Metaphysics 1925-1929*, SUNY Press 1985; Friedrich Rapp und Reiner Wiehl (Hrsg.): *Whiteheads Metaphysik der Kreativität.*

Internationales Whitehead-Symposium Bad Homburg 1983, Alber 1986; Helmut Holzhey, Alois Rust und Reiner Wiehl (Hrsg.): *Natur, Subjektivität, Gott. Zur Prozeßphilosophie Alfred N.* Whiteheads, Suhrkamp 1990; Rolf Lachmann: *Ethik und Identität. Der ethische Ansatz in der Prozessphilosophie A. N. Whiteheads und seine Bedeutung für die gegenwärtige Ethik*, Alber 1994; Judith A. Jones: *Intensity: An Essay in Whiteheadian Ontology*, Vanderbilt University Press 1998, Stascha Rohmer: *Whiteheads Synthese von Kreativität und Rationalität. Reflexion und Transformation in Alfred North Whiteheads Philosophie der Natur,* Alber 2000; Spyridon Koutroufinis (Hrsg.): *Prozesse des Lebendigen. Zur Aktualität der Naturphilosophie A. N. Whiteheads*, Alber 2007; Chul Chun: *Kreativität und Relativität der Welt beim frühen Whitehead. Alfred North Whiteheads frühe Naturphilosophie (1915-1922) - eine Rekonstruktion,* Neukirchener Verlag 2010: Adele Gerdes: *Die Selbstorganisation dynamischer Systeme. Whiteheads Beitrag zur Philosophie des Geistes*, Logos 2013; Dennis Sölch: *Prozessphilosophien: Wirklichkeitskonzeptionen bei Alfred North Whitehead, Henri Bergson und William James*, Whitehead Studien Bd. 3, Alber 2014; Aljoscha Berve: *Spekulative Vernunft, symbolische Wahrnehmung, intuitive Urteile. Höhere Formen der Erfahrung bei A. N. Whitehead*, Alber 2015; Viola Nordsieck: *Formen der Wirklichkeit und der Erfahrung. Henri Bergson, Ernst Cassirer und Alfred North Whitehead*, Alber 2015。

哈特曼的作品由De Gruyter出版社重刊，其他作品見：Nicolai Hartmanns: *Möglichkeit und Wirklichkeit*, Independently published 2021; ders.: *Zur Grundlegung der Ontologie,* Neopubli GmbH 2021; ders.: *Die Erkenntnis im Lichte der Ontologie*, Meiner 1982。關於哈特曼的生平及作品，見：Alois Johannes Buch: *Nicolai Hartmann 1882-1982,* Bouvier 1987; Martin Morgenstern: *Nicolai Hartmann zur Einführung*, Junius 1997。關於哈特曼的哲學，見：Heinz Heimsoeth und Robert

Heiß (Hrsg.): *Nicolai Hartmann, der Denker und sein Werk. Fünfzehn Abhandlungen mit einer Bibliographie*, Vandenhoeck & Ruprecht 1952; Heinz Hülsmann: *Die Methode in der Philosophie Nicolai Hartmanns*, Schwann 1959; Katharina Kanthack: *Nicolai Hartmann und das Ende der Ontologie,* De Gruyter 1962; Joachim B. Forsche: *Zur Philosophie Nicolai Hartmanns*, Hain 1965. Ingeborg Wirth: *Realismus und Apriorismus in Nicolai Hartmanns Erkenntnistheorie*, De Gruyter 1965; Alois Johannes Buch: *Wert. Wertbewusstsein. Wertgeltung. Grundlagen und Grundprobleme der Ethik Nicolai Hartmanns*, Bouvier 1982; Gerhard Ehrl: *Nicolai Hartmanns philosophische Anthropologie in systematischer Perspektive*, Junghans 2003; Roberto Poli, Carlo Scognamiglio und Frederic Tremblay (Hrsg.): *The Philosophy of Nicolai Hartmann,* De Gruyter, 2011; Gerald Hartung, Matthias Wunsch und Claudius Strube (Hrsg.): *Von der Systemphilosophie zur systematischen Philosophie - Nicolai Hartmann*, De Gruyter 2012; Gerald Hartung und Matthias Wunsch (Hrsg.): *Studien zur Neuen Ontologie und Anthropologie*, De Gruyter 2014。

布隆德的全集見：*OEuvres complètes*, PUF 1995 ff.。其德文版主要作品見：ders.: *L'Action - Die Tat (1893). Versuch einer Kritik des Lebens und einer Wissenschaft der Praxis*, Alber, 2018。關於布隆德的哲學，見：*Der philosophische Weg. Gesammelte Betrachtungen*, Alber 2010; Ulrich Hommes: *Transzendenz und Personalität. Zum Begriff der Action bei Maurice Blondel,* Klostermann 1972; Albert Raffelt, Peter Reifenberg und Gotthard Fuchs (Hrsg.): *Das Tun, der Glaube, die Vernunft. Studien zur Philosophie Maurice Blondels „L'Action" 1893-1993*, Echter 1995; Michael A. Conway: *The Science of Life: Maurice Blondel's Philosophy of Action and the Scientific Method*, Lang 2000; Peter Reifenberg: *Verantwortung aus der Letztbestimmung. Maurice Blondels Ansatz zu einer Logik des sittlichen Lebens*, Herder 2002; Oliva Blanchette: *Maurice Blondel: A Philosophical Life*, Grand Rapids 2010;

Peter Reifenberg (Hrsg.): *Mut zur „offenen Philosophie". Ein Neubedenken der Philosophie der Tat. Maurice Blondel (1861-1949) zum 150. Geburtstag*, Echter 2012。

馬雷夏關於密契主義的英文版作品，見：ders.: *The Psychology of the Mystics*, Dover Publications 2004。他的主要哲學著作，見：ders.: *Le point de départ de la métaphysique: Leçons sur le développement historique et théorique du problème de la connaissance*, 5 Bde., Éditions Desclée de Brouwer 1922-1947。著作選集見：Joseph Donceel (Hrsg.): *A Maréchal Reader,* Herder & Herder 1970。關於馬雷夏的思想，見：Mario Casula: *Maréchal e Kant,* Fratelli Bocca 1955; Armando Savignano: *Joseph Maréchal: Maréchal's approach to Mysticism*, University of Notre Dame Press 1979; Anthony M. Matteo: *Joseph Marechal and the Transcendental Turn in Catholic Thought*, Northern Illinois University Press 1987; ders.: *Quest for the Absolute: The Philosophical Vision of Joseph Marechal*, Northern Illinois University Press 1992。

馬丁・布伯的作品，見：*Die Geschichten des Rabbi Nachman (1906)*; ders.: *Ich und Du*, Reclam 2021; ders.: *Das dialogische Prinzip. Ich und Du. Zwiesprache. Die Frage an den Einzelnen. Elemente des Zwischenmenschlichen. Zur Geschichte des dialogischen Prinzips*, Gütersloher Verlagshaus 2006, 10. Aufl.; ders.: *Der Weg des Menschen nach der chassidischen Lehre*, Gütersloher Verlagshaus 2001, 21. Aufl.; ders.: *Die Erzählungen der Chassidim*, Manesse 2014; *Werkausgabe in 3 Bänden*, Schneider/Kösel: *Schriften zur Philosophie* (Bd. 1, 1962), *Schriften zur Bibel* (Bd. 2, 1964), *Schriften zum Chassidismus* (Bd. 3, 1963)。關於馬丁・布伯的生平及作品，見：Gerhard Wehr: *Martin Buber. Leben - Werk - Wirkung*, Diogenes 1991; Siegbert Wolf: *Martin Buber zur Einführung*, Junius 1992; Hans-Joachim Werner: *Martin Buber*, Campus 1994; Maurice Friedman: *Begegnung auf dem schmalen Grat. Martin Buber - ein Leben*, Agenda 1999; Peter Stöger: *Martin Buber. Eine Einführung in Leben und Werk*, Tyrolia 2003; Dominique Bourel: *Martin Buber. Was es heißt, ein Mensch zu sein*, Gütersloher Verlagshaus 2017; Paul Mendes-Flohr: *Martin Buber. Ein Leben im Dialog*, Suhrkamp 2022。其他關於馬丁・布伯的哲學的著作，見：Bernhard Casper: *Das Dialogische Denken. Franz Rosenzweig, Ferdinand Ebner und Martin Buber* (1967), Alber 2002; Jochanan Bloch und Haim Gordon (Hrsg.): *Martin Buber. Bilanz seines Denkens*, Herder 1983; Andreas Haupt: *Der dritte Weg. Martin Bubers Spätwerk im Spannungsfeld von philosophischer Anthropologie und gläubigem Humanismus*, Herbert Utz 2001; Martha Friedenthal-Haase und Ralf Koerrenz (Hrsg.): *Martin Buber. Bildung, Menschenbild und hebräischer Humanismus*, Schöningh 2005; Michael Zank: *New Perspectives on Martin Buber*, Mohr Siebeck 2006。

人和權力

索黑爾的主要著作，見：ders.: *Über die Gewalt*, Suhrkamp 1969; ebenso ders.: *Über die Gewalt*, AL.BE.CH.-Verlag 2007。關於索黑爾的研究，見：Michael Freund: *Georges Sorel. Der revolutionäre Konservatismus (1932)*, Klostermann 1972, 2. Aufl.; Richard Humphrey: *Georges Sorel, Prophet Without Honor: A Study in Anti-Intellectualism*, Cambridge Universtiy Press 1951; Hans Barth: *Masse und Mythos. Die ideologische Krise an der Wende zum 20. Jahrhundert und die Theorie der Gewalt, Georges Sorel*, Rowohlt 1959; Helmut Berding: *Rationalismus und Mythos. Geschichtsauffassung und politische Theorie bei Georges Sorel*, De Gruyter 1969; Zeev Sternhell: *Die Entstehung der faschistischen Ideologie. Von Sorel zu Mussolini*, Hamburger Edition 1999; Willy Gianinazzi: *Naissance du mythe moderne: Georges Sorel et la crise de la pensée savante*, Éditions de la MSH 2006; Jost Bauch: *Mythos und Entzauberung. Politische Mythen der Moderne,* G. Hess 2014。

帕雷多的主要著作：Trattato di sociologia generale；德文版見：ders.: *Allgemeine Soziologie*, FinanzBuch 2005; *Vilfredo Paretos System der allgemeinen*

Soziologie,

Ferdinand Enke 1962。其他版本，見：ders.: *Ausgewählte Schriften*, Verlag für Sozialwissenschaften 2007。關於帕雷多的研究，見：Franz Borkenau: *Modern Socilologists Pareto*, Wiley 1936; Peter Hübner: *Herrschende Klasse und Elite. Eine Strukturanalyse der Gesellschaftstheorien Moscas und Paretos*, Duncker & Humblot 1967; Günter Zauels: *Paretos Theorie der sozialen Heterogenität und Zirkulation der Eliten*, Ferdinand Enke 1968; Gottfried Eisermann: *Vilfredo Pareto. Ein Klassiker der Soziologie*, Mohr Siebeck 1987; ders.: *Max Weber und Vilfredo Pareto. Dialog und Konfrontation*, Mohr Siebeck 1989; Maurizio Bach: „Vilfredo Pareto (1848-1923)", in: Dirk Kaesler (Hrsg.): *Klassiker der Soziologie* 1, C. H. Beck 2000, 2012, 6. Aufl.; ders.: *Jenseits des rationalen Handelns. Zur Soziologie Vilfredo Paretos,* Verlag für Sozialwissenschaften 2004; Gert Albert: *Hermeneutischer Positivismus und dialektischer Essentialismus Vilfredo Paretos*, Verlag für Sozialwissenschaften 2005。

烏納穆諾的德文版作品，見：ders.: *Plädoyer des Müßiggangs*, Droschl 1996, und ders.: *Selbstgespräche und Konversationen*, Droschl 1997。英文版作品，見：*Selected Works of Miguel de Unamuno*, 7 Bde., Princeton University Press 2015-2017。關於烏納穆諾的研究，見：Herbert Ramsden: "The Spanish 'Generation of 1898': I. The History of a Concept, in: *Bulletin of the John Rylands Library*, John Rylands University Library, 56, 2 (1974), S. 463-491; Mary Ann Alessandri: *Flesh and Bone: Unamuno's "Quixotism" as an Incarnation of Kierkegaard's "Religiousness A"*, Pennsylvania State University Press 2010; Jan E. Evans: *Miguel de Unamuno's Quest for Faith: A Kierkegaardian Understanding of Unamuno's Struggle to Believe*, James Clarke & Co. 2014。

奧德嘉・賈塞特的德文版作品，見：ders.: *Gesammelte Werke in 6 Bänden.* DVA 1996。關於奧德嘉・賈塞特的哲學，見：Julián Marías: *José Ortega y Gasset und die Idee der lebendigen Vernunft. Eine Einführung in seine Philosophie,* DVA 1952; Hans Widmer: „Bemerkungen zum Philosophiebegriff bei José Ortega y Gasset“, in: *Allgemeine Zeitschrift für Philosophie.* 9, Heft 3, (1984), S. 1-20; Javier San Martín: „Der Lebensbegriff bei Ortega y Gasset“, in: Hans Rainer Sepp und Ichiro Yamaguchi (Hrsg.): *Leben als Phänomen*, Königshausen und Neumann 2006, S. 141-148。關於他在戰後的影響，見：Frauke Jung-Lindemann: *Zur Rezeption des Werkes von José Ortega y Gasset in den deutschsprachigen Ländern. Unter besonderer Berücksichtigung des Verhältnisses von philosophischer und populärer Rezeption in Deutschland nach 1945*, Lang 2001; Astrid Wagner und José María Ariso (Hrsg.): *Rationality Reconsidered: Ortega y Gasset and Wittgenstein on Knowledge, Belief, and Practice,* De Gruyter 2016。

普列漢諾夫的生平，見：Michail Jowtschuk und Irina Kurbatowa: *Georgi Plechanow. Eine Biographie*, Dietz 1983: Detlef Jena: *Georgi Walentinowitsch Plechanow. Historisch-politische Biographie*, Deutscher Verlag der Wissenschaften 1989。其他關於普列漢諾夫的著作，見：Thies Ziemke: *Marxismus und Narodni□estvo. Entstehung und Wirken der Gruppe „Befreiung der Arbeit“*, Lang 1980; Predrag M. Grujić: *□i□erin, Plechanow und Lenin. Studien zur Geschichte des Hegelianismus in Russland*, Fink 1985; Richard Lorenz: „Georgi Walentinowitsch Plechanow“, in: Walter Euchner (Hrsg.): *Klassiker des Sozialismus*, C. H. Beck 1991, S. 251-263。

關於柯爾施，見：Douglas Kellner (Hrsg.): *Karl Korsch: Revolutionary Theory*, University of Texas Press 1977; Wolfgang Zimmermann: *Korsch zur Einführung*, Soak 1978; Michael Buckmiller (Hrsg.): *Zur Aktualität von Karl Korsch*, Europäische Verlagsanstalt 1981; Gregor Kritidis (Hrsg.): *Zur Aktualität von Karl Korsch und seine Bedeutung für die Entwicklung der sozialistischen Linken*, Loccumer Initiative kritischer Wissenschaftler und Wissenschaftlerinnen 2013。

葛蘭西的「作品」，見：ders.: *Gefängnishefte*, 10 Bde., Argument 1991 ff. (Neuauflage 2012)。關於葛蘭西的生平，見：Giuseppe Fiori: *Das Leben des Antonio Gramsci. Eine Biographie*, Rotbuch 2013。關於葛蘭西思想的導論，見：Mario Candeias, Florian Becker, Janek Niggemann und Anne Steckner: *Gramsci lesen! Einstieg in die Gefängnishefte*, Argument 2013; Thomas Barfuss und Peter Jehle: *Antonio Gramsci zur Einführung*. Junius 2021, 3. Aufl.; Johannes Bellermann: *Gramscis politisches Denken. Eine Einführung*, Schmetterling 2021。其他關於葛蘭西的著作，見：Luciano Gruppi: Gramsci, *Philosophie der Praxis und die Hegemonie des Proletariats*, VSA 1977; Karin Priester: *Studien zur Staatstheorie des italienischen Marxismus. Gramsci und Della Volpe*, Campus 1981; Franz Kaminski, Heiner Karuscheit, Klaus Winter u. a.: *Antonio Gramsci, Philosophie und Praxis. Grundlagen und Wirkungen der Gramsci-Debatte*, Sendler 1982; Ernst Wimmer: *Antonio Gramsci und die Revolution*, Globus 1984; Ulrich Schreiber: *Die politische Theorie Antonio Gramscis*, Argument 1990; Sabine Kebir: *Antonio Gramscis Zivilgesellschaft*, VSA 1991; Harald Neubert: *Antonio Gramsci. Hegemonie, Zivilgesellschaft, Partei: Eine Einführung*, VSA 2022, 2. Aufl.; Theo Votsos: *Der Begriff der Zivilgesellschaft bei Antonio Gramsci*, Argument 2001; Sonja Buckel und Andreas Fischer-Lescano (Hrsg.): *Hegemonie gepanzert mit Zwang. Zivilgesellschaft und Politik im Staatsverständnis Antonio Gramscis*, Nomos 2007; Andreas Merkens und Victor Rego Diaz (Hrsg.): *Mit Gramsci arbeiten. Texte zur politisch-praktischen Aneignung Antonio Gramscis*, Argument 2007; Domenico Losurdo: *Der Marxismus Antonio Gramscis. Von der Utopie zum „kritischen Kommunismus“*, VSA 2012, 2. Aufl.; Alastair Davidson: Antonio Gramsci: *Towards an Intellectual Biography*, Haymarket 2018.

藝術和救贖

克羅齊的作品，見：ders.: *Philosophie des Geistes*, 4 Bde., Mohr-Siebeck 1929/1930。其他德文版作品，見：ders.: *Die Geschichte auf den allgemeinen Begriff der Kunst gebracht*, Meiner 1984; ders. *Was ist die Kunst?,* Alexander Verlag 1987。關於克羅齊的研究，見：Karl-Egon Lönne: *Benedetto Croce. Vermittler zwischen deutschem und italienischem Geistesleben*, Francke 2002; Sarah Dessì Schmid: *Ernst Cassirer und Benedetto Croce. Die Wiederentdeckung des Geistes. Ein Vergleich ihrer Sprachtheorien*, Francke 2005; Domenico Conte: *Weltgeschichte und Pathologie des Geistes. Benedetto Croce zwischen historischem Denken und Krise der Moderne*, Leipziger Universitätsverlag 2007; Giusi Furnari Luvarà und Santi Di Bella (Hrsg.): *Benedetto Croce und die Deutschen,* Academia 2011; Vincenzo Pirro: *Filosofia e Politica in Benedetto Croce*, CreateSpace 2018; A. Robert Caponigri: *History and Liberty: The Historical Writings of Benedetto Croce*, Routledge 2018。關於克羅齊的美學，見：Robert Zimmer: *Einheit und Entwicklung in Benedetto Croces Ästhetik. Der Intuitionsbegriff und seine Modifikationen (1985)*, Neuaufl. Lang 2011。關於克羅齊和法西斯主義的關係，見：Fabio Fernando Rizi: *Benedetto Croce and Italian Fascism*, University of Toronto Press 2003; Manfred Thiel: *Benedetto Croce. Italien am Vorabend des Faschismus. Eine analytische Darstellung.* Elpis 2003。

穆齊爾的主要小說，見：ders.: *Der Mann ohne Eigenschaften*, Rowohlt 2014, 7. Aufl.。穆齊爾的生平，見：Karl Corino: *Robert Musil. Leben und Werk in Bildern und Texten,* Rowohlt 1988; ders.: *Robert Musil. Eine Biographie*, Rowohlt 2003。關於穆齊爾的文學批評，見：Dietrich Hochstätter: *Sprache des Möglichen. Stilistischer Perspektivismus in Robert Musils „Mann ohne Eigenschaften“*, Athenäum 1972; Dieter Fuder: *Analogiedenken und anthropologische Differenz. Zu Form und Funktion der poetischen Logik in Robert Musils Roman „Der Mann ohne Eigenschaften",* München 1979. Roger Willemsen: *Robert Musil. Vom intellektuellen Eros,* Piper 1985; Sibylle Deutsch: *Der Philosoph als Dichter. Robert Musils Theorie des Erzählens*, Röhrig 1993, Matthias Luserke-Jaqui: *Robert Musil*, Metzler 1995; Richard David Precht: *Die gleitende Logik der Seele. Ästhetische Selbstreflexivität in Robert Musils DMoE*, Metzler-Poeschel 1996; Inka Mülder-Bach: *Robert Musil. Der Mann ohne Eigenschaften. Ein Versuch über den Roman*, Hanser 2013。

盧卡奇的作品，見：ders.: *Werke*, 18 Bde., Luchterhand 1962-1986。二〇〇九年由 Aisthesis-Verlag 出版新版全集。注釋版選集，見：Rüdiger Dannemann und Axel Honneth: *Ästhetik, Marxismus, Ontologie. Ausgewählte Texte*, Suhrkamp 2021。關於盧卡奇的生平和作品，見：Fritz J. Raddatz: *Georg Lukács in Selbstzeugnissen und Bilddokumenten,* Rowohlt 1972; Agnes Heller, Ferenc Feher, György Márkus u. a.: *Die Seele und das Leben. Studien zum frühen Lukács*, Suhrkamp 1977; Ursula Apitzsch: *Gesellschaftstheorie und Ästhetik bei Georg Lukács bis 1933*, Frommann-Holzboog 1977; Ernst Keller: *Der junge Lukács. Antibürger und wesentliches Leben. Literatur- und Kulturkritik 1902-1915,* Sendler 1984; Michael Grauer: *Die entzauberte Welt. Tragik und Dialektik der Moderne im frühen Werk von Georg Lukács*, Hain 1985; István Hermann: *Georg Lukács. Sein Leben und Wirken*, Böhlau 1986; László Sziklai: *Georg Lukács und seine Zeit 1930-1945*, Böhlau 1986; Udo Bermbach und Günther Trautmann (Hrsg.): *Georg Lukács. Kultur - Politik - Ontologie,* Westdeutscher Verlag 1987; Manfred Buhr und József Lukács (Hrsg.): *Geschichtlichkeit und Aktualität. Beiträge zum Werk und Wirken von Georg Lukács*, Akademie-Verlag 1987; Rüdiger Dannemann: *Georg Lukács. Jenseits der Polemiken. Beiträge zur Rekonstruktion seiner Philosophie*, Sendler 1986; ders.: *Das Prinzip Verdinglichung. Studie zur Philosophie Georg Lukács'*, Sendler 1987; ders.: *Georg Lukács zur Einführung*, Junius 1997; Werner Jung:

Georg Lukács. Eine Einführung, Metzler 1989; Stuart Sim: *Georg Lukács.* Harvester Wheatsheaf 1994; Frabk Engster u. a. (Hrsg.): *Klasse. Geschichte. Bewusstsein. Was bleibt von Georg Lukács' Theorie?,* Verbrecher Verlag 2015。

布洛赫的作品，見：ders.: *Gesamtausgabe in 16 Bänden*, Suhrkamp 1985。關於布洛赫的生平和思想，見：Vincent Geoghegan: *Ernst Bloch*, Routledge 1996; Arno Münster: *Ernst Bloch. Eine politische Biographie*, Philo und Philo 2004。關於布洛赫的哲學，見：Jürgen Habermas: „Ernst Bloch. Ein marxistischer Schelling" (1960), in: Jürgen Habermas: *Politik, Kunst und Religion. Essays über zeitgenössische Philosophen,* Reclam 2006, 2. Aufl.; Detlef Horster, Thomas Leithäuser, Oskar Negt, Joachim Perels und Jürgen Peters (Hrsg.): *Ernst Bloch zum 90. Geburtstag. Es muss nicht immer Marmor sein*, Wagenbach 1975; Rainer Hoffmann: *Montage im Hohlraum. Zu Ernst Blochs „Spuren"*, Bouvier 1977; Burghart Schmidt: *Seminar: Zur Philosophie Ernst Blochs*, Suhrkamp 1983; Burghart Schmidt: *Ernst Bloch*, Metzler 1985; Peter Zudeick: *Der Hintern des Teufels. Ernst Bloch - Leben und Werk*, Elster 1985; Gvozden Flego und Wolfdietrich Schmied-Kowarzik (Hrsg.): *Ernst Bloch - Utopische Ontologie*, Germinal 1986; Christina Ujma: *Ernst Blochs Konstruktion der Moderne aus Messianismus und Marxismus. Erörterungen mit Berücksichtigung von Lukács und Benjamin,* Metzler 1995; Detlef Horster: *Ernst Bloch. Eine Einführung*, Panorama 2005; Gert Ueding: *Utopie in dürftiger Zeit. Studien über Ernst Bloch,* Königshausen & Neumann 2009; ders.: *Wo noch niemand war. Erinnerungen an Ernst Bloch*, Klöpfer & Meyer 2016; Hans Heinz Holz und Ernst Bloch: *System und Fragment*, Cornelius 2010; Beat Dietschy, Doris Zeilinger und Rainer E. Zimmermann (Hrsg.): *Bloch-Wörterbuch. Leitbegriffe der Philosophie Ernst Blochs*, De Gruyter 2012; Hans-Ernst Schiller (Hrsg.): *Staat und Politik bei Ernst Bloch*, Nomos 2016; Hanna Gekle: *Der Fall des Philosophen. Eine Archäologie des Denkens am Beispiel von Ernst Bloch*, Klostermann

2019。

克拉考爾的著作，見：ders.: *Werke*, 9 Bde., Suhrkamp 2004 ff.。關於克拉考爾的生平和思想，見：Inka Mülder-Bach: *Siegfried Kracauer - Grenzgänger zwischen Theorie und Praxis. Seine frühen Schriften 1913-1933,* Metzler 1985; Ingrid Belke und Irina Renz: „Siegfried Kracauer 1889-1966", in: *Marbacher Magazin* 47(1988); Momme Brodersen: *Siegfried Kracauer*, Rowohlt 2001; Gertrud Koch: *Siegfried Kracauer zur Einführung*, Junius 2012, 2. Aufl.; Jörg Später: *Siegfried Kracauer. Eine Biographie*, Suhrkamp 2016。關於克拉考爾的其他研究，見：Michael Kessler und Thoma Y. Levin: *Siegfried Kracauer. Neue Interpretationen*, Stauffenburg 1989; Jörn Ahrens u. a. (Hrsg.): *„Doch ist das Wirkliche auch vergessen, so ist es darum nicht getilgt". Beiträge zum Werk Siegfried Kracauers*, VS 2017; Attilio Bruzzone: *Siegfried Kracauer e il suo tempo (1903-1925). Il confronto con Marx, Simmel, Lukács, Bloch, Adorno, alle origini del pensiero critico,* Mimesis 2020。關於克拉考爾的歷史哲學，見：Tobias F. Korta: *Geschichte als Projekt und Projektion. Walter Benjamin und Siegfried Kracauer zur Krise des modernen Denkens,* Lang 2001; Stephanie Baumann: *Im Vorraum der Geschichte. Siegfried Kracauers „History - The Last Things Before the Last"*, Konstanz University Press 2014。

班雅明的作品，見：ders.: *Gesammelte Schriften*, 7 Bde. und 3 Supplement-Bände in 17 Bänden, Suhrkamp 1972-1999。一九九一年出版平裝本修訂版。關於班雅明的生平和思想，見：Bernd Witte: *Walter Benjamin. Mit Selbstzeugnissen und Bilddokumenten*, Rowohlt 1985; Werner Fuld: *Walter Benjamin. Eine Biographie,* Rowohlt 1990; Momme Brodersen: *Walter Benjamin. Leben, Werk, Wirkung,* Suhrkamp 2005; Burkhardt Lindner (Hrsg.): *Benjamin Handbuch. Leben - Werk - Wirkung,* Metzler 2006; Sven Kramer: *Walter Benjamin zur Einführung*, Junius 2010, 3. Aufl.; Eli Friedlander: *Walter Benjamin. Ein philosophisches Porträt*, C. H. Beck 2013; Uwe-

Karsten Heye: *Die Benjamins. Eine deutsche Familie*, Aufbau 2014; Howard Eiland und Michael W. Jennings: *Walter Benjamin: A Critical Life,* Harvard University Press 2014; Lorenz Jäger: *Walter Benjamin. Das Leben eines Unvollendeten*, Rowohlt 2017; Ansgar Lorenz und Antonio Roselli: *Walter Benjamin. Philosophie für Einsteiger*, Fink 2017; Howard Eiland und Michael W. Jennings: *Walter Benjamin. Eine Biographie*, Suhrkamp 2020。關於班雅明的文獻，見：Rolf Tiedemann: *Studien zur Philosophie Walter Benjamins. Mit einer Vorrede von Theodor W. Adorno,* Suhrkamp 1973, 2. Aufl.; ders.: *Dialektik im Stillstand. Versuche zum Spätwerk Walter Benjamins*, Suhrkamp 1983; Jürgen Habermas: „Bewußtmachende oder rettende Kritik. Die Aktualität Walter Benjamins" (1972), in: ders.: *Politik, Kunst und Religion. Essays über zeitgenössische Philosophen*, Reclam 2006, 2. Aufl., S. 48-95; Heinz Schlaffer: „Denkbilder. Eine kleine Prosaform zwischen Dichtung und Gesellschaftstheorie", in: Wolfgang Kuttenkeuler (Hrsg.): *Poesie und Politik. Zur Situation der Literatur in Deutschland,* Kohlhammer 1973, S. 137-152; Birgit Recki: *Aura und Autonomie. Zur Subjektivität der Kunst bei Walter Benjamin und Theodor W. Adorno*, Königshausen und Neumann 1988; Ralf Konersmann: *Erstarrte Unruhe. Walter Benjamins Begriff der Geschichte*, S. Fischer 1991; Detlev Schöttker: *Konstruktiver Fragmentarismus. Form und Rezeption der Schriften Walter Benjamins*, Suhrkamp 1999; Michael Opitz und Erdmut Wizisla (Hrsg.): *Benjamins Begriffe*, 2 Bde., Suhrkamp 2000; Eric Jacobson: *Metaphysics of the Profane: The Political Theology of Walter Benjamin and Gershom Scholem*, Columbia University Press 2003; Sigrid Weigel: *Walter Benjamin. Die Kreatur, das Heilige*, die Bilder, S. Fischer 2008; dies. und Daniel Weidner (Hrsg.): *Benjamin-Studien* 3, Fink 2014; Jean-Michel Palmier: *Walter Benjamin. Lumpensammler, Engel und bucklicht Männlein. Ästhetik und Politik bei Walter Benjamin*, Suhrkamp 2009; Wolfgang Bock: *Vom Blickwispern der Dinge. Sprache. Erinnerung und Ästhetik bei Walter Benjamin.*

Vorlesungen in Rio de Janeiro 2007, Königshausen & Neumann 2010。

和語言搏鬥

羅素的主要哲學著作德文版，見：ders. und Alfred North Whitehead: *Principia Mathematica*, Suhrkamp 2002; ders: *Probleme der Philosophie*, Suhrkamp 1967; ders.: *Unser Wissen von der Außenwelt*, Meiner 2004; ders.: *Einführung in die mathematische Philosophie*, Meiner 2006; ders.: *Die Analyse des Geistes*, Meiner 2000; ders.: *Philosophie des Abendlandes. Ihr Zusammenhang mit der politischen und der sozialen Entwicklung*, Anaconda 2012。他的自傳，見：ders.: The *Autobiography of Bertrand Russell*, 3 Bde., George Allen & Unwin 1967-1969; ders.: *Autobiographie*, 2 Bde., Suhrkamp 1972。關於羅素的生平和哲學，見：Alfred J. Ayer: *Bertrand Russell*, München 1973; Ernst Sandvoss: *Bertrand Russell in Selbstzeugnissen und Bilddokumenten*, Rowohlt 1980; Alan Ryan: *Bertrand Russell: A Political Life,* Hill & Wang 1981; Walter Langhammer: *Bertrand Russell*, Pahl-Rugenstein 1983; Ronald W. Clark: *Bertrand Russell. Philosoph, Pazifist und Politiker*, Heyne 1984; Kenneth Blackwell und Harry Ruja: *A Bibliography of Bertrand Russell*, Routledge 1994; Ray Monk: *Bertrand Russell: The Spirit of Solitude 1872-1920*, Free Press 1996; ders.: *Bertrand Russell: The Ghost of Madness 1921-1970,* Free Press 2001; Denis Vernant: *Bertrand Russell*, Garnier-Flammarion 2003; Christian Mueller-Goldingen: *Bertrand Russell. Studien zu seinem philosophischen Werk*, LIT 2013。

謨爾的著作選集，見：ders.: *Selected Writings*, Routledge 2013。謨爾的晚期著作，見：ders.: *Some Main Problems of Philosophy,* Routledge 2004。關於謨爾的研究，見：René Daval: *Moore et la philosophie analytique*, Presses Universitaires de France 1997; Bert Heinrichs: *George Edward Moore zur Einführung*, Junius 2019。

維根斯坦的著作，見：ders.: *Gesammte Werkausgabe in 8 Bänden*, Suhrkamp

1984。關於維根斯坦的生平和思想，見：Peter M. S. Hacker: *Einsicht und Täuschung*, Suhrkamp 1978; ders.: *Wittgenstein im Kontext der analytischen Philosophie*, Suhrkamp 1997; Josep-Maria Terricabras: *Ludwig Wittgenstein. Kommentar und Interpretation*, Alber 1978; Wolfgang Carl: *Sinn und Bedeutung. Studien zu Frege und Wittgenstein*, Hain 1982; Norman Malcolm: *Erinnerungen an Wittgenstein*, Suhrkamp 1987; Ray Monk: Wittgenstein. *Das Handwerk des Genies (1991)*, Klett-Cotta 2004, 2. Aufl. 2022; Brian F. McGuinness: *Wittgensteins frühe Jahre*, Suhrkamp 1992; Kurt Wuchterl und Adolf Hübner: *Wittgenstein. Mit Selbstzeugnissen und Bilddokumenten*, Rowohlt 1998; Joachim Schulte: *Ludwig Wittgenstein. Leben. Werk. Wirkung*, Suhrkamp 2005。關於維根斯坦的哲學，見：Anthony Kenny: *Wittgenstein*, Suhrkamp 1987; Wilhelm Vossenkuhl: *Ludwig Wittgenstein*, C. H. Beck 1995; Merrill B. Hintikka und Jaakko Hintikka: *Untersuchungen zu Wittgenstein,* Suhrkamp 1996; Anthony Clifford Grayling: *Wittgenstein*, Herder 1999; Chris Bezzel: *Wittgenstein zur Einführung*, Junius 2000; Hans-Johann Glock: *Wittgenstein-Lexikon*, Wissenschaftliche Buchgesellschaft 2000; Joachim Schulte: *Wittgenstein. Eine Einführung*, Reclam 2001, Ludwig Nagl und Chantal Mouffe (Hrsg.): *The Legacy of Wittgenstein: Pragmatism or Deconstruction,* Peter Lang 2001; Kai Buchholz: *Ludwig Wittgenstein*, Campus 2006; Richard Raatzsch: *Ludwig Wittgenstein zur Einführung*, Junius 2008; Gunter Gebauer, Fabian Goppelsröder und Jörg Volbers (Hrsg.): *Wittgenstein - Philosophie als „Arbeit an Einem selbst“*, Fink 2009; Georg Römpp: *Ludwig Wittgenstein. Eine philosophische Einführung*, UTB 2010; Hans Jürgen Heringer: *„Ich wünschte, 2×2 wäre 5!“ Ludwig Wittgenstein. Eine Einführung*, Königshausen & Neumann 2019。

玻璃杯裡的蒼蠅

維也納學圈的重要思想家的著作，見：Otto Neurath, Rudolf Carnap und Charles Morris (Hrsg.): *Foundations of the Unity of Science: Toward an International Encyclopedia of Unified Science*, 2 Bde., Chicago University Press 1971; Otto Neurath: *Gesammelte philosophische und methodologische Schriften*, 2 Bde., Hölder-Pichler-Tempsky 1981; Moritz Schlick: *Lebensweisheit. Versuch einer Glückseligkeitslehre. Fragen der Ethik (1908/1930)*, Springer 2006; ders.: *Die Wiener Zeit. Aufsätze, Beiträge, Rezensionen 1926-1936,* Springer 2008; ders.: *Allgemeine Erkenntnislehre (1918/1925)*, Springer 2009; Rudolf Carnap: *Logische Syntax der Sprache (1934)*, Springer 1968; ders.: *Mein Weg in die Philosophie (1963)*, Reclam 1993; ders.: *Der logische Aufbau der Welt (1928)*, Meiner 1998; ders.: *Scheinprobleme in der Philosophie und andere metaphysikkritische Schriften*, Meiner 2004。關於維也納學圈宣言，見：Friedrich Stadler und Thomas Uebel (Hrsg.): *Wissenschaftliche Weltauffassung. Der Wiener Kreis (1929),* Reprint der Erstausgabe, Springer 2012。維也納學圈選集，見：Michael Stöltzner und Thomas Uebel (Hrsg.): *Wiener Kreis. Texte zur wissenschaftlichen Weltauffassung von Rudolf Carnap, Otto Neurath, Moritz Schlick, Philipp Frank, Hans Hahn, Karl Menger, Edgar Zilsel und Gustav Bergmann*, Meiner 2006; Christian Damböck: *Der Wiener Kreis. Ausgewählte Texte*, Reclam 2013。其他關於維也納學圈的研究，見：Victor Kraft: *Der Wiener Kreis. Der Ursprung des Neopositivismus (1950),* Springer 1997, 3. Aufl.; Nicholas Rescher (Hrsg.): *The Heritage of Logical Positivism,* University Press of America 1985; Richard von Mises: *Kleines Lehrbuch des Positivismus. Einführung in die empiristische Wissenschaftsauffassung*, Suhrkamp 1990; Rudolf Haller und Friedrich Stadler (Hrsg.): *Wien - Berlin - Prag. Der Aufstieg der wissenschaftlichen Philosophie*, Hölder-Pichler-

Tempsky 1993; Rudolf Haller: *Neopositivismus. Eine historische Einführung in die Philosophie des Wiener Kreises,* Wissenschaftliche Buchgesellschaft 1993; Ronald N. Giere und Alan W. Richardson (Hrsg.): *Origins of Logical Empiricism,* University of Minnesota Press 1996; Nancy Cartwright, Jordi Cat, Lola Fleck und Thomas E. Uebel: *Otto Neurath. Philosophy between Science and Politics*, Cambridge University Press 1996; Friedrich Stadler: *Studien zum Wiener Kreis. Ursprung, Entwicklung und Wirkung des Logischen Empirismus im Kontext*, Suhrkamp 1997, Springer 2015, 2. Aufl.; Manfred Geier: Der *Wiener Kreis*, Rowohlt 1998; Michael Friedman: *Reconsidering Logical Positivism*, Cambridge University Press 1999; Thomas Mormann: *Rudolf Carnap*, C. H. Beck, 2000; Alan Richardson und Thomas Uebel (Hrsg.): *The Cambridge Companion to Logical Empiricism*, Cambridge University Press 2007; Karl Sigmund: *Sie nannten sich Der Wiener Kreis. Exaktes Denken am Rand des Untergangs*, Springer 2015。

柯靈烏的德文版著作，見：ders.: *Denken. Eine Autobiographie. Eingeleitet von Hans-Georg Gadamer*, Koehler 1955; ders.: *Philosophie der Geschichte*, Kohlhammer 1955, ders.: *Die Idee der Natur. Mit einem Nachwort von Axel Honneth*, Suhrkamp 2005。自傳英文版增補了關於其生平和哲學的研究，見：David Boucher und Teresa Smith: *R. G. Collingwood: An Autobiography & Other Writings*, Oxford University Press 2013。關於柯靈烏的哲學，見：David Boucher: *The Social and Political Thought of R. G. Collingwood*, Cambridge University Press 1989; William H. Dray: *History as Re-enactment. R. G. Collingwood's Idea of History*, Clarendon Press 1995; Peter Johnson: *R. G. Collingwood: An Introduction,* Thoemmes Press 1998; Giuseppina D'Oro: *Collingwood and the Metaphysics of Experience,* Routledge 2002; Jan van der Dussen: *History as a Science: The Philosophy of R. G. Collingwood*, Springer, 2012。

艾爾的著作德文版，見：ders.: *Sprache, Wahrheit und Logik*, Reclam 1970; ders.: *Bertrand Russell*, dtv 1973; ders.: *Die Hauptfragen der Philosophie*, Piper 1976。艾爾的傳記，見：Ben Rogers: *A. J. Ayer: A Life*, Grove Press 2000。其他關於艾爾的研究，見：A. Phillips Griffiths (Hrsg.): *A. J. Ayer: Memorial Essays*, Cambridge University Press 1991; Adam Tamas Tuboly: *The Historical and Philosophical Significance of Ayer's Language, Truth and Logic*, Palgrave Macmillan 2021。

關於維根斯坦和維也納學圈的關係，見：Friedrich Stadler: „Wittgenstein und der Wiener Kreis - Denkstil und Denkkollektiv", in: ders.: *Studien zum Wiener Kreis,* Suhrkamp 1997, S. 467-488。關於維根斯坦後期的哲學，除了上一章所列之外，另見：Reinier F. Beerling: *Sprachspiele und Weltbilder. Reflexionen zu Wittgenstein*, Alber 1980; Wolfgang Kienzler: *Wittgensteins Wende zu seiner Spätphilosophie 1930 bis 1932. Eine historische und systematische Darstellung,* Suhrkamp 2001; Erich Ammereller und Eugen Fischer (Hrsg.): *Wittgenstein at Work: Method in the Philosophical Investigation*, Routledge 2004; Stanley Cavell: *Der Anspruch der Vernunft. Wittgenstein, Skeptizismus, Moral und Tragödie*, Suhrkamp 2006。關於維根斯坦對於心理學的批判態度，見；Michel Ter Hark: *Beyond the Inner and the Outer: Wittgensteins's Philosophy of Psychology*, Kluwer 1990; Alois Rust: *Wittgensteins Philosophie der Psychologie*. Klostermann 1996。

人名索引

Adler, Alfred 阿德勒 90ff.
Adorno, Theodor W. 阿多諾 178, 355, 361, 364, 374, 378f.
Alexander, Samuel 亞歷山大 257f., 264, 441
Alfonso XIII 阿方索十三世 305
Altenberg, Peter 阿騰貝格 282
Anquetin, Louis 安克坦 42
Apelt, Ernst Fricdrich 亞培特 182
Apollinaire, Guillaume 阿波里奈爾 21f., 24
Aquin, Thomas von 聖多瑪斯 280, 396
Aragon, Louis 阿拉貢 373
Arendt, Hannah 漢娜・鄂蘭 214, 311
Aristoteles 亞里斯多德 63, 180, 207f., 215f., 221, 237, 270, 275, 277, 421
Arntz, Gerd 安茨 419
Austin, John Langshaw 奧斯丁 466
Avenarius, Richard 阿芬那留斯 122, 133, 156, 422
Ayer, Alfred Jules 艾爾 455f.
Bachmann, Ingeborg 巴赫曼 459
Bahr, Hermann 巴爾 282
Bain, Alexander 拜恩 415
Bakunin, Michail 巴枯寧 312
Balázs, Béla 巴拉茲 344
Ball, Hugo 巴爾 368
Balzac, Honoré de 巴爾札克 370
Bataille, Georges 巴塔耶 17, 379
Bauch, Bruno 鮑赫 165, 424
Baudelaire, Charles 波特萊爾 370, 378
Beaufret, Jean 博弗雷 240
Beckett, Samuel 貝克特 356
Bell, Clive 貝爾 395
Beneke, Friedrich Eduard 貝內克 119
Benjamin, Walter 班雅明 14-18, 296, 355, 358, 367-379, 403, 411, 430
Benoist, Alain de 伯努瓦 327
Bentham, Jeremy 邊沁 140
Bergson, Henri 柏格森 10-14, 26f., 37-42, 44-70, 73f., 87,: 91, 113f, 120, 130, 134ff., 139, 145, 148, 150, 174, 189f. 203-207, 212, 220f., 228,

258 ff., 266, 273, 288, 291, 293, 332, 338, 340, 351, 358, 373,433
Berkeley, George 柏克萊 417, 438
Bernays, Martha 瑪莎 75
Bernheim, Hippolyte 伯恩漢 75
Bernstein, Eduard 艾德華・伯恩斯坦 313f.
Beuys, Joseph 約瑟夫・博伊斯 334
Black, Dora 多拉・布雷克 414
Bloch, Ernst 恩斯特・布洛赫 14-17, 350-358, 361, 363ff., 370, 374, 403, 411ff., 430
Blondel, Maurice 布隆德 10, 279ff.
Böhme, Jakob 波美 282
Boltzmann, Ludwig 茨曼 420
Boutroux, Émile 博特羅 43f.
Bradley, Francis Herbert 布萊德利 257ff, 264, 266, 329,388f., 437
Brâncușis, Constantin 布朗庫西 238
Braque, Georges 布拉克 24, 26f. 42, 398
Brecht, Bertolt 布萊希特 173, 314, 355, 374, 378
Brentano, Franz 布倫塔諾 11, 14, 74, 76, 111, 116-119, 124, 126, 128, 187, 199, 279, 420, 429, 460, 463
Breuer 布洛伊 76, 109, 187
Breuer, Josef 布洛伊 76
Broca, Paul 布洛卡 53f.
Broch, Hermann 赫曼・布若赫 341
Brücke, Ernst Wilhelm von 布呂克 74, 187
Buber, Martin 馬丁・布伯 17, 281-286, 288, 311, 361, 403
Bultmann, Rudolf 魯道夫・布特曼 214, 226

Cairns, Dorion 凱恩斯 150
Cantor, Georg 康托爾 386
Carlyle, Thomas 卡萊爾 179
Carnap, Rudolf 卡納普 18, 168,419, 423-432, 434f., 453
Carus, Carl Gustav 卡魯斯 73
Cassirer, Ernst 卡西勒 163f., 163-182, 184, 188ff., 192f., 212, 226, 228f, 237, 245f, 249, 260, 272, 333, 340, 362, 389, 411
Cavell, Stanley 卡維爾 366
Cervantes, Miguel de 塞萬提斯 343
Cézanne, Paul 塞尚 21, 23
Charcot, Jean-Martin 夏柯 75, 77

Chomsky, Noam 杭士基 464
Cicero, Marcus Tullius 西塞羅 438
Cohen, Hermann 柯亨 163f., 167, 272, 283f. 306f., 313, 351, 354, 389
Collingwood, Robin Gcorge 柯靈烏 11, 14, 331, 437-441, 443-451, 458, 465
Comte, August 孔德 96
Comte, Auguste 孔德 43, 108, 296f., 299, 303
Cousin, Victor 庫桑 43, 62
Couturat, Louis 庫特拉 10
Cramer, Wolfgang 沃夫岡・克拉默 194
Croce, Benedetto 克羅齊 11, 14, 317, 328-335, 337, 343, 345, 366f, 402, 438, 446f.
Crouch, Colin 科林・克勞奇 302
Curie, Marie 瑪麗・居禮／居禮夫人 10
Curie, Pierre 皮耶・居禮 10
Cuvier, Georges 居維葉 319

Damásio, António 達馬吉歐 138
Darwin, Charles 達爾文 21, 42, 44, 60ff., 72f., 98, 104, 154, 213,421
Debussy, Claude 德布西 42
Degas, Fdgar 竇加 42
Derain, André 德蘭 24
Descartes, René 笛卡兒 115, 130, 148, 164,215, 307
Dewey, John 杜威 375f., 436
Diamond, Cora 寇拉・戴蒙 413
Dilthey, Wilhelm 狄爾泰 11, 129, 133 146, 174, 203, 211, 225, 233, 247, 282, 308, 344, 402
Dongen, Kees van 梵東恩 42
Dostojewski, Fjodor 杜思妥也夫斯基 343
Doucet, Jacques 杜謝 28
Dreyfus, Alfred 德雷弗斯 290
Driesch, Hans 杜里舒 13, 61, 63, 222, 273, 351
Dummett, Michael 譚美特 401
Durkheim, Émile 11, 22, 69f, 93, 95, 181, 297, 299

Ebbinghaus, Hermann 涂爾幹 247
Ebner, Ferdinand 艾伯納 284f.
Ehrenreich, Lili 莉莉・艾倫萊希 364
Eichler, Willi 威利・艾希勒 186

Eimer, Theodor 艾默 61
Einstein, Albert 愛因斯坦 10, 23, 68, 175, 186, 260, 421
Eisler, Hanns 漢斯・艾斯勒 355
El Greco (Doménikos Theotokópoulos) 葛雷柯 22
Elea, Zenon von 芝諾 44
Eliot, T. S. 艾略特 249
Engels, Friedrich 恩格斯 233f., 319, 321 ff., 347
Englert, Ludwig 英格勒特 176
Erfurt, Thomas von 多瑪斯 196f., 199f.
Eucken, Rudolf 倭鏗 67,133
Exner, Sigmund 艾克斯納 187

Faraday, Michael 法拉第 163
Fauré, Gabriel 佛瑞 42
Fechner, Gustav Theodor 費希納 46
Feigl, Herbert 費格爾 427
Ferrier, David 費里爾 3f.
Feuerbach, Ludwig 費爾巴哈 105, 135
Fichte, Johann Gottlicb 費希特 102, 136f.
Filangieri, Gactano 費蘭傑里 329
Fink, Eugen 奧伊根・芬克 145
Fließ, Wilhelm 傅利斯 76, 78
Foerster, Heinz von 佛斯特 162
Forberg, Friedrich Karl 佛貝格 161
Ford, Henry 亨利・福特 324
Foucault, Michel 傅柯 181, 331, 366, 450
Franco, Francisco 佛朗哥 306, 310
Frazer, James George 弗雷澤 93ff.
Frege, Gottlob 弗列格 119, 123f., 130, 383-388, 399 ff., 405, 409f., 412, 424ff., 454
Freud, Sigmund 佛洛伊德 10, 12, 16, 22f., 37f., 71-100, 103-111, 120, 126, 134, 160, 187, 211, 260, 279, 299f., 308, 420, 457
Fries, Jakob Friedrich 弗里斯 182f.
Frost, Robert 佛洛斯特 249
Furtwängler, Märit 梅莉・福特萬格勒 134

Gadamer, Hans-Georg 高達美 214
Galilei, Galileo 伽利略 146, 148

Gauguin, Paul 高更 22
Gaultier, Jules de 戈提爾 2
Geertz, Clifford 紀爾茲 181
Gennep, Arnold van 梵亨內普 22

Gentile, Giovanni 詹提勒 335
George, Stefan 格奧爾格 67, 344
Geyser, Joseph 約瑟夫・蓋瑟 201
Glasersfeld, Ernst von 格拉瑟斐 162
Gleizes, Albert 格列茲 27
Gobineau, Arthur 戈比諾 179
Gödel, Kurt 哥德爾 397,419
Gogh, Vincent van 梵谷 17, 237f.
Goodman, Nelson 顧德曼 181
Gould, Stcephen Jay 古爾德 155
Goya, Francisco de 哥雅 238
Gramsci, Antonio 葛蘭西 16ff., 296, 316-319, 321-325, 327ff., 347, 349, 377, 439, 452, 455
Groddeck, Georg 格羅代克 103
Gurwitch, Aron 顧爾維奇 151
Guyau, Jean-Marie 居友 49f., 66, 87, 249

Haeckel, Ernst 海克爾 37f., 104, 188, 251
Hahn, Hans 漢恩 419f., 424, 436
Hartmann, Eduard von 艾德華・哈特曼 73
Hartmann, Nicolai 尼古萊・哈特曼 13, 18, 214, 270-278, 281, 285, 288, 362, 371, 389, 392, 395
Hartshorne, Charles 哈茨霍恩 270
Hegel, Georg Wilhelm Fried-rich 黑格爾 12, 18, 43, 168, 172, 178, 200, 258, 276, 285, 293, 312, 317, 319, 329ff., 335, 343ff., 347, 372, 383, 398, 438, 449
Heidegger, Martin 海德格 13f., 17f., 128, 145, 149f. 175 ff, 180, 191-194, 196-210, 212-216, 218, 220-242, 245 f., 250, 260, 263, 271ff., 275, 277f. 280, 285, 288f. 294,309, 338, 344f., 348, 354, 358, 362, 368, 371, 389, 429 f.
Herbart, Johann Friedrich 赫爾巴特 329
Hering, Ewald 8 Hessel, Franz 黑林 367
Hilbert, David 希爾伯特 382
Hirschfeld, Magnus 赫胥斐 85
Hitler, Adolf 希特勒 177, 231 f., 237, 378
Hofmannsthal, Hugo von 霍夫曼斯塔 282
Hölderlin, Friedrich 賀德林 236f. 239
Hönigswald, Richard 賀尼斯瓦德 14, 18, 177, 187-194, 212, 229, 246,

272, 288, 389, 435
Horkheimer, Max 霍克海默 178, 358, 365, 374
Hull, Clark L. 赫爾 460
Hume, David 休姆 100, 136, 140, 143, 188, 298, 392f., 400
Husserl, Edmund 胡賽爾 11-15, 18, 111, 113-140, 142-151, 158ff., 164, 167, 170, 173f. 178, 181 f., 187, 189 ff., 199-208, 21 1-217, 221 ff., 227, 229, 232, 241, 245f., 256, 260, 271, 274, 279, 288, 308, 340, 362, 385, 388, 394, 396, 399, 401, 403, 420f., 423, 429,460,463
Husserl, Gerhart 葛哈德・胡賽爾 150
Hutcheson, Francis 哈契森 392

Ibsen, Henrik 易卜生 88
Ingarden, Roman 羅曼・英加登 148, 151
Iser, Wolfgang 伊瑟爾 447

James, William 威廉・詹姆士 13, 50-53, 55, 65, 102f., 131, 136, 148, 159, 166, 189, 245-248, 252f., 257, 260 f., 271, 308, 351,421
Jaspers, Karl 雅斯培 14, 17, 210-214, 231, 239, 288,309 ff.
Jauß, Hans Robert 姚斯 447
Jodl, Friedrich 猶得 282
Johannes Paul II 若望保祿二世 278
Jonas, Hans 漢斯・約拿斯 214, 225, 334
Joyce, James 喬伊斯 67, 173
Jung, Carl Gustav 榮格 91f.

Kafka, Franz 卡夫卡 308,356
Kahnweiler, Daniel-Henry 坎威勒 24, 27
Kandel, Eric 坎德爾 103
Kant, Immanuel 康德 64, 66f., 69, 86, 130, 140, 143, 153-157, 160f., 163f. 168, 174f. 182, 191, 215, 227, 246, 251, 273, 279 ff., 285, 313, 342, 349, 361, 403, 423,429, 454
Kaufmann, Fritz 法蘭茲・考夫曼 151
Kesten, Hermann 赫曼・科斯頓 359
Keynes, John Maynard 凱因斯 383, 395, 452
Kierkegaard, Søren 齊克果 49, 87, 200, 207, 212, 225, 249, 284, 353, 402

Klages, Ludwig 克拉格斯 213, 341
Klee, Paul 保羅・克利 238
Klemperer, Otto 奧托・克倫佩勒 355
Kopernikus, Nikolaus 哥白尼 72 f., 98
Korsch, Karl 柯爾施 296, 314f., 318, 320
Koyré, Alexandre 夸黑 13
Kracauer, Isidor 伊西多・克拉考爾 360
Kracauer, Lili 莉莉・克拉考爾 366
Kracauer, Siegfried 克拉考爾 14-17, 308, 331, 355, 359-367, 370f., 411
Kraus, Karl 克勞斯 89
Kristeller, Paul Oskar 克里斯特勒 366
Kues, Nikolaus von 庫撒努斯 282
Külpe, Oswald 屈爾佩 190, 272, 351
Kun, Béla 貝拉・庫恩 346

Laas, Ernst 拉斯 156
Labriola, Antonio 拉布里奧拉 317
Lācis, Asja 艾莎・拉西斯 374
Lamarck, Jean-Baptiste de 拉馬克 63
Landgrebe, Ludwig 路德維希・朗格列伯 145
Lange, Fricdrich Albert 朗格 156
Langer, Susannc 蘇珊・朗格 180f.
Lask, Emil 拉斯克 189, 344, 351
Le Bon, Gustave 勒龐 16, 99f., 308
Leibniz, Gottfried Wilhelm 萊布尼茲 191, 265, 383f. 400, 415
Lenin, Wladimir lljitsch 列寧 295, 315, 318, 355, 413, 420
Lerroux, Alcjandro 亞歷山大・勒魯斯 306
Levinas, Emanuel 列維納斯 225
Lévinas, Emmanuel 列維納斯 150
Lévy-Bruhl, Lucien 李維布留爾 70
Lewontin, Richard C. 路翁廷 155
Liebmann, Otto 李普曼 133
Lipps, Theodor 李普斯 11, 128, 133ff., 351
Locke, John 洛克 140, 184, 400
Lorenz, Konrad 羅倫茲 278
Lotze, Hcrmann 洛策 14, 170, 247f., 250
Löwenthal, Leo 勒文塔 361, 366
Löwith, Karl 卡爾・勒維特 214, 225
Luhmann, Niklas 盧曼 181, 330
Lukács, Georg 盧卡奇 14, 16ff., 296, 343-353, 374, 403, 411, 413
Lukrez 盧克萊修 44

MacIntyre, Alasdair 麥金泰爾 450

Mach, Ernst 馬 赫 45, 100, 122, 136, 163, 166, 188, 258, 298, 339, 351, 420, 422, 462
Maeterlinck, Maurice 梅特林克 341
Malcolm, Norman 馬爾坎 453
Malraux, André 馬勒侯 365
Mann, Thomas 湯瑪斯・曼 173, 179, 342, 346
Marck, Siegfried 齊格飛・馬克 435
Maréchal, Joseph 馬雷夏 280f.
Marinetti, Filippo Tommaso 馬里內蒂 316
Marx, Karl 馬克思 203, 233f., 290, 292f, 297, 300, 312ff, 317- 324, 328-331, 345, 347f, 354
Masaryk, Tomáš 馬薩里克 116
Matisse, Henri 馬諦斯 21-26, 28, 42
Maura, Antonio 毛拉 305f.
Maurras, Charles 墨哈斯 295
Mauss, Marcel 牟斯 22, 70
Maxwells, James 麥斯威爾 163
McTaggart, John McTaggart Ellis 麥塔格 256 f., 259, 383, 388 f.
Mead, George Herbert 米德 144
Meinong, Alexius 邁農 187f.
Merleau-Ponty, Maurice 梅洛龐蒂 151, 181
Metzinger, Jean 梅欽格 27
Meynert, Theodor 麥涅特 187
Mill, John Stuart 彌爾 382
Mondrian, Piet 蒙德里安 238
Moore, George Edward 謨爾 15, 388 ff., 392-396, 400, 404, 408, 410, 414-417, 438f., 452, 464, 466
Morgan, Conwy Lloyd 摩根 257
Mukařovský, Jan 穆卡洛夫斯基 181, 192
Musil, Robert 穆齊爾 7, 15, 17, 296, 336f., 339-343, 364, 404, 433, 465
Mussolini, Benito 墨索里尼 179, 288, 296, 301, 317, 322, 328, 334f.

Nagel, Thomas 內格爾 433f.
Natorp, Paul 納托普 140, 163f., 190, 208, 214f., 272, 274, 306, 313, 389
Nelson, Lconard 尼爾森 182-187, 246f, 389
Neurath, Otto 諾伊拉特 419f., 424, 432-436
Newton, Issac 牛頓 257, 267

Nietzsche, Friedrich 尼采 25, 49, 66, 73, 78, 91. 128, 130, 158, 174, 203, 239, 249, 251, 278, 282, 308, 338, 340f. 351, 369f. 389, 402
Nishida, Kitarō 西田幾多郎 150, 280

Olivier, Fernande 費南蒂・奧利弗 22
Ortegay Gasset, José 奧德嘉・賈塞特 11, 16, 28, 306-311, 327, 377
Ossietzky, Carl von 奧西茨基 359

Pappenheim, Bertha 貝塔 76
Pareto, Vilfredo Federico 帕雷托 296-302, 309, 314, 316, 323
Parsons, Talcott 派深思 181, 302
Pasteur, Louis 巴斯德 53
Paul, Jean 讓・保羅 86
Peano, Giuseppe 皮亞諾 10, 382, 386
Peirce, Charles Sanders 皮爾斯 47, 143f., 159, 166, 171, 434, 452
Pfänder, Alexander 普芬德 133
Piaget, Jean 皮亞傑 162
Picasso, Pablo 畢卡索 20-28, 42, 304, 398
Pillon, François 皮庸 50
Piotrkowska, Karola 卡蘿拉 356
Pius X 庇護十世 278f.
Planck, Max 普朗克 10, 421
Platon 柏拉圖 66, 97, 230, 237, 251, 267f., 275, 285, 400
Plechanow, Georgi Walentino-witsch 普列漢諾夫 312-315, 318, 323, 347, 355
Plessner, Helmuth 普列斯納 177f., 222-225, 228
Plotin 普羅丁 62f.
Poincaré, Henri 朋加雷 10
Popper, Karl 卡爾・波普 434
Proudhon, Pierre-Joseph 蒲魯東 290f.
Proust, Marcel 普魯斯特 42, 66, 370

Ramsey, Frank Plumpton 蘭姆西 427, 434, 452
Ravaisson-Mollien, Félix 莫利安 43f.
Ravel, Maurice 拉威爾 42
Reich-Ranicki, Marcel 拉尼基 342
Reik, Theodor 萊克 89
Reinke, Johannes 蘭克 61
Renan, Ernest 勒南 43
Renouvier, Charles-Bernard 荷努維耶 50,

55,136
Ribot, Theódule Armand 里博 53f., 57
Ricardo, David 李嘉圖 319
Rickert, Heinrich 里克特 67, 132, 146, 189, 344, 351, 389
Riehl, Alois 里爾 188
Rilke, Rainer Maria 里爾克 42, 308
Rivera, Miguel Primo de 普里莫德里維拉 305, 310
Rolland, Romain 羅曼・羅蘭 106f.
Röntgen, Wilhelm Conrad 倫琴 10
Rosenzweig, Franz 羅森茨威格 283f., 361
Roth, Joseph 約瑟夫・羅特 358
Royce, Josiah 羅益世 246 ff., 253, 261
Rubens, Peter Paul 魯本斯 22
Rückert, Friedrich 呂克特 110
Ruckeyser, Muriel 穆里爾・魯基瑟 286
Rukeyser, Muriel 穆里爾・魯基瑟 264
Russell, Bertrand 羅素 10, 15, 66, 257, 308, 382-388, 392, 396-401, 403ff., 407, 409f., 412-415, 417, 420, 423-426, 431, 438, 449, 451 f, 454, 456, 458, 466
Rutherford, Ernest 拉塞福 10
Ryle, Gilbert 萊爾 450

Saint-Saëns, Camille 聖桑 42
Salmon, André 薩爾門 24, 26f.
Santayana, George 桑塔耶納 244
Santayana, Georges 桑塔耶納 13, 245-257, 261f. 270f., 273f. 278,281, 301, 303, 307ff., 389f., 415f.
Sartre, Jean-Paul 沙特 128, 150, 225
Scheler, Max 謝勒 14, 16, 133ff., 140- 145, 160, 178,206, 212f., 223ff., 228, 274, 278, 308,341, 361,392, 395
Schelling, Friedrich 謝林 43, 49, 52, 54, 73, 303, 329, 334
Scherner, Karl Albert 謝納 79, 82
Schiller, Friedrich 席勒 174
Schlick, Moritz 石里克 161, 168, 171, 421-428, 436
Schmitt, Carl 施密特 296, 348
Schmoller, Gustav von 施莫勒 419
Schnitzler, Arthur 施尼茲勒 8 f., 282
Scholem, Gcrshom 休倫 374
Schönberg, Arnold 荀白克 238
Schopenhauer, Arthur 叔本華 49, 87, 91, 155f., 249, 303, 402

Schtschukin, Sergej 施丘金 24
Schütz, Alfred 舒茲 150
Scotus, Johannes Duns 董思高 196, 199f.
Searle, John Rogers 瑟爾 466
Semon, Richard 瑟門 61
Simmel, Georg 齊美爾 11,37, 67, 133, 140, 163, 173f. 181, 225, 282, 297, 308, 343 ff., 348, 351 f., 361
Skinner, Francis 法蘭西斯・史金納 456
Skinner, Quentin 昆丁・史金納 450
Smith, Adam 亞當・斯密 160, 392
Sorel, Georges 索黑爾 290-296, 301, 311, 316, 322, 368
Spencer, Herbert 史賓塞 4, 421
Spengler, Oswald 史賓格勒 179, 309, 348, 352
Spinoza, Baruch de 斯賓諾沙 138
Sraffa, Piero 史拉法 452f., 455
Staiger, Emil 史泰格 226
Stalin, Josef 史達林 378
Stein, Edith 艾狄特・史坦茵 145, 202
Stein, Gertrude 葛楚德・史坦 21 f., 24, 249
Steiner, Rudolf 史代納 213
Stevens, Wallace 華萊士・史蒂文斯 249
Strawson, Peter Frederick 史卓生 451
Strindberg, August 史特林堡 17, 88
Stritzky, Else von 艾爾瑟 352
Strümpell, Ludwig von 史特林培 79
Stumpf, Carl 史頓普夫 18, 133, 183, 337, 339

Taine, Hippolyte 丹恩 43
Taylor, Frederick Winslow 泰勒 324
Tõnnies, Ferdinand 滕尼斯 11, 297
Toulouse-Lautrec, Hceri de 羅特列克 42
Troeltsch, Ernst 特洛爾奇 331
Turner, William 威廉・透納 238

Uexküll, Jakob Johann von 魏克斯屈爾 170, 176
Uhde, Wilhelm 烏德 24
Unamuno, Miguel de 烏納穆諾 14, 310f., 449, 13, 303-308, 449

Vaihinger, Hans 懷興格 18, 152-163, 170, 246
Vauxcelles, Louis 沃賽耶 26
Vico, Giambattista 維科 329, 332, 446
Visan, Tancrède de 德韋桑 26

Voigt-Diederichs, Helene 海倫 133
Volkelt, Johannes 佛克特 79
Vossler, Karl 佛斯勒 334

Wagner, Hans 漢斯・華格納 193
Waismann, Friedrich 懷斯曼 426f.
Wallace, David Foster 華萊士・史蒂文斯 371
Warburg, Aby 瓦爾堡 173
Watson, John B. 華生 433, 460
Weber, Max 韋伯 11, 210f., 223, 234, 297, 308, 344f., 348, 351f., 419
Wehrli, Ursus 烏爾蘇斯・威爾利 277
Weill, Kurt 寇特・威爾 355
Westermarck, Edvard 威斯特馬克 70, 394
Westermarck, Edward 威斯特馬克 93
Weyrauch, Wolfgang 韋勞赫 359
White, Hayden 懷特 331, 366
Whitehead, Alfred North 懷德海 13, 256f., 259-271, 273, 275, 277, 285f., 288, 358, 371, 383, 386, 389, 397,405, 420,441
Wilson, Edward O. 愛德華・威爾遜 436
Wilson, John Cook 威爾生 441
Windelband, Wilhelm 文德爾班 146, 210, 223, 344, 351
Wittgenstein, Karl 卡爾・維根斯坦 404
Wittgenstein, Ludwig 維根斯坦 15, 18, 296, 404-414, 417, 422-428, 432, 443, 451-465
Wojtyla, Karol 嘉祿・華德雅 278
Wolandt, Gerd 葛德・渥蘭特 193
Woolf, Virginia 維吉尼亞・伍爾芙 395
Wundt, Wilhelm 馮德 79, 93, 116, 128, 155, 190

Zola, Émile 左拉 290

國家圖書館出版品預行編目資料

人造世界：西洋哲學史. 卷四, 現代哲學 / 理察.大衛.普列希特(Richard David Precht) 著；林宏濤 譯. -- 初版. -- 臺北市：商周出版, 城邦文化事業股份有限公司出版：英屬蓋曼群島商家庭傳媒股份有限公司城邦分公司發行, 2024.11
512面；17X23公分
譯自：Mache die Welt Eine Geschichte der Philosophie. IV, Die Philosophie der Moderne
ISBN 978-626-390-313-5（平裝）
1. CST: 西洋哲學史　2.CST: 現代西洋哲學
140.9　　113015150

人造世界：西洋哲學史卷四

現代哲學

原著書名 / Mache die Welt: Eine Geschichte der Philosophie IV
作者 / 理察・大衛・普列希特（Richard David Precht）
責任編輯 / 林瑾俐

版權 / 吳亭儀、游晨瑋
行銷業務 / 林詩富、周丹蘋
總編輯 / 楊如玉
總經理 / 彭之琬
事業群總經理 / 黃淑貞
發行人 / 何飛鵬
法律顧問 / 元禾法律事務所　王子文律師
出版 / 商周出版
城邦文化事業股份有限公司
台北市南港區昆陽街16號4樓
電話：(02) 2500-7008 傳眞：(02) 2500-7579
E-mail：bwp.service@cite.com.tw
發行 / 英屬蓋曼群島商家庭傳媒股份有限公司城邦分公司
台北市南港區昆陽街16號8樓
書虫客服服務專線：(02) 2500-7718・(02) 2500-7719
24小時傳眞服務：(02) 2500-1990・(02) 2500-1991
服務時間：週一至週五09:30-12:00・13:30-17:00
劃撥帳號：19863813　戶名：書虫股份有限公司
讀者服務信箱E-mail：service@readingclub.com.tw
城邦讀書花園 網址：www.cite.com.tw
香港發行所 / 城邦（香港）出版集團有限公司
香港九龍土瓜灣土瓜灣道86號順聯工業大廈6樓A室
電話：(852) 2508-6231　傳眞：(852) 2578-9337
E-mail：hkcite@biznetvigator.com
馬新發行所 / 城邦（馬新）出版集團 Cité (M) Sdn. Bhd.
41, Jalan Radin Anum, Bandar Baru Sri Petaling,
57000 Kuala Lumpur, Malaysia
電話：(603) 9057-8822　傳眞：(603) 9057-6622

封面設計 / 兒日設計
內文排版 / 新鑫電腦排版工作室
印刷 / 韋懋實業有限公司
經銷商 / 聯合發行股份有限公司
電話：(02) 2917-8022　傳眞：(02) 2911-0053
地址：新北市231新店區寶橋路235巷6弄6號2樓

■2024年11月初版
定價 950 元

Printed in Taiwan
城邦讀書花園
www.cite.com.tw

ISBN　978-626-390-313-5
EISBN　978-626-390-312-8（EPUB）

115台北市南港區昆陽街16號4樓

英屬蓋曼群島商家庭傳媒股份有限公司　城邦分公司

書號：BP6046C	**書名：**人造世界：西洋哲學史卷四	**編碼：**

請於此處用膠水黏貼

商周出版

讀者回函卡

線上版讀者回函卡

感謝您購買我們出版的書籍！請費心填寫此回函卡，我們將不定期寄上城邦集團最新的出版訊息。

姓名：＿＿＿＿＿＿＿＿＿＿ 性別：☐男 ☐女

生日：西元＿＿＿＿年＿＿＿＿月＿＿＿＿日

地址：＿＿＿＿＿＿＿＿＿＿

聯絡電話：＿＿＿＿＿＿＿＿ 傳真：＿＿＿＿＿＿＿＿

E-mail ：

學歷：☐ 1. 小學 ☐ 2. 國中 ☐ 3. 高中 ☐ 4. 大學 ☐ 5. 研究所以上

職業：☐ 1. 學生 ☐ 2. 軍公教 ☐ 3. 服務 ☐ 4. 金融 ☐ 5. 製造 ☐ 6. 資訊

☐ 7. 傳播 ☐ 8. 自由業 ☐ 9. 農漁牧 ☐ 10. 家管 ☐ 11. 退休

☐ 12. 其他＿＿＿＿＿＿＿＿＿＿

您從何種方式得知本書消息？

☐ 1. 書店 ☐ 2. 網路 ☐ 3. 報紙 ☐ 4. 雜誌 ☐ 5. 廣播 ☐ 6. 電視

☐ 7. 親友推薦 ☐ 8. 其他＿＿＿＿＿＿＿＿＿＿

您通常以何種方式購書？

☐ 1. 書店 ☐ 2. 網路 ☐ 3. 傳真訂購 ☐ 4. 郵局劃撥 ☐ 5. 其他＿＿＿＿

您喜歡閱讀那些類別的書籍？

☐ 1. 財經商業 ☐ 2. 自然科學 ☐ 3. 歷史 ☐ 4. 法律 ☐ 5. 文學

☐ 6. 休閒旅遊 ☐ 7. 小說 ☐ 8. 人物傳記 ☐ 9. 生活、勵志 ☐ 10. 其他

對我們的建議：＿＿＿＿＿＿＿＿＿＿

＿＿＿＿＿＿＿＿＿＿

＿＿＿＿＿＿＿＿＿＿

請於此處用膠水黏貼